吕荧研究文集

时代出版传媒股份有限公司
安徽教育出版社

韩清玉　编

图书在版编目（CIP）数据

吕荧研究文集 / 韩清玉编. —合肥：安徽教育出版社，2023.12

ISBN 978-7-5748-0137-0

Ⅰ.①吕… Ⅱ.①韩… Ⅲ.①吕荧(1915—1969)—人物研究 ②吕荧(1915—1969)—学术研究 Ⅳ.①K825.6

中国国家版本馆 CIP 数据核字（2023）第 241374 号

吕荧研究文集

LÜ YING YANJIU WENJI

出 版 人：费世平

责任编辑：徐 鹏 陶忠娣 付 静 徐 宇

统筹编辑：徐 鹏

装帧设计：张鑫坤

技术编辑：陈善军

出版发行：安徽教育出版社

地 址：合肥市经开区繁华大道西路 398 号 邮编：230601

网 址：http://www.ahep.com.cn

营销电话：(0551)63683012，63683013

排 版：安徽时代华印出版服务有限责任公司

印 刷：安徽新华印刷股份有限公司

开 本：710 mm×1010 mm 1/16

印 张：25.5

字 数：326 千字

版 次：2023 年 12 月第 1 版

印 次：2023 年 12 月第 1 次印刷

定 价：68.00 元

吕荧先生及吕荧研究（代前言）

提到吕荧先生，人们首先想到的，便是20世纪五六十年代那场轰轰烈烈的“美学大讨论”，在那场对中国美学发展影响深远的学术论辩中，出现了关于美的本质的四大学说，分别是蔡仪的“美是客观的”，吕荧、高尔泰的“美是主观的”，李泽厚的“美是客观性与社会性的统一”和朱光潜的“美是主客观的统一”。虽然这场论争最后以实践论美学“一统天下”的理论样态延续了其在中国当代美学的发展，但是作为美学家的吕荧在此间尽显其思辨智慧与学者风采。

话说回来，吕荧先生又岂止是美学家呢？他更是一位诗人，一位文艺理论家，一位文学批评家，一位翻译家。在新中国成立前的新民主主义革命时期，吕荧发表文学作品，编辑左联刊物《浪花》，参加“中华全国文艺界抗敌协会”的成立大会，与作家胡风交往密切，翻译出版了大量俄苏文学作品和理论著作……无需赘述，不难看出在20世纪三四十年代，吕荧已经是一位重要的文学活动家了。

早在初中时，吕荧就开始从事文学活动；而如果从诗歌《一九三四年的春天》发表的20岁算起，直至1969年在清河农场极其恶劣的条件下病逝，他的文学与学术生命亦不过20余年，这其中又有多少时日的颠沛流离，多少时日病痛折磨甚至精神失常！如此算来，多才睿思的吕荧先生并没有太多从容写作与研究的岁月。在其短暂的文艺生涯中，吕荧先生在美学、文学理论、文学创作与文学翻译领域取得了显著成就，为中国当代美学和文艺学建设作出了重要贡献，也为中国现代文坛留下了不朽的诗篇与译文。吕荧为我们留下了多少文字？2021 年安徽教育出版社出版的《吕荧全集》共五卷，足足 160 万字！而在安徽教育出版社的支持与帮助下，我们正在进行的一项工作是搜集、整理未被收入全集的吕荧著述，也已经有近 30 万字的规模，所以，在那般艰难的生活境遇下，吕荧先生为我们留下来近 200 万字的文艺财富，多么令人惊叹！

吕荧先生的文艺成就可以从文学美学研究与评论、文学创作与文学翻译三个领域加以观照。

作为中国现代文艺美学的重要学者和批评家，吕荧的文学理论、美学与文学评论成就显著。首先吕荧对文艺基础理论进行了深入探讨，如《文学的倾向》中关于深广、“永恒的主题”、艺术与政治、（诗的）真实，现存吕荧在山东大学的授课课程文艺学的课堂笔记第五、六、七三章，内容分别是文学的特性、创作与风格；其次是对特定文学类型与流派研究，如对工人文艺、包括自然主义和新写实主义在内的现实主义的研究等，仅自然主义的话题，吕荧就写了四篇文章，另外还有为卢卡契《叙述与描写》写的“译者小引”也涉及自然主义问题；再次，吕荧的马克思主义文艺理论研究也有多篇著述，如《人的花朵》一书中的《普列汉诺夫的〈普希金为艺术而艺术论〉辩证》，《文学的倾向》中的《坚持“脚踏实地”的战斗》，《关于工人文艺》，《艺术的理解》（第一辑），以及译著《列宁论作家》“辑译后记”、译著《列宁与文学问题》“译者引言”等。单就《普列汉诺夫的〈普希金为艺术而艺术论〉辩证》一文来说，这其中呈现了吕荧文艺批评的重要范畴——人民；正是在此文中，吕荧提出文学是一种独特的战斗方式；也正是在此文中，吕荧提出了一个非常重要的理论问题：为什么“为艺术而艺术”在经济发达的资本主义社会是反动的，即革命的、批判的，如法国唯美主义，但是在经济落后的君主专制的社会里，就不是反动的？“一个反动的‘为艺术而艺术’的作家如何在一个经济落后的国家不显得反动，那只是因为社会冲突不十分激烈的原故。”[①] 普希金为什么没有反动的气息？吕荧认为还是要到作家的本身去探寻。以此，吕荧批判了普列汉诺夫的机械论。从某种意义上说，吕荧马克思主义文艺理论研究的思想来源、观念形态与建构方式均反映了马克思主义文艺理论中国化的进程。

吕荧先生的美学成就主要集中在美学大讨论时期，即收入《美学书怀》的四篇文章，其中有两篇是与蔡仪客观论美学的正面交锋（《美学问题——兼评蔡仪教授的〈新美学〉》《再论美学问题——答蔡仪教授》），有一篇是对朱光潜关于其美学观念商榷的正面回应（《美学论原——答朱光潜教授》），另有作于1957年的《美是什么》，进一步阐释了“美是人的社会意识”这一美的本质观。除了《美学书怀》，另有《关于“美”与“好”》一文讨论了审美理论的基础问题——美善关系。吕荧的美学文章是从美的本质问题域的论辩中形成的，虽谈不上审美活动理论体系的整体思考，但是其对社会意识的强调、主体性的彰显和对“美是生活”观念的坚持与改造等特征，远大于“美是主观”的标签化处理，突破了美学大讨论的流派切割，具有更强的方法论意义。

作为战乱中成长起来的现代学人，吕荧先生虽学养深厚，但对中国古代学术并没有太多文字留下来。《吕荧全集》中收入了其少有的绘画批评《米芾的画》一文，其视角也多为现代的和外部的；另有未收入的一篇讨论阴阳五行之说《古原子能说》（《山东大学中文论丛》2020年第2辑）颇有文献价值。

作为一位文学批评家，吕荧先生的文学活动与时代紧紧合拍。如他对工人文艺这一文学题材的深度关注，对苏俄文学作品的批评以及对同

① 《吕荧全集》（著作卷上），安徽教育出版社2021年版，第215页。

时代文学（鲁迅、曹禺等）的评论等，以及关于台湾文学、国防文学的讨论。吕荧先生的这些批评实践与其理论建构又是紧密关联的，鲁迅与苏俄文学组成了其文学理论言说的例证。

吕荧先生著有诗集《火的云霞》，收入其诗作 24 篇。这些诗包含着对祖国和民族命运的深情关切与对革命未来的无限憧憬。五卷本《吕荧全集》有三卷是译文，可见吕荧作为翻译家的巨大成就。除莎士比亚的《仲夏夜之梦》外，吕荧的翻译均为俄苏文艺作品与理论著作，其中普希金相关文字占了很大比例，如《叶甫盖尼·奥涅金》、卢那卡尔斯基的《普希金论》、吉尔波丁的《普希金传》等，这些译本出版后产生了很大影响，为中国学界了解普希金起到了极为重要的作用。值得关注的是，吕荧翻译了马克思主义经典作家列宁文艺思想相关著作《列宁论作家》《列宁与文学问题》，以及普列汉诺夫的《论西欧文学》、卢卡契的《叙述与描写》等，这些足以证明吕荧的文艺活动是马克思主义文艺理论中国化的组成部分。

可见，吕荧的文艺活动涉及理论、批评、创作、翻译等许多领域，可谓文学领域的“多面手”，是一个十分厚重的研究对象。吕荧先生是在一个特殊的年代离开了我们，半个多世纪过去了，对吕荧先生的纪念与研究有哪些呢？这正是我们需要系统梳理与呈现的。

毫无疑问，对吕荧文艺思想的讨论应该从美学大讨论算起，虽然这些文章基本上是从论辩的角度臧否吕荧的美学观，俗话说“锣不敲不响，理不辨不明”，正是从这些论辩中，吕荧“美是一种社会意识”“美是生活”的本质观得以体系化。这些否定性论辩中，蔡仪的《吕荧对〈新美学〉“美是典型”之说是怎样批评的？——我的美学思想和我的批评者之二》是最早的一篇，写于 1953 年，早于 1956 年发表的《论美学上的唯物主义与唯心主义的根本分歧——批判吕荧的美是观念之说的反动性和危害性》。朱光潜于 1958 年发表的《美就是美的观念吗？——评吕荧先生的美学观点》对吕荧的观点和逻辑进行了批判。这三篇文章在“美学大讨论”及蔡仪、朱光潜研究中反复被提及和引用；如今我们将其作为吕荧个案的研究性文字，从反面观照吕荧的美学观，则另有一番收获。新时期以来，准确地说从1979年公安部为吕荧平反以来，对吕荧先生的纪念与研究文章层出不穷。既然我们的工作是从纪念与研究“兵分两路”，在此也不妨“话说两头”。

自1980年碧野先生在《北京文艺》发表《忆吕荧》以来，我们先后搜集到纪念吕荧先生的文章近五十篇三十余万字。如果按照写作主体的身份进行分类的话，大致可以分为吕荧的朋友或同事（如碧野、姜葆琛、殷焕先、骆宾基、萧白、何满子、梅志、何兆武、聂绀弩、田钢、张琳等）、学生（如谢振东、张杰、王冰、李希凡、蓝翎、吕家乡、陆文采、赵洪太、张华等）、亲属（长女潘怡、侄女何炜等）和研究者（闻敏、吴腾凰、胡迟、王国杰、张洪刚等）。这些纪念文章或是回忆与吕荧先生共事与交往的时光，特别是还原吕荧在生命旅程后二十年的人生遭际，如山大教学事件、“不识时务”地为胡风申辩、北京胡同的艰难度日、清河农场最后的凄苦与萧瑟；或是礼赞吕荧先生至纯至真的高尚品格、对真理的不懈追求以及对文学艺术事业的孜孜不倦。纪念卷的内容具有重要的史料价值，一方面在于许多与吕荧交往过的文人所写的回忆文字借助很多线索查阅所得，如果不从纪念吕荧的角度来挖掘，可能永远尘封于历史的某个角落；另一方面在于这其中一些文章系首次发表，部分篇什专门为本文集所写，情感真挚，很有历史纪念意义。

再来看研究卷。除了上文谈到的美学大讨论期间的数篇论辩文章，本研究卷搜集到吕荧相关研究篇目四十余篇，包括学术期刊发表的学术论文、文艺学美学专业硕士学位论文、会议论文、专著中有关吕荧的章节等。其内容主要包括吕荧美学思想、文艺思想、文学评论、翻译成就、年谱等方面。这其中，美学领域的研究有27篇之多，占了近三分之二，这与吕荧学术的着力点并不相称。诚如上文所言，吕荧的美学著述集中于《美学书怀》中的几篇论文，且是美学大讨论中的论辩之文，在理论体系的周全性和言说方式上有其特殊性。而其文艺理论与文艺批评则体现了吕荧先生在文学领域的孜孜耕耘。如“真”的范畴、典型论、现实主义文艺观等问题已受到学界关注，但未被透彻探究的问题还很多。值得注意的是，有5篇文章谈吕荧的翻译成就，可见其作为翻译家的身份受到学界关注。

无论是纪念卷还是研究卷，都有“吕荧先生美学文艺学思想研讨会暨《吕荧全集》新书发布会”的内容体现：数篇致辞收入纪念卷中；部分会议论文收入研究卷中。既往的吕荧研究状态，我常把它形容为“不温不火”，虽新时期以来持续有研究成果产生，但始终没有成为一个广受关注的个案，与吕荧作为历史文化名人的学术地位和成就不相称。2021年，《吕荧全集》由安徽教育出版社出版。这是吕荧研究中的标志性事件，标志着吕荧研究进入一个新阶段。2021年11月27日，由山东大学文学院、山东大学文艺美学研究中心、安徽教育出版社联合主办的“吕荧先生美学文艺学思想研讨会暨《吕荧全集》新书发布会”在济南举行。来自中国社科院、北京师范大学、山东大学、华东师范大学、苏州大学、首都师范大学、深圳大学、山东师范大学、安徽师范大学、滁州学院、安徽教育出版社、《东岳论丛》编辑部等多所高校和科研、出版机构的专家学者以及吕荧先生的亲属等40余人参加了此次会议。新书发布会上，中华美学学会会长高建平、山东大学校长助理邢占军、山东大学文艺美学研究中心名誉主任曾繁仁、山东大学文学院院长杜泽逊、安徽教育出版社副总编辑何客、吕荧先生长女潘怡先后致辞。与会学者从多重视角对吕荧及其美学思想进行了探讨，提出了一些很有见地的观点。更为重要的是，作为学界第一次召开的吕荧思想学术研讨会，本次会议具有重要的学术史意义，它与《吕荧全集》的出版一起，推动了学界对吕荧美学思想的研究，从而为中国现代美学的理论版图填补上非常重要的一部分。参会学者中，吕荧先生的学生——93 岁的赵洪太先生和 88 岁的吕家乡先生在交谈中表示，此次会议具有历史意义！

也正是在此次会议中，山东大学文学院、文艺美学研究中心与安徽教育出版社商定，全面推进吕荧研究，并初步确立了以《吕荧全集》补遗与研究为核心的总体思路。如上文所言，自新时期以来，关于吕荧的研究几乎每年都有新成果问世，而我们的研究必须建立在这些研究的基础上。故而，呈现在同仁面前的纪念卷与研究卷，实际上是我们吕荧研究工程的准备工作。于我们而言，只能算是学术调查的结集；对学界来说，权且提供资料上的方便吧。文集所收文字跨越了近 70 年，加上其中作者的工作单位、联系方式的变化，虽然我们想方设法去寻找作者，至今仍有数位作者未能取得联系，在此说明并感谢。

在诸位师友的鼓励下，特别是山东大学文艺美学研究中心名誉主任曾繁仁教授、主任谭好哲教授，山东大学文学院院长杜泽逊教授，吕荧先生的长女潘怡女士，安徽教育出版社副总编何客先生的支持与帮助下，我们逐渐形成了系统性框架，除了即将付梓的《吕荧纪念文集》《吕荧研究文集》外，我们正在推进的《吕荧年谱长编》《〈吕荧全集〉补遗卷》《吕荧文艺美学思想研究》也“暴露出”我们在吕荧研究上的野心。山东大学文学院将“《吕荧全集》补遗与研究”工程列为重大项目，予以经费资助；安徽教育出版社为此项目的系列著作提供出版机会；自 2022 年春季学期开始，《吕荧全集》读书会成功举办，有 20 余名文艺美学、中国现当代文学硕士生、博士生参加研读与讨论，并有近十篇吕荧研究论文陆续完成。这些都可以视为《吕荧全集》出版的回响，也是我们立志吕荧系统研究的重要体现。

固然《吕荧纪念文集》《吕荧研究文集》的出版只能算作吕荧研究新征程的开始，但我们已经在路上了，——去缅怀那般纯真至刚的伟大灵魂，去思考他那些关于诗，关于社会人生的思索，甚至关于一朵花的喟叹。

韩清玉

2022年立秋于历城暄舍

目录

1955 年

论美学上的唯物主义与唯心主义的根本分歧

——批判吕荧的美是观念之说的反动性和危害性

蔡　仪

一

美学或文艺理论的研究，直接地关系于文学艺术的创作和批评，间接地关系于人民精神的美育和生活的美化，毫无疑问，是文化科学的一个重要部门，然而也毋庸讳言，却是我们研究工作中的一个薄弱环节。正因为这一环节的薄弱，不仅不能很好地促进文学艺术的发展，反而给反动的唯心主义以尚能活跃的余地，甚至与反革命分子以可乘之隙，“胡风反革命集团”主要通过其所谓文艺工作以进行破坏活动就是如此。胡风文艺理论的反动实质，虽经多方揭露，但是曾以“马克思列宁主义美学家”的假面目出现、并在当时有一定影响的胡风分子吕荧的美学思想，却还有认真地、彻底地批判的必要。

我在这里，只是就美学上唯物主义与唯心主义的根本分歧这一问题，

* 出于保存历史文献考虑，文集对所收文章的语貌风格、译名、术语等，一般不予修改和统一。如确为错讹、笔误、外文拼写错误等，则予径改。底本原文后注者移作页下注，文献著录从旧。编者所出的注释，以“编者注”标明。

来批判吕荧的美学思想的基本论点的反动性和危害性。

吕荧在一九五三年《文艺报》上发表的“美学问题”一文里，提出了他的“美是观念”之说，无耻地自诩是按照“马克思列宁主义美学的基本原则”所建立的根本论点；同时批判“美是客观的”之说，认为这是“把美看作是超越人的生活和人的意识的客观存在”，所以是唯心论的。

关于吕荧的美学思想的根本论点，那文章中就有下面这样一段说明：

> 美，这是人人都知道的，但是对于美的看法，并不是所有的人都相同的。同是一个东西，有的人会认为美，有的人会认为不美，甚至于同一个人，他对美的看法在生活过程中也会发生变化，原先认为美的，后来会认为不美；原先认为不美的，后来会认为美。所以美是物在人的主观中的反映，是一种观念。
>
> 美是人的一种观念，而任何观念，都是以社会生活为基础而形成的，都是社会的产物，社会的观念。“经济发展是社会生活的物质基础，是它的内容，而法律——政治的和宗教——哲学的发展却是这个内容的思想形式，是它的上层建筑”，美的观念也是如此。①

这段话的主要论点显然就是，美是一种观念，不是客观的；“美”是物在人的主观中的反映，却不是物的美的反映。这就是说，客观事物本身没有所谓美，客观世界本也没有什么美的东西；我们平时所谓美的东西都不是真正美的东西，只是由于它适合于我们的美的观念而我们认为它是美的；或者说，我们的美的观念体现在它上面而我们认为它是美的。那么，所谓客观事物的美就在于我们主观的观念，我们认为它美它才是美的，认为它不美它也就是不美的。于是所谓“美”这种观念既没有客观的美的根源，也没有客观的美的标准，不同的人即有不同的美，美就只能

① 吕荧：《美学问题——兼评蔡仪教授的〈新美学〉》，《文艺报》1953 年第 16 期。

是绝对地相对的东西。

美是一种观念，决不是什么新鲜的说法，早在两千多年前的柏拉图，就认为美是根源于观念，而到黑格尔则是明确地规定美是观念，其他持此说者在美学史上原不乏人，为什么吕荧能够把这个基本论点冒称为马克思列宁主义的呢？第一，据他说来，“马克思列宁主义美学，必须在社会生活的基础上进行研究”，这是一个基本原则；“美学必须在历史的关联上进行研究，这是马克思列宁主义美学的又一个基本原则”。但是这两个基本原则在吕荧的理论中的实际意思究竟是怎样呢？就是所谓不能“把美看作是超越人的生活和人的意识的客观存在”。所谓不能“把美看作是超越人的生活和人的意识的客观存在”这个美学研究的基本原则，显然就已经规定了美只能是主观的、只能是一种观念了；但却给人一个印象以为这是主张研究美学须从现实生活出发，也就以为他的这个论点是符合于现实生活的实际的，因此他就可以冒称是马克思列宁主义的。

第二，他说“美是物在人的主观中的反映，是一种观念”，在他这句话里明明是有“物”、有“反映”、然后有“观念”，似乎他所谓“美”这种观念还是物的反映，也就似乎是符合于马克思列宁主义反映论的原则的。而且他还说，“任何观念，都是以社会生活为基础而形成的，都是社会的产物，社会的观念”；再加上“上层建筑理论”的引用，于是美是观念之说，就更像马克思列宁主义的了。

第三，他说“美是客观的”之说是唯心论的，而且是和“德国唯心论各派美学”有关系的，反之，他的美是观念之说，倒是反对美是客观的之说、反对“唯心论”美学的，那不也俨然和马克思列宁主义一致吗？

但是如果我们不只是看文字的表面，而是想它的其正的意义，不难了解吕荧在这里正是耍的两面派的手法，而且是极尽其歪曲之能事，歪曲现实生活的实际，歪曲美学史的事实，更歪曲了马克思列宁主义的原则。而他的所以要这样歪曲，又显然和他们的反革命活动是分不开的。

现在我们就来看他究竟是怎样的歪曲吧。

二

吕荧的美是观念之说，是不是“从现实生活出发”，是不是“在社会生活的基础上进行研究”而得的结论呢？只有拿现实生活来检证，看这个根本论点是不是符合于现实生活的实际。

方志敏同志说：“我们祖国的河山多么美呀！不但是雄伟的峨眉，妩媚的西湖，幽雅的雁荡，与夫‘秀丽甲天下的桂林山水’，可以傲睨一世，令人称羡；其实中国是无地不美；……这好像我们的母亲，她是一个天姿玉质的美人，她的身体的每一部分，都是令人羡慕之美。”①

祖国的河山，不用说是经过我们的祖先开辟经营的，但是它根本还是按照自然界的规律形成的客观存在。方志敏同志的话也就是说，这种自然界的事物是美的，而且全世界的人都羡慕它是美的。可是按吕荧的美学理论来说，方志敏同志的话实际上是错的。客观事物本身并无所谓美，客观世界本也无所谓美的东西，我们祖国的河山，即如峨眉、西湖、雁荡及桂林山水既是客观事物，而且根本上是自然界的事物，它们本身也就无所谓美；即算它们体现了我们的美的观念，我们认为它们美，但是决不可能是全世界的人都羡慕的美的东西。至于方志敏同志说我们的“母亲”的“天姿玉质”，她的身体的各部分都美，按吕荧的美学理论来说，这当然也是错的。她的“天姿玉质”，她的身体的各部分及全体原是客观存在，而且根本上是自然的存在，也决不可能是“令人羡慕之美”，不可能是令一般人都羡慕的美。

我们认为古代优秀的艺术品如云冈的雕像是美的，而且据历史记载，历代的人也大都认为它们是美的。可是按吕荧的美学理论来说，我们这些人的看法是错误的。云冈雕像所体现的是一千五六百年前的人的美的

---

① 方志敏：《可爱的中国》。

观念，而且基本上是它们的作者的美的观念，决不可能是后人的美的观念，更不可能是现在我们一般人的美的观念；因此现在的我们决不可能认为它们是美的东西，也不应该认为它们是美的东西。何况云冈雕像本身就是物质的客观存在，我们所看见的对象不是别的，就是这样的物质的客观存在，我们也不能认为它们本身是美的。因此我们一般人认为它们是美的，这看法根本是错误的。

这是吕荧的美学理论所能得到的一种结论。这样的美学理论难道是从现实生活出发而符合于现实生活的实际的吗？显然相反的，这是否定现实生活中真正美的东西，否认现实生活中一切的美的东西。

我们全国人民认为社会主义的战斗英雄和劳动模范、他们的英雄品质和模范事迹是美的，诗人为他们写诗，画家为他们画像，就是一幅普通的照片，看来都能给予我们以莫大的欢欣。但是按吕荧的美学理论来说，他们的英雄品质和模范事迹，即算体现了他们自己的美的观念，可是我们一般人的认为他们美，则是由于体现了我们的美的观念；也就是说，他们的被我们认为是美的，并非因为他们本身是美的，还是由我们的美的观念决定的。而且他们的英雄品质和模范事迹，由于合乎我们的美的观念我们认为他们美，这是对的；然而同时，他们却不合乎反革命分子的美的观念，反革命分子认为他们不美，按吕荧的论理说，这也是对的。

反之，我们全国人民认为反革命分子和其罪恶活动是极其丑恶的，我们非常憎恨他们，厌恶他们；可是按吕荧的美学理论来说，他们本身也无所谓不美；而在反革命分子看来他们则是合乎美的观念的，也就是美的，而且这也是对的。

这又是吕荧的美学理论所能得到的另一种结论。这样的美学理论难道是从现实生活出发而符合于现实生活的实际的吗？完全相反的，这是对现实生活中的美丑混淆、是非颠倒而为丑恶的东西乃至为反革命的辩护。

不难看出，吕荧所谓马克思列宁主义美学的研究要在现实生活的基础上进行，要从现实生活出发，完全是粉饰的诳话，实际上他的美学理论是和现实生活的实际绝对相反的，他的美是观念之说，本质上是反马克思列宁主义的。而他以诳话粉饰着反马克思列宁主义美学思想的宣传，不用说是别有用心的。

三

吕荧所谓“美是物在人的主观中的反映，是一种观念”，这句话里虽然有“物”有“反映”的字眼，但是究竟合不合乎反映论的原则呢？显然是大成问题的。譬如说，“桌子是物在人的主观中的反映，是一种观念”；“世界是物在人的主观中的反映，是一种观念”；这样的话里不是也有“物”有“反映”的字眼吗？不是和吕荧上面的说法一样吗？如果我们单从文字上来看，就认为吕荧的“美是观念”之说是符合于反映论的，那么桌子是一种观念，世界是一种观念的论断，不是也可以同样地认为是符合于反映论的吗？然而，这样的论断是道道地地的唯心主义，决不是什么符合于马克思列宁主义反映论的原则的，而是反马克思列宁主义反映论的原则的。这种论断中所谓“物”，纵然说是客观的也依然是不可知的，而可知的世界就是观念或观念派生的罢了。所以单从文字上看，以为吕荧那句话里有“物”有“反映”的字眼，就认为他的美是观念之说是符合于反映论的这个想法，很显然是太天真的想法。要看美是观念之说是否符合于反映论，还要看他所说的“美”这个观念究竟是物的什么的反映，又是怎样的反映？

所谓“反映”，按列宁转述恩格斯的话说，就是“物的复写、映象、模写、镜象”。① 这就是说，认识可能像平面镜（这只是比喻）所反映的近似于对象的正确映象，这种认识既符合于客观对象，认识内容也就是所

① 列宁：《唯物论与经验批判论》，第263页。

反映的客观对象，因此客观世界和它的规律是可以认识的，而科学的法则或真理也就是客观的。自然，认识也可能是凸凹镜所反映的歪曲对象或颠倒对象的映象，这种认识既不符合于客观对象，认识内容也就不是所反映的客观对象，不是客观世界及其规律，而是主观的妄想，因此认识未必都是客观的真理、法则，也有宗教的观念和神的观念等。

吕荧所谓“美是物在人的主观中的反映，是一种观念”，这就是说，客观事物本身无所谓美；“美”这种观念根本不是客观的美的反映。于是“美”这种观念究竟是物的什么的反映，又是怎样反映呢？

关于这个问题，我们在上面的引文里可以看到吕荧似乎有一种解答，那就是说，“任何观念都是以现实生活为基础而形成的，都是社会的产物，社会的观念。‘经济发展是社会生活的物质基础，是它的内容，而法律——政治的和宗教——哲学的发展更却是这个内容的思想形式，是它的上建筑’，美的观念也是如此。”这两句话的意思简括说来，就是任何观念都是社会的观念，是社会生活物质基础的思想形式，是它的上层建筑，美的观念也是如此。但是所谓“任何观念都是社会的观念”究竟是什么意思呢？既说是“任何观念”，当然包括关于自然事物的观念，也就是和自然科学相关的观念。人们关于自然事物的观念，固然受社会生活的制约，却不能说就是社会生活物质基础的反映，不能说就是以社会生活物质基础为内容的观念，不能说就是基础的上层建筑。自然科学并不是上层建筑，这是没有疑问的。因此如果认为任何观念都受社会生活的制约，这是可以的；如果认为任何观念都是以社会生活的物质基础为内容的，都是上层建筑，那显然是错误的。因此吕荧所谓“美的观念也是如此”，那就是说美的观念不同于别的某些观念一样只是受社会生活的制约，而是以社会生活的物质基础为内容的观念，也就是社会生活物质基础的反映。

然而“美”这种观念为什么不同于别的某些观念而是社会生活物质基础的反映呢？吕荧又有过下面这样一段话似乎是对这一点的说明。他说：

> 我们认为：美是生活本身的产物，美的决定者，美的标准，就是生活。凡是合乎生活概念的东西，能够丰富提高人的生活、增进人的幸福的东西，就是美的东西。美不是超现实的、超功利的、无所为而为的。美随历史和社会生活本身的变化和发展而变化发展，并反作用于人的生活和意识。①

一看这段话，显然可以知道它的意思是从车尔尼雪夫斯基的美学思想那里来的，特别是所谓“凡是合乎生活概念的东西”就是美的东西这个说法，就表现得更明白。关于车尔尼雪夫斯基，虽然吕荧在表面上也承认他是彻底的唯物论者，是唯物论美学的创立者，然而吕荧的美学理论却显然是和他完全相反的。

车尔尼雪夫斯基美学理论的根本论点，就是——“美是生活”。在“美是生活”这个定义里，既明显地规定了美就是客观现实的生活，也就是说美是在于客观现实。所以他在“艺术对现实的美学关系”的结论中一再强调所谓“美是生活”的美，就是“客观的美”，是“本质上的美”，“这种客观现实中的美是彻底地美的”，是“完全令人满意的”。正因为“美是生活”，所以“生活的概念”也就是美的观念，人们在日常生活中可以借“生活的概念”去认识事物的美；因而他说：“任何东西，我们在那里面看得见依照我们的概念应当如此生活的，那就是美的；任何东西，凡是独自表现生活或使人忆起生活的，那就是美的。”②他这样说，是不是可以认为他也反对美是客观的，而主张美是一种观念呢？显然是不可以的。因为他既然正面地明白规定美在于客观现实，而且还反面地驳斥黑格尔派的美是观念之说。在“艺术对现实的美学关系”里有一段话说：黑格尔派“把美定义为‘观念在特殊事物上的完全显现’，我们就必

---

① 吕荧：《美学问题——兼评蔡仪教授的〈新美学〉》，《文艺报》1953年第17期。

② 车尔尼雪夫斯基：《生活与美学》，光华书店1948年版，第7页。

然会有这种意思，就是‘在现实中美只是我们的想象所加于现实的一种幻想’。由此可以推断，美实际上是我们的创造物，在现实中没有真正的美；……反之，从‘美是生活’这个定义可以推断，真实的最高的美是人在现实世界中找到的，而不是艺术所创造的。”[①]这就很显然可以看出他是怎样反对美是观念之说，而坚持美在于客观现实。车尔尼雪夫斯基的关于美的具体论证虽然尚待研究，但是这种基本观点，毫无疑问就是他的所以是唯物主义者、他的美学思想的所以是唯物主义的美学思想的根本之点。

可是吕荧的根本论点呢？美是一种观念，不是客观的，当然也就和车尔尼雪夫斯基相反，认为美不是生活，美不在于客观现实。美既然不是生活，客观现实生活并无所谓美，那么生活概念也就不是美的观念，这是很显然的事。然而这里吕荧却又说“凡是合乎生活概念的东西”就是美的东西，这就和车尔尼雪夫斯基一样认为人们判断客观现实事物的美凭借生活概念。于是这里就发生了一个问题：所谓美是一种观念，就是认为人们判断客观事物的美是凭借美的观念，现在又认为人们判断客观事物的美是凭借生活概念，那么生活概念和美的观念不又是同一的东西吗？如果认为生活概念和美的观念是同一的，那就要如车尔尼雪夫斯基一样首先承认生活概念和美的观念所反映的对象是同一的，它们的内容是同一的，那就要承认“美是生活”、要承认美是客观的，而否认美是观念之说。如果认为美是一种观念，否认美在于客观现实，也就是否认美是生活；美既然不是生活，所谓凡是合乎生活概念的东西就是美的，这说法既和所谓美是观念这个根本论点矛盾，而且毫无理论根据。

再看所谓“美是生活本身的产物，美的决定者，美的标准，就是生活”吧。如上所说，所谓“生活”就是客观的现实生活，并不是什么主观的观念。于是这句话也就是说，美是客观现实产生的，它的决定者，它的标

① 车尔尼雪夫斯基：《生活与美学》，光华书店1948年版，第12—13页。

准，都是客观现实。要之，我们所谓客观现实事物的美是由客观现实决定的，不是由主观的观念决定的。但是吕荧的根本论点所谓美是观念之说则是相反的，认为客观事物的美不是由客观现实决定的，而是由主观的观念决定的。显然两者是完全矛盾的。所以要认为“美是生活本身的产物，美的决定者，美的标准就是生活”，这就否定了美是观念之说。

也许以为吕荧在这里说的是“美”这种观念是生活决定的，不是说的客观事物的美是客观现实决定的。但是我们实际上要解决的问题就是客观事物的美究竟是客观现实决定的呢？还是由主观的观念决定的。吕荧的所以断定美是观念，就是由于认为客观事物的美不是由客观现实决定的；也只有否定了客观现实决定客观事物的美这点，然后才能断定美是观念。现在这里却又说，美是客观现实决定的，如果这句话是对的，不管他的设想怎样绕弯，这实际上就是认为客观事物的美是由客观现实决定的，也就是否定了他的美是观念之说。

至于所谓“能够丰富提高人的生活、增进人的幸福的东西，就是美的东西”，这个说法也跟他的美是观念之说是矛盾的。所谓“能够丰富提高人的生活、增进人的幸福的东西”是什么呢？根本上是社会生活的向前发展，生产力的发展和生产关系的与之相适应。这就是说，“能够丰富提高人的生活、增进人的幸福的东西”就是客观的，也是决定于客观的，并不是什么观念，也不决定于观念。而且这样的东西既是客观的，也就不能因为不同的人而有不同的美，不能因为某些人认为它美它就美，而另一些人认为它不美它就不美。这样一来，吕荧所谓美是一种观念，而不同的人有不同的美这个根本论点，不是又被否定了吗？

因此吕荧的这一段话，根本不是说明他所谓“美”这种观念是物的什么的反映，而是否定了他的“美是观念”之说。原来吕荧主张美是一种观念，就是反对车尔尼雪夫斯基的美是生活的论点，却又利用车尔尼雪夫斯基的个别词句，要在表面上装饰得和他的论点是一样的或一致的。然而这些词句本是车尔尼雪夫斯基的论点的表现，吕荧利用它来伪装，就造成了他理论上不可掩饰的矛盾。因此这一段话，不仅不是美是观念之说的有力论证，而是它的根本否定。

四

吕荧所谓“美”这种观念是社会生活物质基础的反映，是上层建筑，还有一种说明，就是认为美和道德一样。关于这点，他在文章中有几处这样提到，特别是文章末尾那段话，从字面到语调，都是套用恩格斯在“反杜林论”里论道德那段话的，可见吕荧确是把美看作和道德一样。

当然人们的道德观念反映社会生活的物质基础，这是没有问题的；至于认为人们的美的观念也和道德观念一样反映社会生活的物质基础，则显然是错误的。

第一，道德观念只是关系着社会生活，不关系着自然事物，而美的观念却不仅关系着社会生活，也关系着自然事物。即如上面所说，人们不仅认为英雄人物及其事迹是美的，也认为自然界的花草风景是美的；可是人们认为某种社会事物是道德的，却不认为自然事物也有什么道德的。虽然封建士大夫有人把道德观念加于自然物而有所谓“德禽”之类，然而他们也不因为它是“德禽”就给予它应有的道德崇敬，而自然物更不以人类的道德作为它们的生活规范，这是不用说的。所以人们对于社会事物的美的观念和道德观念纵是相关的，甚至可以说有相同之点；但是人们既有对于自然事物的美的观念，它也受社会生活的制约，却显然和道德观念是不一样的。

第二，道德观念的反映社会生活的物质基础，恩格斯曾有具体的论证说：

> 自从动产上的私有财产权发展以来，在一切存在着这种私有财产权的社会里，道德的箴言，不得不是“勿偷盗”。这个道德的箴

> 言，是否因此而成为永恒的道德真理呢？绝对不是。在一切偷盗的动机都被完全消灭的社会里，就是说，自从只有神经病者才会偷盗的时候起，如果某一个道德宣扬者，想来庄严地宣布“勿偷盗”为永恒的真理，那末他将如何受到厉害的嘲笑。①

这里说得很明白，道德的箴言如“勿偷盗”就是反映私有财产制的，而在私有财产制消灭之后，“勿偷盗”的道德箴言也就不复存在。这就是说，道德观念或道德正因为是反映社会物质基础的，所以它的物质基础消灭之后，相应的道德观念和道德也就消灭了。可是美呢？如果说“美”这种观念和道德观念一样是社会物质基础的反映，也就应该和道德观念一样随着它所反映的基础的消灭而消灭。然而谁都知道事实并不如此。如上所说，许多客观事物古代人认为美的，而我们现在也认为它美，自然事物的美基本上是如此，即使本是上层建筑的艺术，马克思就曾说，古代希腊艺术的美，对于我们仍然是一种美感享受的源泉，也就说明“美”这种观念并不是道德观念一样只是社会基础的反映。

第三，道德观念和道德反映一定的社会基础，所以道德观念和道德总是巩固一定的社会基础的，也就是代表一定的阶级利益的。所以恩格斯说：“道德总是阶级的道德”，而且“只有在不仅消灭阶级对立，而且在实际生活中，消灭一切关于阶级对立的回忆之社会发展阶段上，超越一切阶级矛盾及矛盾回忆之上的、真正人类的道德，方才成为可能”。② 关于美呢？吕荧也套用恩格斯的这段话说，“只有在共产主义社会里，在不仅消灭阶级对立，而且在实际生活中消灭了一切关于阶级对立的回忆的社会发展阶段上，超越一切阶级矛盾及矛盾回忆之上的、真正人类的美的观

---

① 恩格斯：《反杜林论》，第111页。

② 恩格斯：《反杜林论》，第111—112页。

念，方才能够形成”。[①] 但是事实是怎样呢？事实是有世人都羡慕的自然的美，也有历史上的人们以至今日的我们都欣赏的艺术的美。即算说社会事物的美，单以不同的人的不同的美的观念来判断也许是很不一致的；然而美的事物究竟是美的事物，并不因为某些人认为它不美而就不美；反之丑的事物，也不因为有些人认为它美而就美。如社会主义战士的英雄品质和模范事迹，并不因为反革命分子认为不美而就不美，反革命的丑恶人物，也不因为反革命分子认为美而就美。因此“美”这种观念和道德观念并不是一样的，“美”并不就是社会基础的反映。

第四，所谓道德观念反映社会生活的物质基础，这就是说道德观念反映社会生活的内容或本质的条件，而不反映社会生活的现象和形式，因此道德观念基本上是抽象的，而不是形象的。但是“美”呢？客观事物的美和该事物的现象有关系，艺术的美和它所描写的形象有关系。艺术如果不是通过形象的描写来表现社会生活的本质规律，而只是抽象地表述社会生活的本质规律，就决不会有艺术的美。美的观念如果只是抽象地反映对象的本质规律，而和对象的形象无关系，决不可能是美的观念。即以人们的关于社会生活的美的观念来说，如果只是抽象地反映社会生活的本质规律，而和社会生活的现象或形式无关系，也决不可能是关于社会生活的美的观念。试用和道德观念一样反映社会基础的所谓美的观念去创造艺术作品，这种作品就只能是道德的说数，决不会有艺术的美；试用这种理论去分析艺术作品，就只能在作品里看到道德观念，而看不到艺术的美。如果认为美和道德观念一样是社会基础的反映，这就是抹煞事物的美的特点，抹煞艺术的特点，同时也是抹煞了美的观念的特点。

第五，在过去的历史上，在阶级社会里，统治阶级的道德观念和道德，就是支配的道德观念和道德。它是只有利于少数人的统治阶级而不利于多数人的被统治阶级，却要当作全社会的人的生活规范提出来，成为

① 吕荧：《美学问题——兼评蔡仪教授的〈新美学〉》，《文艺报》1953 年第 17 期。

支配的道德观念及道德，于是不可能明确地认识并肯定地说明它和所反映的社会基础之间的关系，倒是往往假托为神的告诫或圣人的箴言，把它当作永久的真理、普遍的准则。因此在过去社会里的道德观念及道德就不是对于对象的正确反映，而是夸张的、歪曲的反映。但是在现在的我们，对于过去社会里的道德观念及道德和它所反映的对象之间的关系，是可以明确地认识也可以肯定地说明的，即如我们现在的道德观念及道德，它是社会主义所有制的反映，是为社会主义所有制的发展和巩固而服务的，也就是要消灭资本主义，消灭私有财产制的，而我们能够明确地认识、也可以肯定地说明这一点，所以它是正确的反映，而不是歪曲的反映。至于美呢？吕荧说，美是道德观念一样反映社会基础的，但是"美"这种观念对社会基础的反映究竟是正确的还是夸张的、歪曲的反映呢？由上面所举的事实看来，根本是无法说明的，而且他根本也没有想到要说明所谓"美"的观念究竟是怎样的反映。虽然如此，他却断言"只有在共产主义社会里……超越一切阶级矛盾及矛盾回忆之上的、真正人类的美的观念，方才能够形成"。这就是说，从来人们的所谓"美"这种观念，以至今天我们的所谓"美"这种观念，都不是"真正人类的美的观念"。这不是完全否定从来人们的一切所谓美的东西吗？这不是否定今天我们的一切所谓美的东西吗？这不是否认过去以至现在人类在文学艺术及其他美好的生活上一切的劳作和贡献吗？

根据以上所说的几点，我们认为"美"的观念和道德观念不是一样的，美不是什么社会物质基础的反映。虽然人们的美的观念总是为社会生活所制约，特别是关于社会生活的美的观念是和道德观念相关的，而有相同之点；但是如果认为"美"和道德观念一样是社会基础的反映，不仅美只能是各阶级有各阶级的美，美只能是绝对地相对的东西；而且美的观念只能是歪曲的反映，只能是主观的妄想。这难道是符合于马克思列宁主义反映论的原则的吗？不！ 这是反马克思列宁主义的。

五

也许以为吕荧所谓“美是物在人的主观中的反映，是一种观念”，并不否认美的事物有它一定的特征；但是这种特征虽是客观事物本身的，却并不就是美；而它的使人认为这事物是美的，则是由于它适合于人的美感，适合于人的美的观念。因此美的事物的特征固然是客观的、甚至是自然的；而美并不是客观的，不是自然的，是因人而有的，是一种观念。而且无论美感或美的观念只是社会的人才有的，是在社会生活的基础上形成的，所以美的观念不能不是社会的观念。

这种说法，既承认美的事物的特征，也指出了这特征适合于人的美感，似乎是一种新鲜的说法，而美是观念之说似乎还有一条可走的道路。但是实际上，承认美的事物有某种特征，认为这种特征只是由于合乎人的美感才被认为是美的，这种说法，决不是什么新鲜的说法，原是过去许多唯心主义美学者早已说过多少遍的；单以近代来说，自沃尔夫（Wolff）以至里蒲士（Lipps）都是这样主张过，现在这里所说的根本没有脱出他们的窠臼。如果以为这是作为“马克思列宁主义美学”的论点提出的，那么我们也还是从马克思列宁主义反映论的原则，来看所谓美的事物的特征和美感及美的观念之间的关系如何吧。

这里所谓美的事物的特征本身并不是美的，只是由于它适合于人的美感，适合于人的美的观念才被认为是美的，所以美的观念依然不能说是美的事物的特征的反映，美的观念的内容依然不能说就是美的事物的特征，那么，美的观念是什么的反映？它的内容是从哪里来的？依然是问题。自然，这里似乎准备有一个解答，就是认为美的观念是美感的反映，它的内容就是从美感来的。而且以为客观事物的特征既适合于美感，也就适合于美的观念，而凭它适合于美感就可以说它适合于美的观念，于是这个解答也似乎能自圆其说。

美的观念是美感的反映吗？不！ 这种说法显然是错误的。 在美学上乃至我们日常生活上，美和美感是相关的却又完全不同的两个观念，无论怎样说，两者的内容决不能是同一的。 譬如说，“事物的美引起人的美感”，我们不能换成说，“事物的美感引起人的美”；即算说，“人由美感欣赏事物的美”，也不能换成说，“人由美欣赏事物的美感”，所以美和美感是两个内容完全不同的观念，这是毫无问题的。 可是现在所说的美的观念是美感的反映，美的观念的内容是由美感来的，那就等于说美的观念内容就是美感观念的内容，而美的观念就是美感观念了。 这是观念的混淆，决不是什么问题的解答。

这种错误虽然是很显然的，可是唯心主义美学的认为美的观念决定客观事物的美，它的论证前提，往往是由于把美的观念联系着美感来考虑，而认为美的观念根源于美感。 他们以为美的观念就和甜的观念一样，不是事物的特征的直接的映象，而是主体对于事物特征的感受的映象。 譬如说，糖有某种特征引起人们的甜的感觉，由甜的感觉而形成甜的观念；因此我们平时虽然也说糖是甜的，可是糖只有某种特征，这种特征可以引起人的甜的感觉：而糖本身并无所谓甜，它的那种特征也并不就是甜，所以糖的甜，只是对人而言有的，不是糖本身所有的。 他们以为美也是如此：美的事物有某种特征引起人的美感，人由美感形成美的观念；因此我们平时虽说客观事物是美的，可是客观事物本身并无所谓美，它的那种特征也并不就是美；所以美是对人而言有的，不是客观事物本身所有的。

然而现在我们知道，这样把美的观念看作和甜的观念一样实在是完全错误的。 因为甜的观念就是甜的感觉的观念，而美的观念不是美感的观念。 甜的观念是反映主体对于糖的特征的感受，而美的观念不是反映主体对于美的事物特征的感受。 关于主体对于美的事物特征的感受是美感、而不是美，所以和甜相当的是美感、而不是美。 甜和美感既然都是关于主体对事物特征的感受，因此甜的感觉或美感的内容、甜的观念或美感观念的内容都是属于主体的，而不是属于客体的；是属于人的，而不是属于物的。至于美的观念的内容显然是相反的，它不是主体对于美的事物特征的感受，而是美的事物的特征，它不是属于主体的，而是属于客体的，甚至如关于自然事物的美的观念的内容则不是属于人类的，而是属于自然物的。

是不是可以说，人的感觉内容或观念内容有不属于主体而属于客体的；不属于人而属于物的呢？当然是有的。列宁说："有没有客观真理？就是说，人的表象中能否有不依存于主体、不依存于人或人类的内容？"[①]客观真理当然是有的，不依存于主体、甚至不依存于人类的感觉内容、表象内容及观念内容当然是有的；而美的观念内容既不是依存于主体的，则是属于客体的；而且有关自然物的美的观念内容则是不依存于人类的，而是于自然物的。

关于美的观念内容和美感观念内容的这点区别，就我们自己的体验来说也是可以明确地认识的。我们试想一想美感的印象时，当能知道这个印象，无论是悦目或者赏心，就和甜之类的印象一样，总是直接关系着我们自己的感受的。至于美呢却不如此。美的映象，无论是美的人物或美的自然物，总是直接关系着客观对象的。虽然这美的对象的印象也能引起我们的美感，但是我们的美感和对象的美，在我们自己的体验中显然不是没有区别的。

这里所谓美感，并不是关于美的事物的一般感觉，而是如上所说有它特殊意义的，主要是指事物的美所引起的感官的快适或精神的快适等主体的感受；而关于美的事物的一般感觉则反映美的事物的现象和性质等，因此也就反映它的美的特征；由这种一般感觉所反映的美的对象的现象、性质和特征，因而形成美的观念。所以人们对于美的事物的认识，并不只是、甚至主要不是由于特殊意义的美感，而是由于一般感觉。美的观念，即以关于美的事物的一般感觉为基础，而反映美的事物的现象、性质和特

① 列宁：《唯物论与经验批判论》，第149页。

征，反映美的事物的美。只是这样，一方面人能形成美的观念，认识客观事物的所以美；另一方面人的美的观念就有客观的美为标准，得以检验其正确与不正确。也就是说，符合于客观的美的才是正确的美的观念，而不符合于客观的美的就不是正确的美的观念。因此美的观念虽随着人的主观性而往往不同，但是美却不是随着人的主观性而各有不同的美。

至于美感及美的观念只是社会的人才有的，也是在社会生活的基础上形成的，这是没有问题。但是这只能说明美感及美的观念一定受社会生活的制约，并不能说美感的对象一定是社会的，或美的观念内容一定是社会的。因为很显然的，对于客观事物的本质和规律的认识能力，自然科学有关的认识能力，都只是社会的人才有的，也是在社会生活的基础上形成的，却不能说自然事物的本质规律，自然科学的对象，也只能是社会的而不是自然的。否则不仅否定了自然科学，而且也否定了自然界的存在。那就是说，如果认为凡社会的人所认识的事物只能是社会的，而不能是自然的，这实质上就是认为人所认识的世界的一切，都是由人决定的，由人的主观决定的。这不用说就是唯心主义的基本论调了。

要之，吕荧所谓“美是物在人的主观中的反映，是一种观念”的说法，虽然其中有“物”有“反映”的字眼，却完全是和马克思列宁主义反映论的原则相反的，而他之所以安上这种字眼，又不过是他要披着马克思列宁主义词句的外衣来反对马克思列宁主义的一种表现而已。

六

吕荧所谓“美是观念”之说，既不符合于现实生活的实际，也不符合于马克思列宁主义反映论的原则，难道这还不是地道的唯心主义的美学理论，还有什么唯物主义的气息吗？

唯物主义的根本观点认为客观存在不依存于我们的意识，而我们的意识则反映客观存在，这就是列宁所说：“物存在于我们之外，我们的知和表象乃是物的映象。”[①]反之，唯心主义的根本观点就是否认我们意识之外的客观存在，否认我们的意识是客观存在的反映。唯心主义既然否认意识之外的客观存在，也就必然否认意识之外的客观事物的美，必然否认美是客观的，而认为美是主观的。从唯心主义的观点说来，既没有意识之外的客观事物本身，当然不可能有什么意识之外的客观事物本身的美，所以美只能是在于主观意识，不能是在于客观事物，这就是他们的逻辑。如果认为美是客观的，不是主观的，这就是承认意识之外的客观事物本身的美，首先就要承认意识之外的客观事物本身，承认意识之外的客观存在，这不是和唯心主义的根本观点相反而和唯物主义的根本观点一致的吗?

唯心主义既然否认我们的意识之外的客观存在，否认我们的意识是客观存在的“映象”，就必然要否认美的观念是客观事物的美的“映象”，否认美的观念根源于客观事物的美。从唯心主义说来，既然没有意识之外的客观存在，没有意识之外的客观事物本身的美，当然不可能承认美的观念是客观事物的美的“映象”，客观事物的美是美的观念的根源。如果承认美的观念是客观事物的美的反映，承认客观事物的美是美的观念的根源，这就是承认意识之外有客观事物本身的美，就要首先承认意识之外有客观存在，首先承认意识是客观存在的反映，这不又和唯心主义的根本观点相反而和唯物主义的根本观点是一致的吗?

因此承认美是客观的，承认客现事物本身的美，承认美的观念是客观事物的美的反映，就是和唯物主义一致的，而这种论点就是唯物主义美学的根本论点。反之，认为美是主观的，不是客观的，否认客观事物本身的美，也否认美的观念是客观事物的美的反映，就是和唯心主义一致的，而这种论点就是唯心主义美学的根本论点。

这里显然可以看出美学上的两条完全相反的道路，一条是唯物主义的，一条是唯心主义的，它们的根本分歧，就在于承认或是否认客观事物

---

① 列宁：《唯物论与经验批判论》，第135页。

本身的美，就在于承认或是否认美的观念是客观事物的美的反映，一句话，在于认为美是客观的还是主观的。

是不是美学上果然有这种根本分歧呢？我想，如果以为这是抽象的理论不必谈它，也许是可以的；但是即算谈具体问题也罢，如我们说文艺要反映现实的真实，而胡风却主张文艺要有主观战斗精神，这里根本上就表现着这种分歧，前者就是认为艺术的美或感人力在于反映现实的真实，而后者认为艺术美或感人力在于所谓主观精神。所以这种分歧是存在的，是不能抹煞的。

是不是有贯通两者的道路呢？我想，如果要混淆这两者的分歧，结果就是走唯心主义美学的道路。譬如朱光潜先生曾在他的《文艺心理学》说："美不仅在物，亦不仅在心，它在心与物的关系上面"，结论就不外是"凡美都要经过心灵的创造"。[①] 正如哲学上的二元论实质上是唯心主义，美学上的二元论实质上也不外是唯心主义的美学。

美学上的这两条完全相反的道路，不仅可以从根本理论上予以说明，而且也为美学史上的事实早已证实了的。吕荧说，美是客观的之说和"德国唯心论各派美学"有关，我们就来看德国唯心论美学两大派的代表人物康德和黑格尔的根本论点究竟怎样吧。康德说：

> 为了分别某一事物是美或不美，我们并不是为了认识而借悟性把它的表象联系着客体，而是借想象力（大概结合着悟性）把它联系着主观，而且联系着主观的快不快的感情。因此趣味判断不是认识判断，也就不是论理的判断，而是直觉的、Aesthetisch 判断。——所谓直觉的判断，就是说，它的规定根据不能是主观以外的东西那样的判断。[②]

---

① 朱光潜：《文艺心理学》，第 154 页。

② 康德：《判断力批判》，大西克礼译岩波文库版，第 64 页。

这里说得很明白，美的表象和客观事物并无关系，它的内容是主观的。也就是说，所谓美，就是在我们判断它时，不由悟性的概念，而以感官的感觉为媒介给予我们快适的东西，毫无所为而给予我们快适的东西。要之，在康德说来，美根本是给予主观以快适的东西，而给予主观以快适就是美的根本特点。所以美就是决定于主观的快适，而美也就只能是主观的，不能是客观的，这是不用说的。原来康德的哲学思想认为我们所经验的现象世界，要由我们先验的直觉形式和悟性范畴加以整理而成为统一的整体，也就是说，我们所认识的现象世界就是由主观意识决定的。虽然他也承认有所谓“物本身”，但是这“物本身”是不可知的。而一切可知的现实事物既是决定于主观意识，那么美也只能是决定于主观意识，不能是客观的，这在康德是完全合乎他的逻辑的。这种论点就是康德哲学思想的所以是唯心主义哲学，他的美学思想的所以是唯心主义美学。

至于黑格尔的美学思想的根本论点呢？我们看他的这一段话吧。

> 我们曾规定美就是美的东西的观念（Idea）。这个定义表示了我们把美的东西看作是观念，而且看作是一种特定的观念，即理想，这样设定的观念，就正是概念，是意念的实现，并且是两者的统一。①

这里也说得很明白，美是一种观念，不在于客观事物。原来黑格尔的哲学思想认为世界的根源是绝对精神，现实世界是绝对精神的外化，人的意识则是绝对精神的复归。他虽然承认现实世界，而现实世界还是根源于精神。因此黑格尔的美学思想决不可能认为美在于客观事物，不可能认为客观事物的美是美的观念的根源，相反的，只有认为美是一种观念，而美的观念的根源则是精神。这种论点就正是黑格尔美学思想的所

---

① 黑格尔：《美学》，Osmaston 英译，1920 年版，第 125 页。

以是唯心论的美学。

这两个代表德国古典唯心主义的美学家，由于他们的哲学思想是唯心主义，否认不依存于人们的意识的客观存在，否认人们的意识是客观存在的反映，他们的美学思想也就要和他们的哲学思想一致，而且也正是根据他们的哲学思想，否认意识之外的客观事物的美，否认美的观念是客观事物的美的反映，而主张美在于主观意识，不在于客观事物。虽然他们之间的具体说法很有不同，而他们认为美在于主观意识，不在于客观事物，这是他们共同的特点，也正是由他们的唯心主义哲学思想所必然得到的唯心主义美学的根本特点。

可是唯物主义美学是不是也应该同黑格尔派一样主张美是一种观念而否认美是客观的呢？不仅从理论上说是不可能的，以美学史的事实说也是相反的。这里也举两个杰出的唯物主义者的美学思想来看吧。

狄德罗，这位法国十八世纪的唯物主义大师，在《论美》一文中说："我所谓在我之外的美，就是一切包含着在我的理解上可以引起关系这观念的东西；还有对我来说的美，就是一切可以引起关系这观念的东西。"[①]这里也说得很明白，美是客观事物的一种关系，美的观念就是客观事物的这种关系引起的一种关系的观念。而且他就在本文里还针对着康德美学思想的先驱沃尔夫的唯心主义美学论点，给予了严正的反驳，指出沃尔夫派的根本错误在于把美和美感的快适互相混淆；而认为美虽然能给予人以美感的快适，却不能说美感的快适就是美，或美在于美感的快适。他对沃尔夫派美学的这种反驳，在我们看来，也可以作为对康德美学的根本论点的有力的反驳。总之狄德罗认为美是客观的，反对美是主观的，这是没有疑问的。

车尔尼雪夫斯基是大家所熟悉的，也是我们在上面就谈到过的。他的最初的美学论文《艺术对现实的美学关系》，据他自己的话说："是一

① 狄德罗：《论美》，载《狄德罗全集》，Pleiade 版，第 1126 页。

个应用费尔巴哈的观念来解决美学的基本问题的尝试”；而且也如费尔巴哈的哲学会针对着黑格尔派的哲学进行批判一样，车尔尼雪夫斯基的美学也针对着黑格尔派的美学进行了批判。他把黑格尔派的基本论点和他自己的基本论点对照起来，严峻地指出了两者的根本分歧，认为黑格尔派的“美是观念”之说，不过是认为美是幻想，而否认现实中的真正的美；他自己的“美是生活”的定义，就是认为真实的最高的美是人在现实世界中找到的。关于这点，他在其后一篇美学论文《艺术对现实的美学关系（自评）》里又申述着说：

> 关于美，他（车尔尼雪夫斯基自称——蔡）所采取的和所驳斥的看法之间的区别，是十分重要的。假如说美是“观念在特殊事物中的完全显现”那末在现实事物中就不可能有美，因为观念只能够在整个宇宙中完全显现，而不可能完全实现于特殊事物之中；由此推论，只有我们的幻想可能把美带到现实中来，而美的真正领域就是幻想的领域，……反之，从他所提出的“美是生活”这概念就得到如下的结论：真正的美是现实的美……①

他这样反复地驳斥黑格尔派的“美是观念”之说，而坚决地主张美在于客观现实，并且特别指出两者之间的区别“十分重要”，难道还能说他认为美是一种观念，而否认美是客观的吗？

这两位杰出的唯物主义思想家，都反对美在于主观意识，而认为美在于客观现实，这是毫无疑问的。这种观点，不能不说就是他们的美学思想的所以是唯物主义的基本特点。

由上面所说几个有代表性的美学家的思想看来，也证明着美学史上有这样两条完全相反的道路：一条是唯物主义的，认为美在于客观现实；

① 车尔尼雪夫斯基：《美学和文学批评集》，1951 年版，第 63 页。

一条是唯心主义的，认为美在于主观意识。吕荧的“美是观念”之说，本是非常腐朽的反动的唯心主义的美学论点；但他却披着马克思列宁主义词句的外衣，并肆意歪曲历史事实来粉饰他的这种腐朽的反动的唯心主义美学论点，不难看出，这就是“反革命”的胡风分子一贯玩弄的两面派的手法。

七

事实也已表现得很明白，吕荧的美学理论并不是一般的错误的唯心主义的美学理论，它是胡风集团的“反革命”思想在美学上的概括，又是他们的“反革命”活动在美学上的辩护；而吕荧的宣传这种美学理论，就是实行“反革命”头子胡风所指示的从理论上做的“挖心战”。

譬如说，我们认为我们民族的艺术遗产许多都是非常优美的，当前不少社会主义现实主义的文艺作品也是美的；反之，胡风分子却极力否认我们民族优美的艺术遗产，尤其多方诋毁现在社会主义现实主义文艺的成就。而吕荧的美学理论就是说，客观现实没有所谓美，反映现实真实的现实主义的艺术也就没有什么艺术的美；艺术的美在于表现主观的美的观念，而不同的人有不同的美的观念，封建社会的艺术遗产对现在的我们决不能是美的。

我们认为社会主义的战士是美的，反革命分子是丑恶的；反之，胡风分子的作品中就丑化了我们的社会主义的战士，并大事颂扬蒋匪帮的头目；而他们实际上污蔑一切革命的作家、文化人士及革命干部为“苍蝇”或“蛆虫”，同时他们自己却互相标榜为“英雄”。而吕荧的美学理论就正是说，客观事物本身并无所谓美，美是因人而不同的，社会主义战士本身既无所谓美，反革命分子认为他们是丑的就是丑的；反革命头子本身也无所谓不美，反革命分子认为他们是美的也就是美的。

我们认为美在于客观现实，也就是说社会生活现象本身就有美的和丑的之分。旧社会的人剥削人、人压迫人的现象是丑恶的，消灭旧的社会制度、进行社会主义革命和社会主义建设的行为当然是美的。可是胡风分子则是相反的，他们非常仇视、憎恨、厌恶我们的社会主义革命，非常欣赏、留恋、拥护旧的社会生活。而吕荧的美学理论就正是说，美不是客观的，客观的社会生活本身也无所谓美或不美；美是一种观念，也就是主观加在现实上面的幻想，因此被压迫的被剥削的人民过的虽是贫困的生活，只要幻想它是美的它就是美的；而统治者的反动派过的虽是腐朽荒淫的生活，也只要幻想它是美的也就是美的；只是革命却要揭露这两种生活的真相，打破他们的幻想，所以革命不仅不能创造“美”，反而毁灭了他们的“美”梦，于是革命倒是“可恶”的，而他的反革命倒是“美”的了。

吕荧的这种美学理论不正是在美学方面为他们的“反革命”活动辩护的理论吗？不正是在美学方面为他们的“反革命”活动给予了思想基础吗？我们从他的理论实质和他们的罪恶活动看来，是不可能得到别的答案的。毫无疑问，吕荧在披着马克思列宁主义词句的伪装下宣传他这种美学理论，就是胡风集团反革命活动的一种表现，一个环节。

我们必须彻底地批判吕荧这种美学思想的反动性和危害性，肃清它可能发生的影响；同时还必须努力学习马克思列宁主义，加强美学研究工作，使我们的美学思想从根本上和反动的唯心主义美学思想划清界限。

一九五五年十二月初整理

（本文原刊于《北京大学学报》1956 年第 4 期）

1957 年

吕荧对《新美学》“美是典型”之说是怎样批评的?

——我的美学思想和我的批评者之二

蔡 仪

这篇文章是由一九五三年末的旧稿稍加整理而成的。吕荧是我的美学思想的第一个批评者，其后那些对我的批评，无论在批评观点或批评方法上，都有和他的前后相承如出一辙之处。在我有机会写其他反驳文章之前，拿出这篇来发表，我想一则可以让大家看看吕荧的批评究竟怎样，二则也可以暂时兼答其他批评者。

前 言

吕荧在一九五三年的《文艺报》上发表的《美学问题》一文，倡导他的“美是观念”之说，反对《新美学》的“美是典型”之说。对于他的“美是观念”之说，我在《论美学上的唯物主义与唯心主义的根本分歧》里曾批判过，指出了他这种主观唯心主义美学思想的反动性。对于他的批评《新美学》的“美是典型之说”，我想在这里冷静地考察一下，看他是怎样批评的。

关于美是典型，《新美学》中有一段简略的说明，曾为吕荧引用在他的文章里，如下:

究竟怎样的客观事物才是美的事物呢?美的客观事物须具备着怎样的本质的属性条件呢?或者说美的本质是什么呢?我们认为美的东西就是典型的东西,就是个别之中显现着一般的东西;美的本质就是事物的典型性,就是个别之中显现着种类的一般。①

此外还有一段概括的说明是这样的:

总之美的事物就是典型的事物,就是种类的普遍性、必然性的显现者。在典型的事物中更显著地表现着客观现实的本质、真理,因此我们说美是客观事物的本质、真理的一种形态,对原理原则那样抽象的东西来说,它是具体的。②

上面那两段话是非常简单的,不过主要意思还算明白,那就是:美的事物是个别性显著地表现着一般性、必然性,具体现象显著地表现着它的本质、规律的典型事物;美的本质就是事物的典型性,就是事物的个别性显著地表现着它的本质、规律或一般性。这是《新美学》对于美的事物是什么、美的本质是什么这个问题的主要解答。此外还有与此相关的另一方面的解答,等下面再谈。

这里所说的典型事物是客观现实中存在的事物,也就是具体的、个别的实际存在的事物;其所以是典型的事物,是在于它的个别性和一般性的统一之中,大致说来,一般性是基础的、是优势的,而个别性直接间接地是从属于一般性,也充分地体现着一般性的。因此所谓典型事物并不是指单纯的一般的东西,所谓典型性也不是指单纯的一般性。

又这里所谓种类,不仅是指同种类的个别事物的总体,同时还包括同

① 蔡仪:《新美学》,群益出版社1948年版,第68页。

② 蔡仪:《新美学》,群益出版社1948年版,第80页。

种类的个别事物的产生根源。于是所谓“种类的一般性”或“种类的普遍性”，不仅是指同种类的个别事物普遍有的性质，同时还包括产生它们的相同的根源。所谓“一般性”“普遍性”，就是客观现实的本质的东西、必然的东西，同种类的个别事物所由产生的根源的东西。

《新美学》的关于美的事物或美的本质是什么的这一解答，究竟错误如何，缺点怎样，我想在别的文章里去谈，现在只看吕荧对它的批评根据如何、论证又怎样吧。

一

吕荧对《新美学》的“美是典型之说”的批评，除了个别的词句之外，较为详细的重要论证有三：一是批评《新美学》的所谓典型是一个“谜”，是把美看作“超现实的”“抽象的一般的”东西；二是批评《新美学》的典型论中所谓种类的一般性，是把现实事物的本质变成一种观念，是重复了唯心主义美学的道路；又说是把“生物学上的规律——种类”“任意移植于社会中”的“生物社会学”；三是批评《新美学》的“典型是美”之说是理论的混乱。这里先谈第一点。

吕荧怎样批评《新美学》的所谓典型是一个“谜”呢？他说：

> 蔡仪同志在全书里，对于这些关于他的理论的基本问题，始终不能具体地加以说明，只是把朱光潜用在《文艺心理学》里的两个例子（毕非尔神父的美的眼睛和《登徒子好色赋》的美女）搬来解释他的理论，认为美的眼睛就是“大多数眼睛都像它那副模样的”眼睛，而典型的女人就是“增之一分则太长，减之一分则太短，着粉则太白，施朱则太赤”的女人。但是什么是“典型的眼睛”或“典型的女人”，对于我们仍然是一个“谜”，而什么是蔡仪同志所谓

的“典型的事物”和“它的属性条件”对于我们也是一个谜。[1]

在吕荧的这段话里，说《新美学》全书中只是“搬”用了朱光潜《文艺心理学》里的“两个例子”来说明自己的理论，这完全是抹煞事实的说法。《新美学》全书中用以说明美是典型的并不只是“两个例子”，而是数十种前人言论、文艺作品和实际事物的例子；即以这“两个例子”来说，也不只是从《文艺心理学》里“搬”来的，它们都是前人的言论，并不是朱光潜自己的言论，《新美学》是从《文艺心理学》转引来的——在《新美学》中，凡引用的话只说明原主人，凡转引的话都没有注明出处，并不限于这“两个例子”——但是《新美学》引用它们和《文艺心理学》的引用它们不同，《文艺心理学》主张美是心灵的创造，是否认这种例子的美的意义的；《新美学》主张美是典型，是肯定它们的美的意义的。凡是这些，只要稍为翻一下《新美学》的人是可以知道的。吕荧批评《新美学》，是看过《新美学》的，也是应该知道的；他明知道而又要是那么说，这不是有意抹煞事实吗?

至于所谓“美的眼睛”，《新美学》并不是把它和整个的人分开来说的，《新美学》里曾明白地说过，“眼睛既不能离开人体而单独存在，眼睛的美也不能离开人体而单独存在。……所以尽管我们平时说美的眼睛，可是我们不能离开个体而想象单独地存在的眼睛的美”[2]。于是很显然的，吕荧所谓什么是“典型的眼睛”的问题，也就不是单独地存在的问题了。所以吕荧所提的问题，实际上就是什么是“典型的女人”的问题。

《新美学》所说的这个“典型的女人”究竟是不是一个“谜”呢? 原文是这样的:

---

① 吕荧：《美学问题——兼评蔡仪教授的〈新美学〉》，《文艺报》1953 年第 16 期。

② 蔡仪：《新美学》，群益出版社 1948 年版，第 176 页。

> 再引宋玉《登徒子好色赋》来说："天下之佳人莫若楚国，楚国之丽者莫若臣里，臣里之美者莫若臣东家之子。东家之子，增之一分则太长，减之一分则太短，着粉则太白，施朱则太赤。"在这里很显然的，这位美人的形态、颜色，一切都是最标准的，也就是概括地体现了"臣里""楚国"，天下的女人的最普遍的东西了。由此可知她的美就在于她是典型的。①

这里在说明"典型的女人"这一点上，对一般人该是可以明白的，而吕荧却故弄玄虚说是一个"谜"，要由此来反对美的女人是典型的女人、美是典型之说。

然而，吕荧的故弄玄虚，终于不得不露出马脚。在他的文章里就明白地肯定了东家之子这个美的女人是典型的女人。用他自己的说法，东家之子是"封建社会贵族阶级心目中所爱好的典型的女子"。那么东家之子这个美的女子毕竟是"典型的女子"，并不是一个"谜"了。于是就这个例子来看，美的女子是"典型的女子"，美的东西是典型的东西，不仅不是一个"谜"，反而由他自己说出来了。这就是说，他在这里承认了我所承认的，而反对了他自己的"反对"。

到这里，本来主要的问题已经不成问题了。然而吕荧却还要说《新美学》说东家之子是"典型的女子"是一个"谜"，而且以此为根据来反对"美是典型之说"，这又是什么原因呢？这原因，我们看吕荧论"东家之子"的所以是"典型的女子"的具体说法是可以了解的。吕荧说：

> 《登徒子好色赋》里对于"东家之子"还有几句具体描写，但是被（《新美学》）略去了。这描写是"眉如翠羽，肌如白雪，腰如束素，齿如含贝，嫣然一笑，惑阳城，迷下蔡"。从这段描写，我们

---

① 蔡仪：《新美学》，群益出版社1948年版，第69页。

> 可以看出来，这并不是什么抽象的一般的典型，而是封建社会贵族阶级心目中所爱好的典型的女子。[1]

原来吕荧认为“东家之子”是“封建社会贵族阶级心目中所爱好的典型的女子”，所以并不是什么“抽象的一般的”典型的女子，以反衬着《新美学》没有说她是“封建社会贵族阶级心目中所爱好的女子”，就等于说她是“抽象的一般的”典型的女子。于是吕荧所反对的并不是美的女人就是典型的女人，而是反对《新美学》对于东家之子是典型的女人的说明。

《新美学》用宋玉的话说明“东家之子”是（臣里）（楚国）（原文这两个名词带括弧，表示重点在此）乃至天下的女人中的典型的女人，也就是从一定的范围来说的一定的人群中的典型的女人。而吕荧说这是“抽象的一般的”，他的理由不外是所谓“典型的女子”要如他那样说是什么“阶级心目中所爱好的”才对。

为什么只有说“东家之子”是“封建社会贵族阶级心目中所爱好的”才是典型的女人、才是美的女人呢？这不可能是别的，只是由于吕荧的美的观点。按吕荧的“美是观念之说”，世界上本无所谓美人，所谓美人，只是因为她是某些人“心目中所爱好的”。

然而，吕荧的“美是观念之说”如我们在《论美学上的唯物主义与唯心主义的根本分歧》所论证过，是主观唯心主义。如果“东家之子”因为是封建社会贵族阶级“心目中所爱好的”，才是典型的女人，才是美的女人，那么登徒子的“蓬头挛耳，齞唇历齿，旁行踽偻，又疥且痔”的老婆，也会因为她是登徒子“心目中所爱好的”而是典型的女人，也就是美人。所以认为一定要说是什么人“心目中所爱好的”才是典型的女人，才是美人，就这个例子说，恰好是美丑不分，是非颠倒。

---

① 吕荧：《美学问题——兼评蔡仪教授的〈新美学〉》，《文艺报》1953 年第 16 期。

也许以为吕荧说的是，“东家之子”是“封建社会贵族阶级”的典型的女人，而《新美学》没有说她是“封建社会贵族阶级”的，所以是“抽象的一般的”。这一说法本来和吕荧的说法是不符的，现在我们且退一步，即算他说的是如此，可是这样说又有什么根据呢？试看他特别引来的“几句具体描写”，一点也不能证明“东家之子”果然是“封建社会贵族阶级”的典型的女子。一则所谓“眉如翠羽，肌如白雪”这两句所描写的容貌，按一般的理解，根本是宋玉所说“受之于天”的身体的美，毫不足以证明她一定是“封建社会贵族阶级”的典型的女子；所谓“惑阳城、迷下蔡”，说她是阳城、下蔡的贵族心目中所爱好的女子，也不足以证明她一定是“封建社会贵族阶级”的典型的女子，一定不是如西施那样的农家的浣纱女。很显然的，他之所以这样说，除了只是由历史教本上套用来的名词外，难道还有什么别的根据吗？

然而，吕荧在这样论了“东家之子”以后，却进一步批评《新美学》说，《新美学》“认为美和现实生活无关，是一种超社会超现实的东西”。他说：

> 美的观念因时代、因社会、因人、因人的生活所决定的思想意识而不同。正如上面说的，贵族地主和农民对于女子的美的观念不同，而那个“眉如翠羽，肌如白雪，腰如束素，齿如含贝”的“东家之子”，在认为纹身、穿唇穿鼻是美的澳洲原始民族看来，也只是一种怪物。
>
> 可是，蔡仪同志不是这样看的。他认为美和现实生活无关，是一种超社会超现实的东西，是一种抽象的客观存在。[1]

吕荧所谓“蔡仪同志不是这样看的”，这是又一次的抹煞事实的说

[1] 吕荧：《美学问题——兼评蔡仪教授的〈新美学〉》，《文艺报》1953年第16期。

法。在《新美学》里说明美的观念因时代、因社会、因人而不同的情形，比之吕荧文章中所说的远为详细得多。我现在摘录部分话语来看吧。

> 美的观念虽有客观的基础，但是意识又受各人不同的自然条件和社会条件的制约，而致各人所把握的对象、所获得的认识各有不同之处。……
>
> 不过自然条件的限制性在美的认识上无多大的特殊性，也就是对于人们的一般的美的认识无多大的影响。而美的认识的主观性首要的是决定于社会的条件。……
>
> 决定意识的社会条件，主要是生产过程中人和人的关系，也就是社会的阶级关系；同样决定美的认识的社会条件，主要是生产过程中人和人的关系，即社会的阶级关系。但美的认识只是意识活动的一部分，必和其他的意识活动联系着，如达尔文所说“和各种复杂的观念以及思想的连锁结合着”，也就是为其他的“各种复杂的观念以及思想”所制约。总括一句话说，美的观念即为阶级的意识形态所制约。如农夫的美女观不是贵族那样娇弱的，而贵族的美女观也不是农夫那样健壮的，这一则是由于他们的实际的社会生活，二则也由于他们的阶级意识形态所规定的。[①]

在这些话里，关于美的观念因阶级、因人的生活等等不同这个主要意思，不是说得比吕荧所说的详细吗？吕荧既然看过《新美学》，不会看不到这些话，看到了而又要那样说，难道不是又一次的抹煞事实的诬蔑吗？

吕荧一方面抹煞《新美学》关于“美的观念”的说明，当作没有这回事；另一方面以他关于“美的观念”的说明来反对《新美学》的关于

---

① 蔡仪：《新美学》，群益出版社1948年版，第153—155页。

"美"的说明。如《新美学》里明明白白说过多少遍：美是在于客观现实事物，社会美是决定于阶级的一般性。这样的话，吕荧在他的文章里也曾引用过，可见并不是不知道，但是他还是要断定《新美学》"认为美和现实生活无关，是一种超社会超现实的东西，是一种抽象的客观存在"；甚至断定《新美学》认为"美的观念""和现实生活无关，是一种超社会超现实的东西，是一种抽象的客观存在"。这就不单是一般的抹煞事实的污蔑，却还有其他的原因。

这原因是什么呢？就是由于《新美学》认为美是客观的，是不依存于欣赏的人的主观意识的，或者如吕荧批评所说是"超越人的意识"的；而他认为"超越人的意识"就是"超社会"、就是"超现实"，也就是"抽象的客观存在"。很显然的，据吕荧的理论，现实存在是依存于"人的意识"的，而离开人的意识也就没有现实存在，有的只是"抽象的客观存在"。这种论调是什么呢？难道不是主观唯心主义的老调吗？

也许有人要问：《新美学》主张有自然美，主张自然界事物本身有美，不是主张美是超社会、超阶级的吗？是的，《新美学》主张自然界事物本身有美，而自然界事物的美是"超社会""超阶级"的；但《新美学》并没有主张只是自然界事物才有美，相反的，却明明白白主张社会事物本身也有美和艺术作品也有美。主张社会事物的美，如上所说，在阶级社会里是阶级关系决定的，显然不是所谓"超社会""超阶级"的；主张艺术作品的美，在阶级社会里也是为阶级性所规定的，也不是所谓"超社会""超阶级"的。而吕荧抹煞《新美学》的这些论点，认为《新美学》的所谓美都是超社会、超阶级的，甚至是所谓超现实的，难道不是由于他认为"超越人的意识"就是超社会、超现实，难道不是由于他认为社会生活、现实存在一切都是依存于主观意识的吗？难道这还不是主观唯心主义的老调吗？

二

其次吕荧认为《新美学》把典型看作是事物的个别性充分地体现着它的种类的一般性或本质，这是“把现实事物的本质变成一种形而上学的观念”，于是《新美学》正重复了历来的唯心论美学的道路。他的话是这样说的：

> 《新美学》认为美是客观的存在，但是他所说的“典型”，客观事物的“本质”，实际上抛弃了客观事物的现实性的本质，把事物当做孤立的、固定的、不变的个性，把现实的事物的本质看做是一种各个个体所共同具有的东西，因之把它“只能理解为一种‘种’，只能理解为一种内在的、仅靠自然的连结把无数个体联系起来的盲哑共同性”；换言之，就是把现实事物的本质变为一种形而上学的观念。①
>
> 历来的唯心论的美学都是从抽象的“艺术原则”或“美的规范”出发，以“艺术”“普遍的美”等等要求为基础的。蔡仪同志的《新美学》正重复了他们的道路。②

这里第一点是说《新美学》抛弃了“典型”“客观事物的本质”的“现实性”。《新美学》认为“美的东西就是典型的东西，就是个别之中显现着一般的东西；美的本质就是事物的典型性，就是个别之中显现着种类的一般”。为什么是抛弃了“典型”“客观事物的本质”的“现实性”呢？这也是不能由一般常识所能理解，只有由吕荧的特殊逻辑才能明白。

---

① 吕荧：《美学问题——兼评蔡仪教授的〈新美学〉》，《文艺报》1953 年第 16 期。

② 吕荧：《美学问题——兼评蔡仪教授的〈新美学〉》，《文艺报》1953 年第 16 期。

因为吕荧所谓“现实”原是依存于人的意识的，而“超越人的意识”就无所谓“现实性”。《新美学》却认为“客观事物的本质”“典型”和美是不依存于观赏的人的意识的，也就是他所谓“超越人的意识”的，所以他认为这就是“抛弃了它的现实性”了。譬如，“东家之子”这个“典型的女子”，由吕荧看来，《新美学》没有说她是什么人“心目中所爱好的”，那就是“抽象的一般的”、也就是“抛弃了”她的“现实性”，是的，《新美学》反对这种认为客观现实依存于人的意识的论调，当然“抛弃”这种所谓“客观事物的本质”“典型”和美依存于观赏的人的意识的“现实性”。

吕荧批评《新美学》把事物的本质“只能理解为一种‘种’，只能理解为一种内在的、仅靠自然的连结把无数个体联系起来的盲哑共同性”，又是什么意思呢？原来括弧里的话，是马克思批评费尔巴哈对于“人的本质”的认识错误而说的。马克思说：“人的本质在其现实性上，是社会关系的综和。”而费尔巴哈不能理解这点，“他只能（把人的本质）理解为一种‘种’，只能理解为一种内在的、仅靠自然的连结把无数个体联系起来的盲哑共同性”，所以是错误的。吕荧把马克思这些话引来，却把原来所指的“人的本质”换成“现实事物的本质”，这样一换究竟是什么意思呢？那就是认为一般“现实事物的本质”等于“人的本质”，而离开人或“超越人的意识”就没有什么“现实事物的本质”，这又正表现着他的主观唯心主义的观点。

《新美学》认为“现实事物的本质”“典型”和美，和事物的种类的一般性有关系。所谓种类本不只是自然科学的用语，也是社会科学的用语，因为并不只是自然界事物才有种类之分，社会事物也有种类之分。《新美学》的用“种类”一词，就是包括自然事物和社会事物而说的；如果单说自然事物，往往不用“种类”一词，而用“种属”一词；单说社会事物，也往往不用“种类”一词，而用社会关系或阶级等词。《新美学》里不止一次说过这样意思的话：“任何事物的美，不是由自然的种属的属性条件所决定，便是由社会的阶级的属性条件所决定”。[①] 而吕荧所谓《新美学》把现实事物的本质“只能理解为一种‘种’，只能理解为一种内在的、仅靠自然的连结把无数个体联系起来的盲哑共同性”，无异于说《新美学》把一切事物的本质都看作是自然的种属的一般性，这又显然是抹煞事实的污蔑。

至于《新美学》是不是重复了历来的唯心论美学的道路呢？关于这点，我在前述另一文中详细地论过，这里只说唯心主义美学从来也没有主张美是客观的这点事实，当可以知道吕荧这种说法究竟是什么意思了。

然而，吕荧还说：

> 《新美学》不仅从超社会、超现实的观点来看美，把美看作超越人的生活和人的意识的客观存在；而且也从超社会超现实的观点来看人，把人看作不属于任何历史时代、任何社会、任何阶级的客观存在，一种生物学上的种类。
>
> 《新美学》里写着……“人是动物的种类范畴中其种类的属性条件是优势的”，而牛，“其动物的种类的属性条件是比较劣势的”，所以“美的人必是美的动物，而美的牛则不是动物中的美的”。正如“显花植物之于植物便是典型的种类，人之于动物也是典型的种类”。
>
> 《新美学》告诉我们，人是“典型的动物”。
>
> 但是人这种动物，我们知道，自从开始进行生产以来，就离开“狭义的动物”了。……所以马克思说：“人的本质在其现实性上，乃是社会关系的总和。”
>
> 可是，《新美学》超越了一切社会关系和历史过程，用抽象的生物学上的人类来代替现实生活中的人类，并且在这一点上来观察自然、社会、以至于美，构成了“事物的种类”“美的本质”“美的认

① 蔡仪：《新美学》，群益出版社 1948 年版，第 83 页。

识”“美的种类”，整个的理论体系。[①]

在《新美学》里确实是“写着”人是一种动物，从自然系统来说，而且是典型的动物。《新美学》认为人类能充分体现“动物的主要的一般性”的“能动的活动”，“有最为发达的意识作用，有高级形式的思想”，所以“人类之于动物也是典型的种类”。这些话都是在论自然界事物的美时从自然系统来说的。如果不是《自杀俱乐部》里的脚色，不会觉得这有什么侮辱人类尊严的地方吧。

然而《新美学》是不是认为人是“狭义的动物”呢？完全不是。在说了“人之于动物也是典型的种类”之后，接着就说：“不过在这里还得附带地来申明几句，这里所举的例子，是仅就其属于自然的种类范畴来看的，若从别的规定之下来看，当然不同。”

也就是说，《新美学》并不是认为人只是一般的动物，如吕荧批评所说，“把人看作不属于任何历史时代、任何社会、任何阶级的客观存在，一种生物学上的种类”。在《新美学》里有好多地方说到人是自然的同时也是社会的，说到人的美一方面是属于自然美、另一方面又属于社会美；而且还有专节说明人的社会性，阶级社会里人的阶级性，说明社会美，人格美的决定条件是社会关系、阶级的一般性等。原文太长，更无法照抄；不过吕荧硬是把它抹煞当作没有，却针对着这“没有”来批评，所以我只好摘记其中的几个要点来看吧。

> 人原是自然的东西，是一种发展到了最高阶段的动物。就现在的人来说……而且能改造自然，支配自然的。也就是一方面是自然的，另一方面又是和自然对立的。
>
> 人类的能够达到现在这样，实在是由于劳动……

---

① 吕荧：《美学问题——兼评蔡仪教授的〈新美学〉》，《文艺报》1953年第17期。

> 同时又因为劳动，不仅变化了自然实体的人，而且变化了自然关系的人……
>
> 然而人类由动物的阶段发展到了社会的阶段，人和人的自然关系已降低到了次要的地位，也就是说，生产关系取得了主导的地位，生产过程中人和人的关系取得了主导地位。……
>
> 因为社会关系规定着个人……而就人来说，人的本质是社会关系的总和，离开社会人也就还原于动物了。①
>
> 那么社会美的主要的决定条件是什么呢？……随着生产力和生产关系矛盾的发展，这种自然性的生产关系被扬弃了，生产手段和劳动力分割了，于是在生产过程中人和人的关系主要是生产手段所有者和劳动力所有者的关系了，于是这种阶级关系浸透于其他一切的社会关系，成为社会事物的主要的决定条件，也就成为社会美的主要的决定条件。②

这里所引的话是不完全的，所说的道理也是不周到的，只是证明《新美学》并不是如吕荧所说“把人看作不属于任何历史时代、任何阶级的客观存在”，或所谓“超越一切社会关系和历史过程，用抽象的生物学上的人类来代替现实生活中的人类”，以及所谓“在这一观点上来观察自然（?）、社会以至于美”；只是证明吕荧又一次摘取个别词句，抹煞显著事实，进行恶意的污蔑。

吕荧说：“蔡仪同志也知道，人和事物并不存在于抽象的自然之中，是存在于具体的社会之中。”③吕荧这样说时，似乎还是为我留点余地，可是我必须说明白，我并不知道所谓“抽象的自然”是一种什么“自

---

① 蔡仪：《新美学》，群益出版社 1948 年版，第 204—206 页。

② 蔡仪：《新美学》，群益出版社 1948 年版，第 208—209 页。

③ 吕荧：《美学问题——兼评蔡仪教授的〈新美学〉》，《文艺报》1953 年第 17 期。

然”，也并不知道“事物”只是“存在于具体的社会之中”；我只知道一点，这种认为“自然”是“抽象的”，认为除了“存在于具体的社会之中”以外没有事物的说法，就是抹煞客观的自然界的存在，就是认为一切客观事物都是依存于人和人的意识的，就是主观唯心主义的欺骗。

接着上面那两句话之后，吕荧又批评说：蔡仪“为了调和这个理论上的矛盾，就在他的自然范畴之中划出一小块地方给与社会范畴”；“虽然如此，但是在蔡仪同志的美的理论里，却丝毫没有这个社会范畴的地位。”为什么呢？因为《新美学》无论谈“美的事物”或“美的本质”，都联系到“种类的普遍性”。于是“所谓‘社会的阶层关系’只是‘种类’的代名词，而所谓‘社会的范畴’和‘社会的事物’，也只是‘第二种自然的范畴’和‘第二种自然的事物’而已”。结论就是：“正如一切庸俗的社会学一样，生物学上的规律（种类）在这里被任意移植于社会中，应用于一切社会生活的现象，这样，在《新美学》里的社会学，只是一种生物社会学，生物学与庸俗社会学的混合物。”①

很显然的，吕荧这段批评是抓住“种类”一词在做文章。如上所说，“种类”一词，原不只是用于自然事物，也用于社会事物；不只是指同样事物的总体，也包括同样事物所由产生的根源。这种用法决不是《新美学》所特有的，何况在《新美学》里，又如上所说，单就自然事物来说时是用“种属”一词，单就社会事物来说时，则用“社会关系”或“阶级”等词，因此对于自然界事物和社会事物的区别是够清楚的。然而吕荧硬是抹煞《新美学》中“种类”与“种属”的区别，硬说《新美学》中用“种类”包摄社会事物是“把生物学上的规律（种类）在这里任意移植于社会中”，硬说《新美学》里的社会学“只是一种生物社会学、生物学和庸俗社会学的混合物”。这又是显然抹煞事实的恶意污蔑。

如果说《新美学》里所举的例子多是自然事物，这是事实。但是这

---

① 吕荧：《美学问题——兼评蔡仪教授的〈新美学〉》，《文艺报》1953年第17期。

只是由于自然事物的例子条件较为简单，说明也就较为容易；并不是只重视自然事物的美，更不是所谓只在“自然范畴中划出一小块给社会范畴”。在《新美学》中不仅明白主张有社会美和艺术美，而且明白主张“社会美高于自然美”，明白主张“艺术美高于现实美”，毫没有轻视社会事物及社会美的意思，这是有书为证的。

自然，吕荧的所以硬是要抹煞事实，说《新美学》的社会学“只是一种生物社会学”，一定还有他的原因。这原因不外如上所说，他认为没有“超越人的生活和人的意识的客观存在”，他认为“事物是存在于具体的社会之中”；但是《新美学》认为有不依存于人的意识的客观存在，而且有不依存于人的生活、也就是“存在于具体的社会”之外的自然界的事物，这是吕荧所深恶痛绝而极力反对的。这原因，换句话说，就是他要宣传他的反动的主观唯心主义。

三

最后来谈吕荧批评《新美学》的“典型是美”的说法，认为这不合事实而是理论的混乱或理论的破灭。

《新美学》认为美是典型、美的东西是典型的东西，这是《新美学》对于美是什么的一方面的解答；但是典型的东西是否就是美的东西呢？或怎样典型的东西才是美的东西呢？在《新美学》里也认为典型的东西就是美的东西，“典型就是美”，这又是另一方面的解答。

上面所说的吕荧的两点意见主要是批评“美是典型”那方面的；他也还批评过“典型是美”这一方面，他说：

> 我们只要举一个简单的例子。如果说，“典型就是美”，那末，我们只要问：典型的反动地主，典型的帝国主义分子，是不是也美？他们不也是“个别之中显现着种类的一般”么？如果回答是否定的，

> 那末，这就推翻了蔡仪同志的“典型就是美”的定义以及关于这一定义的论证。①

吕荧认为这是对于《新美学》的一个有力的批评。你看，“只要举一个简单的例子”，“就推翻了蔡仪同志的‘典型就是美’的定义以及关于这一定义的论证”。然而，如果他认真地看过《新美学》而又不是故意抹煞事实的话，他就应该承认在《新美学》里已有了对于他的批评的适当的回答。

《新美学》中的关于典型的基本意义，是具体事物的个别性充分地表现种类的一般性或本质；而且对于这样的典型或典型的事物的范围，还有两点特别说明。一点说明是：

> 现实存在中有些事物的种类关系是非常简单的，它的种类的属性条件和个别的属性条件的统一关系也是非常简单的，它（这种统一关系）甚至几乎无所谓种类的属性条件是优势的和个别的属性条件是优势的，也就无所谓美的和丑的之分。②

因此在《新美学》中并不是认为一切种类的事物都一定有典型，相反的，认为许多事物虽有种类却不能有典型。原文虽然只举了简单的例子，但是一般无生物及低级的生物如虮虫、跳蚤等，都是种类关系非常简单，个别性作为事物的性质来说也非常简单，个别性与一般性的统一关系也非常简单，都是没有所谓典型的；虽然它们的某些现象却可能是典型的。又如，国家、民族等也是种类关系非常简单，个别性作为事物的性质来说则是体现于它所属的具体的个别成员上，在常识中的这种所谓“典

---

① 吕荧：《美学问题——兼评蔡仪教授的〈新美学〉》，《文艺报》1953年第16期。

② 蔡仪：《新美学》，群益出版社1948年版，第89页。

型”，则是规定它所属的具体的个别成员是典型之根据而已。

另一点说明是，所谓典型事物，随着种类关系不同，有高级的典型事物和低级的典型事物，也就是有高级的美的东西和低级的美的东西。特别是社会事物的典型，有时表现着相反的倾向。

> 人们的行为，如上所说，是个人性格的表现，同时也是社会关系的表现……只有这社会关系具备着阶级一般性是优势的，是社会美的关系，也就是历史的必然；而表现这社会关系的行为就是所谓善行。不过按历史的发展来看，阶级是有前进的，也有后退的，后退的阶级的一般性所决定的社会事物，在阶级的主观方面也许以为是社会美，而客观方面其实不是社会美，也就不是善。前进的阶级的一般性所决定的社会事物，则是历史的必然的显现，是最高级的社会美，也就是“至善”。①

这就是说，典型的社会事物，随着社会关系、阶级性质的不同，有体现历史发展必然性的与反历史发展必然性的之别，因此有在本阶级的范围之内、在阶级的主观方面是典型的，也就是美的，而从整个的社会范围、从历史发展的必然性来说实际不是典型的、是不美的；也有在阶级的主观方面和从整个的社会范围和历史发展的趋向来说，都是典型的，都是美的，这才是真正的、更高的美的东西。

也许要问，这样规定了典型的范围，于是这里所谓典型事物和一般所谓典型事物便不同了，为什么还说是典型事物呢？我以为这样规定的典型事物在基本意义上正是典型事物，而这样规定也正是要明确典型的基本意义。因为这样规定的典型事物，正是具体事物的个别性充分地显现着一般性的事物，只是由于它的这种典型性表现的程度不同，表现的方面

---

① 蔡仪：《新美学》，群益出版社 1948 年版，第 211 页。

不同，于是所谓典型事物并不是同等的或同样的，有的甚至是相反的。

恩格斯在给哈克纳斯的信中批评她的小说《城市姑娘》说："你所描写的人物，在你所给与的范围之内，是充分典型的了；但是关于环绕他们，驱使他们行动的环境，那就不能说是典型的。"这就是说，有典型环境中的典型人物，也有非典型环境中的典型人物。欧洲工人已有五十年光景的斗争荣誉，而且一直是以"解放工人阶级应当是工人阶级自己的事业"为指导原则，而伦敦东头的工人"是最不积极反抗的，是最消极服从命运的，而且是最消沉不过的"；《城市姑娘》里正是描写的这样人物，所以在《城市姑娘》里"工人阶级显得是消极的群众，不能够帮助自己，甚至不企图帮助自己"，这样的人物，在伦敦东头的工人的范围之内说是典型人物；但是从整个欧洲的工人来说却不是典型环境中的典型人物。也就是说，社会的人物的典型，随社会环境、随历史发展而不同，有时甚至是相反的。

薛宝钗这个人物虽然也是小说中的人物，但是也可能是现实中的人物，或者正因为她可能是封建贵族家庭中的人物，才成为《红楼梦》这小说中的人物，因此我们可以把她作为现实生活中的人物来看吧。她的性格，对上顺从，对下随和，对封建妇女道德勉力遵守，也似乎衷心信服，在封建贵族阶级的范围之内，那是典型的性格，美的性格；事实上贾府的上上下下许多人，特别是贾母、贾政、王夫人、凤姐等都因此特别欣赏她。然而她的这种性格，就是由《红楼梦》里的描写也可以看出，那是奴性的，是虚伪的。她曾经偷看过所喜欢看的《西厢记》《牡丹亭》之类的词曲，看的印象之深甚至在许多年后还记得其中的词句，但她却口口声声认为妇女不应该看这些；在做诗填词时内心也满得意，甚至要在立意遣词上出奇制胜压倒别人，但她也口口声声说妇女不应该做这些；对哥哥很不满，却不肯多说；对宝玉也爱，却装着没有这回事；对荣国府的事情"拿定了主意，不干己事不张口，一问摇头三不知"；总之是许多做作，不近人情。其所以是许多做作，不近人情，一方面因为封建制度本身和封建礼教，这时已到了完全腐朽的地步，贾府的实际情况就表现得很显然，如宁府是除了一对石狮子外没有什么是干净的，荣府也是父子之间严酷无情，上下之间忌刻不睦，封建礼教成了人的枷锁，尤其是妇女的枷锁，而宝钗的做作，就是带着枷锁的跳舞；另一方面，元明以来的戏曲小说如《西厢记》《牡丹亭》及其他话本中，已表现着一种新型的妇女性格的出现，也就是表现着现实中一种新型的妇女生活的出现，那就是粉碎封建礼教的枷锁，实现婚姻、家庭生活的自由，这是广大的社会妇女，自小市民妇女、农民妇女以至部分贵族家庭妇女如林黛玉等所要求的，而宝钗却相反，要自套在枷锁里。所以从广大的社会生活来说，从历史的发展来说，她这种性格不是典型的，也就是不美的。这在我们今天看来，尤其是容易理解的。

然而，《新美学》在典型的东西就是美的东西这一论点上，曾经受到读者这样的质问：“典型的跳蚤也是美的吗？”就《新美学》的规定说来，它们的种类关系非常简单，个别性作为性质来说也很简单，个别性和一般性的统一关系也很简单，它们本无所谓典型的；而就其是低级动物来说，它们体现动物的一般性是不充分的，也就是并非典型的，而是不美的。又曾受到这样的质问：“猴子是高级的动物，蝴蝶是低级的动物，蝴蝶不是美的，猴子不是丑的吗？”就《新美学》的规定来说，蝴蝶的美是蝶衣的彩色和形状的美，也就是单纯现象的美，而不是当作动物来说的个体的美；反之，所谓猴子的丑，由于它太近似于人类而又很不同于人类，我们把它当作人类的远缘兄弟来看所以觉得它丑，而就它是动物来说，具有一般动物所没有的智慧而活动敏捷的猴子，却不是丑的。

现在按照上面所引《新美学》里的话，对于吕荧的批评，作一个正式的答复：所谓典型的反动地主、典型的帝国主义分子，只是在他们的本阶级的范围之内，在他们的阶级的主观方面看来是典型的，也就是美的；但是在客观方面，在整个的社会范围和总的历史发展倾向来说，他们是和社会人群的总的倾向相反的，是和历史发展的必然性相反的，它们实质上不是典型的，也就是不美的。

也许有人会说：你这不是相对论的观点吗？可是列宁就曾说过，“马克思和恩格斯的唯物辩证法无条件地包含着相对论，可是并不归结为相对论”。因为客观事物本身正有这种相对的倾向，有这种相反的方面。如典型的帝国主义分子，在帝国主义分子内部、在他们的主观方面来说，他们是被认为是美的，而且是有客观的根据的；但是就全社会人群的范围来说，就总的社会发展趋向来说，他实质上是丑的而不是美的，这是客观事实所表现如此的。然而《新美学》肯定这种客观事实本身所表现的社会事物的美的相对性，并不是说两种典型是同等的或同样的，两种美是同等的或同样的，不是的，而是认为一种实质上是丑的，而另一种才是真正美的，所以并不是“归结为相对论”。

不过“要举一个简单的例子”推翻“典型是美”之说的吕荧，按他的美的观点，对于这个简单的例子会有怎样的看法呢？我们不知道当他对《新美学》提出这点来批评时，他是否想到了他自己的美是观念之说。按吕荧的“美是观念”之说，不同的人有不同的“美”，甚至有相反的“美”，而且都是同等的同样的“美”，其间并无范围不同或程度不同之分，也无是非或真伪之别。反动地主和帝国主义分子认为反动地主头子和帝国主义头子是美的，正如革命人民认为革命英雄是美的一样，都是美的。这就正是由吕荧的“美是观念之说”所能得到的结论。这个结论证明他的理论是归结为相对论，也就是绝对的相对论。

总之，对于吕荧提出的那个“简单的例子”的批评，在《新美学》里已有适当的回答，这个回答即使是不完全对的，也是有事实根据的。而按这个回答来看，“典型是美”的说法并未被推翻；然而就是同样的“简单的例子”，我们就吕荧的美的理论来看吧，如果他要作正确的回答，就要找出客观的美的标准，就只有推翻他的“美是观念”的定义以及关于这一定义的论证。

吕荧在文章里几次宣布《新美学》“美是典型”或“典型是美”的说

法是理论的混乱或理论的破灭，然而在我看来，他的批评倒是证明了他自己的理论的混乱或理论的破灭。只是这在主观唯心主义者是不能看到、也不能想到罢了。这就正是主观唯心主义者的特点。

一九五七年五月再整理

（本文原刊于《学术月刊》1957年第9期）

1957 年

美是主观的，还是客观的?
——评吕荧的美学观点

余素纺　梁水台

美学上关于美的性质的问题，近年来引起了很大的争论。最近我们在《人民日报》上看到了吕荧所写的《美是什么》一文。在这篇文章中，吕荧对以前的一些美学家关于美的性质的解释作了批评，同时也提出了自己对于美的性质的见解。美是什么呢?他回答说：

> 美是人的社会意识。它是社会存在的反映，第二性的现象。

他接着论证说：

> ……既然我们认为"艺术"和"美术"是社会意识，那末也需要研究和认识艺术和美术之美的科学——"美学"，可以不是社会意识，而是一种自然科学吗?

在这里，吕荧首先把美和美学看作是同一件东西，然而在我们看来，这是一个原则性的错误。谁都知道，"美"和"美学"是两个内涵不同的概念，美是客观地历史地存在于人类社会生活之中而又独立于人的意识之外的东西；而美学是研究美的科学，这是意识形态的东西，可以"作为哲学的一部分来处理”（车尔尼雪夫斯基）。这正如同世界和世界观一样，两者是有区别的，不能混为一谈。然而吕荧却把美和美学完全等同起来，并以此来证明自己的观点，这就不能不在他的文章中带来一系列的错误。

马克思主义的历史唯物论告诉我们：社会意识是反映社会物质生活条件、物质资料生产方式的社会思想、理论、观点的总和，是第二性的、观念形态的东西，社会存在、社会生活才是第一性的东西。这是一个根本性的原理，它给我们解释美提供了哲学基础。离开这个原理对美的一切解释，都必然走到唯心主义的歧途上去。

在历史上，曾经有过唯心主义者对美的种种解释。以柏拉图、黑格尔为代表的客观唯心主义者的美学，虽然承认美的客观性，但是他们都认为美是绝对观念的表现，是“观念在各个事物中的彻底表现”。康德等主观唯心主义者则完全否认美的客观性，认为美是人的意识的产物。这两派理论，无论他们如何不同，但是有一点是相同的，这就是否认现实现象中存在着美。

吕荧也说“美是社会意识”“美是人的一种观念”，虽然他极力替自己辩解，说他所指的观念，“是由社会存在决定的”，“这跟唯心论所的观念有根本的不同……不能用后者来代替前者”。但是我们仔细地分析一下，便可以看出：在这种唯物主义词句的掩饰之下，他贩卖的还是十足的唯心论的货色。因为无论他说他的“观念”与唯心论如何不同，但总不能不要承认“观念”是“第二性的现象”，是主观的东西。既然美是存在于人的主观头脑中，那末即使吕荧声明说美的观点、美的意识是“社会生活的反映”，但是这实际上还是抽掉了意识所赖以反映的客观内容，而叫人从意识、观念、主观中去找寻美。这不是唯心论又是什么呢？否认物的客观存在，而说镜子中的镜象是物的反映；否认美的客观存在，而说人的美的观念是存在的反映，这不是奇怪的逻辑么？在这里我们看到吕荧是如何陷入诡辩论的泥坑里！

应该指出，吕荧在发挥他的“理论”的时候，是以歪曲车尔尼雪夫斯基对美的性质的定义来达到目的的。伟大的唯物主义美学的奠基者车尔尼雪夫斯基对美下的定义规定："美就是生活；任何本质，凡是我们在其中能看到依照我们的概念应当如此生活的，那就是美的；任何事物，凡是自身表现生活或者使人忆起生活的，那就是美的。"（《作者自评》）在这里，车尔尼雪夫斯基首先把美看作是社会生活中客观地存在着的事物，是作为"对象"存在于我们意识之外的东西。这种东西作用于我们的感观，才引起我们对于美的事物的理解和认识，以及对于美好的生活的热爱和想望。我们认为某种事物是美的，是由于它们客观地存在着美的因素、美的条件和美的内容；反之，如果我们认为某种事物是不美的，也是由于它们客观地不存在着美的缘故。因此，车尔尼雪夫斯基关于"美是生活"的定义，是唯物主义地解决美的来源的根本出发点。他在《作者自评》中论证说："从他所提供的'美是生活'这概念就得出如下的结论：真正的美是现实的美，而艺术（他这样想）是不能创造出与现实现象相比美的东西的，关于艺术的起源，就不难用上述理论来解释。"然而吕荧却曲解了"美是生活"这一公式的意义，说它只是说明"美是通过生活概念被人认识的"，而根本否定了现实生活中客观地存在着独立于人的意识之外的美的事物，否定了美的观念是现实美的反映。这就是我们同吕荧的根本分歧所在。

吕荧在论证他的观点时，还引证了费尔巴哈的一段话：

> 我并不否认……智慧、善良、美；我只是不承认它们这些类概念是存在物，不管它们是表现为神或神的属性的存在物，还是表现为柏拉图的理念或黑格尔的自己成立的概念的存在物……——它们只能作为人们的属性而存在。

其实，这一段话根本不能为吕荧的观点作证明。因为费尔巴哈在这里只是不承认智慧、善良、美这些抽象概念是存在物，而并不否认美作为人们的属性而客观存在，因为对于美的理解是只有人才具有的。而费尔巴哈这种说法是符合唯物主义的美学观的。

我们认为，马克思主义的美学之所以是最科学的，正是因为它既承认美的客观性，同时又估计到社会实践在人的审美感的发生和发展中的作用。在人类发展的早期，人还无力掌握自然界，因此自然界对人是不美的，甚至是敌对的。但是到了人在劳动过程中逐渐地从猿变成人，不但发展了自己的手、脑、知觉和感官……而且把自然界“人化”了的时候，也就是说，到了一般地征服了、控制了自然，成为自然界的主宰之后，人就开始逐步地认识、理解和欣赏自然界的美。可见，美虽然是客观地存在着，既存在于人的意识之外，但美只是对人才存在。因为理解和评价美的能力，只有具有高级感官神经系统的人才能有，而这是在人们的社会历史实践中发生和发展起来的。因此，当我们评断这些或那些现象是否美的时候，不单具有历史的、社会的、民族的标准，而且具有阶级的标准。人们对美的看法，既是反映了现实现象的客观属性，又是反映了人的社会本性，表现出人受社会制约的需要、理想和意愿。在这个意义上，我们认定美是依赖于人类社会而客观存在着的事物，而同直观唯物主义的美学否认美的社会性区别开来。

因此，我们不同意吕荧对美的性质的看法。从他的对于美的起源的叙述中，也很难得出“美是观念”的结论，反而证明车尔尼雪夫斯基的“美是生活”的论点的正确性。美是由于人类社会生活发展的需要而产生的，它是社会存在的东西，是第一性的现象；而美感、美的观念都不过是现实生活中美的反映，是第二性的现象。只有对美的这种马克思主义的理解，才是正确的，才具有实践的意义，因而促进人们研究现实现象的美，在劳动中按照美的法则来改造自然、改造社会。而吕荧对美的理解，只有把人引导到抽象的观点世界里，所以仍旧是唯心主义的美学观。

（本文原刊于《羊城晚报》1957 年 12 月 24 日）

1958 年

美就是美的观念吗？
——评吕荧先生的美学观点

朱光潜

吕荧先生在去年 12 月 3 日《人民日报》所发表的《美是什么》一文所表现的美学观点是混乱的，自相矛盾的。

他的基本论点是：美就是“美的观念”“美的概念”“美的意识”“审美观”，他还说，美也就是“社会意识”。很显然，他对于他所用的这一大堆抽象的名词，没有给以科学的明确的分析，因为这些名词在涵义上不能是完全相同的。

首先说美是否就是“社会意识”。据我的了解，他所谓“社会意识”就是一般所谓“社会意识形态”。马克思、恩格斯告诉过我们，文学艺术是一种社会意识形态，美是否也是一种社会意识形态呢？吕荧说它也是，这就是把美看成一种实体，他忘记了“美”原来只是表明某种实体的一种属性，作为属性，美是不能脱离它所属的实体而独立存在的，更不能说它就是那实体本身。比如说，“一件艺术作品是美的”，这句话既不等于说，“美原来独立存在于这件艺术作品之外而后附加上的”，更不等于说，“美就是这件艺术作品”。美既然是艺术的一种属性，而艺术本身既然是一种社会意识形态，美（属性）就不能同时是一种社会意识形态（实体），它只能是意识形态性的；这正如说“唯利是图是资产阶级的特性”，“资产阶级是一个剥削阶级”，我们从此不能得出结论说，“唯利是图就是剥削阶级”，只能说，“唯利是图是剥削阶级性的”。所以吕荧把美看作一种“社会意识”，就犯了一个显而易见的逻辑错误。在这个错误后面还隐藏着两个严重错误的美学观点。第一是他把“美”加以实体化，这也就是把“美”加以绝对化（美可以脱离它所属的实体而自成一种实体），这正是柏拉图式的客观唯心主义。其次，依吕荧的看法，美与艺术的关系只有两种可能，不是把“美”和“艺术”等同起来，就是把“美”和“艺术”并列起来，因为他否定了艺术与美的关系就是实体与属性的关系而肯定了二者同是实体。前一种正是克罗齐的看法（克罗齐认为艺术就是美），后一种则近似托尔斯泰的看法（托尔斯泰否认美是艺术的特性）。无论是哪一种，错误都是很显然的。

其次说“美的意识”。依一般的用法，这是指人对于美的意识，即有某物美而人意识到了。在这个意义上，美当然不能说就是“美的意识”，正如眼睛看花，眼睛所起的视觉不能就是花。吕荧所指的大概还是他所谓“社会意识”，社会意识不能就是美，上文已经说过，而且“意识”和“社会意识”也不能等同起来。用词的混淆一方面反映出思想的混乱，一方面也会导致思想的混乱。

第三，“美的观念”也不能就是“美的概念”。“美的概念”是经过科学分析后对于美所下的定义。我们最近两年的美学讨论就足以证明我们还没有得到一个大家公认的明确的“美的概念”。但是我们并不因此就不能感到某些事物美，也并不因此就不能对美抱有某种看法，认为事物怎样才是美，怎样才是丑。而这种美的看法正是吕荧所说的“美的观念”或“审美观”。这种“美的观念”倒是社会意识形态总和中的一部分，也就是说，它是一定历史条件下的世界观和阶级意识决定的。吕荧模糊地认识到社会意识形态对于美的重要性，他的这一点好处我们是应该承认的。但是他在这方面的认识仍然是极端混乱的。第一，他没有看出作为全体的社会意识形态与作为其中一部分的“美的观念”之间的分别和关系。他时而说美是“美的观念”，时而说美是“社会意识”，好像二者可以等同，这样一来，部分就等于全体了。很显然，不是所有的社会意识形态都是美的，美学的任务就是要找出美的社会意识形态所不同于其他社会意识形态的特点。吕荧对于“美的观念”和“社会意识”两词的任意互换使用就把这个问题掩藏起来了。其次，更重要的问题是：这种“美的观念”是否就等于“美”呢？说二者相等，就无异于说“花的观念”就等于“花”。谁也可以看出，这是彻头彻尾的主观唯心主义。尽管你承认“花的观念”由客观决定，这也不能挽救你，使你摆脱唯心主义，因为你毕竟肯定了意识（美的观念）就是存在（美），把观念代替了存在。依吕荧的逻辑，只要有“美的观念”就有“美”，我们大可睡在床上把眼睛闭起，让“美的观念”在脑里打转，于是艺术美、社会美、自然美等等，“万美皆备于我”了。这倒是一个了不起的发明！

但是吕荧的观点太善变了，“美是人的一种观念”，话犹未了，接着就说美仿佛又不是人的一种观念。请听，“人在生活中见过许多花，关于花的美的概念已经形成，所以对于花的美与不美可以进行直接的判断”，“我们平常用美这个字，不仅仅用于评价山水花草等自然界的事物……主要的是用于评价社会生活和社会事物”。从此可以看出他又把“美的观念”看作美的标准，即“判断”或“评价”事物美与不美的根据。然则“美”与“美的观念”又是两回事了，因为量布的尺不能就是所量的布。这里显然他是自相矛盾。

再说美是否按照“美的观念”这个尺度量出来的呢？美是否就由“美的观念”产生出来的呢？我们并不否认“美的观念”可能影响美，但是这并非全面的客观事实。在很多的场合下，一个人发现一个女子美或是一个乐调美，心理过程是很直接的，不假思索的，并不拿她或它和自己的“美的观念”来比较一番。反之，也有许多人（特别是美学家们）头脑里装了一大堆事物怎样才能是美的陈词滥调，有很多的吕荧所谓“美的观念”，可是临到具体的美的艺术作品，却一窍不通，胡言乱道。这些现象却是吕荧所没有考虑到的。

吕荧在这里也暴露出他对于社会意识形态对于美的关系抱着一种不正确的看法。他好像把社会意识形态分成若干小方格子，由“美的观念”、政治的观念、宗教的观念、哲学的观念等分别占住，人在“判断”或“评价”事物美与不美时，就根据其中某一小方格里的“美的观念”来衡量。其实意识形态起作用，并不这样机械。姑举阶级意识为例来说，一般人民大众的阶级意识里并不一定要含有“美的观念”在内而后才能对美的事物起反应，但是它决定每个人对事物的态度，因而也就决定每个人感觉事物美或不美。是旧社会的剥削阶级的知识分子，他的要奴役人的意识形态就决定了他对于娇弱的多愁善病的女子起美感，是劳动的人民，他的爱劳动爱健康生活的意识形态就决定了他对于健壮的女子起美感。一个人的意识形态是一个有机整体，它起作用也是叫有机整体去起作用。假如这有机整体里也包含“美的观念”，这“美的观念”也不能离开整体而孤立地起作用。

吕荧在美感的问题上也表现出思想的混乱。他说，“悦目的美色，悦耳的美音，悦口的美味……人人都感得一种快感（或美感）。但是……这些形色声味是美还是不美，以及美到什么程度，这种美的意义如何，就要通过意识的判断”；“美的认识必须经过感性阶段——美感，但是不能够用感觉（美感）代替乃至取消理性认识（美的概念、观念）”。从此可以看出几点：第一，他把“美感”“快感”“感觉”都看成同义字。美感固然是一种感觉，是一种快感，但是不是所有的感觉或快感都是美感，美学的任务就是要找出美感之所以不同于一般感觉或快感的特点。而吕荧的感性阶段的“美感”其实只是“快感”，因为对事物既然起了美感，当然就是感到那事物美，而吕荧却说“是美还是不美”的问题要待理性阶段的判断。这样他就取消了感性阶段的真正的美感作用。其次，所谓“美感判断”是康德的老玩艺，过去已经有许多人论证了这是个自相矛盾的名词，是美感，就不是判断（这要运用概念），是判断，就已经不是美感（这是直接的，充满情感因素的），这并非说，理性活动对于美感不起作用。美感活动是一种逐渐深化的过程。有些场合的美感可以止于感性阶段，也有些场合的美感是理性认识的结果。但是观赏者不能停留在理性的认识，他必须在理性认识的基础上感到深一层的美感；如果这深一层的美感不发生，观赏者在情感上没有受到更深的感动，那么，他的理性认识就还只是科学范围的活动而不是艺术范围的活动。吕荧的严重错误不仅在他在感性阶段取消了美感而代之以快感，而且在理性阶段里也取消了美感而代之以“判断”。这样一来，美感在他的美学观点中就根本不起作用了。第三，理性认识在吕荧的思想中是审美过程的终结阶段，在“理性认识”之后他加了括孤说明它就是“美的概念，观念”。从此可见，在吕荧的思想中“美的观念”不但就是美本身，而且又是美的原因（判断的根据），又是美的结果了。这个美以“观念”始，以“观念”终的看法，如果用比较温和的字样来说，至少也是唯心派美学史家所说的“理智主义的美学”。

最后，谈到美是客观的，主观的，还是主客观统一这一个基本问题，吕荧的思想的自相矛盾仍然是很突出的。他肯定了美是“第二性的现象”，这一点我认为是正确的。我也是这样看，我的理由是：艺术是一种社会意识形态，是反映现实的，所以它是第二性的；美是艺术的一种必不可少的特性（没有美就不成其为艺术），它也只能像它所属的实体一样是第二性的。但是我与吕荧有这两点根本性的差别：第一，他把美看成一种实体（意识形态），和艺术相等或是并列，我不承认美是一种独立的实体，肯定它是艺术（意识形态）的一种属性，即意识形态性的。其次，我认为美既是第二性的，它就不能单纯地是自然界客观事物本有的一种属性，自然物只能有美的条件，这客观条件与主观方面意识形态的条件两对立面的矛盾统一之后才能有艺术，有了艺术才能有艺术所特有美，总之，我否定了美的自然物的属性说；吕荧一方面承认美的第二性，说“深思的唯物论者从来没有把美当做离开人的客观存在看待”（从此可知他否定了美的客观存在），一方面却又说，“现实中的美反映在人的意识中”，

"在现实生活中没有美的存在，因而在观念中也没有美的存在"（从此可知他又肯定了美的客观存在）。我们不妨问一声，吕荧所了解的"现实中的美"是第一性的呢，还是第二性的呢？如果他说这是第一性的，他就是自相矛盾，而且还引起了一个更严重的问题：第一性与第二性，非意识形态性与意识形态性，这是一种本质上的分别，美既然有是第一性的，又有是第二性的，这两种本质不同的"美"如何统一起来呢？换句话说，依吕荧的自相矛盾的看法，"美是什么"这个问题就还没有得到解决。其次，如果他说"现实中的美"还是第二性的（他并没有这样说），那就是承认在欣赏"现实中的美"时意识形态对欣赏者所见到的形象已起了作用，这正是我对于"自然美"的看法，就是"自然美是雏形的艺术美"的看法，也就是主观与客观统一的看法，而我这个看法又是吕荧所认为"不能解释美"的。

总之，吕荧的全部美学只有这样几句话："美的观念"就是美，就是美的原因，也就是美的结果；美又是第二性的，又不是第二性的；美感只是快感，审美要靠理性判断。吕荧何以走到这样自相矛盾的死胡同里呢？我看原因很简单。他的基本论点只有一个："美是人的一种观念"，这样的提法的主观唯心主义的色彩太刺眼了，于是他想尽方法来遮掩。一种方法是偷梁换柱，用"社会意识形态"来装饰他所谓"观念"，另一种方法是骑墙，他又要迎合流行的机械唯物主义的看法，说美仍然是客观存在的，他忘记了就在这同一篇文章中他已经一再否定了美的客观存在。他还援引车尔尼雪夫斯基的话以自重，其实他的观点与车尔尼雪夫斯基的观点毫无共同之处，谁也可以看得出。

趁便也答复一下吕荧对我的客观与主观统一说的批评。他不但搬出"唯物论"来，还搬出什么"二元论"和"唯心论"来，证明我的看法"不能够解释美"。第一，从"唯物论"的观点，他说"这个统一就是一致"。我觉得这是歪曲我的原意，我明明说这个统一是两对立面的矛盾统一，从来没有说它是单纯的一致。主客观的单纯的一致是机械唯物论的看法，辩证唯物论却认为这最后的一致是经过矛盾统一的发展过程而来的，而在艺术的创作和欣赏中，客观的美的条件与主观方面意识形态和艺术修养等条件的熔铸成为形象，就是这种矛盾统一的过程。其次，从“二元论”的观点，吕荧说，“这就是说主观与客观是各自独立的存在，取消了主观的客观性”。二元论正是主张主客观各自独立的，我强调主客观的统一，为什么这就是主张主客观各自独立？为什么这就取消了主观的客观性？我不懂这套逻辑。第三，从“唯心论”的观点，吕荧说，“这就是说主观（绝对概念）在客观（形象）上的完全显现，也就是说美是独立自在的绝对观念”。我想他所指的这种“唯心论”像是指黑格尔，黑格尔所了解的美是主观与客观的统一，感性与理性的统一，但是他认为美必然是理念在具体形象里的显现，从来没有说绝对概念就属于主观方面，从来也没有说美可以离开具体形象而成为“独立自在的绝对观念”。而且我的主客观统一说基本上是根据马克思主义关于意识形态的理论，而不是根据黑格尔。因此，我认为吕荧的三点批评都有些“无的放矢”。

（本文原刊于《人民日报》1958年1月16日）

1985 年

吕荧年谱简编*

潘 怡 潘 悦 吴腾凰

1915 年

11 月 25 日，出生于安徽省天长县新何庄一个书香之家。原名何佶，行二，曾用名何云圃，笔名倪平、吕荧等。弟兄四人，兄何俊，弟何倬、何倜。

1919 年 5 岁

丧母。由乳母张氏抚养。吕荧对张氏十分尊敬，每次返里总要前往拜望；他爱读艾青的《大堰河——我的褓姆》，每读之后，产生共鸣，念念不忘乳母张妈的哺育之恩。

1921 年 7 岁

在家发蒙读私塾。

1927 年 13 岁

寄居扬州李富人巷亲戚家里，读小学。

---

*“说明：今年（1985 年）是吕荧同志诞生 70 周年，本刊特发表这组资料，表示怀念。”此段说明在发表时置于文前。——编者注

1928 年 14 岁

入南京中学实验小学读书。由于失去母爱，生活难以自理，个性孤僻。

1929 年 15 岁

小学毕业。因成绩优秀，直接入南京中学。

1932 年 18 岁

初中毕业。成绩优秀，直接入南京中学高中部。求学期间，爱好文学，开始学写诗歌和散文，同时阅读鲁迅和其他进步作家的作品和苏俄文学。曾因参加革命宣传，引起国民党反动当局的注意。一次被特务监视，幸得一位进步教师预先通知，方越墙脱险。

1935 年 21 岁

夏，高中毕业。考取北京大学史学系。

12 月 9 日，北平爆发了著名的爱国学生运动。吕荧置身于运动之中，发表抗日爱国演说，参加学生、市民的示威游行。加入了中国共产党外围组织“民族解放先锋队”。

此间，参加进步文艺团体“浪花社”，为该社主要成员。该社创办《浪花》文艺月刊。主要成员有：魏伯、碧野、杨益民、魏东明、天兰、亚苏、耶菲、柳林、司徒裕等。吕荧既写诗歌，又写论文，年轻倜傥、卓才多识、真诚纯洁。他对饥寒交迫中追求上进的文学青年碧野等在创作上热情支持，提供经济资助。

1936 年 22 岁

曾从一位白俄教授学习俄语，为尔后研究俄国文学和苏联文学奠定了语言基础。

曾从上海一位德国侨民 S. Warletl 学习德文，与何满子是同学。

1937 年 23 岁

七七事变后，北平沦陷。吕荧随流亡学生南下，经天长故里取路费。原设想与未婚妻张亮蓉同道外出参加抗日，因遭张父反对，未遂。从此二人断交，张亮蓉移居扬州，终生未嫁。吕荧取道南京，在那里与罗烽、白朗等结成文友，同赴武汉。

1938 年 24 岁

3 月 27 日，在武汉参加“中华全国文艺界抗敌协会”成立大会。

寄居罗烽、白朗家中。初夏，拜访胡风，留下诗稿和小说稿请胡风审阅。胡风在《七月》第 3 集第 2 期发表了他的小说《北中国的炬火》，署笔名“倪平”。

与罗烽结伴去延安，到达西安时，因道路阻隔，遂去山西临汾“民族解放先锋队”工作。

因病离临汾到四川成都休养，病势日趋严重，竟至卧床不起的程度。

1939 年 25 岁

去云南昆明西南联大历史系复学。在党的亲切关怀下，大后方的学生运动蓬勃开展。联大的党的外围组织“群社”是进步学生的核心组织，吕荧参加活动、支持民主力量。

学习刻苦，俄文、英文成绩优异。开始投入革命文学活动，酷爱诗歌，对诗人艾青尤为崇拜。

与联大“群社”成员，生物系学生潘俊德（1939 年加入中国共产党）恋爱。

1940 年 26 岁

《七月》第 6 集 1、2 期（总第 27、28 合刊），发表他翻译的 G. 卢卡契的《叙述与描写》，署名“吕荧”，取其“有一分热、发一分光”的意思。

1941 年 27 岁

4 月，《七月》第 6 集 3 期（总第 29 期），发表《人的花朵》（艾青、田间合论）。

6 月，《七月》第 6 集 4 期（总第 30 期），发表译作《〈普式庚论〉草稿》（M. 高尔基作）。

秋，西南联大毕业，开始社会生活。历史系主任姚崇吾先生推荐去昆明联大附中任教，但他急人之难，让自己的同学赴任。

秋，在昆明车家壁中学任教。开始翻译普式庚（即普希金）的诗体小说《叶甫盖尼·奥涅金》。积劳成疾。

9 月，《七月》第 7 集 1、2 期（总第 31、32 期合刊）发表《鲁迅的艺术方法》。

1942 年 28 岁

与潘俊德结婚。

秋，寄居岳丈家里，继续从事《叶甫盖尼·奥涅金》的翻译。

1943 年 29 岁

4 月，译作《普式庚论》（［苏］卢那察尔斯基著）由远方书店出版。

在四川鄷都适存女中任教。

1944 年 30 岁

夏，入四川涪陵中学任教。

9 月，生长女玲玲（即潘怡）。

此间，经常去重庆，住在中华文艺界抗敌协会。经胡风介绍，认识共产党人邵荃麟、冯雪峰等，并接触重庆文化界人士骆宾基等。

译作《叶甫盖尼·奥涅金》（［俄］普希金著）由重庆云圃书屋出版发行。

12 月，革命作家骆宾基因向学生宣传《新华日报》社论，被国民党特务逮捕，吕荧闻讯立即奔赴重庆向党组织报告，设法营救。

1945 年 31 岁

何其芳与吕荧《关于“客观主义”的通讯》在《萌芽》发表，二人就文艺创作中的主要倾向是旧现实主义还是客观主义进行了讨论，各自发表不同的见解。

夫妇筹资以泥土社名义出版论文集《人的花朵》，对鲁迅、曹禺、艾青、田间等当代作家的作品进行评价，促进了中国无产阶级新文学的成长和发展。据此，其登上左翼文学论坛。

1946 年 32 岁

3 月，《希望》第 3 期发表《内容的了解和形式的了解》。

春，应学友王德昭邀约，去贵州大学历史系任副教授、教西洋通史、西洋文化史、从文艺复兴到法国革命，同时兼教英语系的课程。他的讲课受到学生们的欢迎，被称赞是“一清如水，学习上的享受”。

是年，为了争民主，争和平，反内战、反独裁，吕荧与进步教授方敬、潘家洵等共同创办综合性的刊物《时代周报》，先后共出十余期。吕荧在上面发表过关于文艺和史学方面的论文。

爱人潘俊德在四川涪陵中学任教。

3 月，生次女美美（即潘悦）。

1947 年 33 岁

2 月，译作《叶甫盖尼·奥涅金》（［俄］普希金著），由上海希望社再版。

译作《叙述与描写》（［苏联］卢卡契著），由胡风介绍交由新新出版社出版。

夏，受贵州大学保守势力攻击而愤然离校。

回安徽途中，经湘、沪、宁，找不到工作，利得友人介绍去台湾师范学院任英语教授。

《论创作的艺术》在《时与文》杂志第 1 卷第 22 期发表。

1948 年 34 岁

此间，为邵荃麟在香港主办的《大众文艺丛刊》撰稿。

10 月，论文集《人的花朵》作为“七月文丛”一种由上海新新出版社出版。

1949 年 35 岁

4 月，离台湾，出走香港，摆脱国民党反动派统治，经香港北上，应邀去北平参加全国第一次文代会。由香港与骆宾基同志结伴，满怀胜利豪情，精力显得格外充沛，被友人形容为“一个孤傲的骑士”（骆宾基）。在船上与骆宾基合影留念。

5 月，应天津南开大学邀请讲学，谈革命文艺问题。

6 月，在《文艺报》第 11 期发表《新的课题》。

7 月 2 日，出席中华全国文学艺术工作者代表大会，并加入全国文协。

9 月，寓居北京前门旅社，等待分配工作。此间，与“浪花社”同人魏伯、碧野和友人袁水拍等欢聚。分配在人民日报社创作组工作，组长王亚平。

10 月，随罗烽去大连了解、辅导工人文艺创作。

10 月 19 日在《旅大人民日报》发表《鲁迅与人民文学》。

1950 年 36 岁

6 月，在《旅大人民日报》发表《加强学习毛主席〈在延安文艺座谈会上的讲话〉》。

此间，先后阅读大连工人业余作者数百篇文艺作品，看过多次工人自编自演的文艺演出，实地考察工人文娱生活，组织工人文艺创作组，开展创作活动。他称赞工人文艺是“社会和文化的大革命，这是人民革命的一个伟大的胜利”。9 月，离开大连。

10 月，应山东大学中文系主任王统照邀请，担任山东大学中文系教授。19 日，在《青岛日报》发表《鲁迅的艺术方法》。

11 月，担任山东大学中文系主任（原系主任王统照调山东省文化局任局长），教授《文艺学》《俄罗斯文学》和《苏联文学史》等。

1951 年 37 岁

4 月，出席山东省第一届文学艺术工作者代表大会。作了题为《我对于〈实践论〉的体会》的报告。

5 月，将学生李希凡文艺学的作业《典型人物的创造》一文推荐给《文史哲》（刊载于是年 11 月 1 日出版的《文史哲》第 1 卷第 4 期），此为李希凡学生时代发表的第一篇论文。

8 月，为山东省学生夏令营作《中国新文学的方向和道路》的讲演，热情赞扬和高度评价毛泽东同志的文艺思想和人民文艺的价值。

9 月，在《文史哲》第 1 卷第 3 期发表《关于工人文艺》。

11 月，在《文艺报》第 5 卷第 2 期上的《关于高等学校文艺教学中的偏向问题》通栏标题下，发表了山东大学中文系资料员张祺《离开毛主席的文艺思想是无法进行文艺教学的》来信。信中揭发、批判吕荧在文艺学教学中严重偏离实际和教条主义的倾向，也就是资产阶级的教学观点和立场。

1952 年 38 岁

1 月 25 日出版的《文艺报》，全文刊出吕荧给编辑部的信。

2 月 25 日出版的《文艺报》又发表山东大学学生批判吕荧的文章。此间，山东大学召开数次批判吕荧资产阶级教学观点大会。当时校长华岗等领导同志“希望他能作一点自我批评性的表态，即可‘过关’，并不想‘大哄’”。吕荧坚决不作违背心意的自我批评，后来竟不辞而别。由此，可以看到他的倔强与自信。

春末，经上海震旦大学何满子介绍，去上海新文艺出版社从事翻译工作。

3 月，《关于工人文艺》由上海新文艺出版社出版。

译作《列宁论作家》由上海新文艺出版社出版。

1953 年 39 岁

3 月，因与爱人潘俊德性格长期不合，在天津正式办理离婚手续。

夏，山东大学校长再次邀请吕荧任教，他执意不就。应人民文学出版社社长冯雪峰邀请，至北京人民文学出版社担任特约翻译员。

7 月，完成美学论文《美学问题——兼评蔡仪教授的〈新美学〉》。发表在《文艺报》第 16、17 期，此论文后收入《美学书怀》一书。吕荧在文章中对《新美学》进行了批评。同时提出“美是物在人的主观中的反映，是一种观念”，“是人给它的评价”。认为美是主观的。

译作《列宁与文学问题》（［苏联］列宁著）由上海国际文化服务社出版。

此间，在中央文学讲习所讲授外国文学课。

1954 年 40 岁

3 月，加入中国作家协会，表示尽管自己病困累身，还“将尽一切的力量做我所能够做的事，为建设中华人民共和国的人民文艺搬砖运瓦，铺平道路。”

译作《仲夏夜之梦》（［英］莎士比亚著）由作家出版社出版。

9 月，论文《人民诗人普希金》在《文史哲》第 4 期上发表。“编者的话”指出：“吕荧先生的论文对于普希金及其作品有着深入的分析。”

秋，通过冯雪峰约请学生李希凡来家相聚。

秋，胡乔木同志建议人民日报社聘请吕荧和萧乾为文艺部顾问。吕荧任顾问至 1956 年。

12 月，论文《苏联文学的奠基者——高尔基》发表在《文史哲》第 12 期。

12 月，《叶甫盖尼·奥涅金》（校改译本）（［俄］普希金著）由人民文学出版社出版。吕荧在《校改后记》里说：“初译本中胡风同志译的三节诗（第六章十五节、十六节、三十八节），仍然保存，这使我的粗拙的译文添了光彩”。“中国在前进，诗在前进”，“愿这本微末的译作能够有略供爱好普希金和诗的同志参看的地方。”

1955 年 41 岁

1 月，为了寻找一个安静的创作场所，购置北京东四区土儿胡同二十一号（现 67 号）房十八间。

5 月 20 日在《人民日报》发表评曹禺的话剧《明朗的天》。

5 月 25 日，全国文联主席团和作协主席团举行联席扩大会议，讨论“胡风集团”问题。在这次七百余人参加的大会上，吕荧当众提出和会议主持者全然相反的论点，认为思想意识领域里的问题不等于政治问题。当即遭到了斥责，在一片嘘声中，被赶下讲台。

6 月 19 日，吕荧因胡风问题，经最高人民检察院批准，进行隔离审查。

1956 年 42 岁

5 月 26 日解除审查。经过长达一年的隔离审查，证明吕荧“没有参与胡风反革命集团的活动，经中央十人小组研究批准，解除审查”。吕荧大脑神经受到严重摧残，健康状况恶化，但仍然坚持进行翻译作品和文艺理论研究。

1957 年 43 岁

在北京养病。

12 月 3 日在《人民日报》上发表《美是什么》，吕荧在文章中进一步提出“美是人的社会意识，它是社会存在的反映，第二性的现象”。

译作《论西欧文学》（［苏联］普列汉诺夫著）由人民文学出版社出版。

1958 年 44 岁

《艺术的理解》由作家出版社出版。

4 月，《美学论原》完稿，发表在《哲学研究》1958 年第 3 期上，后收入《美学书怀》一书。

8 月，论文《古原子能说》完稿。遗稿尚存。

11 月，《再论美学问题》完稿。该文收入《美学书怀》一书。

1959 年 45 岁

在北京养病。

8 月，《美学书怀》由作家出版社出版。“出版说明”指出：“现在我们又出版了吕荧先生这本论文集。其中三篇已经在报刊上发表过（出版时曾经作者修改），另一篇是新作。这些文章，都较详尽地阐明了他的美学观点。”他在书中对车尔尼雪夫斯基的“美是生活”这一定义作了解释：“美是通过生活概念被人认识的。”“美和善一样，是社会的观念。”

书中进一步阐明他的观点："美是主观的，美是人对事物的判断和评价。"他始终认为自己的美学观点是依据于马克思主义哲学的。

冬，原想去上海从事写作、翻译工作，不幸被送往精神病院。

1962 年 48 岁

精神仍不正常，在北京养病。搜集古代字画。

9 月 16 日，在《人民日报》发表美学论文《关于"美"与"好"》。

1964 年 50 岁

在京养病，受到冯雪峰、李希凡、牛汀等同志的关照。

1966 年 52 岁

6 月，"十年浩劫"开始。以"反革命分子"影响社会治安的罪名，经公安部批准，被收容强制劳动，押送北京良乡（代号 268）。临行前，随身带英文打字机一台和一箱蜡烛，并带已译好的《莎士比亚十四行诗集》全部手稿，准备在劳改队继续译著。

10 月，押解北京天堂河农场。

1967 年 53 岁

10 月，被押送茶淀北京清河劳改农场，宣布为"疯子"，安排在老残队。

囚室门前稻田里盛开一株白色的茨菰花，他在看苗的同时，拄着一根柳棍围着那株白花一转就是几个小时，自言自语，"真美啊，真美！"还用极低的声音对知音者说："要坚持信念，人民是必胜的！"

1968 年 54 岁

继续在清河农场被批斗，强制劳动。

健康状况日益恶化，不能起床。

1969 年 55 岁

3 月 5 日，于冻饿中含冤逝世。当时体重不超过五十斤。一条芦席裹身，埋于清河农场。

1979 年　逝世后十年

5 月 31 日，中华人民共和国公安部作了《关于吕荧同志被收容强制劳动问题的复查结论》。其中明确指出："吕荧同志是在林彪、'四人帮'的干扰和破坏下，于 1969 年 3 月 5 日在清河农场含冤病亡。现撤销原收容吕荧同志强制劳动的决定，推倒一切不实之词，予以平反，恢复政治名誉。"①

附：吕荧著译目录②

《人的花朵》(论文集)

1945 年以"泥土社"名义，自费在重庆出版。书中对艾青、田间、鲁迅、曹禺的著作进行评论，对托尔斯泰的《战争与和平》和普列汉诺夫的《普式庚为艺术而艺术论》进行了探讨。1945 年，重庆星火出版社出版；1947 年，上海新新出版社出版；1948 年，上海新新出版社再版。

《火的云霞》(诗集)

1949 年，上海书报杂志联合发行所发行。

诗集系"十年诗存"，收 1934—1943 年的二十余首诗作。

① 一、本年谱在编写过程中，曾得到骆宾基、李希凡、萧军、许觉民、聂绀弩、罗烽、何满子、梅志、方敬、姜葆琛、张定华、王德昭、吕家乡、吴子敏、谢振东、李伍伦、熊淑明、何炜等友人的支持和帮助，特此致谢。二、由于资料缺乏，谬误难免，恳望知情者补正。——原文注

② 说明：由于资料缺乏，本目录可能不够完整和不够准确，愿知情者补正之。——原文注

《关于工人文艺》

1952 年 3 月，上海新文艺出版社出版。

1949 年 10 月至 1950 年 9 月，作者在大连辅导工人文艺创作活动，高度评价工人文艺是“人民革命的一个伟大胜利”。这本书真实地记录了作者在大连的思想活动和文学足迹。

《文学的倾向》(论文集)

1950 年 6 月，上海书报杂志联合发行所发行。

收 1944 年至 1949 年撰写的讨论文学倾向和文学问题的论文。序言是 1950 年 3 月在大连写的。

《艺术的理解》(论文集)

1958 年，作家出版社出版。

《美学书怀》(论文集)

1959 年 8 月，作家出版社出版。

《普式庚论》 [苏联]卢那卡尔斯基等著

1943 年 4 月远方书店出版；1946 年新知书店出版。

《叶甫盖尼·奥涅金》 [俄]普希金著

1944 年重庆云圃书屋出版；1947 年 2 月上海希望社出版；

1954 年 12 月人民文学出版社校改后出版。

《普式庚传》 [俄]吉尔波丁著

1946 年上海国际文化服务社出版发行。

《叙述与描写》［苏联］卢卡契著

1947年，新新出版社出版。

《列宁论作家》［苏联］列宁著

1952年，上海新文艺出版社出版发行。

《列宁与文学问题》［苏联］列宁著

1953年，上海国际文化服务社出版。

《仲夏夜之梦》［英］莎士比亚著

1954年，作家出版社出版发行。

（本文原刊于《文教资料简报》1985年第1期）

1987 年

生活土壤上的批判与追求
——试论吕荧的美学思想

吴腾凰　杨连成

在中华人民共和国为数不多的美学家中，吕荧是值得重视的一个。但是吕荧的美学思想早在 20 世纪 50 年代就被定性为“唯心主义的美学理论”，从而受到不公正的批判和冷遇，加上反“右”斗争扩大化，使他在生活的舞台上旋即消失。在吕荧的身后，虽然获得党和人民的昭雪，但是他那种认真严肃、一丝不苟的治学精神，他在美学领域里所作出的颇有价值的贡献却至今未引起人们应有的重视。

一

在我国两千多年的历史上，沉淀和积累了极其丰富的美学思想和美学遗产，但是美学在我国作为一门独立的科学则是鸦片战争以后的事。五四以前，王国维曾用西方康德和叔本华的美学观点研究过我国古代的文学遗产。五四时期，蔡元培首倡美育，鲁迅则写下了《拟播布美术意见书》，翻译了上野阳一的《艺术玩赏之教育》、厨川白村的《苦闷的象征》，鲁迅以革命民主主义者的气魄介绍了西方资产阶级的美学，在成为马克思主义者以后，他以对马克思主义美学的大力介绍而成为我国新美学的开路先锋。与鲁迅相反，朱光潜先生则把西方柏拉图、康德、尼采、里普斯、克罗齐等许许多多与马克思主义背道而驰的唯心主义美学观点与思想体系源源不断地介绍到我国。中华人民共和国成立后不久，即在1956至1958年间，在我国文艺界、学术界和美学界掀起了一场美学问题的大讨论，它的前奏是批判朱光潜过去的唯心主义美学思想，它的高潮是对美的本质、美学的对象和范围等一系列学术问题的纷争和研讨。同蔡仪、黄药眠、贺麟、敏泽、王子野、曹景元等美学家一样，吕荧在这次美学大讨论中以他的一家之说引起了人们的普遍关注。吕荧的美学论著除《美学问题》写于1953年7月以外，《美是什么》《美学论原》《再论美学问题》等专门篇章主要是这一时期美学大讨论的产物，它们构成了《美学书怀》的基本内容，集中而鲜明地体现了吕荧的美学观。尽管吕荧的美在主观之说不无商榷之处，但他立足于生活的土壤上，对唯心主义美学的批判，对庸俗唯物主义美学的批判，对黑格尔、狄德罗、车尔尼雪夫斯基、普列汉诺夫等美学思想中合理内核的积极追求，对马克思主义美学的大胆追求，则是值得肯定和借鉴的。这些正是吕荧美学思想中精光不灭之处。

二

美学作为社会意识形态之一，和哲学、文学等部门一样，属于认识论的范畴，但又不限于认识论，而和本体论、实践论有着深刻的联系。在物质和意识、存在和思维的关系问题上，它们都有着自身是非功过的客观标准和明确分野。相对于社会存在来说，它们是社会存在的反映，是第二性的现象，处于从属的地位；而对于它们自身来说，它们又都是人的社会意识，有着自身的复杂性、特殊性和历史继承性，作为上层建筑或意识形态的一个部门、一种形式而在历史的进程中发生作用。吕荧正是从社会存在和社会意识的宏观上来论美的：就认识论而言，吕荧说“美是物在人的主观中的反映”；就本质论而言，吕荧说，美“是一种观念”，同时，吕荧又说“美是生活本身的产物，美的决定者、美的标准，就是生活”，“美的本质是它的现实性、社会性”。这五个判断句合在一起构成了吕荧美学思想的核心。正如作者自己所说：“我的研究成果为：美是人的观念，不是物的属性。人的观念是主观的，但是它是客观决定的主观，人的社会生活，社会存在决定社会意识。在这一意义上它也有客观性。”[①]如果我们不是顾及全篇、全人、全面地看问题，而是孤立地、绝对地、形而上学地抓住“主观”“观念”等个别概念大做文章，把吕荧的所有美学思想简单地划入唯心主义美学的圈子里去，那就不是科学的态度。事实上，吕荧在论述自己的美学见解的同时，曾对唯心主义美学进行了严肃认真、说理充分的批判。

吕荧在批判朱光潜《文艺心理学》“以心造物”“直觉”即创造的主观唯心主义美学思想时说：朱光潜“割裂了物（物甲）与物的形象（物乙），取消物的形象的客观现实性，把它化为主观中的‘物乙’，即主观生产、创造（即‘形象思维’）出来的‘物的形象’”，“当一个美学学说认为在艺术创作上，主观的随心所欲的思想感情的表现就是客观的现实的反映，以至于用思想情感的表现来代替现实的反映”，就是从康德退回到休谟、巴克莱的“存在就是被感知”。这在哲学上属于“从思想和感觉到物”的唯心主义路线，在美学上则是克罗齐的艺术“即直觉的活动”等的理论。吕荧认为艺术作品不是单纯的主观意识创造的意象，不是美感经验或直觉的生产、创造、表现，而是现实的反映或再现，是主观意识对客观世界的反映。这就比较中肯地指出了艺术论不可或缺的现实基础。

吕荧在清算唯心主义美学时，旗帜鲜明地宣布：“我的全部美学是从生活论证意识，不是从心灵论证意识。”[②]他批判康德静观的“谜”一样的“美感论”，由于脱离了物自体和客观现实，对“现象之真实存在”漠

---

① 吕荧：《再论美学问题》，载《美学书怀》，作家出版社 1959 年版，第 117 页。

② 吕荧：《美学论原》，载《美学书怀》，作家出版社 1959 年版，第 68 页。

不关心，把美感判断看作是悟性、想象两种主要的心灵力量“对于被称为美的一种自由的而且无定限地终极的享宴”，从而坠入列宁所说的“心理学的唯心主义”，成为一种纯粹主观的唯心主义美学。而后来的克罗齐的“直觉论”美学虽然打着黑格尔主义的旗号，而实际上不过是“从康德美学出发的新的唯心主义美学，即从心灵论进入直觉论”。克罗齐认为“事物就是直觉”，“直觉对于概念的独立”，直觉即象征即艺术，同时，“美感就是创造”，美感活动是“批评和认识美的事物的判断活动，与制作美的事物的活动是同一的”，因而美感活动就是艺术创造。吕荧一针见血地指出：

> 不仅克罗齐，几乎所有现代主观唯心主义的“美感论”的或心理学的美学……都不过是“穿上了二十世纪的服装”的唯心主义，生活在物质的中间而又力图用诡辩来否认物质的存在，站在唯物主义真理前面而又力图反对唯物主义真理的学说。因此，美学不能限于认识论，不能限于“美感论”，不能限于“心理学的唯心主义”，不能遵循康德哲学的“批判的途径”前进。这一18世纪末“批判”的和“分析”的途径，只能走向主观唯心论的杂草丛生，不开花也不结果实的荒芜的园地去而已。①

很难想象，一个对主观唯心主义美学有如此清晰的认识并站在它的对立面的学者，会去继承主观唯心主义的衣钵，重蹈通向“杂草丛生，不开花也不结果实的荒芜”之路。而吕荧在美学的天地中究竟要走一条什么样的道路呢？他是这样给自己规划前程的：“清理康德主义之感性学或直觉学的美学思想，与近百年来唯心论的诸流派分手，明确地走上历史唯物论的社会学的，亦即科学的道路。”而且他很自信，“这条美学的道路，

① 吕荧：《美学论原》，载《美学书怀》，作家出版社1959年版，第90页。

它随着人类的社会生活世界观念的发展而发展，与历史俱进，源远流长，前途是无限的”。[①]

三

当我们后人对20世纪50年代那场美学大讨论作历史的回顾和反思的时候，在坚持马克思主义美学基本原则的基础上，切勿把“唯心主义”“唯物主义”当作标签，对复杂的美学现象和美学家作简单化的批判和取舍。可贵的是，处在当时美学纷争旋涡中的吕荧没有取这种态度，今天我们评价吕荧也不能取这种态度。

如果说吕荧对康德、贝克莱、克罗齐、朱光潜美学思想的批判，是与唯心主义美学划清了界限，那么，吕荧对蔡仪美学思想的批判则是与形而上学、庸俗唯物主义美学划清了界限。蔡仪在解放前夕出版过一本《新美学》，把美理解为脱离人类生活实践关系的事物自身具有的属性，认为美的存在是“离开我们的意识而独立的客观存在”，“美的东西就是典型的东西……美的本质就是事物的典型性”。[②] 在美学大讨论中，蔡仪认为自己坚持了美的客观性，坚持了美学中的唯物主义，因而对《新美学》“美是物的属性说”的基本论点进行极力的发挥和辩护。当时，许多人都站在蔡仪一边，认为他坚持了马克思主义的唯物论的反映论观点，但吕荧、洪毅然、李泽厚等马克思主义理论修养较深的美学家则不作如是观。他们指出了蔡仪美学思想中唯物主义观点的形而上学性质，批评他机械的庸俗社会学和教条主义的典型论。吕荧为此写下了《美学问题》《再论美学问题》两篇力作，成为蔡仪美学思想的主要论敌。

首先，吕荧发挥了鲁迅关于“并非人为美而存在，乃是美为人而存

---

① 吕荧：《美学论原》，载《美学书怀》，作家出版社1959年版，第96页。

② 蔡仪：《新美学》，群益出版社1948年版，第68页。

在”的美学思想，论述了美与人的生活和人的主观意识的不可分割的联系。吕荧以胭脂和粉为例来否定“物的属性”说。“如果胭脂不搽在脸上，搽在鼻子上，那就不美了。粉不搽在脸上，只搽在额头上或只搽在鼻子上，也就不美了……。胭脂、粉，这些客观存在的物，它们之属性未变，但于此则美，于彼则不美”。[①] 不独人造之物，自然界的物亦如此：

> 例如花，过去的人和现在的人都认为是美的。然而美的花只限于花之中有限的若干种，不是所有的花都是美的。什么花美，什么花不美，这是人的社会生活决定的，不仅仅是花本身的问题。
>
> 再例如风、雨、雪，这是人类有史以前的自然界之客观存在，人类过去和现在都赞颂它们。可是，风雨凄凄或大雪纷纷，一个蓬荜褴褛、冻馁交迫的人，即无法认为它们是美的。[②]

17 世纪法国历史画家浦桑（Nicholas Poussin，1594—1665）试图规定一种人类美的比例尺度，车尔尼雪夫斯基批评说：“美是不能用规矩准绳来测量的。”[③]20 世纪原子论时代的自然科学亦未能找出物有一种美的属性。据此，吕荧说明美学不是自然科学，《新美学》的理论不能解释美，因而是不科学的。吕荧对“美是物的属性”说的批判并不到此为止，而是进一步挖出其理论上的谬误：马克思主义哲学中的“社会存在”是指一切社会的生产方式的总和，而不限于某一具体的“客观事物”，在列宁关于“我们的知觉和表象乃是物底映象”[④]的著名论断中的“知觉和表象”也不等于“观念”，蔡仪教授通过更换概念，把马克思主义的属于

① 吕荧：《再论美学问题》，载《美学书怀》，作家出版社 1959 年版，第 99、100 页。

② 吕荧：《再论美学问题》，载《美学书怀》，作家出版社 1959 年版，第 99、100 页。

③ 车尔尼雪夫斯基：《生活与美学》，周扬译，人民文学出版社 1957 年版。

④ 列宁：《唯物论与经验批判论》，第 135 页。

本质论的意识论和列宁的属于认识论的反映论混同起来，在宣称“我们的意识是客观存在的‘映象’”之后，进一步宣称“美的观念是客观事物的美的‘映象’”，从而把真理推向了谬误。

其次，吕荧把《新美学》的美的定义与黑格尔客观唯心主义美学观作了有机的、合理的联系，指出“如果不顾美的事实如何，以为只要反其理而论之，把黑格尔学派的美学理论颠倒过来，把美的根源归之于个体，归之于客观的物，就可以得到正确的唯物主义的美学，这是不可能的”①。黑格尔学派把美定义为“美就是观念（种、类、属等等）在个别事物上的完全的显现”②,《新美学》则说“我们认为美的东西就是典型的东西，就是个别之中显现着种类的一般”③。这种“显现着种类的一般”的理论已经相当接近于黑格尔的客观唯心主义美学了，如吕荧所说：“《新美学》所述之‘典型’、‘种类的一般’，实际上即为种类的概念或观念。”它的“本质论及其主要内容是以黑格尔学派的美学理论为基础的。”两者不同的只是“在于《新美学》采取了唯物论的前提和推论——即承认客观事物是第一性的存在。”④吕荧在理论上论述美就是典型说是“抛弃了客观事物的现实性的本质，把事物当做孤立的、固定的、不变的个体，把现实的事物的本质看做是一种各个个体所共同具有的抽象的东西”⑤。实际上所谓的“典型”“一般”就是把现实事物的本质变为一种形而上学的观念。接着，吕荧又用生活中的事实来否定美就是典型说，典型的事物可以是美的，也可以是丑的，例如“典型的恶霸，典型的帝国主义者，是不是也美？他们不也是‘个别之中显现着种类的一般’么？回答是否定的”。吕荧抓住一切唯心论美学和机械唯物论美学因无法自圆其说而极

① 吕荧：《再论美学问题》，载《美学书怀》，作家出版社1959年版，第110页。
② 车尔尼雪夫斯基：《当代美学概念批判》，载《美学论文选》，人民文学出版社1957年版。
③ 蔡仪：《新美学》，群益出版社1948年版，第68页。
④ 吕荧：《再论美学问题》，载《美学书怀》，作家出版社1959年版，第109页。
⑤ 吕荧：《美学问题》，载《美学书怀》，作家出版社1959年版，第7页。

力回避的理论矛盾，即对于美的反面——丑的研究，来批判《新美学》用唯物论前提去解释唯心论的理论：

> 《新美学》认为美是物的属性，那末，丑是否也是物的属性呢？如果是的，由此前提而来的“美是典型”的定义就毫无意义。如果不是的，那就推翻了美是物的属性之理论。[①]

把美丑概念与人的生活联系起来研究是车尔尼雪夫斯基在美学史上的杰出贡献，也是吕荧美学思想的深刻之处，吕荧论美的宗旨就是“没有超社会超现实存在的‘客观的美’，没有超社会超现实的抽象的美学”。[②]离开了坚实的生活基础和社会发展的决定力量，而从抽象的“艺术原则”或“美的规范”出发，就不会有马克思主义的美学；如果“一成不变地在任何情形下都主张美是物的属性和美是物的种类典型，这样的学说并不是辩证唯物论的，而是机械唯物论的”[③]。

马克思主义美学有两个紧密联系的理论支点，“我们的知觉和表象乃是物的映象”是其一，“观念的东西转化为现实的东西”是其二，两者不可偏废，不可割裂，这是我们理解主客体之间辨证关系的一把钥匙。只承认前者，是机械唯物论，庸俗唯物主义；只承认后者，是唯心主义。马克思曾深刻地指出：“艺术对象——任何其他生产物也一样——创造着有艺术情感和审美能力的群众。因此，生产不仅为主体生产着对象，并且也为对象生产着主体。”[④]吕荧是自觉地运用了这一科学原理来进行美学的批判和追求的。他说：“在美的问题上，机械唯物论者只知道眼前的

---

① 吕荧：《再论美学问题》，载《美学书怀》，作家出版社 1959 年版，第 134 页。

② 吕荧：《美学问题》，载《美学书怀》，作家出版社 1959 年版，第 9 页。

③ 吕荧：《再论美学问题》，载《美学书怀》，作家出版社 1959 年版，第 123 页。

④ 马克思：《〈政治经济学批判〉导言》，载《马克思恩格斯全集》第 30 卷，人民出版社 1957 年版，第 155 页。

现存的美的事物与主体的反映关系，不知道这些眼前的现存的美的事物与主体有生产关系。它们都是人的生产直接或间接的产物，都是人类社会历史的产物。人类在生产中，在社会生活中创造了美的事物，形成了美的概念和观念，这种概念和观念又转化为实在的新的美的事物。如此生成转化，至于无限。今天我们眼前的现存的美的事物，决不是自太古时代起就是如此的，而是几千年来人类的社会生活社会文化的成果。因此，美的研究还需要采取历史唯物论的观点。”[①]这是吕荧批判机械唯物论美学和唯心主义美学的理论武器，是吕荧在美的探索中最深切的体验，也是一切有志于马克思主义美学研究与探讨的同志所应当记取的。

四

吕荧的美学思想是在批判继承前人的美学成果的基础上形成的，尤其是对黑格尔、狄德罗、车尔尼雪夫斯基、普列汉诺夫美学思想中的积极成分和马克思主义美学的吸收和运用，并作了新的探索，在美、美感、艺术以及美学研究的方法论问题上都有着可供后人借鉴的研究成果。

对吕荧的“美是物在人的主观中的反映，是一种观念”的论断的批评者较多，但是批评者大多着眼于抽象的概念和逻辑的比附，而对理论的来源和形成过程却不愿作恰如其分的分析研究。我们知道，吕荧美学的起点主要是车尔尼雪夫斯基“美是生活”和马克思主义社会存在与社会意识的关系的原理。吕荧在《美学问题》里说：

> 美是生活本身的产物，美的决定者，美的标准，就是生活。凡是合于人的生活概念的东西，能够丰富提高人的生活，增进人的幸福的东西，就是美的东西。美不是超现实的，超功利的，无所为而

① 吕荧：《再论美学问题》，载《美学书怀》，作家出版社 1959 年版，第 117 页。

为的。美随历史和社会生活本身的变化和发展而变化发展，并且反作用于人的生活和意识。美不是超然的独立的存在，也不是物的属性。美和善一样，是社会的观念。①

这段美学观点的亮相，实际上是对车尔尼雪夫斯基美学观的直接继续和发挥。吕荧认为，任何美学（艺术）理论，归根到底是一定社会经济状况的产物，在阶级社会中具有阶级的属性。

马克思主义美学不仅应作社会的历史的研究和分析，批判的接受人类在历史过程中在美的方面的创造和成就，从而更向前进，而且必须彻底地批判各种超社会超现实的美的思想，使美学积极地为人民的利益服务，参加建设社会主义社会和共产主义社会的斗争。②

这种驾驭美的理论高度和洞察美的历史角度是当时许多美学家所缺少的，在这一点上，吕荧比一百多年来那些从生物学、物理学、生理学、心理学来论美的美学家要高明得多。吕荧坚定地认为："美是人的社会意识。它是社会存在的反映，第二性的现象。因此，美必须从社会科学观点，历史唯物论的观点加以说明，不是从离开了人的自然科学观点可以得到解释的。"③正由于这样，我们在读吕荧的《美学书怀》时很少发现有什么烦琐的哲学思辨或抽象的逻辑推论，就像生活本身的浓缩一样，既深刻又亲切，这样，就把握了马克思在《费尔巴哈论纲》里所倡导的理论研究中的"思维的此岸性"，即在实践中证明自己思维的真理性。

吕荧在论述美作为一种社会意识，美的起源和发展为社会生活所决

① 吕荧：《美学问题》，载《美学书怀》，作家出版社1959年版，第30页。
② 吕荧：《美学问题》，载《美学书怀》，作家出版社1959年版，第34页。
③ 吕荧：《美是什么》，载《美学书怀》，作家出版社1959年版，第39页。

定的同时，也告诉我们美对社会生活的反作用，认为美“随着社会生活的发展而发展，在发展中美有它的相对独立性，有它的继承性和连续性，并且与其他的社会意识发生相互影响。”[①]究竟怎样发生相互影响，美的独立性的具体表现，吕荧没有再作深一步的探讨，而把对美的思索引向了美感问题。人们从社会生活中形成了美的观念以后，再以此去感受生活中具有这样那样、或多或少地具有美的条件和因素的事物时，又产生了新的美感，新的美感又加深或强化了美的观念，吕荧认为美感和美的观念就是美的认识中的感性认识和理性认识这两个互相联系、互相制约的阶段。他说：“美也是一种认识，它由感性认识上升为理性认识。美的认识必须经过感性阶段——美感，但是不能够用感觉（美感）代替乃至取消理性认识（美的概念、观念）。在人的认识中，美的感觉和美的概念、观念是统一的。”[②]这种美感论是对黑格尔《逻辑学》中辩证观点的吸收和发挥，黑格尔认为美的判断有低级与高级之分，他把“玫瑰花是红的”称为“实在的判断”即低级判断，而把“玫瑰花是美的”称为“概念的判断”，即高级判断。吕荧把这种辩证法的合理内核运用于美感和美的关系，是恰如其分的。但是美感的本质究竟是什么呢？吕荧认为美感就是一种感觉，一种快感。

美感——这种感觉，是外物作用于我们的感官引起的。眼耳口鼻的感官，人皆有之，这些感官的感觉也是人人相同的。因此悦目的美色、悦耳的美音、悦口的美味、悦鼻的美嗅，人人都感到一种快感（或美感）。但是人的感觉所知道的只是物的形状、颜色、声音、味道、气味等等，这些形色声味是美还是不美，以及美到什么

---

① 吕荧：《美是什么》，载《美学书怀》，作家出版社 1959 年版，第 51 页。

② 吕荧：《美是什么》，载《美学书怀》，作家出版社 1959 年版，第 46 页。

程度，这种美的意义如何，就要通过意识的判断。[①]

吕荧把美感等同于快感，只能解释有限的美学现象，而对于美学范畴中的悲剧美、心灵美和一些并非直接引起人们感官愉快的美则无法解释，这表现出他的美感论的片面性，但是他强调，能够引起人们美感的事物必须具备美的特征或条件，才能够被人认为是美的，并不是世界上一切客观存在的事物都可以被认为是美的，美的事物自身又是不以人们的意志为转移的客观存在，“一切合乎人的生活概念，对于人的生活有益，能够增进人的生活幸福的事物，人称之曰美。”[②]这样，就在美的客观现实性上弥补了他的美感论的不足，但是，这个理论矛盾在他的论著中并没有得到解决。

在吕荧的美感论里，只包括美形、美声、美色、美味之类的引起感官之所美的事物，而把思想品质的美、道德情操的美等引起人们的心之所美的事物排除到美感的范畴以外，而规范到美的观念里去，从而为他的美感即五官的快感，即对事物形体、形式之美的感觉的理论排除障碍，这在逻辑上虽然能够自圆其说，但在客观上难免不陷于形而上学的、机械的美感论，因为限制了美感内涵的复杂性、广延性，这就在很大程度上取消了美感的社会的历史的内容。马克思主义者认为人的感官和感觉本身都是社会的历史的产物，“不但五官的感觉，而且所谓智力的诸感觉和实践的诸感觉（意志、爱情等等）”[③]，不是自然的产物，而是“人化的自然之结果”，都包含着社会的历史的内容。由于美感论的片面性、简单化，导致了他在批判朱光潜“美感经验”论时，把艺术中的形象（物乙）完全等同于生活中的形象（物甲），让典型服从于现实，服从于改造现实的斗争，

---

① 吕荧：《美是什么》，载《美学书怀》，作家出版社 1959 年版，第 45 页。

② 吕荧：《再论美学问题》，载《美学书怀》，作家出版社 1959 年版，第 134 页。

③ 《马克思恩格斯论文学与艺术》，英文本，第 14 页。

实际上也就否定了美的创造和艺术创作中的典型化过程，这样就与自然主义美学有了联系。

在吕荧的美学论文中，没有专门论述艺术美的章节，却不乏对艺术美的见解。在艺术本质论上，他认为“艺术是社会的意识形态，是社会的上层建筑。”[①]艺术美具有社会性、阶段性。他认为“艺术上的典型是社会生活与社会关系的本质表现”，艺术美不是客观事物本身决定的，而是由社会生活决定的，不存在脱离社会生活的纯粹的“美的艺术”，反对“为艺术而艺术”，反对资产阶级美学主张的超社会超现实的“纯艺术”，提倡“艺术以现实生活为内容，表现现实，为改造现实，创造美好的现实生活而斗争”[②]。这体现了实践性与阶级性相结合的马克思主义的艺术观。

从总体上说，吕荧美学思想既不是博大精深，也并非振聋发聩，但是，我们可以说，它是中华人民共和国美学园地里的一株根植于深深的生活泥土中的白杨，任历史的风刀霜剑如何严厉相逼，却不能削弱它生命的绿色，这也未必过分。我们今天对吕荧产生于20世纪50年代的瑕瑜之见的美学思想作出了恰如其分的评价，记取其成功的经验，剔除其理论上的失误，学习他论美的立场、态度、方法，其现实意义是不可小看的。

［本文原刊于《阜阳师范学院学报》（社会科学版）1987年第4期；本文作为附录收入吴腾凰著《美的殉道者——吕荧》］

① 吕荧：《美学问题》，载《美学书怀》，作家出版社1959年版，第28页。

② 吕荧：《美学问题》，载《美学书怀》，作家出版社1959年版，第35页。

1988 年

美是符合人的理想的社会生活

——吕荧的美学思想

周来祥　邹　华

中国当代美学研究曾根据吕荧关于美是人的一种观念的论点，把他和高尔泰的美学思想归为主观论一派。但这不过是以美学观点的表面上的相似而做的机械的归类。事实上，吕荧与高尔泰的美学思想有着深刻的差别。高尔泰以美感的能动性和创造性论证美，吕荧的全部美学则是以生活论证意识，以生活论证美。在高尔泰的美学中，对美的论证即对美感本身的论证，美即美感；在吕荧的美学中，对美的论证即对社会生活的论证，美即生活。前者从哲学的角度研究人及其审美心理结构，后者以社会学为基础研究美与生活和艺术的关系。吕荧和高尔泰只能分别属于中国现代美学的再现的客观论和表现的主观论两大系统。高尔泰以对心理、情感和浪漫精神的强调，发展了朱光潜的美学思想，成为表现的主观论系统中的一个环节，吕荧则以对社会、理智和现实主义的强调，发展了茅盾的美学思想，成为再现的客观论系统中的一个组成部分。

一、善是美和艺术的最高原则

吕荧于二十世纪五十年代初提出了“美是人的一种观念”这个著名论点。在这之前，吕荧已从事了十多年的文艺理论研究和文艺批评工作。

如果我们一时还不能根据他论美的文章判明他美学思想的基本倾向，那么只要对他二十世纪四十年代和五十年代初的文艺论著稍加注意，就会为他的现实主义文艺思想与美学基本论点之间的矛盾而感到困惑。如果他的美学思想是主观唯心的，那么他为什么一贯地倡导现实主义？如果他倡导现实主义是确凿的，那么他的美学理论为什么又是唯心的？难道文艺思想不是美学思想的一个有机的组成部分？难道文艺思想与美学思想之间没有内在联系或一致性？如果我们不能否定两者之间的联系，那么现实主义理论与美是一种观念这个论点的相通之处在什么地方？实际上，吕荧对美是一种观念的反复论证已经表明，他的包括文艺观在内的美学思想是一个整体，他的美学理论正是对他的现实主义观点的进一步概括和深化。

车尔尼雪夫斯基美学对中国现代美学所产生的深刻影响，明显地体现在吕荧的美学思想中。可以说，美是一种观念的论点是车氏“美是生活”这个著名定义的新的表达形式。吕荧在他的主要美学论文中，多次引用了车氏的定义，他指出，不能把车氏的定义仅仅限于“美是生活”这句话，后面的两个补充是重要的，它表明“美是通过生活概念被人认识的”①。吕荧认为，车氏的美的原则性定义仍然具有重要的现实意义，可以当作中国现代美学进一步发展的起点。② 以车尔尼雪夫斯基的美学思想为基础，吕荧提出了美是人的观念的观点，他并不是要以此否定美是生活，他所强调的是，生活的美是通过人认识到的，而人对生活进行评价所依据的生活概念本身，也是由生活提供和决定的。因此，把美看作是为社会生活决定的社会意识或观念，和把美看作是符合人的概念和理想的社会生活，在吕荧那里并没有本质的区别，这也就是美作为被社会存在决定的社会意识，可以与现实中美的生活相通，第二性的现象与第一性的现

① 吕荧：《美是什么》，载《吕荧文艺与美学论集》，上海文艺出版社 1984 年版，第 401 页。

② 吕荧：《美学问题》，载《吕荧文艺与美学论集》，上海文艺出版社 1984 年版，第 436 页。

象可以互换的原因。应当指出，吕荧对美是什么的理论表述常常是不明确的、含混的，但是他的理论意图十分明确，这就是强调美的本质的现实性和社会性。这种现实性和社会性既不是人的主观观念的产物，也不是单纯的物质的存在，它和人的社会生活有关，因而也和为这个社会生活所决定的人的社会意识或观念有关。所谓美是人的一种观念，美是社会意识，与其说是吕荧美学思想的归宿和结论，不如说是对现实生活的美进行论证的新的方式或新的角度。吕荧说："我的全部美学是从生活论证意识。"①进一步说，就是通过从生活论证意识，达到对生活本身的论证，达到对社会生活的新的理解。

吕荧指出："美是人的一种观念，而任何精神生活的观念，都是以现实生活为基础而形成的，都是社会的产物，社会的观念。"②"美是生活本身的产物，美的决定者，美的标准，就是生活。"③因此，为了了解美、认识美，首先要了解和认识生活，了解和认识美与生活的关系。

社会生活作为人的全部实践活动的总和，关系着人的生存、发展和切身利益，它不仅决定美的意识，而且决定着善的观念。吕荧认为，美与善这两种意识有密切的联系，对人有益的事物和美的事物彼此相通。一切合乎人的生活概念，对人的生活有益，能够增进人的生活幸福的事物，即称之为美，相反的便称之为丑。④以美与善相通的认识为基础，吕荧从美的意识的起源和发展两个方面论证了美与生活的关系。吕荧指出，原始人类的现实生活和观念最初是没有美的，当人类通过劳动使自然界的某些条件和事物为人所用，美的意识和善的意识也就同时萌芽，善的好的事物和美的事物也同时出现。这种原始的美的萌芽，证实了美与善的密切关系，证实了美来自生活。美的观念的发展变化也仍然和社会生活

---

① 吕荧：《美学论原》，载《吕荧文艺与美学论集》，上海文艺出版社1984年版，第456页。

② 吕荧：《美学问题》，载《吕荧文艺与美学论集》，上海文艺出版社1984年版，第416页。

③ 吕荧：《美学问题》，载《吕荧文艺与美学论集》，上海文艺出版社1984年版，第436页。

④ 吕荧：《再论美学问题》，载《吕荧文艺与美学论集》，上海文艺出版社1984年版，第509页。

的实际状况相关，它反映着社会生活的进程，为这个进程所决定。过着狩猎生活的原始氏族欣赏动物的美，过着采集生活的原始氏族欣赏植物花草的美。生产力的进步推动了社会生活的发展，美的观念也日趋复杂，它从自然事物扩展到社会事物，生活中的美也相应地扩展了丰富了。社会生活也决定着艺术观念的发展变化，艺术观念的变化导致了艺术美的变迁。北魏雕像的朴素庄严，不同于宋代雕像的华丽多彩，《诗经》对山水的描绘与六朝诗歌绘画对山水的歌咏描绘不同。吕荧还指出，美感的发展也与社会生活的变化有关，古代论感官之美，首为味美，次为声美、色美、嗅美等，近代论五官之美，注重视觉和听觉而轻视味觉。感官之美从古代到近代的变化，是社会物质文化生活发展了的结果。美作为一种社会意识与社会历史的发展相关，作为个人的观念又与个人的生活经历相关。一个人先接触认识周围日常生活中的事物，“如美的食物、美的衣服用具、美的人物风景花草、美的行为、美的态度等等。后来，随着社会生活范围的扩大，这种美的知识的范围也逐渐扩大提高，终于形成一个整个的美的观念。因此人人都是从生活中得到他的美的观念的”①。吕荧认为，正是由于人们所处的社会生活条件的相同或差异，人们才对美有相同的或不同的看法。社会生活条件和物质基础是不断变动的，超现实超功利的美，孤立的绝对的美是不存在的，马克思主义的美学必须在社会生活的基础上，在历史的关联上进行研究。②

由此可见，吕荧以生活论证意识，就是以生活论证美，他所要达到的结论是生活产生了美，生活是美的最后根源。他看重生活胜于看重美，他的美学思想的主旨与其说是研究美，不如说是研究社会生活，变动的真实的生动而丰富的社会现实，是吕荧美学思想的灵魂。

吕荧对社会生活的重视，决定了社会美在他的美学思想中的重要地

---

① 吕荧：《美学论原》，载《吕荧文艺与美学论集》，上海文艺出版社 1984 年版，第 452 页。

② 吕荧：《美学问题》，载《吕荧文艺与美学论集》，上海文艺出版社 1984 年版，第 437 页。

位。在吕荧看来，善是美的最高原则，因而社会美也就是美的最高的范畴。吕荧是从社会实践和社会生活的角度理解自然美的。他认为自然美的出现是劳动改变了原始自然面貌的结果，亦即自然的人化，自然美总是和人的社会生活联系在一起的，它本身具有一定的社会内容，因此“自然美也就是一种社会美”[①]。很显然，吕荧的解说是简单化的，自然美不被重视而被统一于社会美，这是吕荧作为再现的客观论系统一个环节的合乎逻辑的理论现象。吕荧说：

> 我们平常用“美”这个字，不仅仅用于评价山水花草等自然界的事物……主要的是用于评价社会生活和社会事物。一般的说来，有：美事、美谈、美名、美德、美梦、美好的生活、美好的心灵、美好的婚姻、美好的理想，等等。[②]

吕荧在这里列举的美都属于社会美的范畴，包括了行为和精神两个基本方面。社会美的中心是人，人的美是社会美的充分体现，吕荧认为，正是由于法捷耶夫在其创作中展现了“英雄的美”，表现了“人的美的素质”，他的作品才达到前所未有的美学高度。[③] 吕荧以社会生活论证美的过程，就是提出和论证社会美的过程，是社会美作为再现的客观论的重要范畴在他的美学思想中深化发展的过程。吕荧生前发表的最后一篇美学文章的题目是《关于“美”与“好”》，它恰似吕荧美学思想的一个简要的总结。美与好，就是美与善，美是从好发展来的，美与好都跟利害有关，就是与社会生活有关，因而美与好同属于社会美。“美与好的问

---

① 吕荧：《美是什么》，载《吕荧文艺与美学论集》，上海文艺出版社1984年版，第404页。

② 吕荧：《美是什么》，载《吕荧文艺与美学论集》，上海文艺出版社1984年版，第410页。

③ 吕荧：《旗——读法捷耶夫的〈青年近卫军〉》，载《吕荧文艺与美学论集》，上海文艺出版社1984年版，第386页。

题是美学上的基本问题之一”[1]，是认识美的本质必须回答解决的。

美与善、美与社会功利在吕荧美学思想中如此密切的结合，十分明显地显示了中国现代美学发展的历史特点。这个特点一方面来自中国古代美学注重善和社会问题的传统，另一方面来自由中国近现代历史激发起的强烈的意志功利要求。这两个方面构成影响中国现代美学发展的历史和现实的双重因素。在吕荧那里，美和善几乎是等同的，他对美与善关系的重视和论证，是其美学思想直接面对现实，与历史命运息息相关的反映。在艺术观点上，这种美学思想要求艺术担负起伟大的社会使命，要求艺术与广阔的社会生活结合起来，不回避现实的矛盾，通过对生活和斗争的再现坚定追求理想的信念，激发奋进的意志。但是，历史的特点和历史的局限又常常是不可分离的。美和善密切到几乎等同的关系还表明了中国现代美学的发展还处在一个缺乏自己独立性格的阶段，处在一个幼稚的不成熟的阶段。在吕荧的美学思想中，美和善相区别的问题根本没有提出来，或者可以说，他的美学恰恰是以取消这种区别为宗旨的；美和审美的特殊性及其规律这些现代美学的重大课题在他的美学思想中没有什么地位。吕荧对从康德到克罗齐的西方美学完全持否定的态度，而对中国古代美学重视事物美道德美的传统则予以非常的关注。对于在艰难曲折中发展的中国现代美学来说，吕荧美学思想的这种倾向甚至并不具有更多的积极的意义。中国现代美学的进步当然不是表现在把美和善分离割裂开来上面（相对于古代对美善的混淆，分离割裂仍然不失为现代美学发展的一种特殊的形式），但是它要求对两者加以严格的区别。它应该深入地论证美与善的联系，然而更重要的是论证两者之间的差别，这实际上也是正确地深入地论证美善联系的前提条件。真善美智情意的联系与区分是近现代美学的重要理论任务，也是测量现代美学发展进程的

---

① 吕荧：《关于“美”与“好”》，载《吕荧文艺与美学论集》，上海文艺出版社1984年版，第530页。

一个基本尺度。中国现代美学的实际情形表明，它在研究解决这一课题上尤其是在美与善的关系上远没有达到历史的要求，它还处在初始的发展阶段上，吕荧的美学思想证实了这一点。

二、美关系着人和人的创造

在吕荧的美学思想中，美是人的一种观念的命题除了包含着以生活论证美的意义，还包含着强调美与人的关系的问题，即作为主体的人在美的创造中的地位和作用。吕荧指出："深思的唯物论者从来没有把美当做离开人的客观存在看待。"①因为"美不仅关系着物，它也关系着人，人的社会生活和社会意识。问题不在物与物的关系，而在人与物的关系"②。"机械唯物论者只知道眼前的现存的美的事物与主体的反映关系，不知道这些眼前的现存的美的事物与主体有生产关系。它们都是人的生产直接或间接的产物，都是人类社会历史的产物。人类在生产中，在社会生活中创造了美的事物，形成了美的概念和观念，这种概念和观念又转化为实在的新的美的事物。如此生成转化，至于无限。"③

人或主体问题在美学理论中的出现，不论从中国现代美学的主导趋势上看，还是从吕荧所属的再现的客观论系统的特点看，都是值得重视的。近现代美学区别于古代美学的一个重要的标志，就是实现了由古代注重客体向现代注重主体的历史转变，在美学理论上，这种转变表现为对人创造美（本体论）和美感能动性（认识论）的重视，而美感研究更占有重要的地位。在中国现代美学发展中，美是人的一种观念这一命题的意义，首先在于以毫不含糊、直截了当的形式把人的主观能动性与美的生成

---

① 吕荧：《美是什么》，载《吕荧文艺与美学论集》，上海文艺出版社 1984 年版，第 401 页。

② 吕荧：《再论美学问题》，载《吕荧文艺与美学论集》，上海文艺出版社 1984 年版，第 513 页。

③ 吕荧：《再论美学问题》，载《吕荧文艺与美学论集》，上海文艺出版社 1984 年版，第 494—495 页。

联系在了一起，表达了没有人的创造和评价美便不可能存在这样一个基本的认识。人的观念决定于社会生活，社会生活之所以成为现实的可感的美，又必须经过人的审美判断和评价。在吕荧看来，美是生活，但他又偏偏把这种思想表述为美是观念，实际上这种表述不过是对“美是生活”的补充，他的目的是在提醒人们不要忽视或忘记了人是美的创造者，是试图为美的本质问题寻找到正确的答案。

“美是人的观念”这一命题的更深刻的意义，还在于它反映了中国现代美学思想内部各种倾向的矛盾对立。“美是人的观念”是吕荧现实主义文艺观的一种特殊的表达和概括，即以战斗的积极的态度深入现实人生。美既然为生活所决定，既然来源于生活，那艺术家就必须自觉地深入生活，在真实的生活中而不是在其他地方创造美、获得美；另一方面，美又是观念，是人的评价，要获得美，那就必须以主动热切的心情体验感受生活，理解评价生活，从而发现美，并使之在艺术中上升到典型的高度。这两个方面结合在一起，就是现实主义艺术创作与生活的辩证关系，或者说是人与艺术的辩证关系。在中国现代美学史的研究中我们已经指出，中国现代审美意识和艺术创作一直受到人与现实意志实践关系和意志目的的强烈影响，社会现实的各种紧迫的实践问题以极为尖锐突出的形式出现在艺术创作面前，艺术创作于是出现了或是回避或是接受两种趋向。从接受的方面看，也出现两种有着深刻差异的方式。一种是面对现实矛盾，以现实主义的态度再现生活，以求得对社会历史的深层次的把握，进而达到改造社会推动实践的目的。另一种方式是直接表现意志要求和实践精神，通过艺术的形象化特点实行对实践意欲的证明和图解，以辅助意志目的的实现。后一种方式实际上已经改变了艺术本身的审美特征，使艺术限于准审美或亚审美的水平。这是中国现代文艺发展中的一种特殊的现象。在艺术倾向和艺术观上，以上两种方式表现为现实主义和反现实主义的矛盾对立，在美学理论上表现为再现的客观论与阐释的客观论或实践的主观论的矛盾对立，而在吕荧那里，则表现为美是人的一种观念与美是纯客观的存在的矛盾对立，表现为他对思想内容的观念论、生活态度的客观主义的创作倾向的否定，即对以形象图解思想概念的“自然主义”倾向的否定。①

从表面上看，“美在客观”应该是对现实主义理论的概括，而“美是观念”应该是对反现实主义倾向的概括，但是，在中国现代美学的发展中，这两个命题所代表的真正的思想倾向恰好是相反的。从根源上讲，美是客观事物个别之中显现着种类一般这一判断所代表的理论体系，属于中国现代美学阐释的客观论系统，这个系统是中国现代审美关系受到意志实践关系的强大吸引而产生偏离倾向的理论表现。它所要论证的是意志目的的主观表现，而不是现实生活的客观再现，它强调美在客观，但这种客观的美所呈现出来的是共性的抽象而单一的东西。如果认这种抽象的一般为本质，那么正如吕荧所说，实际上是抛弃了客观事物的现实性，“把现实的事物的本质变为一种形而上学的观念”②。这种凝固的形而上学观念疏远了变动的现实生活而适应了一定的意志目的。反映在创作上，审美或创作主体则是以接受意志目的的支配为前提而走向生活的，他在生活中的全部工作不是主动地去体验去理解去发现，从而进入创作，而是被动地去寻找能够印证一定思想观念的客观形象，生活因而不是有机的真实的具体的生动的，而是抽象的虚幻的冷硬的呆板的，这便是思想上的观念论和生活态度上的客观主义两种似乎矛盾的倾向能够融合在一起的原因。吕荧的美学思想正是作为这种否定审美主体自身能动性的思想理论的对立面而出现的。“美是人的一种观念”强调了人与社会生活的真实关系，而不是人与形而上学观念的虚幻关系；强调了艺术家对生活的积极的感受，而不是对抽象观念的消极顺从；强调了全身心地深入生活的主观战斗精神，而不是与现实格格不入的冷漠的态度。仅仅从个别词句

① 吕荧：《艺术与政治》，载《吕荧文艺与美学论集》，上海文艺出版社1984年版，第92页。

② 吕荧：《美学问题》，载《吕荧文艺与美学论集》，上海文艺出版社1984年版，第417页。

上或者仅仅局限于单独的个人，那是不能理解吕荧美学思想的根本倾向以及他在中国现代美学不同理论系统中的适当地位的。吕荧的美学思想是中国现代美学逻辑发展的产物，和胡风的美学思想一样，它是再现的客观论美学为使中国现代文艺避免非审美化或意志化而走向现实主义的一种艰苦的努力和尝试。尽管吕荧的美学思想本身仍然存在着很大的忽视审美特性和规律的弱点或局限性（以善代美，以认识代审美），但在主导倾向上，艺术可以从他那里走上正确的道路，当然这必须以对他的局限性的克服为条件。

三、理智主义的美的认识论

在善的最高原则下，认识现实的本质是艺术的重大使命。或者说，善的目的是通过对真的认识达到的。对认识事物的本质、规律的强调是吕荧美学思想的又一特色。但是，由于美的特性问题在吕荧那里始终没有被提出，因而如同他在美的本质问题上将美和善等同起来一样，在美感问题上，他以认识论的反映论代替了对美感特殊性的研究。吕荧认为，哲学认识论的反映论的规律和发展法则，也是艺术创作论的思想基础，反映论中感性认识和理性认识的辩证关系不仅是哲学思想上认识论的核心问题，而且也是艺术创作上反映论的核心问题。①与早期现实主义理论在后期得到美学概括的过程平行，创作论中的反映论同时发展成为美的认识的反映论。②吕荧的美的认识论包括美感、美的概念和美的观念三个层次。在吕荧看来，美感属于感性认识，与感觉相同。他指出：人对于某一事物的美的感受，通常称之为“美感”，严格地说来只能被称之为“快感”。美的概念和美的观念属于理性认识，它们从美感发展而来。

---

① 吕荧：《读〈实践论〉》，载《吕荧文艺与美学论集》，上海文艺出版社1984年版，第24页。

② 吕荧：《读〈实践论〉》，载《吕荧文艺与美学论集》，上海文艺出版社1984年版，第25页。

美感是“感觉和知觉到的个别美的事物的表象（即形象、现象）”，“这些多样的表象，以人的生活为基础，在意识中综合而成为一个美的概念”，美的概念是在运用于生活的过程中发展着的，这个与现实生活印证着的美的概念成为美的观念[①]。吕荧认为人的审美活动通过美感或感觉，但必须超越美感，根据美的概念作出评价或判断。这种判断常常紧随着感觉而来，但判断并不等于感觉[②]。基于这种美的认识论，吕荧批判了从康德到克罗齐的美感论或直觉论，指出要突破唯感觉论的肤浅的逻辑范围，与近百年来的唯心论诸流派划清界限，明确地走上历史唯物论的社会学的道路。[③]

在吕荧的美的认识论中，审美感受、美感经验与一般认识过程几乎没有任何差别，反映认识完全代替了审美活动；这种美感论上理智主义的缺陷是十分明显的。认识论意义上的感觉当然不能等同于审美活动，但审美离不开感性体验，美感体验伴随着整个审美活动的深化过程，理性必须回到感性并融解在感性之中。感性之中不仅融合着感觉和理智，而且还加入了情感和想象的心理活动。但是情感和想象在吕荧的美的认识论中只从属于认识和思维，它们在美感经验中的存在和作用并没有必然性。吕荧在评论曹禺的剧作时就指出：

> 在情感的造因下形成的人物和世界，常常不是真实的本体，常常是片面的表象，有时甚至于只是假象。因为情感不是认识，并且也不能够代替认识。创作的路，只有真知。在这条路上，才能获得典型，完成诗。真知属于社会学的范畴，不是情感意识的范畴。[④]

---

① 吕荧：《美学论原》，载《吕荧文艺与美学论集》，上海文艺出版社 1984 年版，第 452—453 页。
② 吕荧：《再论美学问题》，载《吕荧文艺与美学论集》，上海文艺出版社 1984 年版，第 508 页。
③ 吕荧：《美学论原》，载《吕荧文艺与美学论集》，上海文艺出版社 1984 年版，第 478 页。
④ 吕荧：《曹禺的道路》，载《吕荧文艺与美学论集》，上海文艺出版社 1984 年版，第 216 页。

把美感和美的概念割裂开来，把情感和认识对立起来，忽视感性和情感在审美中的作用，这是中国现代文艺创作上公式化概念化的美学根源。在这个问题上，吕荧和蔡仪的美的认识论没有什么区别，他们代表着中国现代美学在美感理论上的强大的理智主义倾向，他们的理论强调和发展了审美意识中的认识和思维的方面。中国现代美学是在表现的主观论和再现的客观论的对峙中发展的，情感想象与理智思维这些范畴也是以矛盾对立的方式丰富充实自身的规定性的，但是，双方的对立和差异主要表现在理论的不同逻辑倾向上，而不是表现在完全忽视或否定对立一方的存在上。如果说这种不适当的绝对的排斥性也可以被认作是中国现代美学发展的一种形式，那么它只能是一种初级的十分简陋的形式，吕荧的美感论当然不能例外。

对美的理性认识阶段和理性作用的强调带来了一个十分重要的问题，即突出了与思维的抽象作用相关的认识的一般性或共性，这与审美和艺术的生动性具体性是矛盾的。吕荧在美的理性认识阶段又对美的概念和美的观念加以区分，就是试图解决上述矛盾。吕荧指出：

> 自亚里士多德以来，一般的“逻辑学”关于思维的基本规律只叙述到“概念”为止，关于“观念”略而不谈。然而要教人如何正确地思维，如何建立正确的思想体系，要使“逻辑学”具有思想性，贯彻辩证唯物主义和历史唯物主义，就需要按照列宁在《哲学笔记》里面的论述加以展开，也就是从感觉上升到最高的概念——“观念”。①

列宁在《哲学笔记》中论述阐发的高于概念的“观念”，是辩证逻辑的“具体概念”。所谓具体概念是一个由概念范畴构成的体系，它的具体是理性的具体，是具有高度抽象力的辩证思维的产物。具体概念不同

① 吕荧：《美学论原》，载《吕荧文艺与美学论集》，上海文艺出版社1984年版，第455页。

于抽象概念，抽象概念是知性思维从具体事物中抽出的共性或一般性，这种概念是凝固的确定的，但又是单一的片面的，它不能反映事物的发展过程，而事物的规律或本质却正显示在它的整体的运动变化中。因此，辩证思维以抽象概念为起点，以期通过概念的辩证运动达到对事物发展规律的认识。吕荧在他的主要美学论文中反复地大量地引用了列宁的论述，他的主要目的，是强调美的认识对美的事物本质的全面理解和把握，而不是仅仅达到对事物的抽象的一般性的认识。因此，吕荧的美是人的一种观念的命题，除了包含着肯定社会生活的重要性和肯定人创造美的能动作用之外，还包含着全面地真实地认识美的考虑。必须肯定，吕荧以辩证逻辑思维的全面性变动性代替形式逻辑知性思维的单一性固定性的理论努力是值得重视的，他看到了理性认识阶段还有着更高的层次和纵深的过程，并感到了它对美的认识的重要意义。他已经认识到，把从事物中抽出的凝固的一般性推崇为真理，带来了把美的认识限制在知性思维上的严重后果。但是，吕荧仍然是在认识论的范畴内提出和论述问题的，因而他仍然不能解决问题。概念的联系和转化是以抽象的思维形式进行的，它达到的具体是与事物本质相符的抽象的具体，而不是感性的形象的具体。如果说蔡仪的美的认识论提出的抽象概念有一个与表象结合的问题，那么吕荧的美的认识论中的“观念”或具体概念也存在着同样的问题，也就是说，吕荧的理论在实质上并没有超出概念加形象的范围，或者不如说他对美的认识论的修正为概念化提供了进一步的论证，尽管这是违反他的意愿的。

不过，吕荧提出的全面地综合地认识美的对象的思想却包含着一个他本人没有意识到的甚至必然要予以否定的结论，那就是审美必须是直观的。审美直观不是分解不是抽象，不是混沌的没有理性内容的感觉，不是反映论的初始阶段。审美直观包含着情感，情感融合着人的评价和思考，它所达到的思想深度不仅知性思维无法企及，甚至常常超出理性思辨的水平，只有审美直观才能和变动的整体的美的世界发生联系。吕荧的局限性在于他始终固守在认识论的范围内，不承认情感等心理因素心理形式的作用，因而审美对理性的追求总是在抽象阴影的覆盖中进行。这就需要作出努力，从抽象的王国跨出而进入感性的情感的领域。可以说，吕荧的美的认识论对辩证思维的强调已经成为中国现代美学再现的客观论深入思考审美直观问题的前兆，在作为吕荧后继环节的胡风美学思想中，这种思考终于出现了。

与吕荧的美的认识论直接相关的是他对现实主义认识作用的重视。他强调通过典型的创造而达到对社会现实本质的认识。艺术真实地反映现实和艺术本质地反映现实，这两种提法在吕荧看来并没有什么区别。吕荧以生活的真实和变动发展的现实过程论证本质问题，[①]这与实践的主观论以立场或政策代替本质代替真实的理论有着明显的差别。但是，当我们结合他的美的认识论来看真实与本质的关系的时候，就会发现两者之间仍然存在着深刻的矛盾和裂痕。问题的关键是，当把现实主义的美学意义仅仅局限于认识事物的本质，以反映论取代审美感受，那么不论是以生活的真实论证本质还是以政策的正确性论证本质，对艺术来说本质的东西就只能是外在的观念的东西。审美感受和逻辑认识是两个不同的意识系统，审美感受包含的理性内容与逻辑认识中的思想理论是不同的精神过程的产物，它们各具有来自本系统的整体特性；审美过程中产生的理性内容有机地融合着形象，而逻辑认识的抽象概念与形象的结合却只能是机械的附着。对于认识思维来说，逻辑的抽象当然可以达到对客观真理的把握，但当它附着在艺术形象上并试图以之表达出来的时候，反而显得不真实。审美只能通过感受领悟真理。如果把美的认识限制在反映论过程中，同时又强调写本质的东西，写典型的现实，那么与认识逻辑的特性相对应，本质的东西只能表现为抽象的东西，认识思维的抽象性随时都可以从根本上扬弃对生活的感受和现实的具体性，从而也就否定了现

---

① 吕荧：《关于表现新事物》，载《吕荧文艺与美学论集》，上海文艺出版社1984年版，第15页。

象的真实和艺术的真实。艺术的真实不同于现象的真实，也不同于理智的真实。因此，吕荧的真实论典型论仍然是抽象的本质论。他并提真实和本质，为他所看重的理智的本质却否定着同样为他所看重的生活的真实。吕荧在这里遇到的困难，对中国现代美学现实主义理论具有普遍的意义。中国现实主义理论的一个致命弱点，便是对审美意识的肢解和对理性认识因素的隔离。现实主义理论反对抽象地写本质，但它又长期地不能解决真实性问题，甚至它本身也常常是一种不自觉地把艺术推向概念化公式化的力量。这表明，仅仅从美的本体和社会生活的角度提出真实性问题是不够的，还必须解决美感论或审美特性问题，美学必须为美感找到它不同于认识思维的特殊性。如前所述，吕荧看到了美的认识超越知性向着理性的全面具体性发展的必要性，但未能触及审美特性本身；吕荧在美的认识论上面临的突破直接关系着本质与真实问题，即在认识论和心理学结合的基础上，使审美感受或直观与现实的真实过程对应契合，达到对本质的审美的理解和把握。

吕荧美学思想对中国现代美学发展的意义最后简要概括如下。吕荧以社会生活论证美，使美和人的生活密切联系在一起，要创造美表现美，就必须深入生活，他的美学思想反映了现实主义艺术面向广阔的社会生活的倾向。生活和艺术的关系是他美学思想的轴心，他把艺术的生命交给了生活而不是奉献给抽象的观念，他要求艺术呈现出真实的境界而不是裱扎店里纸人纸马的红红绿绿。他的美学思想是对依附于意志实践关系的非审美倾向的纠正。吕荧没有提出审美特性问题，美和善在他那里没有差别可以互换。但他以现实生活的善代替了主观意志的善，这是应当予以肯定的。因为不论把生活看作善还是看作美，生活总是以它的丰富生动的感性形态触发着人的现实感受，而这种感受正是审美的基础，艺术总是可以通过生活的启迪走向审美的境界，但在主观意志的善的领域中，艺术没有这样的出路。

吕荧把人与现实的主观与客观的互相转化看作美的根源。“美是一种观念”是有待论证展开的初始命题。从这个命题出发，他一方面把美归结为社会生活，因为社会生活是美的根源；另一方面又把美归结为人对生活的判断和评价，因为社会生活必须符合人的理想。吕荧实际上已经达到了美是符合人的理想的社会生活的结论，或者说已经隐约地意识到了美存在于人的主观目的和客观规律的统一中。他还没有触及社会实践问题，因而他对美是什么的表述显得很不一致（美是观念、评价、社会生活），但他明显地肯定了社会生活的突出地位。“社会生活”这个概念正逼近着美的本质的社会实践论。胡风的美学思想在美的本质问题上把吕荧的社会生活的观点发展为人的感性活动的观点，即人创造了感性世界，感性世界由人的实践活动构成。这样，社会生活的美就由人的评价转向人或人的实践活动本身，人成为生活的主宰，社会实践成为美的源泉。胡风关于感性活动的观点是吕荧美学思想向李泽厚的社会实践论过渡的中介环节。

美的认识论中的理智主义是吕荧美学思想的重大缺陷。他认识到把美的意识看作是对事物的种类性或一般性的反映的局限，他试图在认识论的范围内深化美感论，但他没有也不可能成功。这就表明仅仅在认识论中是无法揭开审美的秘密的。吕荧的美的认识论所预示的发展由胡风的美感论向前推进了。胡风作为吕荧的后继环节仍然突出地强调审美的理性内容，但是感性与理性、心理与认识、情感与理智的断裂在胡风那里得到了弥合，理性不再超出感性以概念的辩证运动认识美，而是与感性“化合”在一起成为一种感性的机能。相应地，情感在胡风美学思想中也取得更加突出的地位，预示着再现的客观论和表现的主观论将发生一次综合。作为胡风的先行环节，吕荧美学思想的全部特点表示着中国现代美学还处在一个初级的尚待继续发展的阶段。

（本文原刊于《文艺研究》1988年第5期）

1988 年

这里燃烧着一颗纯净的心灵

——读吕荧早年的诗集《火的云霞》

闻　敏

几年前在北京一家图书馆幸运地发现了吕荧著的《火的云霞》，封底内注有“1944 年重庆云圃书屋藏版”的字样。吕荧原姓何，名佶，一名云圃，显然，这书是他于婚后清苦的教书生涯里节衣缩食自费出版的。这薄薄的小诗集囊括了吕荧自 1934 年（在南京读中学时）至抗战胜利前所作的二三十首抒情短诗。书口已磨损，纸页也已泛黄、变脆了，但，对于一切记着吕荧、想尽量多地了解吕荧的人说来，它具有特殊的、新鲜的魅力。

吕荧出生在皖东北天长县农村，五岁丧母，对哺育了他的乳娘张氏感情极深，离家后每逢返乡，必登门拜望。这样的经历，对于他日后深沉内向的气质的养成和他那对乡间、对自然景物的依恋，以及他那对农民的苦难的关注与同情，都具有重要的影响。在写于 1934 年的《污暗的春天》里，他以一种轻柔的笔触点染那诸如解冻的小河、苏醒了的田野、沐着春雨的村镇、鸦鹊、牛群等构成的本该是和谐、宁静的景象与氛围时，告诉人们，就因为有那些褴褛的、饥饿的农夫，有他们那熏黑了的、爬满忧愁的脸，有他们的挣扎和叹息……春天变得污暗了。诗的末尾呼唤兄弟们起来，去争取那真正的、灿烂的春天。

这样的主题延伸到吕荧 1935 年考入北大史学系之后所写的诗作里。北国严冬的肃杀与荒凉，那赤裸了的大野，那萧瑟的白杨，老爷们收租的驼铃，背着孩子外出逃荒的农人的身影……这种种景象不能不在那南来游子的心头引起愤懑和无尽的忧思。

写于同一时期的吕荧的另一部分诗作里，激荡着那充满早春气息的大时代所赋予一个敏感学子的喜悦和豪情。

在天与地的海里，/没有力量，没有暗礁，没有风暴/阻挡得住我们，/我们前去的国土，/是光，是爱，是自由和诗。（《火的云霞》）将上类诗所反映的心境加以综合，有助于理解一二·九时期“民先”成员和北平浪花社的活跃分子的吕荧。

七七事变炮声一响，吕荧随大批流亡学生南下，至天津，法租界戒严，只好在万国桥外海河岸边坐待天明。这时，日本哨兵的子弹时而呼啸着掠过。诗人将自己的感受溶进一首短诗里，其中写道：

> 我们惊醒了，/抬起沉重的头——/仍然是夜，黑暗包围着我们。呵呵，你，/东方的混沌古老的长夜，/祖国的夜呵，你为什么还不黎明？（《夜》）

不久，吕荧随着比他年长十几岁的罗烽踏上了行程。吕荧一路上都在写诗，写于风陵渡的那首为我们展现了乘冰排渡黄河的情景，其中有这样的片断：

> 岸旁的岭上，/驶行一队人马，/路转了弯，/隐进雾和山的深处。/如果是我们的，/那多好呵！/眺望着无尽绵延的/起伏的群山，/凝思着：/“渡过了夜，/也渡过了河，我也去到战斗的原野上，去过火的日子……”

这些西行路上伴随着艰辛的足迹留下来的诗，真切地活现出吕荧当年奔向那“火红的云霞”时的异常热烈、昂奋的情怀。

由于客观原因，吕荧未能进入延安，只好随罗烽折回武昌，不久，便染上了严重的肺病，不得不投奔成都一友人。病少愈，他便赴昆明，入西南联大，读完史学系，渐渐地沉下心来埋首于文艺理论的著译了。这或许是吕荧四十年代的诗作较少的一个原因。然而，唯其少，也就更加值得珍贵。这一时期他的诗里宣泄着郁闷和对那火一般战斗生涯的向往。

在《生命之歌》里，他幻想自己是一朵透明的云，“在灰色的天的原野中飘荡”，“憧憬着火和光的世界”，而“驶向永恒的太阳”。可是，“一阵飓风攫住了他”，“寒冻侵透了他的心”，他失去了飞升的力而降落下来。但他仍旧执着地向往着在火与光里“再一度升华”，并“开始一个新的生命”。从抗战后期吕荧的诗里还可以看到，那川东盆地特有的自然景物，那一带淳朴、坚毅的农夫、樵夫们的辛勤劳作，都给予了诗人那充满苦闷的心灵以启示和抚慰，使他能通过自我搏击而恢复内心的平衡。《欢欣》就表达了他怎样从一位扛着沉重的木料下山的老汉那里获取精神力量。

这一时期吕荧的诗里所展示的那情怀，那种复杂、曲折的心理过程，在那一时代生存与战斗在西南大后方的政治低气压下的大批进步知识分子中，具有着一定的普遍意义。

自然，从诗的创作上，对吕荧早年的那些作品尽可以指出这样那样不成熟、不完美之处，但它们却体现出了一种为吕荧所特有的艺术敏感和审美情理，一种为翻译能手所特有的高超的语言技巧，以及那质朴无华、自然清新的艺术格调。更重要的是，透过这些诗，我们似乎更切近了吕荧那丰富而纯净的感情世界，虽然相隔了差不多半个世纪之久，仍能清晰而强烈地感受到那颗真诚、炽烈的心的燃烧，并从而受到一种无形的鞭策。这，或许就是诗集《火的云霞》在今天以至明天的价值所在了。

1988 除夕于京

（本文原刊于《文艺报》1989 年第 25 期）

1989 年

美学中的主观论≠唯心论

——关于吕荧美学思想的重新评价

王　畅

美学史早已告诉人们，把美学上的客观论和唯物主义划等号，把美学上的主观论和唯心主义划等号，把美学上的主客观关系论和折衷主义划等号，在逻辑上都是站不住脚的，也是经不起历史的检验的。例如著名的十八世纪荷兰唯物主义哲学家斯宾诺莎，在美学上就是位主观论者。由于他把事物本身和对事物的判断作了区分，所以他把美仅仅看作是人对事物判断的一种特殊的形式。

但是，在我国，作为当代美学界四大派别之一的“美是观念”，即“美在主观”论的主要代表人物吕荧，过去却一直被戴着“主观唯心主义美学家”的帽子。自然，主观唯心主义与马克思主义的辩证唯物主义是水火不能相容的，在教条主义与“极左”思潮统治着学术论坛的时期，吕荧的理论与他个人的处境、地位是可想而知的。现在回过头来对吕荧的美学理论重新进行一番研究讨论，我们感到，把“美是观念”“美在主观”论等同于主观唯心主义理论，实在是一种简单化、机械化的教条主义。固然，“美在主观”论者可以是主观唯心主义，但也可以不是主观唯心主义，甚至是辩证唯物主义。而强调“美在客观”论者也可以是唯物主义，但又可以不是唯物主义或不是辩证唯物主义，甚至是客观唯心主义或主观唯心主义。理论问题有其自身的复杂性，吕荧的“美是观念”说是否是主观唯心主义，关键还在于它的理论内涵。

一、吕荧“美是观念”说的内涵

的确，吕荧强调“美是观念”。他说：美是人的一种观念。① 但是吕荧这里所说的观念，既非来自先天、来自上帝，也非来自绝对自我，它不同于柏拉图的“理式”，也不同于黑格尔的“绝对理念”。他认为：“美的观念（即审美观），一如任何第二性现象的观念，它是第一性现象的反映，是由客观所决定的主观，在它里面，客观性和主观性是统一的。”②他又说：“美是人的社会意识。它是社会存在的反映，第二性的现象。”③基于这种观点，所以他认为美的观念离不开人的生活：

> 我们认为：美是生活本身的产物，美的决定者，美的标准，就是生活。凡是合于人的生活概念的东西，能够丰富提高人的生活，增进人的幸福的东西，就是美的东西。美不是超现实的，超功利的，无所为而为的。美随历史和社会生活本身的变化和发展而变化发展，并且反作用于人的生活和意识。美不是超然的独立的存在，也不是物的属性。美和善一样，是社会的观念。④

美和善是属于同一类的社会观念，它们都不是物本身所具有的属性，但它们既然都与历史和社会生活有关，有生活及属于客观事物的属性的因素作为基础，作为依据，那么它们就又都离不开生活，离不开生活中存在着的客观事物。然而客观事物作为基础与依据，并经过一定的过程从

---

① 吕荧：《美是什么》，载《吕荧文艺与美学论集》，上海文艺出版社 1984 年版，第 402 页。

② 吕荧：《美是什么》，载《吕荧文艺与美学论集》，上海文艺出版社 1984 年版，第 402 页。

③ 吕荧：《美是什么》，载《吕荧文艺与美学论集》，上海文艺出版社 1984 年版，第 400 页。

④ 吕荧：《美学问题》，载《吕荧文艺与美学论集》，上海文艺出版社 1984 年版，第 436—437 页。

而形成人的美的（或善的）观念，却又不能把基础与依据等同于观念。应该说，吕荧这一“美是人的一种观念”的观点，是符合马克思主义辩证唯物论的反映论原则的。吕荧指出了马克思主义美学的两个基本原则，一是它“必须在社会生活的基础上进行研究”，二是它“必须在历史的关联上进行研究”。① 而正因为社会生活与历史的复杂性。所以吕荧又进一步指出了美的复杂性。他说：“美是一个复杂的问题，它包含着物的因素，也包含着人的因素，还包含着美的概念与其余一切概念之一定关系和联系。”②在另一个地方他又说道：“美是一个复杂的问题。我们在研究了自古迄今的美的事实之后，可以知道美不仅与事物本身有关，而且与人有关，与人的社会生活、历史时代、各种社会意识有关。……因为人总是生活在一定的历史时代，一定的社会制度社会阶层社会生活之中，‘人是社会关系的总和’，所以人在对事物进行判断或评价中形成的关于客观世界客观事物的美的概念和观念，只能是社会存在决定的社会意识，而不是自然科学的概念和观念。”③由此看来，吕荧的“美是观念”说既不同于一般的唯物论者的“美在客观”说，也不同于一般唯心论者的“美在主观”说，他指出：

> 美的问题直到今天未能得到适当的解答，即因历来的哲学家与美学家未能解决客观存在与主观观念，社会存在与社会意识之关系。唯心论者认为美仅仅在人的主观观念，机械唯物论者认为美仅仅在物的客观存在，这种一切归于主体或一切归于客体的美学，理论都带有片面的形而上学的性质。④

---

① 吕荧：《美学问题》，载《吕荧文艺与美学论集》，上海文艺出版社 1984 年版，第 437—438 页。

② 吕荧：《再论美学问题》，载《吕荧文艺与美学论集》，上海文艺出版社 1984 年版，第 488 页。

③ 吕荧：《再论美学问题》，载《吕荧文艺与美学论集》，上海文艺出版社 1984 年版，第 503—504 页。

④ 吕荧：《再论美学问题》，载《吕荧文艺与美学论集》，上海文艺出版社 1984 年版，第 513 页。

所以，吕荧的“美是观念”说，与唯心论者的“美在观念”说有着根本的不同，所有唯心论的美学，和唯心论的哲学一样，虽然有各种各样的分歧的学说，但它们都是从主观观念出发，从主观观念中构造引申出来的理论，它们都认为观念决定存在，观念给与客观世界以法则，给与美以标准。这样，古典唯心论者从观念论和形式论构成美学（康德、黑格尔等），后来的实证主义者从生物学（泰纳等）、物理学（费希纳等）、心理学（立普斯等）构成美学，现代的神秘主义者（克罗齐等）从直觉论构成美学。由此我们可以认为，吕荧的“美是观念”说不是主观唯心主义的理论，他在关于“美是什么”的探索中，实际上是在力图克服主观唯心论与机械唯物论的美论。在我国当代美学派别的划分中，通常都是把吕荧与高尔泰看作一派，即“美在主观”派，其实吕荧与高尔泰虽然都持“美在主观”说，但他们二人的理论内涵并不相同。高尔泰主张美“只能到人们的内心去找”，“美发生在人脑中，我们无法把它移植到物那一方面去”，“人的心灵，是美之源泉”，“美的内容，是人对客观事物的评价”，“离开了人，离开了人的主观，就没有美”。[①] 显然，高尔泰的“美在主观”的内涵与吕荧的“美是观念”的内涵是没有多少共同之点的，因为吕荧的“美是观念”的基础是：美是“社会存在的反映”，是“第二性的现象”。

美的观念（意识）究竟是怎样产生的呢？吕荧认为，人在劳动过程中创造了人类本身和人类的生活，也随之创造了人的感觉和意识，美的意识也是其中之一。而当人类在劳动过程中使自然界的自在之物成为好的为人之物时，善的意识和美的意识即已萌芽。真善美是亲兄弟，因而最初的美是与善同义的。美的意识的萌芽，之所以得以生长和发展，就因为有生活作为其土壤，最初的美就是社会生活的反映，而最初的美的观念，因为人类的社会生活单纯，它也是单纯的，并从表述口耳目鼻所感到的自然事物之美，逐渐被引申应用于社会事物。所以，吕荧说，美的观念的

① 高尔泰：《论美》，甘肃人民出版社 1982 年版，第 7 页。

形成，“用哲学的语言可以这样说：起初，人所知道的，只是感觉和直觉到的个别美的事物的表象（即形象，现象）。这些表象是各种各样的，形形色色的，有美的食物、美的声音、美的颜色……这些多样的表象，以人的生活为基础，在意识中综合而成为一个美的概念，即在‘意识的统一’中的一个概念。这个美的概念是客观现实在人的主观意识中的一种反映，它因为人的现实生活的不同而不同”[①]。吕荧先生在谈到美的概念与美的观念的关系时，认为观念是“最高的概念”，是“概念和实在的统一”，观念的形成是一个过程，即从表象到概念到观念的形成发展过程。

在吕荧看来，人们的美的意识还有其历史的继承性与连续性，这是他的“美是观念”说的内涵中的另一个内容。他论述道：“美的起源和发展说明它是一种社会意识。作为一种社会意识，美为社会生活所决定，也反作用于社会生活，它随社会生活的发展而发展，在发展中美有它的相对独立性，有它的继承性和连续性，并且与其他的社会意识发生相互的影响。”[②]由于人们的美的意识有其继承性与连续性，加之人们社会生活的物质基础相同，生活需要相同，所以在生产力大为发展文化也大为发展的社会里的人，对自然美在不同时代也就可能会有相同的看法。但是，这种继承性与连续性不是绝对的，这不仅表现于在阶级社会中美也有它的阶级性，而即使对于自然美来说，不同人显然也有不同看法，如孔子就说过：“知者乐水，仁者乐山。知者动，仁者静。知者乐，仁者寿。”知者和仁者就有不同的看法。

在吕荧的“美是观念”的内涵中，还包括着美的观念的发展、变化的观点。他说：“美的概念，美的观念，并不是固定的，不变的，绝对的。它只是暂时固定的，在相对之中有着绝对。它是在人的现实生活中变动

① 吕荧：《美学论原》，载《吕荧文艺与美学论集》，上海文艺出版社1984年版，第452页。
② 吕荧：《美是什么》，载《吕荧文艺与美学论集》，上海文艺出版社1984年版，第410页。

的，发展的，转化的。”[1]他还指出，美的观念随历史的发展，随生产力的发展与文化的发展而有所发展变化：“原始民族的美，对于生产力更为发展、文化也更为发展的社会里的人，就不能够欣赏了。社会生活不同了，美的观念也就不同了。”[2]因此，为什么同是一个东西，有的人会认为美，有的人却认为不美，甚至于同一个人，他对美的看法在生活过程中也会发生变化，原先认为美的，后来会认为不美；原先认为不美的，后来会认为美。这都说明，美是物在人的主观中的反映，是一种观念。而作为社会意识形态之一的美的观念，它是客观的存在的现象，但它是在一定的社会生活中和历史条件下的客观的存在的现象。并不是离开社会和生活的抽象的客观的存在的现象。所以，美的观念因时代、因社会、因人、因人的生活所决定的思想意识而不同。由于现实生活本身是发展着的、变化着的，所以作为意识形态的美的观念也不能是固定不变的，而是发展、变化的。

二、吕荧论美感与自然美

从吕荧的美感论与自然美论中，也可以看出他的美学理论与主观唯心论者与机械唯物论者的区别。他的美感论与自然美论，和他的“美是观念”论一脉相承，都把人的历史的、社会的生活实践作为基础。他说：“辩证唯物论者不仅认为美的意识，美的观念具有社会的历史的内容，而且认为美的感觉，美感或快感也是如此。”[3]他还说道：

人是理性的动物。美感是人的感性认识，美的观念是人的理性

① 吕荧：《再论美学问题》，载《吕荧文艺与美学论集》，上海文艺出版社 1984 年版，第 525 页。
② 吕荧：《美是什么》，载《吕荧文艺与美学论集》，上海文艺出版社 1984 年版，第 404 页。
③ 吕荧：《再论美学问题》，载《吕荧文艺与美学论集》，上海文艺出版社 1984 年版，第 505 页。

> 认识。人对事物的美的认识的基础，就是人的社会生活。美的评价或判断的标准，就是人的生活实践。一切合乎人的生活概念，对于人的生活有益，能够增进人的生活幸福的事物，人称之曰美。一切不合乎人的生活概念，对于人的生活有害，能够妨害或破坏人的生活幸福的事物，人称之曰丑。[①]

在吕荧看来，人的感觉，包括五官的感觉、智力的感觉、实践的感觉，都包含有社会的历史的内容，它并不是自然的产物，而是“人化的自然之结果”。因此，他认为就是论美感，也必须指出它是社会的历史的美感。他不同意许多美学家在讨论美的问题时，都把美仅仅限于美感，而抛弃了美感的社会的历史的内容，这样就抹煞了美感的社会性，他还指出，美的范围不能仅限于感觉的美，而应包括心的美。应该从事物的美提高到道德思想的美。一个人，只知道口之所同嗜，耳之所同听，目之所同美，而不知道心之所同然，无仁义之心，“可以为美乎？”对于人，思想道德的美是主要的。这样的美的哲学里不仅包含着美感，而且包含着美的观念的论点。

吕荧认为人的美感不仅仅是人的感觉，而且是人的认识。他指出，一般地说，人对于某一事物的美的感受，通常称之为“美感”，但是这种“美感”，严格地说来，只能称之为“快感”，如果这种“快感”得以被人称之为美的时候，它已经不是感觉，而是根据一定的生活概念和美的概念所下的评价或判断了。就欣赏美的事物这一动作而言，美感是人的一种感觉和判断，但就人的生命过程而言，它是人的认识，同时也是一种实验。即人以一定的概念映证于外物，映证于生活，这就不仅是能力或本能的问题，而是接触到人的一定的政治、经济、文化的社会生活，接触到

① 吕荧：《再论美学问题》，载《吕荧文艺与美学论集》，上海文艺出版社 1984 年版，第 509 页。

人在一定的社会环境中成长的世界观和人生观的总体系。[①] 吕荧不同意美感是人的本能即人的生理性能力的说法，他强调指出了美感的社会性特点，因此美感与美的观念不是截然不同的两回事，而只是性质相同的一个问题，即美的哲学问题的两个认识阶段、两个不同层次而已，吕荧写道：

美感——这种感觉，是外物作用于我们的感官引起的。眼耳口鼻的感官，人皆有之，这些感官的感觉也是人人相同的。因此，悦目的美色，悦耳的美音，悦口的美味，悦鼻的美嗅，人人都感到一种快感（或美感）。但是人的感觉所知道的只是物的形状、颜色、声音、味道、气味等等，这些形色声味是美还是不美，以及美到什么程度，这种美的意义如何，就要通过意识的判断。拿花来说，人在生活中见过许多花，关于花的美的概念已经形成，所以对于花的美与不美可以进行直接的判断，不需要多加思考。表面上看来，人觉得花的美仅仅只是凭借感觉（美感），实际上这个判断是跟生活观念美的概念以至观念联系着的。这只要想一想我们判断一幅画或一首诗美与不美的过程就可以知道了。所以辩证的黑格尔在《逻辑学》里把“玫瑰花是红的”列为最低级判断（“实在的判断”），“这玫瑰花是美的”则列为最高级判断——“概念的判断”，即“这种判断表明一个对象（主词）是否符合其本性、概念，以及符合到什么程度”。

对人而言，美也是一种认识，它由感性认识上升为理性认识。美的认识必须经过感性阶段——美感，但是不能够用感觉（美感）代替乃至取消理性认识（美的概念、观念）。在人的认识中，美的感

① 吕荧：《再论美学问题》，载《吕荧文艺与美学论集》，上海文艺出版社1984年版，第508、524页。

觉和美的概念、观念是统一的。[①]

由此可见，吕荧的美感论和他的美论一样，都具有明显的社会学性质。

另外，自然美的问题也是美学研究中至今争论不休的问题。吕荧早在 1957 年初就提出“自然美也是一种社会美”的论点。他把自然美问题也放在了人类社会的生活实践中去进行考察，指出人在劳动中不仅改变了自身（人的大脑以及听觉、视觉、嗅觉、触觉等感觉器官），也改变了自然界的动植物以及山水田野。所以，自然已经是“人化”了的自然。“这个人化的自然是人的劳动和历史社会的产物。一般的说来，人在征服了控制了自然，据有主人地位之后，才开始欣赏自然的美，并且在社会生活中发展了这种美。”[②]因此在这个“人化的自然”里，自然美本身已经有着一定的社会内容，所以“自然美也就是一种社会美”。[③]

三、吕荧的“美是观念”论与朱光潜的“美是主客观统一”论的异同

朱光潜作为“美是主观与客观的统一”论者，他不同意吕荧的“美是观念”说，但是在吕荧的“美是观念”说中，却包含有“美是主客观的统一”的内容。吕荧写道：“美的观念（即审美观），一如任何第二性现象的观念，它是第一性现象的反映，是由客观所决定的主观，在它里面，客观性和主观性是统一的。”[④]这里，吕荧清楚地说出“客观性和主观性是统一的”认识，可见，吕荧的“美是观念”说与朱光潜的“美是主观与客观的统一”说有着相同的方面。然而，他们的美论虽然在提法上有相同

① 吕荧：《美是什么》，载《吕荧文艺与美学论集》，上海文艺出版社 1984 年版，第 406 页。
② 吕荧：《美是什么》，载《吕荧文艺与美学论集》，上海文艺出版社 1984 年版，第 403 页。
③ 吕荧：《美是什么》，载《吕荧文艺与美学论集》，上海文艺出版社 1984 年版，第 404 页。
④ 吕荧：《美是什么》，载《吕荧文艺与美学论集》，上海文艺出版社 1984 年版，第 402 页。

之处，而在内涵上却很不相同。吕荧指出，“主观与客观的一致”可以有种种不同的理解，“从唯物主义的观点来看，这个‘一致’需要具有客观的真实性，即主观认识应该是客观存在的表象或映象。从唯心主义的观点来看，这个‘一致’则需要具有主观的真实性，即客观存在是主观意识产生或创造的形象或心象，可以任意的加以主观主义的理解或领悟”①。吕荧认为，朱光潜的美学正是从唯心主义的观点出发，借“客观与主观的统一”把客观存在“统一”于主观意识中。这个“统一”的含义并不就是黑格尔学派美学的“一致”，这个“统一”是由朱光潜的“美感经验”论而来的。朱光潜曾写道：“这种经验（美感经验——引者注）就是形相的直觉，形相是直觉的对象，属于物；直觉是心知物的活动，属于我。在美感经验中心所以接物者只是直觉，物所以呈现于心者只是形相。”②这种“美感经验”就是朱先生的“形相直觉”说。

吕荧认为，这种“形相直觉”说，是用主观的心造的意象代替客观的实在的物的形象，由此来解决人与物之间的关系。这样的理论，正是康德在论“先验的心理学”里所说的：“物体仅为吾人外感之现象，而非物自体。”“在吾人之体系中，此等所名为物质之外物（在其所有一切形态及变化中），皆不过现象而已，即不过吾人内心中之表象而已。”③朱光潜的“形相直觉”说，来自克罗齐的“以物为心”“以心化物”的直觉创造论，而克罗齐的“直觉”论，是从康德的二元论哲学中抛弃了其唯物论的因素，更进一步发挥了其主观唯心主义方面产生出来的。

吕荧认为，人对事物的美的判断或评价，不是“美感经验”论所能解释的。朱光潜强调心（主观）与物（客观）的关系，把主观与客观的统一提高到美的定义的地步，用意是在否定客观存在的物，化物为心造的形

① 吕荧：《美学论原》，载《吕荧文艺与美学论集》，上海文艺出版社 1984 年版，第 444 页。

② 朱光潜：《文艺心理学》，开明书店 1946 年版，第 7 页。

③ 康德：《纯粹理性批判》，蓝公武译，商务印书馆 1960 年版，第 291、299 页。

象，使物“统一”于主观之中。吕荧的这一分析，可以说基本上是符合朱光潜的理论认识的。但吕荧认为朱光潜的美学以这样的哲学认识论为基础，所以不得不在美的理论上陷于唯心主义，而且在艺术的理论上也陷于唯心主义，这就未免有些武断。朱光潜认为主观的思想情感的表现、生产、创造（或名“形相直觉”，或名“形象思维”，或名“美感经验”）就是艺术，就是“美”的理论，实际上虽然就是克罗齐的“直觉即表现”、“直觉的或表现的知识即审美的或艺术的事实”和艺术“即直觉的活动”等理论，亦即“以物为心，以心化物”的理论，然而，说朱光潜的“主客观统一”论美学，是“主观唯心主义”的美学，就像有人批评吕荧的“观念论”美学是“主观唯心主义”美学一样，实际上是把美学的复杂性加以简单化了。

因为，在吕荧看来，既然“美是人的一种观念”“美是人的社会意识”，那么，作为“观念”和“意识”的美，就不能不具有其相对的独立性。如果对美的认识不是从“观念”是“第二性”的、观念是“第一性现象的反映”，以及不是从“社会意识”是“社会存在的反映”开始，而是从已经获得了的美的“观念”与“意识”开始，然后再去认识客观事物与现象，抑或去认识艺术，那么这样来看朱光潜的“形相直觉”说，以及克罗齐的“心物为心”“以心化物”的直觉创造论，恐怕也就不是没有道理的了。

所以，如果把“美是观念”中的观念看成是第二性的，把美是人的“社会意识”看成是“社会存在的反映”，这自然可以说是“唯物主义”。但单独来看“美是观念”“美是意识”，则无异于说“美在心”，它与“美在物”显然是对立的，但我们却不能简单地把“美在物”说成就是“唯物主义”，而把“美在心”说成就是“唯心主义”。

四、吕荧的“美是观念”论与蔡仪的客观论美学的异同

作为客观论美学（即主张“美在物”）的代表人物，蔡仪对于吕荧的“美是观念”论是持否定态度的。蔡仪甚至把吕荧与柏拉图、黑格尔看作是同一类型的“美是观念”论者，而他在《新美学》一书中开宗明义第一章里就说：“一切观念论者的世界观是颠倒的。”但是，如果蔡仪对一切主、客观唯心论者的观念论美学进行批评是正确的话，那么吕荧的“美是观念”论恰恰与蔡仪的批评态度是一致的而非相抵牾的。蔡仪在提出“一切观念论者的世界观是颠倒的”这一断语之后继续说道：“他们认为客观事物的根源在于观念，而其实是观念的根源在于客观世界。观念原是客观事物的反映，没有所谓先验的观念或本有的观念。”很明显，这种观点与吕荧的“美是观念”说中所指的观念，即“根源于客观世界”的观念是一致的。蔡仪所指的“一切观念论者”不仅指一切主、客观唯心论的观念论者，当然也包括像吕荧这样的反映论的观念论者。蔡仪是“反映论”者，而吕荧也是“反映论”者，照理，他们的美学理论应当是没有分歧的，至少是相近的，但恰恰相反，他们一个是所谓“主观美”论者，一个是“客观美”论者，在美论方面似乎是截然不同的。

其实，蔡仪和吕荧在哲学方法论上都是持唯物论观点的，而在对美的认识上又都是持反映论观点的。吕荧也说过：“（蔡仪的）《新美学》确实是唯物论的。而且应该肯定，《新美学》是一本宣扬唯物论的著作。”[①]那么，他们的分歧究竟是在那里呢？

吕荧认为，蔡仪的《新美学》中的唯物论仅仅是一个前提，“当从这个前提前进一步的时候，它就离开了唯物论，陷于理论上的混乱，走上了

---

① 吕荧：《美学问题》，载《吕荧文艺与美学论集》，上海文艺出版社1984年版，第420页。

唯心论的歧途”[①]。

对于蔡仪的“美在客观”说，吕荧认为，蔡仪有这样一个希望，即“意图求得美之客观规律，建立一种客观的美学，自然科学的美学”。这样的希望“很可同情”，“因为，如果美的根源能够在物，美能够是事物的客观规律；那末，美学即将如自然科学之简易明了。只需把物加以分类，美的特征加以定型，找出事物的美的规律，据之定出比例尺寸，长度阔度高度或浓度密度等，即可完成一部客观的‘科学的’美学”[②]。然而，“在科学上来说”至今“尚未能找出物有一种属性——美。如果像蔡仪教授所论，美是物的属性，自然物的美是属于自然物的。那末，人人可见可知的美，怎么会在自然科学中找不到它的形迹?”[③]吕荧认为，美学不是自然科学。“《新美学》之原理和定义：美是物的属性，美是典型，既无科学根据又无事实根据。”可是，蔡仪却“依据这些主观主义之原理和定义，进一步宣称，美学上的唯物主义与唯心主义的根本差异在于‘认为美是客观的还是主观的’。认为美是客观的是唯物论，认为美是主观的是唯心论”。[④] 吕荧写道，当“在自然科学上，在哲学理论上，都不能证明美是客观事物的属性之时，断然宣称如果承认‘我们的知觉和表象乃是物的映象’，即必须承认‘美的观念是客观事物的美的映象’”，“此仅为主观主义的武断，不是科学的理论”。[⑤] 吕荧论述说，列宁所说的“我们的知觉和表象乃是物的映象”，与蔡仪的“美的观念是客观事物的美的映象”是两回事，不能把“物的映象”与“物的美的映象”划等号，这种混同是对马克思列宁主义的反映论的歪曲。吕荧写道：“在美的

---

① 吕荧：《美学问题》，载《吕荧文艺与美学论集》，上海文艺出版社 1984 年版，第 420 页。

② 吕荧：《再论美学问题》，载《吕荧文艺与美学论集》，上海文艺出版社 1984 年版，第 480 页。

③ 吕荧：《再论美学问题》，载《吕荧文艺与美学论集》，上海文艺出版社 1984 年版，第 480—481 页。

④ 吕荧：《再论美学问题》，载《吕荧文艺与美学论集》，上海文艺出版社 1984 年版，第 482 页。

⑤ 吕荧：《再论美学问题》，载《吕荧文艺与美学论集》，上海文艺出版社 1984 年版，第 484 页。

问题上，机械唯物论者只知道眼前的现存的美的事物与主体的反映关系，不知道这些眼前的现存的美的事物与主体有生产关系。它们都是人的生产直接或间接的产物，都是人类社会历史的产物。”[①]吕荧分析说：“机械唯物论的认识论由于对立客体与主体，于是往往用形而上学的推论把客观性和主观性也抽象的与以对立。例如美，仿佛只有说它是客观的，属于客观事物，这才是唯物论。如果说它是主观的，属于人的意识，那就是唯心论。这是极其机械的看法。”[②]因此，吕荧坚持认为“美是人的观念，不是物的属性。人的观念是主观的，但是它是客观决定的主观，人的社会生活，社会存在决定的社会意识。在这一意义上它也有客观性”[③]。

吕荧对蔡仪的这些批评，固然不是全无道理，但作为“客观决定主观”“存在决定意识”来看，究竟是什么样的“客观”决定了人的美的“主观”？什么样的“存在”决定了人的美的“意识”？难道人的美的“观念”与美的“意识”是任何“客观”和“存在”都能决定的么？当然不是。那么，既然只有某些“客观”和“存在”才能决定人的美的“观念”与“意识”，那么这些“客观”与“存在”之中是否已具有美的本原？例如属于客观存在物的形状、色彩、结构、比例、光泽等物理方面的性能，是否是构成对称、和谐、平衡等形式美的因素？而这些是否可以从自然科学上得到证明？如果能够得到证明的话，那么这种由“客观”所决定的“主观”，这种由“人的社会生活、社会存在决定的社会意识”，与吕荧所说的“在这一意义上它也有客观性”中的“这一意义”是否有相通之处？

对于蔡仪的“美是典型”说，吕荧也持有异议，他说，蔡仪的《新美学》认为美和现实生活无关，是一种超社会超现实的东西，是一种抽象的

---

① 吕荧：《再论美学问题》，载《吕荧文艺与美学论集》，上海文艺出版社 1984 年版，第 494—495 页。

② 吕荧：《再论美学问题》，载《吕荧文艺与美学论集》，上海文艺出版社 1984 年版，第 492 页。

③ 吕荧：《再论美学问题》，载《吕荧文艺与美学论集》，上海文艺出版社 1984 年版，第 495 页。

客观的存在，所以他说："美的东西就是典型的东西，就是个别之中显现着一般的东西；美的本质就是事物的典型性，就是个别之中显现着种类的一般。""所谓美的就是典型的，典型就是美。"[①]蔡仪虽然认为美是客观的存在，但是他所说的"典型"，客观事物的"本质"，实际上抛弃了客观事物的现实性的本质，把事物当作孤立的、固定的、不变的个体，把现实的事物的本质看作是一种各个个体所共同具有的抽象的东西，因之把它"只能理解为一种'种'，只能理解为一种内在的、仅靠自然的连结把无数个体联系起来的盲哑的共同性"（马克思《费尔巴哈论纲》）。换言之，就是把现实的事物的本质变为一种形而上学的观念。吕荧认为，社会存在怎样，社会物质生活条件怎样，美的观念也就会怎样，没有超社会超现实存在的"客观的美"，没有超社会超现实的抽象的美学。[②]而在"美是典型"的定义中，"典型"被取消了社会存在的内容，仅限于生物学的种类的典型，这个典型就失去了社会生活的基础。当这样的种类典型用之于释美，不仅用之于美的本质美的认识，而且用之于艺术的创造，即与黑格尔学派的美学趋于一致了。黑格尔学派的美学关于美的定义为"美就是观念（种、类、属等等）在个别事物上的完全的显现"。《新美学》所述之"典型""种类的一般"，实际上即为种类的概念或观念。[③]蔡仪在《新美学》中论证"典型就是美""美的本质就是事物的典型性"时，认为客观事物的"属性条件"和"种类范畴"决定事物的美，但究竟什么是客观事物的"属性条件"和"种类范畴"呢？吕荧引述蔡仪"客观事物的相同的属性条件和相异的属性条件，都不是绝对的，而是相对的"，在某一规定之下"相同的属性条件和相异的属性条件互相推移"，也就是种类的属性条件和个别的属性条件的互相推移，也就是种类范畴

① 吕荧：《美学问题》，载《吕荧文艺与美学论集》，上海文艺出版社 1984 年版，第 417 页。

② 吕荧：《美学问题》，载《吕荧文艺与美学论集》，上海文艺出版社 1984 年版，第 417、419 页。

③ 吕荧：《再论美学问题》，载《吕荧文艺与美学论集》，上海文艺出版社 1984 年版，第 489 页。

的互相推移。“某一客观事物，由于不同的规定和种类范畴的推移，可以属于许多不同的种类，横的方面可以属于它的属性条件相关联的许多并列的种类范畴；纵的方面可以属于包涵它的属性条件的许多系列的种类范畴。”

之后，吕荧论述说：“在‘事物属性条件’，‘事物的典型性’‘可以互相转化，互相推移’的情况下，在逻辑上必然的结论就是：‘事物的属性条件’‘事物的典型性’不是绝对的，而是相对的，也就是不可确知的——这是不可知论。”“当《新美学》既不能确定事物的种类范畴，又不能具体说明什么是事物的‘本质的属性条件’和它的‘典型性’，而用事物的种类范畴、属性条件、典型性‘可以互相转化，互相推移’来作遁词的时候，‘典型就是美’的理论已经破灭了。”而且，“《新美学》肯定‘美是物的属性’，如果这是正确的，那末，所有的物应该都有美，正如所有的物都有运动、存在一样，也就没有‘典型’才是美的理论”。[①]

对于蔡仪把“美是典型”论移入艺术的本质与目的的理论中，认为艺术的本质“就是艺术的美，也就是艺术所反映的现实的美，现实的典型”的观点，以及艺术的目的“就是现实的美的认识的表现”“艺术所要表现的是现实事物的种类的一般性，是它的本质真理，是它的典型性”的观点，吕荧也有不同看法。他说：“艺术的‘本质真理’，既不是‘事物种类的一般性’，也不是‘它的典型性’，而是它的社会现实性、阶级性。”“社会的上层建筑是随着基础变化的，而且，上层建筑并不‘只是反映基础，只是消极的，中立的，对自己基础的命运、对阶级的命运、对制度的性质漠不关心的。相反地，上层建筑一出现后，就要成为极大的积极力量，积极帮助自己基础的形成和巩固，采取一切办法帮助新制度来摧毁和消灭旧基础与旧阶级。’（斯大林《论马克思主义在语言学中的问题》第3页）所以，艺术的目的无论自觉或不自觉，都不是‘现实的美的认识’，

① 吕荧：《美学问题》，载《吕荧文艺与美学论集》，上海文艺出版社1984年版，第423—424页。

而是作为社会的意识形态，为帮助一定的社会基础而战斗。自从有艺术的历史以来，就没有什么纯粹的‘美的艺术’，或超社会超历史的‘美的认识的表现’的艺术，只有社会的阶级的艺术。”①

吕荧还指出，虽然社会主义现实主义要求艺术表现典型，但不是为表现典型而表现典型，也不是为美而表现典型，而是“为表现现实，为改造现实的斗争”而表现典型。社会主义现实主义的艺术要求美，艺术上的典型是美的，但是典型并不就等于美，美的也不仅仅只是典型。同时，不能把典型还原为“事物种类的一般性”，认为“事物种类的一般性”就是“本质真理”，就是“美”，从而构成种类观念的美学。吕荧这种关于典型与美的关系的看法，在不同于蔡仪先生的看法的人中，是具有一定的代表性的。

在吕荧关于蔡仪的“美是典型”的批评中，吕荧说：“社会存在怎样，社会物质生活条件怎样，美的观念也就会怎样。”如果这一说法是正确的话，那么，“社会存在”和“社会物质生活条件”无疑都是变化着的，所以“美的观念”也就应该是变化着的。既然“美的观念”是变化着的，那么，吕荧认为蔡仪的“转化”“推移”说的“必然的结论”就是“‘事物的属性条件’‘事物的典型性’不是绝对的，而是相对的”乃是“不可知论”，这种推断则难于成立。蔡仪的“美是典型”说，无疑也是一种“观念”，抑或说也是一种美的“观念”，而这种“观念”把现实事物的“典型性”说成是现实事物的“本质真理”与“种类的一般性”，亦无大错。作为“观念”，它虽然离不开“社会存在”，但它也具有一定的相对独立性，这未必就是“超社会超历史”的认识。而且即使说艺术的“典型性”是“现实美的认识”，也并非就不能“为帮助一定的社会基础而战斗”，因为艺术的典型性中包涵了艺术家的以及通过艺术家所体现出来的社会的（包括英雄人物与代表社会进步力量的人物的）理想，所以它

---

① 吕荧：《美学问题》，载《吕荧文艺与美学论集》，上海文艺出版社1984年版，第435页。

未必就成为纯粹的“美的艺术”，或没有“社会性”与“阶级性”的艺术。吕荧认为“典型并不等于美”，“美的也不仅仅是典型”，“美是典型”说构成了一种“种类观念的美学”。这种对于“美是典型”说的批评表明吕荧的美学作为“成一家之言”的见解，自有其理论上的建树。但其理论批评的“左”的社会学倾向，又是任何一个理论家都难于摆脱的社会的、历史的局限性之体现。

五、吕荧在文艺理论中的反“观念”说

作为“美是观念”论的主张者，吕荧在文艺理论方面却一直坚持反对文艺创作中的观念论，这一问题看起来似乎奇怪，其实正表现出他的辩证唯物主义的认识论思想。

吕荧说过：“人的美的观念是一个过程。美的观念的形成需要知识和文化，需要认识理解以至创造各种美的事物。”[①]既然人的“美的观念”的形成是一个过程，而在这个“过程”中又需要“知识和文化”“认识理解”以至“创造各种美的事物”，那么，美的观念的形成不会是在这一过程的开始，而是在这一过程的终结。文艺创作是作家、艺术家对社会现实生活的认识理解，文艺作品是作家、艺术家创造的“美的事物”之一种，因此，文艺作品中的美的观念应该是蕴育在作家、艺术家对社会现实生活的认识理解之中，蕴育在作家艺术家的艺术创造过程之中，而不是以结论的方式在文艺作品中和盘端出。所以，吕荧一方面在美学理论中力主“美是观念”说，同时，在文艺理论中他又极力反对“观念论的理性主义”。

吕荧在论述曹禺的剧作时写道：

> 真正的剧，伟大的剧，同时也是诗。在剧里，场面构成的完美，

---

① 吕荧：《再论美学问题》，载《吕荧文艺与美学论集》，上海文艺出版社1984年版，第510页。

> 人物的生动，对话的逼真，如果不能绘出现实生命的内涵，不能体现典型的形象；即使主题中包含着社会学的命题，而且提出了作者的控诉，这控诉只是现象的，技巧上的，不是现实的，美学上的。……现实的、美学上的控诉……可以千百年地生活在人类灵魂的深处，使人类思想崇高，使作家伟大……莎士比亚不是以剧，而是以诗，才能超越他的同时代的另一个天才蒋生（现通译为本·琼生）。观念论的理性主义，布尔乔亚的局限性，狭窄了蒋生的目光，也束缚了他的思想的厚度、宽度、深度。蒋生以卓越的智力和严格的技巧构成的完美，只获得了作品的优秀，却不是伟大。①

这里所谓“观念论的理性主义”，即指作家的主观观念、主观倾向，作家的这种主观的观念和倾向，往往导致作家只能接触生活的局部真实，也只能揭示生活中的局部真理，而限制了作家把眼光扩展到全部的现实生活真实的丰富性与生动性上面，限制了作家认识与理解现实生活中所蕴涵的思想与真理的复杂性、多样性与深刻性，因此，他难于达到“现实的，美学上”的境界，从而尽管他的作品可以是优秀的，却还难以是伟大的。所以，吕荧又说道：“对于真实的诗，观念的思维是一个致命的伤害。”②

“观念的思维”妨碍了诗人写出“真正的诗”，因为“观念——尤其是中庸的玄学的观念，不能代替认识，不能认识世界也不能绘写世界”③。从这一观点出发，吕荧批评曹禺的《原野》“只是一个观念，因此失去了真的也失去了诗”④。而吕荧赞赏《雷雨》的成功，正是“由于真实的生活观感中孕育，绘写出来的人物，不是虚幻的观念”⑤。由此推

---

① 吕荧：《曹禺的道路》，载《吕荧文艺与美学论集》，上海文艺出版社 1984 年版，第 211 页。
② 吕荧：《曹禺的道路》，载《吕荧文艺与美学论集》，上海文艺出版社 1984 年版，第 212 页。
③ 吕荧：《曹禺的道路》，载《吕荧文艺与美学论集》，上海文艺出版社 1984 年版，第 217 页。
④ 吕荧：《曹禺的道路》，载《吕荧文艺与美学论集》，上海文艺出版社 1984 年版，第 217 页。
⑤ 吕荧：《曹禺的道路》，载《吕荧文艺与美学论集》，上海文艺出版社 1984 年版，第 224 页。

及，“当《雷雨》的艺术，不用于表现神秘的观念，用于绘写真实的人间的时候，《北京人》就发出光辉”①。

吕荧对于文艺创作中的观念思维力陈其弊，认为它影响到作品的诗情、趣味，影响到作品的真实性，影响到作家才能的发挥。他在论曹禺的剧作中还这样写道：

……《日出》，“如一群含着愤怒的冤魂，抑郁暗塞地哼着，充满了警戒和恐吓”的歌声，突出在人的世界里面，不相调和，只写出作者观念的象征。

严格地整体地分析起来，作者剧中的人物和世界，常常是学识和智力结合成形的产物，成功于技巧多，成功于真实少。尤其封建家庭以外的人物如此。而观念的思维，社会学的憧憬，诗的气氛，观众的趣味，在在都影响着创作，也都是剧作构成的因素。由于出发点的分歧，所以作者的笔，不得不浪费了许多在渲染上，在枝节上，将刻绘典型人物与社会的笔，将写大生命的笔来写小动作，表现观念与憧憬，寻求诗与趣味。……

只有求得真知全知，然后才能求得真实，求得诗。观念只能引导非凡的才能走中庸的路，和虚伪的题材厮混；这是可惜，而又可痛的。②

这里指出的曹禺在《日出》中所表现的“观念的思维”与“社会学的憧憬”，都是观念论的理性主义的东西，所以引导着具有“非凡的才能”的作家走了“中庸的路”，将“写大生命的笔”来写了“小动作”，这都

---

① 吕荧：《曹禺的道路》，载《吕荧文艺与美学论集》，上海文艺出版社 1984 年版，第 224 页。

② 吕荧：《曹禺的道路》，载《吕荧文艺与美学论集》，上海文艺出版社 1984 年版，第 220、222 页。

表明吕荧对于文艺创作中的观念性思维的深恶痛绝。而这种“观念性的思维”，在我们今天的文艺创作中仍然多有表现，因此有的作家在作品中欲求真实而得不到真实。

吕荧本来是我国当代美学界的少数几颗巨星之一，但是这颗巨星只是在崭露其夺目的光彩之后，即被乌云遮没，他没有得到充分放射其光华与热量的机会，就陨落了。因此他的美学思想，只是在五十年代有所展现，但这已经在我国美学界成就了一家之言。虽然他的美学思想没有能够得到充分的发挥与发展，因而无疑成了我国当代美学研究中的一大损失，但仅就他所遗留下来的美学论著而言，我们也可以认为：吕荧的美学观乃是我国当代令人瞩目的一家代表，他的美学思想是遵循马克思主义指导的；他的美学研究是努力按照辩证唯物主义与历史唯物主义的方法进行的。他的主观论的“美是观念”说，并非如过去一般人们的认识，是主观唯心主义的，错戴给他的这顶名不符实的帽子早应摘掉。应该说，他的美学论证是严谨的，他的美学思想也是比较深刻的。当然，历史的局限性使他没有走到他所能达到的顶点，这并不是他的过错，而他在我国美学研究的历史上，功绩是不可磨灭的。

（本文原载于王畅《论文学艺术的美与规律》，花山文艺出版社 1989 年版）

1991 年

吕荧的文学评论

古远清

吕荧（1915—1969），原名何佶，安徽天长县人。1941 年毕业于西南联大。解放后曾任山东大学中文系主任、《人民日报》文艺部顾问。主要著作有：《人的花朵》（1945 年，泥土社）、《文学的倾向》（1948 年，上海）以及《关于工人文艺》（1952 年，新文艺出版社）、《艺术的理解》（1958 年，作家出版社）、《美学书怀》（1959 年，作家出版社）。其中《艺术的理解》，可看作是作者的自选集，不少文章选入时还作了一定程度的修改。作者逝世后，由上海文艺出版社出版了《吕荧文艺与美学论集》。

吕荧的文章，主要可分四类：一是有关现实主义艺术问题的探讨和论辩，这部分文章比较着重创作方面的问题，与创作实践有密切的联系；二是关于鲁迅、曹禺、艾青与田间以及莎士比亚、普希金等著名作家作品的评论；三是解放后写的学习列宁、毛泽东的经典著作的心得体会和关于革命文艺问题的探讨和评论；四是关于美学方面的专论。

写于 1940 年的《人的花朵》（《七月》6 集 2 期），是吕荧的成名之作，这篇论文热情评介和赞扬了艾青、田间这两个革命诗人的艺术成就，和当时胡风、闻一多、茅盾对这两位诗人的评论相辉映。吕荧这篇文章，虽然受了胡风的启发，但仍有他自己独到的见解。这主要表现在他进一步论述了艾青、田间这两位诗人的差异：“一个是经历过所有的诗的形式，积蓄着丰富的艺术经验，达到了风格的完成的诗人；另一个是创造了新的形式，还没有完成自己，还没有能完全运用新的形式的机能，不能‘与他所要歌唱的对象完全融合’，正经历着演化发展时期的诗人。”前一个指艾青，后一个指田间。他这个评价，显出了眼力和识见。

吕荧是学风谨严的文艺理论家。1955年5月25日，全国文联主席团和作协主席团举行联席扩大会议，讨论所谓“胡风集团”问题，吕荧坐在周扬、郭沫若中间，曾为胡风辩护，认为思想意识领域的问题不等于政治问题，当场在700多人的斥责声中被带下台去，隔离审查达一年之久。1957年12月3日，《人民日报》发表了他的著名美学论文《美是什么》。毛泽东亲自校阅了“编者按”，为其恢复名誉。此文发展了他在1953年提出的“美是人的一种观念”的观点（《美学问题》，《文艺报》1953年16期），认为“美是人的社会意识。它是社会存在的反映，第二性的现象”。并论证说：“既然我们认为‘艺术’和‘美术’是社会意识，那末也需要研究和认识艺术和美术之美的科学——‘美学’，可以不是社会意识，而是一种自然科学吗？”他否认客观事物有美，但仍认为美的观念有客观性。他是把观念来源的客观性，作为美的客观性。实际上，他认为美仍是观念，仍是主观的。在50年代美学问题的讨论中，赞同他观点的有高尔泰。但多数人均不同意这一观点，如蔡仪认为，吕荧的观点不过是重复了两千多年前柏拉图的观点。后来吕荧又写了反批评文章。《关于“美”与“好”》（1962年），则大概是他生前发表的最后一篇文章。

（本文选自古远清《萧殷、吕荧、毛星、王元化的文学评论——关于中国当代文学的理论建设评述之五》，本文原刊于《当代文学研究资料与信息》1991年第11期）

1992 年

荧荧之火 拳拳之心

——吕荧美学思想述评

刘 珙

吕荧是一位素有争议的美学家。他的美学观的科学性可以争鸣；“美是主观”的美学思想在政治寒夜逝去后，依然具有合理性，这不能不使吕荧先生在当代中国美学的历史领域中占有一席之地。

一

吕荧先生是一位追求进步、向往革命、渴求民主的民主主义者，而又是一位生性孤僻、耿直无邪，近于“顽愚”，倍受摧残、为人误解的知识分子……这便形成了他思想上强烈的时代风云特色及复杂而又矛盾的行为心理特征。

解放前夕，吕荧先生怀着“社会主义社会的完成，在人类历史上是划时代的，社会主义社会的新人的出现，在人类历史上也是划时代的，而且是空前的第一次。这些青年们的美的素质，高贵的素质，只有在社会主义社会里，在无私的和谐的社会关系里，在自由的幸福的社会环境里，在灿烂的阳光和美丽的土地里，才能萌芽生长”[1]的信念，毅然离台，返回祖国大陆，怀着近乎理想化的心情投入了祖国的文艺事业。

可是，极“左”路线所编织的罗网却过早地降临到吕荧先生的头上。生活在孤独、寂寞和隔世的痛苦中，他只好“关门”做学问，开始致力于美学理论研究。1959 年冬，作家出版社出版了吕荧先生的美学论文自选集《美学书怀》。

世界观的矛盾及现实生活中的境遇，形成了吕荧美学思想的矛盾特征。这些特征主要有四点：

一是在阐述美学观时，采取一种隐晦、迂回、非直叙己见的个性特征。1957 年 12 月 30 日，毛主席亲自校阅了“编者按”的《人民日报》发表了吕荧的著名美学论文《美是什么》。在这种情况下，吕荧“重新”出现在文坛中，参加了五十年代的美学论争。从他的四篇论文看，以往在《人的花朵》文艺论集中的那种完全表现“自我”的直言不讳的诗人气质及感情奔放的散文风格，已完全被一种成熟的、理智的，甚至小心翼翼的理性论证所替代。其中很多美学论点是在“隐蔽”的文字中吐露出来的，使人感到一种迂回论战的风格。

二是学术观点在论述方法论上的矛盾性。吕荧先生认为：“美是物在人的主观中的反映，是一种观念。”他为了更符合“唯物史观”，在论述中又将概念换用为“美是人的社会意识”。“意识”与“社会意识”是涵义及哲学限定不尽一致的概念，吕荧却把它们混同起来，出现了逻辑上、方法论上的矛盾。看看朱光潜先生的批评：“吕荧何以走到这样自相矛盾的死胡同里呢？我看原因很简单。他的基本论点只有一个：‘美是人的一种观念’，这样的提法的主观唯心主义的色彩太刺眼了，于是他想尽方法

---

① 吕荧：《旗——读法捷耶夫的〈青年近卫军〉》，载《吕荧文艺与美学论集》，上海文艺出版社 1984 年版，第 387 页。

来遮掩。”[1]朱老的批评是否科学且不论，但一针见血地指出了吕荧美学研究及论争中的矛盾，实是不无道理的。

三是“吕荧的个性风格”。在当时的政治风云及对马克思主义美学思想极“左”的理解的社会环境中，吕荧以大胆的求索精神，直言不讳地提出了“美是主观”的论断，是需要很大的勇气和胆识的。惨痛的教训、人生的挫折，使吕荧产生了为生存而学术的一面；然而，他并没有沉沦，并没有随波逐流于时尚，在学术研究中仍保留着那种执着、真诚和近于“病态”的求索激情。

四是从吕荧美学论争的文章中，也不可避免地渗透着一股迎合政治风潮、顺应“时代”要求的论争形式。如，他在批判蔡仪、朱光潜的美学思想时，动辄先给他们的理论冠之以“主观唯心主义”的帽子……“以其人之道，还治于其人之身”的作法，是不符合学者吕荧的文风和战斗风格的“反常”，“反常”是一种忿世妒俗矛盾心态的自然流露，悲愤出诗人，然而在理论思维中则会导致偏激和简单化。

二

吕荧先生没能像与他一起讨论美学问题的同辈学者那样，幸福地见到新时期伟大的历史转折，继续在研究中让他的美学思想在完善中放射出更加夺目的光彩。而是像一颗划过夜空的流星，虽转瞬即逝，却以闪烁的荧荧之火之光，给美学研究的浩瀚星海留下了历史的一页。他是一位有研究“个性”的美学家，这个“个性”是由他的研究方法的独特性而构筑成的。

吕荧在《美学问题》的开篇，便清楚地提出了方法论在美学研究中的

---

① 朱光潜：《美就是美的观念吗？——评吕荧先生的美学观点》，载《朱光潜全集》第五卷，安徽教育出版社 1989 年版，第 108 页。

重要性及意义。他说："关于美的问题，从古以来，各个时代的哲学家和文艺家都有过直接间接的讨论"，"要彻底弄清楚这个问题，就必须有一个科学的研究方法"，"要搞清美学这种从古代柏拉图起便开始探讨的问题，必须从哲学中寻求根本的解决方法论"。

吕荧在美学研究中的方法论，突出表现在四个方面：

首先，吕荧认为只有选择、观察、比较、经验、实验和归纳、综合的分析研究方法才是唯一科学的方法。并认为在收集事实和观察事实的工作还没做完时，不应匆忙作出理论概括，而是在对事实的全面联系中应用分析和综合加以相似与相反的比较，从而在归纳的基础上作出科学的判断，他说："一切的理论，如果它是正确的，那末它一定是符合客观事实的。实践是检验理论的正确性的标准"，"任何深奥的理论，如果它是正确的，都应该符合日常生活中的事实"。[①] 吕荧的逻辑实证主义的经验实证原则是完全符合马克思主义的认知科学方法论的，恩格斯在《卡尔·马克思关于费尔巴哈的提纲》中便讲过："人的思维是否具有客观的真理性，这并不是一个理论问题，而是一个实践的问题。"吕荧在美学研究中，就是从文艺的历史发展事实及社会日常生活事实出发，去批评蔡仪"美是典型"及朱光潜"美是主观与客观的统一"的命题的。他认为"是现实生活，实践，否定了这个观念"。而"我的全部美学是从生活论证意识，不是从心灵论证意识"。

其次，认为美学中的精确定义，应当来源于严密的理论指导，应该看作是我们对实践和现实认识的经验结果。他反对那种教条式的经院哲学美学，认为这种美学不是从分析生活和艺术的事实中，从马克思主义的基本原理中，经过理性的、逻辑的思辨得出结论；而是一种简单化、人云亦云的从经典作家对马克思主义机械理解和僵化照搬中，引申出来的理论。吕荧在逻辑演绎中，运用马克思主义唯物辩证法的反映论，从作为客体反

---

① 吕荧：《美是什么》，载《美学书怀》，作家出版社 1959 年版，第 37、40 页。

映的主体中去寻求美的本质，提出了美是第二性的观点。按他的理性的逻辑推理，以及所依据的生活和艺术事实，这一结论是合理的，不能不引起我们在研讨中，对美的本质问题加以新的思考。

其三，在科学地限定美时，还必须从历史上去探求美的意识起源。按吕荧的历史美学观，美与真、善是“亲兄弟”，是不断发展和完善的。他认为在人类初期，“我们的祖先，还在窟居巢处、茹毛饮血的时候，是说不出‘美’这个字的”，而只有随着历史的演进，人类社会的进步，人们对周围世界认识的判断力的发展和知识的扩大，引起鉴赏力的不断完善和深化，才在观念中形成了美，并逐渐加深完善……这种历史美学观是吕荧限定美的一种科学发展论观点。

其四，把美的发展同人类的知识和思维能力的总体发展，以及人类文化进程密切联系起来考察。吕荧认为对人而言，美也是一种认识，要从人类认识史和思维发展规律中去研究、考察。而其中，人类的文艺史是一种最重要的美的认识实践发展史。

吕荧立足于文艺史及社会生活的现实，在理性逻辑中去寻求美的根本问题，以及从运动中去认识、把握美的演进的方法论，可以认为，是将辩证唯物论认识论的基本原理运用于美学研究的尝试。

三

吕荧对美的本质和性质、美感、社会自然美与艺术美，以及美的起源等美学问题都有着较系统、全面的论述。这些论述主要集中于由他的五篇美学论文集成的《美学书怀》和早期专著《文学的倾向》中。

首先，关于美的本质。早在1953年，吕荧在《文艺报》上发表的《美学问题》中，一开篇便涉及美的本质的研讨，他说：“关于美的问题，从古以来，各个时代的哲学家和文艺家都有过直接间接的讨论……并且先后提出各种美学理论。”要研究美学，就必须要研究美的本质问题，它既是美学研究的起点，也是美学观的“试金石”。

于是，吕荧便从两方面开始了自己对“美是什么”的研讨。一方面，批评其他美学家的美学观，在驳论中确立自己的美学观。另一方面，正面阐述自己的美学观。他以生花的文笔，广征博引地将这两方面自然地糅合一体，并提出他对美的本质的看法。

蔡仪教授从世界是物质的唯物观出发，强调美在于客观事物本身、美是客观的，提出了“美是客观的，不是主观的”，“物的形象是不依赖于鉴赏者的人而存在的”和美是“物的属性”的观点，并明确、系统地提出了“美是典型”[①]的主张。而吕荧写了《美学问题——兼评蔡仪教授的〈新美学〉》的著名论文，对蔡老的观点提出了异议。吕荧认为：从辩证唯物主义的哲学原理出发，坚持世界是物质的，世界的本元是物质、物质是第一性的唯物史观是研究美的本质的科学方法论。但又认为蔡老《新美学》关于美是客观的、美在于客观事物本身的论点仍有商榷之处。吕荧从三方面提出了对蔡老关于美的本质的观点的批评。其一，他认为蔡老的观点是从超社会、超现实的观点去看美，把美看作超越人的生活和人的意识的客观存在；而且也是从超越社会、超越现实的观点来看人，把人看作不属于任何历史时代、任何社会、任何阶级的客观存在，一种生物学上的种类。其二，认为蔡老美在于客观事物本身的理论，是抛弃了客观事物的现实性的本质，把事物当成孤立的、固定不变的个体，把现实的事物的本质看作是一种各个个体所共同具有的抽象的东西。其三，认为“美的东西就是典型的东西”的观点的核心是“个别中显现着种类的一般”，然而现实生活中的许多事实却验证了“个别中显现着种类的一般”的东西，并不是美的，甚至是丑类的东西。吕荧与蔡老论点的哲学分野在于，蔡老将美归结为世界的本元——物质，认为美是客观存在，是物的属性；吕荧则将美归结为世界本元物质的反映，美不仅与事物本身有关，而

① 蔡仪：《唯心主义美学批判集》，人民文学出版社 1958 年版，第 56、78 页。

且与人有关，与人的社会生活、历史时代、各种意识有关。在美的本质问题这个“确实是很复杂的，也很烦难的”问题上，两位学者都依据了大量的历史存在的事实，恰如蔡老在《新美学》改写本一卷中指出的：“要肯定它，不能只承认它作为美的存在事实，还要能够说明它，分析它，论证它作为美的自然之所以美的理由。这却是很不容易的。”

在《美学论原——答朱光潜教授》文中，吕荧也反驳了朱先生美是“艺术的一种属性”及“美是客观与主观的统一”的观点。认为“朱光潜教授的这一定义不合事实，不能够成立”。因为，这论点是把自然事物的美（如草的美），社会事物的美（如生活的美、道德的美）都说成是艺术的一种属性，完全混淆了自然的事物、社会的事物与艺术作品的根本区别。他认为，不同形式的美都是不同形式的物的反映，是一种观念。吕荧批判“美是客观与主观的统一”是唯心主义的“二元论”，是认为主观与客观都是各自独立存在的，这便取消了主观的客观性，其结果则是否定了客观存在的物，化物为心造的形象，使物“统一”于主观之中。

吕荧在批评中，把他 1953 年在《美学问题》中提出的“美是物在人的主观中的反映，是一种观念”的理论，推向了新的理论高度。在《美是什么》文中，他说：“美是人的一种观念，而任何精神生活的观念，都是以现实生活为基础而形成的，都是社会的产物，社会的观念。”在《再论美学问题》中，又说：“我的研究结果为：美是人的观念，不是物的属性。人的观念是主观的，但是它是客观决定的主观，人的社会生活，社会存在决定的社会意识。在这一意义上它也有客观性。”

吕荧“美是主观的”美学观的内涵是丰富的，可以概括为五个方面：

一是，美是人的一种观念。吕荧先生明确地提出：美是一种观念。美是人的社会意识。它是社会存在的反映，第二性的现象。吕荧的美是“观念”的含义，与唯心主义的美学流派：康德的美的基础是“正常的观念”、叔本华的“意志美学”、维齐尔的美是“绝对观念”的“观念”“意志”是有着本质区别的。那些“观念”“意志”是离开客体、离开客观世界及物的意识，是“整个的思想系统都陷入观念论”。而吕荧认为他所提出的“美是人的一种观念”并不是离开客体的主体意识，而“都是以现实生活为基础而形成的，都是社会的产物，社会的观念”[①]。

二是，美的观念是一种社会意识形态。吕荧一提出“美是主观的”时，便阐明了“作为社会意识形态之一的美的观念，它是客观的存在的现象；但是是在一定的社会生活中和历史条件下的客观的存在的现象，并不是离开社会和生活的抽象的客观的存在的现象”[②]。四年后，他引申了这一观点“美是人的社会意识。它是社会存在的反映，第二性的现象。因此，美必须从社会科学观点，历史唯物论的观点加以说明，不是从离开了人的自然科学观点可以得到解释的”[③]。

三是，美是一种流动的概念。他认为美的观念因时代、因社会、因人、因人的生活所决定的思想意识不同而不同。他说：“美的概念，美的观念，并不是固定的，不变的，绝对的。它只是暂时固定的，在相对之中有着绝对。”并认为“美的概念，美的观念，只有经过生活实践，才能达到客观真理”。[④] 他的这种流动的观念，是将美置于现实生活的变动、发展和转化中去考察，实质上，也是一种思维运动的发展观。

四是，美是有阶级性的。吕荧认为作为一种社会意识，美为社会生活所决定，也反作用于社会生活，它随着社会生活的发展而发展，“在阶级社会中美也有它的阶级性”[⑤]。并从阶级利益出发，认为美是与理想、道德、伦理相关联的。明确美是社会意识后，我们就可以从马克思主义的观点出发，进行美学研究，树立正确的审美观，为无产阶级事业服务，按美的规律去创造社会主义的物质财富和精神财富。

---

① 吕荧：《美学问题》，载《美学书怀》，作家出版社 1959 年版，第 6 页。

② 吕荧：《美学问题》，载《美学书怀》，作家出版社 1959 年版，第 6 页。

③ 吕荧：《美是什么》，载《美学书怀》，作家出版社 1959 年版，第 39 页。

④ 吕荧：《再论美学问题》，载《美学书怀》，作家出版社 1959 年版，第 154 页。

⑤ 吕荧：《美是什么》，载《美学书怀》，作家出版社 1959 年版，第 51 页。

五是，美也是有客观性的。他认为美是人的观念，观念的东西可以转化为实在的东西。人类在生产中、在社会生活中创造了美的事物，形成了美的概念和观念。这种概念和观念又转化为实在的新的美的事物，“在这一意义上它也有客观性”①。吕荧先生的观念的东西可以转化为实在的东西的美学思想，无疑对观念也是存在的哲学命题有着佐证的意义。

其二，美感问题。美感是美学领域探讨的另一个主要问题，是美学上的又一争论焦点。

吕荧对美感的论述是有独创之见的，他认为“美感——这种感觉，是外物作用于我们的感官引起的”，美感是美的认识的感性阶段、初级阶段，“美的认识必须经过感性阶段——美感”；“在人的认识中，美的感觉和美的概念、观念是统一的”。② 明确地阐明了美与美感之间的辩证统一关系，美感是美的初级阶段，美是美感的高级阶段，两者是统一的，“在美的判断或评价中，人需要运用的是人生活中形成的一定的美的观念，不是唯心主义美学家所说的‘美感’”。③

吕荧进一步提出：“但是不能够用感觉（美感）代替乃至取消理性认识（美的概念、观念）。”④美感只有经过不断的社会实践，才能由感性阶段上升为理性阶段，即美的概念本身从客观生活中汲取一定的内容，继续不断地充实、提高、丰富、转化、更换，于是这个美的概念在其一切概念的原源的美感总和中以及在它们的关系中，经过客观实在的统一，形成一个美的观念。

无论是美的概念或是美感，都不是人的“先天的”，都是人在现实生活中形成的，都是客观现实的反映，都是社会存在所决定的社会意识。吕荧运用唯物辩证法的认识论研究和分析了美与美感之间及它们与实践

---

① 吕荧：《再论美学问题》，载《美学书怀》，作家出版社 1959 年版，第 117 页。

② 吕荧：《美是什么》，载《美学书怀》，作家出版社 1959 年版，第 45、46 页。

③ 吕荧：《美是什么》，载《美学书怀》，作家出版社 1959 年版，第 63 页。

④ 吕荧：《美是什么》，载《美学书怀》，作家出版社 1959 年版，第 46 页。

的关系。

其三，美与“真、善”及与“好”。

吕荧从意识形态的历史起源中，探讨了美与“真、善”的关系，他说：“可以说，当人类在劳动过程中使自然界的自在之物，成为人之物时，真的意识即已萌芽……真、善、美是亲兄弟，因而最初的美是‘与善同意’的。”[①]按吕荧的观点，人在劳动过程中创造了人类本身和人类的生活，也随之创造了人的感觉和意识，在人类初期，当人的感觉和认识还是十分纯朴、幼稚，甚至愚昧的时候，人们还是以一种直观的、天真的态度对待周围的一切现象和对象的。我们的祖先，还在窟居巢处、茹毛饮血的时候，是说不出“美”这个字的，美与善与真是同意的。只有随着历史的演进，随着人类社会的进步，人们对周围世界认识的判断力的发展和知识的扩大、引起鉴赏力的不断完善和深化中，才逐渐在观念中形成了美，并不断由低级向高级发展、演变着。美作为一种观念被科学证明、验证，区别于真、善，而要完全区别“非到社会生产力和社会生活发展到更高的阶段不能够出现”[②]。并认为美比真、善具有更大的涵盖力，它是真、善的核心和最终运动的结果。

美与“好”是美学上的又一基本问题。吕荧在其论著中，对“美”与“好”作出了详细的论述，描述了“好”在美学史上产生和发展的各种条件，论及了柏拉图、康德、列宁对美与好的观点。在吕荧看来，作为美的评价和判断的“美”与作为伦理、道德评价和判断的“好”之间，都是社会生活在人脑中形成的观念，美与好是人对于事物的评价。而要论美、论美与好，就必须考虑到人与事物的实际关系，必须考虑人的生活；在人的社会生活里，“美”与“好”有很密切的联系，“美”是从“好”发展而来，“美”是“好”的高级阶段。要在全民实现“美”，必须要在施

---

① 吕荧：《美是什么》，载《美学书怀》，作家出版社1959年版，第47页。

② 吕荧：《美是什么》，载《美学书怀》，作家出版社1959年版，第50页。

“好”中逐步去努力，“无论是哲学上的论证，无论是美的事物的本身的研究，都说明了美学家只有正视人的生活，面对客观现实，面对一切美的事物以及丑的事物……才能丰富辩证唯物论与历史唯物论的美学，才能使美学更好地参加社会主义社会的建设工作，创造对于人有用的、有益的、新的美的事物，更好地参加创作社会主义现实主义的，伟大的，新的文学艺术作品”①。

（本文原刊于《兰州大学学报》1992年第3期）

① 吕荧：《关于“美”与“好”》，载《吕荧文艺与美学论集》，上海文艺出版社1984年版，第536页。

1996 年

茨菰花，真美

——读《美的殉道者——吕荧》

郭　因

贴胸的上衣口袋里放着一朵揉皱的茨菰花，比茨菰花揉得更皱的吕荧死了。

吕荧死在北京茶淀河劳改农场里。他是在生命的残烛似灭非灭之际，在失去知觉但并未断气的时候，就被拖进了墓地附近在寒风中颤抖的农场草棚的。

吕荧殒灭之前，已饿得骨瘦如柴，饿得刚分到一点少得可怜的饭就迫不及待地用手抓了吃。他已被远超过他的体力的艰苦劳动压得不成人形。他已被凌辱摧残得精神分裂，成了疯子。

吕荧有罪吗?

吕荧只是在批判胡风的高潮中，曾从容地走上主席台，说了“我们不能把意识形态领域里的问题等同于政治问题。我认为这样批判胡风是错误的”。书呆子有书呆子的根据：列宁从来不是这样对待赫尔岑、高尔基、谢德林这些有过动摇、犯过错误的俄罗斯作家的。吕荧被点了名，成了“胡风分子”，被撤掉了职务，停发了生活费，隔离审查。还算侥幸，1956 年 6 月 25 日，由于事实证明吕荧“没有参与胡风反革命集团的活动”，经中央有关方面研究和批准，解除了对他的隔离审查。他重新投入了工作，尽管头上似乎始终有一种无形的压力。“文化大革命”开始后不久，由于一件小事，心烦意乱的吕荧和邻居吵了起来，而这时吕荧正拿着未削完苹果的小刀，于是被诬为持刀行凶。手无缚鸡之力的吕荧不明不白地被扭送到北京卫戍区。不久，经中华人民共和国公安部正式批准，以“胡风反革命分子影响社会治安罪”送到北京“228”监狱强制劳动。已被证明为不是“胡风分子”的吕荧，这时又被证明是“胡风分子”了。

吕荧是个“一直敌视中国共产党、敌视人民中国的坏人”吗？

1932年，18岁，吕荧在南京中学读高中，曾因参加革命宣传，引起国民党反动当局的注意，被特务监视，幸得一位进步教师预先通知，方越墙脱险。

1935年，21岁，吕荧在北京大学史学系读书，参加了一二·九学生运动，加入了中国共产党外围组织“民族解放先锋队”。

1938年，24岁，吕荧与罗烽结伴去延安，因在西安受阻，遂去山西临汾“民族解放先锋队”工作。

1939年到1948年，25岁到34岁，吕荧积极参加了中国共产党领导的民主运动。

1949年4月，吕荧摆脱国民党反动派统治，北上，参加了全国第一次文代会。

中华人民共和国成立后，吕荧在各个工作岗位上，为中华人民共和国的文化教育建设，竭尽了自己的心力。

吕荧是一个毫不足道的平庸之辈吗？

他21岁就参加了进步文艺团体“浪花社”，为该社的主要成员。24岁，发表了进步小说《北中国的炬火》。26岁，发表了译作G.卢卡契的《叙述与描写》。27岁，发表了论艾青与田间的《人的花朵》，译作高尔基的《普式庚论草稿》。从此，文思若涌，多产而且高质量。32岁，当了贵州大学历史系副教授。36岁，当了山东大学中文系教授、系主任。39岁，参加当时我国美学界的激烈论争，成了“美在主观”这一派的主要代表人物。

吕荧死了，但是，他的小说，他的诗歌，他的论著和译作犹然健在。

吕荧死了，身上没有任何旗帜，身旁没有任何鲜花，只是贴胸上衣的口袋里放着一朵被他赞为“真美”的揉皱了的茨菰花，伴着他这个被更加揉皱了的深藏着一颗真美的心灵的躯壳，裹进芦席，埋入泥土。

党的十三届三中全会以后，中华人民共和国公安部于 1979 年 5 月 31 日作出的《关于吕荧同志被收容强制劳动问题的复查结论》说：“……吕荧同志在林彪、‘四人帮’干扰和破坏下，于 1969 年 3 月 5 日在清河农场含冤病亡，现撤销原收容吕荧同志强制劳动的决定，推倒一切不实之词，予以平反，恢复政治名誉。”

应该感谢《美的殉道者——吕荧》的作者吴腾凰和杨连成。是他们以自己的辛勤、汗水，以自己的深刻的思想与不同凡响的才华，为人们献出这一部使人激动、使人深思的文学传记。我相信，所有当代和后代的读者都会和我一样，对这部传记的作者怀着深深的感激之情。

不能再有命运如此之糟的吕荧了。

不能再让后人无可奈何地喊着“啊！ 茨菰花，真美”了。

（本文原刊于《博览全书》1996 年第 6 期）

1998 年

从吕荧“接着讲”

——向叶朗先生请教

张正方

一、“美在意象”理论绝非什么科学理论

如何理解美，并以此为思想基础和理论出发点来建构中国当代美学体系？北大教授叶朗在《从朱光潜“接着讲”》(《北京大学学报》哲社版，1997 年第 5 期）一文中，根据哲学家冯友兰“照着讲”和“接着讲”的提法，通过以“意象”概念重新解读朱光潜等的美学思想，认为朱光潜等“美在意象”的看法是正确的，因而坚称建立中国当代美学体系，应以朱光潜的“美在意象”为基础，从朱光潜“接着讲”。然而，“美在意象”的看法真的如叶朗所大笔确认的，它从根本上解决了美的本质问题，因而应该成为我们建构中国当代美学体系的思想基础和理论出发点吗？我的回答是否定的。

首先，意象本身存在一个美、丑问题，因而“美在意象”还并没有参透美的本质。

何为意象？在朱光潜那里，所谓意象，始叫“特殊形象”“完整的形象”，后称“物的形象”“物乙”等等。它是客观反映为主观的东西，现实见之于意识的东西。他说：“所见对象本为生糙零乱的材料，经‘见’

才具有它的特殊形象，所以‘见’都含有创造性。比如天上的北斗星本为七个错乱的光点，和它们的临近星都是一样，但是现于见者心中的则为象斗的一个完整的形象，这形象是‘见’的活动所赐予那七颗乱点的。”[①]因而，这意象，就只能是一种意识现象，而非客观现象；是一种心理事实，而非现实事实。叶朗讲：“西方美学从古典走向现代的趋势，在朱光潜先生美学思想中的反映，就是把审美对象从实在物转向意象。”[②]叶朗相对“实在物”而言“意象”，可见他也是把“意象”作为一种主观现象、心理事实来加以把握和确认的。把朱光潜提出的“意象”作为一种观念的东西来对待和指认，看来是没有问题的。

但是，既然意象是一种观念的东西，是一种主观现象、心理事实，那么，意象本身也必然存在一个美、丑问题，也就是说，有审美意象，也有审丑意象，或叫非审美意象。比如，同样是作为物的蔷薇，有人认为，这是刺里有蔷薇，“刺里有蔷薇”这种“物的形象”包含的是一种积极、进取、乐观的情绪或意蕴，它作为一种审美意象，应是毋庸置疑的；而有人则认为，这是蔷薇里有刺，“蔷薇里有刺”这种“物的形象”蕴含的却是另外一种消极、颓丧、悲观的思想或情韵，这就不能说还是一种审美意象，而不是审丑意象了。再比如，同样一个墨痕，有人认为那是一朵花，花是生活美好、祥和、幸福的象征，花在这里作为墨痕的意象，当然是审美意象了，我们常说热爱花，喜欢花，就很说明问题；而有人却认为那是一个鬼，鬼在人们日常生活中谁都知道是指一种非常可怕、令人恐惧的东西，鬼在这里作为墨痕的意象，就不能说还是一种审美意象了，我们没有听说有什么人如何热爱鬼和喜欢鬼。叶朗也讲：“中国人欣赏兰花，从兰花中感受到丰富的意蕴，而外国人对兰花可能不欣赏，至少不能像中

---

① 叶朗：《从朱光潜“接着讲”》，《北京大学学报》（哲学社会科学版）1997年第5期。
② 叶朗：《从朱光潜“接着讲”》，《北京大学学报》（哲学社会科学版）1997年第5期。

国人感受到这么丰富的意蕴。”[①]这不也是说，兰花在中国人那里，可以、能够产生审美意象，而在外国人那里就不一定了吗？“外国人对兰花可能不欣赏”，还怎么可能产生那种令人神往、动人心魄的审美意象而不是非审美意象呢？现代著名作家赵树理在《小二黑结婚》里这样描写三仙姑：“三仙姑却和大家不同，虽然已经四十五岁，却偏爱当个老来俏，小鞋上仍要绣花，裤腿上仍要镶边，顶门上的头发脱光了，用黑手帕盖起来，只可惜官粉涂不平脸上的皱纹，看起来好像驴粪蛋上下了霜。”这“驴粪蛋上下了霜”，使人感到好笑，感到丑，这不还是一种审丑意象吗？人的意象本身具有一种美、丑问题，这是客观存在的事实。

而面对这样一个客观存在的事实，我们能说“美在意象”的理论渗透了什么美的本质吗？

其次，“美在意象”的理论否定现实美，从而也就不可避免地把自己置于一种无法解释、难以理解和令人困惑的尴尬境地。

“美在意象”的理论，把美人为地缩小和限定在人的意识领域、心理范畴，它从根本上否定了那些五光十色、生机勃勃的现实美，认为在现实领域、客观范畴无所谓什么美与不美的事情，不存在什么美与不美的问题。然而我们都知道，从根本上讲，意识总是反映存在的，按照马克思主义的经典说法是：“意识在任何时候都只能是被意识到了的存在。”[②]如果在现实领域、客观范畴无所谓什么美与不美的事情，不存在什么美与不美的问题，那么在人的意识领域、心理范畴怎么可能出现这种美与不美的事情，产生这种美与不美的问题呢？在不承认现实美的情况下，却认为在人的意识领域、心理范畴美的问题产生了，存在了，这种理论由于割断了美与现实之间的联系和关系，其结果只能不可避免地把自己置于一种无法解释、难以理解和令人困惑的尴尬境地。当然，这种理论在有些人还

---

① 叶朗：《从朱光潜“接着讲”》，《北京大学学报》（哲学社会科学版）1997年第5期。

② 马克思、恩格斯：《德意志意识形态》，人民出版社1961年版，第19页。

是可以理解的，甚至有可能被认为是十分正确的，比如在某些人看来，人的观念、意识就是人头脑中固有的，或者人主观自生的，它与客观对象无关，与现实世界无涉。然而这种理论谁都知道，它正是一种典型的、赤裸裸的主观唯心主义理论。

朱光潜走到这一步，绝非偶然，这显然与他研究得不深入、不透彻密切相关。如他认为，审美意象是审美活动的产物，在审美活动中存在着这样既相互对立又相互联系的两极即审美客体与审美主体。那么请问：客观对象作为审美客体，使人产生审美意象，它到底有没有特殊规定？或者说有什么特殊规定？有些客观对象能够使人产生审美意象，是否还有一些客观对象不能使人产生审美意象呢？如果有些客观对象能够使人产生审美意象，而有些客观对象又不能使人产生审美意象，这不就客观地说明了客观对象本身也存在着一个美与不美的问题，客观对象作为审美客体是具有自己特殊的规定吗？我想如果对这些深层问题，也是根本问题，做进一步深入、透彻的考察和探问，朱光潜的美学理论就不会像现在这样处于一种无法解释、难以理解和令人困惑的尴尬境地了，而会立足实际，纵深发展，从而呈现出另一番新鲜与厚重的景观和面貌。叶朗指出：“心理学的方法和心理学的角度对分析审美心理活动是十分重要的，但是心理学的方法和角度也有局限，最大的局限是往往不容易上升到哲学的、本体论的和价值论的层面。”[①]诚哉斯言！但所以如此，显然就与这些方法、这些角度只是仅仅局限于意识领域、心理范畴，而缺乏对与这些意识领域、心理范畴密切相关的客观问题、现实问题的积极思考和深入探问是直接密切地联系在一起的。

总之，“美在意象”的理论存在着一些明显的问题和不足，它并没有揭示和阐明美的本质。如果认为这样的理论就是什么科学的美学理论，那无疑是不符合客观实际的，它只能对人们产生一种相当有害的误导

① 叶朗：《从朱光潜“接着讲”》，《北京大学学报》（哲学社会科学版）1997年第5期。

作用。

我想，问题的关键、根本点不在像叶朗所揭示、标举的“朱光潜的美学思想反映了西方美学从古典走向现代的趋势”[①]，“朱光潜的美学思想反映了中国近代以来美学发展的历史趋势：寻找中西美学的融合”[②]，而在朱光潜“美在意象”的理论到底是否正确，是否具有科学品格、真理品格。如果朱光潜“美在意象”的理论本身就是错误的，是经不起推敲的，那么所谓“朱光潜的美学思想反映了西方美学从古典走向现代的趋势”，“朱光潜的美学思想反映了中国近代以来美学发展的历史趋势：寻找中西美学的融合”，到底还有什么意义呢？至于还想进一步以“美在意象”为基础建立什么中国当代美学思想体系，那就更是一种奢望和显得不得要领了，坦白地讲，这样的美学思想体系即便是花费心血气力建立起来了，那也绝然不是什么科学的美学思想体系。

当前美学研究陷入困境，局面非常之沉闷。在这样一个特殊时期，叶朗先生希望在美学研究上别开生面，另找出路，这个愿望是很好的，应该肯定，也令人感动和钦佩。但是当他扯出朱光潜这面旗帜，企图通过拈出“意象”二字重新解读朱光潜等的美学思想来实现这个愿望时，他这个愿望怕是要彻底落空了。这，就是我个人的结论。

二、吕荧美学思想及其重大理论意义

到底如何理解美，并以此为思想基础和理论出发点来建立中国当代美学体系？我的看法是从吕荧“接着讲”。吕荧“美是人的社会意识”的观点作为中国当代美学界一种伟大的唯物主义思想，无疑具有非常重大的理论意义，它理应也必然会成为我们建构中国当代美学体系的强大思

① 叶朗：《从朱光潜“接着讲”》，《北京大学学报》（哲学社会科学版）1997年第5期。

② 叶朗：《从朱光潜“接着讲”》，《北京大学学报》（哲学社会科学版）1997年第5期。

想基础和理论出发点。

美是什么？“美是人的社会意识。”[①]这就是吕荧关于美的基本看法，我称它为“社会意识观”。我这里所以不沿用人们惯称的“主观说”，是因为所谓主观的，在有些人那里通常就是指脱离实际的，这种情况不利于人们对吕荧美学思想的认真学习和深入了解，容易造成一些人在没有具体地接触和认识吕荧的美学思想以前，吕荧美学思想的伟大价值和重要意义就已经被无形地降低了，否定了。

美为什么是人的社会意识呢？

需要是价值存在的内在依据或根本前提。社会存在的客观事物（包括具有审美价值的自然事物。处在与人关系之外的自然对人而言也是无，没有意义）作为审美对象，能够满足人作为审美主体的精神需要，使审美主体心理愉悦、感情共鸣，那就显然表明它本身内在地存在着一种审美价值、审美意义。如果没有这种审美价值、审美意义，它要给审美主体带来一种美感享受和心理满足，那绝然是难以想象和不可思议的。并且它本身的这种审美价值、审美意义，既然是它本身内在的，固有的，那它就必然是确定的，即它不以任何审美主体的主观认识或反映与否为转移。但是，在不同的审美主体那里，甚至在同一审美主体的不同时期内，由于立场不同、观点有别、方法相异等等，它本身内在的这种审美价值、审美意义却完全可能得到不同的甚至截然相反的认识、反映、判断或评价，或认为美，或认为不美，甚至认为丑。鉴于这种情况、这种事实，吕荧在人类社会历史上第一次破天荒地提出了美是人的社会意识的观点。他旗帜鲜明、直截了当地说：“美，这是人人都知道的，但是对于美的看法，并不是所有的人都相同的。同是一个东西，有的人会认为美，有的人却认为不美；甚至于同一个人，他对美的看法在生活过程中也会发生变化，原先认为美的，后来会认为不美；原先认为不美的，后来会

---

① 吕荧：《美是什么》，载《吕荧文艺与美学论集》，上海文艺出版社 1984 年版，第 400 页。

认为美。所以美是物在人的主观中的反映，是一种观念。”[①]“美是人的一种观念，而任何精神生活的观念，都是以现实生活为基础而形成的，都是社会的产物、社会的观念。”[②]由此可见，美作为一种社会意识，并非吕荧个人的臆想和杜撰。美之所以是一种社会意识，就在于它是人作为审美主体对社会存在的客观事物所内在固有的审美价值的一种审美认识、审美反映、审美判断或审美评价。

进一步讲，美作为一种社会意识，它所认识、反映、判断或评价的具体内容或实际意义，实际上也就是审美价值到底是什么呢？吕荧讲：“辩证唯物论的美学的认识论认为，人的知觉和表象是物的映象，是人对客观存在的物的反映。美的事物自身是不依赖人的意识为转移的客观存在，然而并不是世界上一切客观存在的事物都可以被人认为是美的。因此，美的事物需要具有一定的特征或条件（即美的条件），方才能够被人认为是美的。反对唯心论者所说，美是绝对的无条件的主观的观念或感情，任由感情外射或者感情移入就可以创造出事物的美。”[③]

接着，吕荧为了揭示这个“一定的特征或条件”，亦即审美价值，他继而从马克思主义实践论的角度开始阐释说：“事物的创造生产的规律，就是人创造生产事物的规律。那意思也就是说，人类创造生产的事物，或为食用，或为欣赏，都是有益于人的生活的。无益而有害于人的事物，人类不会去生产它们。这些有益于人的生活的事物，能够改善人类的物质生活条件，增进人类生活的幸福；因此，它们也就是美的事物，‘因此人也是按照美的诸规律而创造的’。人类创造生产的社会的事物具

① 吕荧：《美学问题——兼评蔡仪教授的〈新美学〉》，载《吕荧文艺与美学论集》，上海文艺出版社1984年版，第416页。

② 吕荧：《美学问题——兼评蔡仪教授的〈新美学〉》，载《吕荧文艺与美学论集》，上海文艺出版社1984年版，第416页。

③ 吕荧：《再论美学问题——答蔡仪教授》，载《吕荧文艺与美学论集》，上海文艺出版社1984年版，第509—510页。

有这种性质，是很明显的。"①

在这里，虽然吕荧像中国当代大多数美学家一样，他只看到社会实践与"人类外表效用"之间的联系和关系，没有看到社会实践也与人的本质密切联系，息息相关，这是他的不足之处，这些都在一定的意义上影响乃至限制了他在美学领域更大的思想创获和理论建树，但他在提出美是人的社会意识后，又进而从社会实践角度考察和分析客观对象，希望通过揭示客观对象的一些本质特点，以及审美价值，来进一步阐明美这种社会意识所赖以产生、形成的现实根据或本体原因，这种做法毕竟是十分正确的，体现了唯物主义的基本原则和思想方法。

吕荧提出美是人的社会意识后，还深入地揭示了美作为一种社会意识与社会存在等的辩证统一关系等等。他说："美不是超现实的，超功利的，无所为而为的。美随历史和社会生活本身的变化和发展而变化发展，并且反作用于人的生活和意识。"②

吕荧"美是人的社会意识"的思想具有非常重大的理论意义。

首先从理论性质看，吕荧"美是人的社会意识"的思想体现了伟大的唯物主义的立场、观点和方法，从而在中国当代开了唯物主义美学研究的先河。

提出"美是人的社会意识"，固然有可能滑向美学研究上的主观唯心主义，比如认为美这种社会意识是什么人头脑中固有的，抑或人主观自生的，必然滑向美学研究上的主观唯心主义，但吕荧这种"美是人的社会意识"的思想既没有坚持美这种社会意识是什么人的头脑中固有的，也没有坚持美这种社会意识是什么人主观自生的，而是始终坚持美这种社会意识只能是对社会存在的物质世界的认识、反映、判断或评价，那么它显然

① 吕荧：《再论美学问题——答蔡仪教授》，载《吕荧文艺与美学论集》，上海文艺出版社 1984 年版，第 510—511 页。

② 吕荧：《美学问题——兼评蔡仪教授的〈新美学〉》，载《吕荧文艺与美学论集》，上海文艺出版社 1984 年版，第 436—437 页。

就不是什么主观唯心主义的，应该说，它所充分和深刻地体现的正是一种伟大的唯物主义的立场、观点和方法，从而在中国当代开了唯物主义美学研究的先河。

本世纪五六十年代，蔡仪、朱光潜、李泽厚等的那些关于吕荧美学思想是什么主观唯心主义的东西的批评无疑是根本错误的，对吕荧的美学思想我们必须重新认识。

其次从历史发展看，吕荧“美是人的社会意识”的思想具有着伟大的开创性意义，是唯物主义美学研究的历史性突破和重大发展。

十七世纪荷兰伟大的哲学家斯宾诺莎就曾从与客观存在的联系和关系上提出美是人的一种意识、一种观念的唯物主义观点，比如他说：“……如果神经从呈现于眼前的对象所接受的运动使我们舒适，我们就说引起这种运动的对象是美的；而那些引起相反的运动的对象，我们便说是丑的。”①但那一切毕竟都过于简单，非常粗浅，还只具有一般的、朴素的唯物主义性质和特点。吕荧以马克思的历史唯物论为武器，把这种唯物主义美学研究进一步明确地、大刀阔斧地引进了人类社会历史领域，从与社会存在的关系角度比较全面和系统地提出了“美是人的社会意识”的思想，这就不仅在人类社会历史上第一次赋予了唯物主义美学思想以一种辩证、历史的性质和特点，具有着毋庸置疑的伟大的开创性意义，而且也显然极大地推进了唯物主义美学的研究进程，是唯物主义美学研究的历史性突破和重大发展，具有着无可争议的划时代的里程碑意义。

再次从对未来的作用和影响看，吕荧“美是人的社会意识”的思想无疑给我们今后对美的进一步研究和探讨开辟了一条无比正确的唯物主义道路，作出了伟大的理论贡献。

根据唯物主义物质是第一性的基本原理，中国当代大多数美学家都认为美是客观的，是什么物的特点或属性等，但唯物主义承认物质是客观

① 北京大学哲学系美学教研室编：《西方美学家论美和美感》，商务印书馆1980年版，第87页。

的、第一性的，这与承认美是客观的、第一性的，到底有什么内在的、必然的联系和关系呢？片面地、机械地、教条主义地运用和对待唯物主义，那只能走向唯物主义的反面，它不会接近真理，而只能背离真理。吕荧没有这样做。他从人们的审美活动实际出发，不仅创造性地提出了“美是人的社会意识”的观点，而且由于他从社会实践角度开始考察和分析客观对象，希望通过考察和分析客观对象来进一步揭示美这种社会意识所赖以产生、形成的本体根据或现实原因，亦即审美价值，这就使得他的美学思想不仅与各种似是而非的机械的、教条主义的唯物主义美学思想从根本上区别开来，而且也与各种客观的、主观的唯心主义美学思想彻底划清了界限，从而最终自成一家，独具特色，为我们今后对美的进一步研究和探索开辟了一条无比正确的唯物主义道路，作出了伟大的理论贡献。

吕荧的美学思想具有如此重大的理论意义，我们在建立中国当代美学体系时怎么可能遗忘它，或背离它，而不把它作为自己强大的思想基础和理论出发点呢？

三、从吕荧“接着讲”

事实上，对像吕荧的这样一种唯物主义美学思想，在我国当代，一些人已经不同程度地有所认知和察识。比如在 1982 年 8 月哈尔滨召开的全国马列文艺论著研究会第四届年会上，有人就明确指出：“美在主观意识，不能认为是唯心主义美学观点。因为这里所讲的‘意识’，虽然是主观的，但却以客观事物为基础，是对社会生活的反映的结果。”[①]“美虽然是主观的意识的，但却可以做出唯物主义的说明和阐释。”[②]在《当代

① 全国马列文艺论著研究会主编：《马列文论研究》第四集，中国人民大学出版社 1983 年版，第 268 页。

② 全国马列文艺论著研究会主编：《马列文论研究》第四集，中国人民大学出版社 1983 年版，第 268 页。

西方美学》一书中，朱狄指出："在不否定'第一性质'的基础上否认美是一种'第一性质'就很难和主观唯心主义划等号。"①"在哲学上的唯心主义和美学上的主观论之间并没有一种必然的联系。"②封孝伦在《从自由、和谐走向生命》一文中，是这样讲的："谈到人、人的观念、人的意识、人的情感意志就是唯心主义吗？恐怕不能这样说。人有意识，有情感欲望，这是一种客观存在。马克思主义并不忌讳谈人的意识、精神、情感，它只是坚持人的精神，是由人的物质存在产生的、决定的，而不是人的精神产生人的物质。因此，它很明白，人的精神内容时时处处受到人的物质存在的制约。按照这个逻辑关系来谈人和人的精神，就不是唯心主义而是唯物主义，而且可能是辩证的唯物主义。"③令人迷惑不解、大为遗憾的是，何以时至今日人们在不同程度地有所认知和察识这样一种唯物主义美学思想后，却并没有深入地研究它，深刻地揭示它，从而更新思路，转变观念，从这样一种美学思想"接着讲"，从吕荧"接着讲"，以吕荧的这样一种唯物主义的美学思想作为思想基础和理论出发点来建立中国当代马克思主义的美学科学体系呢？

我想，过去对吕荧美学思想的简单否定和粗暴批评是中国乃至世界美学领域发生的一个很大的不幸和悲剧，那么今天，在我们认识到了吕荧的美学思想不是什么主观唯心主义而是一种真正意义上的唯物主义的美学思想时，我们却没有认真地学习它，深入地研究它，并从而从它"接着讲"，对它加以继承和发展，那可能将是我们中国乃至世界美学领域即将发生的一个更大的不幸和悲剧。

那么，如何从吕荧"接着讲"，以吕荧"美是人的社会意识"的思想作为思想基础和理论出发点来建构中国当代的美学思想体系呢？我想要

① 朱狄：《当代西方美学》，人民出版社1984年版，第193页。

② 朱狄：《当代西方美学》，人民出版社1984年版，第232页。

③ 封孝伦：《从自由、和谐走向生命——中国当代美本质核心内容的嬗变》，《新华文摘》1995年第11期。

解决这些问题，主要应从以下几个方面着手进行广泛深入的思考和探索。

第一，转变思维方式，从客观对象与人之间的现实联系和关系角度来考察和确认审美价值，从而使美作为一种社会意识真正奠基在自己坚实稳固的客观基础之上。

20 世纪美学研究业已表明，单从认识论或心理学角度，从客观对象与人主观、心理的关系方面来揭示美的本质问题，不会获得什么实质性的突破和进展。 怎样才能从根本上解决美的本质问题呢？我的看法是，美学只有转变思维方式，调整思路，从客观对象与人之间的现实联系和关系角度确认了客观对象作为审美对象的特殊本质，即审美价值，那么美的本质问题才可望获得根本的解决。

众所周知，美总是相对于人而言的，也就是说，一个客观对象或具体事物，总是人认为它美，人评价它美，而美相对于人而言的这种本质特点，就必然客观地决定了，一个客观对象或具体事物，作为一种审美对象或审美事物，绝不是脱离人而孤立存在的，而是与人之间存在着一种现实的联系和关系，正如苏联著名美学家列・斯托洛维奇所讲的："没有对人的关系，物本身就无所谓良莠好坏。"①吕荧也讲："美不仅关系着物，它也关系着人，……问题不在物与物的关系，而在人与物的关系。"②"论美，论美与好，论及人与事物的关系，就必须考虑到人与事物的实际上的联系……"③如果客观对象或具体事实与人之间没有这种现实的联系和关系，那么它对人而言就是"无"，没有意义，人还怎么可能作为审美主体欣赏它，喜欢它，并给它以美这样由衷的审美认识、审美反映、审美判断或审美评价呢？所以，转变思维方式，调整思路，从客观对象与人之间的

---

① 列・斯托洛维奇：《审美价值的本质》，凌继尧译，中国社会科学出版社 1984 年版，第 31 页。

② 吕荧：《再论美学问题——答蔡仪教授》，载《吕荧文艺与美学论集》，上海文艺出版社 1984 年版，第 513 页。

③ 吕荧：《关于"美"与"好"》，载《吕荧文艺与美学论集》，上海文艺出版社 1984 年版，第 531 页。

现实联系和关系角度来揭示客观对象作为审美对象的特殊本质即审美价值，这显然是必然的，是符合具体实际的。周来祥教授曾认为，当前美学研究“关键在于思维方式的突破”①，我想这种突破就应该首先反映和体现在对客观对象与人之间现实联系和关系的深入考察和深刻揭示上。而只要我们转变思维方式，调整思路，从客观对象与人之间的现实联系和关系上揭示了审美价值，美作为一种社会意识所认识和反映的具体内容问题也就自然落在了实处。

第二，立足实践论，但要从社会实践与人的本质的联系和关系上确定人的审美实践，从而使审美价值作为审美对象的特殊本质获得科学解释和具体理解。

由第一个方面我们不难看出，在美学研究中引入马克思主义的实践论无疑是非常恰当的，是有充分理由的，因为只有实践才能赋予客观对象与人之间的现实联系和关系，只有实践才“不但有普遍性的品格，而且还有直接现实性的品格”②，实践才是“事物同人所需要它的那一点的联系的实际确定者”③。但同时我们也不能不清醒地看到，并非所有实践都能赋予人类审美所需要、所内涵的这种客观对象与人之间的现实联系和关系，都对人类审美具有重要作用和巨大意义。那么如何立足实践论，从实践中再进一步具体地抽绎和分离出一种对人类审美具有重要作用和巨大意义的审美实践呢?

一提实践，人们总容易从功利、实用意义来理解，并认为这样的实践就是“自然的人化”和“人的本质力量对象化”，就是美的来由与根源。在我国当代美学界，我们很多美学家就是这样做的，并且现在仍坚持这样做。但这种功利、实用意义上的实践对人而言往往是外在的，是非本质

① 《光明日报》1997年7月12日第7版。

② 《列宁全集》第38卷，人民出版社1986年版，第230页。

③ 《列宁选集》第4卷，人民出版社1972年版，第453页。

的，它仅仅是人谋求生存、维持生活的一种途径，一种手段，它怎么可能成为“自然的人化”和“人的本质力量对象化”呢？至于认为人们还从这种实践中获得了一种美感享受和精神满足等，那就更有些缘木求鱼，显得很不得要领了。事实上大家清楚，人们从这种实践中不仅很难获得一种美感享受和精神满足，而且往往会感到很不快乐，甚至痛苦，按照马克思一贯说法是，这种实践往往造成人本身的异化，人“不是自由地发挥自己的体力和智力，而是使自己的肉体受折磨，精神遭摧残”。那么，什么样的实践才可能给人带来美感享受和精神满足，也就是说，才可以被确认为人类的审美实践呢？马克思说：“我们看到，工业的历史和工业的已经产生的对象性的存在，是一本打开了的关于人的本质力量的书，是感性地摆在我们面前的人的心理学；对这种心理学人们至今还没有从它同人的本质的联系上，而总是仅仅从外表的效用方面来理解……”[①]我认为马克思的这段话对我们正确认识和把握审美实践具有非常伟大的指导意义和深刻的启迪意义。我们只有从社会实践与“人的本质的联系上”，而不是从社会实践与“人的外表效用”的联系上，我们才有可能从实践中进一步具体地抽绎和分离出一个审美实践，并对审美实践有一个比较科学和合理的理解。

从与人的本质的联系上来理解实践，实践就主要不是什么人的“生活来源”，而是“个人存在的积极实现”，是人的“自由的生命表现”，“自由自觉的生命活动”，是“作为目的本身的人类能力的发展”等等。这种实践对人而言往往是内在的，是本质的，“表现为内在的必然性、表现为需要”[②]，因而它才是所谓的“自然的人化”和“人的本质力量对象化”。进一步讲，在这样的实践中，因为人才能够“把劳动当作他自己体力和智力的活动来享受”[③]，“我的劳动是自由的生命表现，因此是生活的乐

① 《马克思恩格斯全集》第42卷，人民出版社1995年版，第127页。
② 《马克思恩格斯全集》第42卷，人民出版社1995年版，第129页。
③ 《马克思恩格斯全集》第23卷，人民出版社1995年版，第202页。

趣”[①]，所以，这样的实践，才是所谓的审美实践，把这样的实践确认为审美实践，应该说是非常自然的，它合乎实际，也反映了美学作为一门科学的内在必然要求。

这样，通过审美实践，即通过“自然的人化”和“人的本质力量对象化”，客观对象就一方面成了人性的对象，另一方面又成了对象性的人，从而客观对象就最终与人之间确立、凝定了一种现实的对象性的联系和关系。而这种客观对象与人之间的现实的对象性的联系和关系就是审美价值，是客观对象作为审美对象的特殊本质。马克思曾说，审美欣赏就是人作为审美主体“在他所创造的世界中直观自身”[②]。马克思这句话显然包含了对审美价值的这种正确理解。

第三，以审美价值为基础，从审美体验与审美评价的辩证统一关系上确定审美欣赏作为一种意识活动的特殊本质。

审美欣赏什么呢？审美欣赏审美价值。审美价值是审美欣赏的具体内容，也是审美欣赏产生和存在的客观前提或现实基础。因此在美学研究中，要认识审美欣赏，把握审美欣赏的特殊本质，就必须以审美价值为基础，充分认识到审美价值对审美欣赏而言所具有的极其重要的前提性意义。20世纪以来，那些风靡全球的所谓人的审美感受心理的理论，无论是什么立普斯的“移情说”、谷鲁斯的“内摹仿说”，还是什么布洛的“心理距离说”、格式塔心理学的“同型说”、接受美学的“心理期待说”等，它们之所以还只是一些“无根”的理论、空洞的理论，还只是一些“假说”，不能提升成为真正的科学，其主要症结就在于它们没有从本体论角度确定这个审美价值，没有看到这个审美价值对人类审美欣赏而言所具有的这种极其重要的前提性意义。那么，进一步讲，审美欣赏对审美价值是怎么认识和反映的呢？审美欣赏作为一种比较特殊的认识和

① 《马克思恩格斯全集》第42卷，人民出版社1995年版，第38页。

② 《马克思恩格斯全集》第42卷，人民出版社1995年版，第97页。

反映活动，它之所以特殊，还具体表现在它是先审美感受、审美体验，然后才审美认识、审美评价，前者为前提、为基础，后者是主导、是方向。这两个阶段循环往复，即审美感受、审美体验与审美认识、审美评价交替出现，相互作用，所构成的就是这个审美欣赏的全过程。在审美欣赏过程中，一方面，如果不通过对审美价值的审美感受、审美体验，不仅审美主体的审美感情（美感）无由产生，无由形成，而且审美主体的审美认识、审美评价也会没有基础，丧失自己。正是有了这种审美感受、审美体验，审美主体才既由于感受和体认到自己生存的伟大价值和崇高意义从而获得一种美感享受和精神满足，即进入审美动情状态，又为自己继之而来的审美认识、审美评价创造了条件，提供了帮助。另一方面，如果审美主体不以审美感受、审美体验为基础展开对审美价值的审美认识、审美评价，不仅审美对象美与不美的问题无从获得科学衡量和实际确认，而且审美主体进一步的审美感受、审美体验也无由深化，反而会迷失方向。正是有了这样一种以审美感受、审美体验为基础所展开的审美认识、审美评价，才既保证了审美对象美与不美的问题得以合理反映和正确鉴别，又为进一步的审美感受、审美体验指明了方向，使之不断深化自己、提高自己。因此，要认识审美欣赏，把握审美欣赏的特殊本质，除了前述的以审美价值作为基础外，就显然还要从审美体验与审美评价的辩证统一关系上进行积极、深入的思考和探索。当然，这样就涉及审美想象、审美观念、审美潜意识、审美意识等一系列问题了，因为很显然，没有审美想象，审美主体就无从展开审美感受、审美体验；没有审美观念，审美主体就无从实行审美认识、审美评价。而审美主体的审美想象、审美观念活动又往往分别是在审美主体的审美潜意识、审美意识的不同层面而进行的，如此等等。只是限于篇幅，这里不再赘述。

第四，以审美价值作为逻辑起点，建构中国当代马克思主义美学体系。

审美活动作为一种系统发生，到底以什么作为统一的原则或尺度，内在的联系或线索？那就是审美价值。具体地说，审美实践就是为了实现和确立这种审美价值，审美欣赏就是为了体验和评价这种审美价值。“审美活动无非就是这两个基本过程，而这两个过程形成全部社会审美生活的核心关系：审美生产（创作、创造）与审美需要（感知）。”①通过审美价值，审美实践与审美欣赏才内在地、有机地联系起来，统一起来，并形成为一个完整而有序的系统。而审美价值在整个审美活动系统中所处的这种特殊地位，就必然客观地决定，要建立一种“一以贯之”的中国当代马克思主义美学思想体系，就必须以它作为逻辑起点、理论支点，因为很显然，只有以它作为逻辑起点、理论支点，那些有关审美活动的正确思想和观点才有可能具有一种内在而深刻的统一性，并从而被保证纳入一个严密而完整的系统。所以，以审美价值作为逻辑起点，建构中国当代美学思想体系，这无疑也是自然的，是合乎实际的，它将拥有一个无限光明的前途。

以上所见，多有唐突不周之处，特向叶朗先生及美学界诸才俊请教。

（本文原载于张正方《美学正说》，华龄出版社 2002 年版）

① 《马克思主义文艺理论研究》编辑部编选：《美学文艺学方法论》上卷，文化艺术出版社 1985 年版，第 48 页。

1998 年

论美是观念及其理论内涵

王　畅

一、关于“美是观念”理论的提出

在我国当代美学界的四种主要观点中，吕荧的“美是观念”说，从一开始就遭到持不同观点的人的批评，甚至被当作“主观唯心主义”理论而遭到批判。但我们现在再重新来审视一下吕荧的美论，却感到它较之其他几种美论，存在着更多的合理内核，具有更宏大的包容性与更深刻的合理性。

吕荧强调“美是观念”，他说：“美是人的一种观念。”他认为：“美的观念（即审美观），一如任何第二性现象的观念，它是第一性现象的反映，是由客观所决定的主观，在它里面，客观性和主观性是统一的。”[①]这里的“观念”就是马克思所说的：“观念的东西不外是移入人的头脑并在人的头脑中改造过的物质的东西而已。”[②]也就是恩格斯所说的“来自经验”的、“现实的反映”（“一切观念都来自经验，都是现实的反映——

① 吕荧：《美是什么》，载《吕荧文艺与美学论集》，上海文艺出版社 1984 年版，第 402 页。

② 《马克思恩格斯全集》第 23 卷，人民出版社 1995 年版，第 24 页。

正确的或歪曲的反映”[①])。所以吕荧又说：“美是人的社会意识。它是社会存在的反映，第二性的现象。”[②]因此，他认为美的观念离不开人的生活：“我们认为：美是生活本身的产物，美的决定者，美的标准，就是生活。凡是合于人的生活概念的东西，能够丰富提高人的生活，增进人的幸福的东西，就是美的东西。美不是超现实的，超功利的，无所为而为的。美随历史和社会生活本身的变化和发展而变化发展，并且反作用于人的生活和意识。美不是超然的独立的存在，也不是物的属性。美和善一样，是社会的观念。”[③]

吕荧的这一思想也是来自马克思主义认识论，这是无须引证就明白的。美和丑、善和恶、伟大与渺小、崇高与卑下等等，都属于同一类的社会观念，它们都不是物本身所具有的属性，但它们既然都与历史和社会生活有关，有生活及属于客观事物的属性的因素作为基础和依据，那么它们就又都离不开生活，离不开生活中存在着的客观事物。然而客观事物作为基础与依据，并经过一定的认识过程从而形成人们的美的（或善的等等）观念，却又绝不能把基础与依据和在人们头脑中改造过后形成的美的观念划等号。

美丑的观念是属人的观念，具有人的认识的主观性的品格，但这些观念的形成一般都不是主观唯心主义的产物，亦即不是“绝对自我”“纯粹心灵”的产物，因为这些观念都与认识对象的客观物质属性有关，美的观念也是一样，它们都不是人的纯粹的主观认识，而是客观事物的属性在人的头脑中的反映的产物。

因为观念是属人的，所以人的观念的产生与人的自身条件，即作为自然与社会的个体存在的人以及群体存在的人类的自身生存有着密切的关

① 《马克思恩格斯全集》第20卷，人民出版社1995年版，第661页。

② 吕荧：《美是什么》，载《吕荧文艺与美学论集》，上海文艺出版社1984年版，第400页。

③ 吕荧：《美学问题——兼评蔡仪教授的〈新美学〉》，载《吕荧文艺与美学论集》，上海文艺出版社1984年版，第436—437页。

系。人们的观念在形成与产生的过程中，又往往呈现为与客观事物的自然属性或社会属性的关联并非是那么直接或简单的情况，但其过程无论怎样曲折与复杂，它们的关联都依然存在，所以人的头脑中的任何观念，都不是先天所固有的或“上帝”所赐予的，这也就是马克思主义的观念说。所以，对于吕荧的“美是观念”说，不能简单地与柏拉图和黑格尔的“理式”“理念”说划等号，或不加分析地把它看作是唯心主义一类的东西。

二、“美是观念”论的涵盖性

（一）“美是观念”论与“美在主观”论。以往人们在划分美学流派时，几乎都把吕荧的“美是观念”论与高尔泰的美论归为一个流派，即“美在主观”论。其实，吕荧与高尔泰的美学观并不相同，把他们划归一“派”也并不合适。吕荧的“美是观念”说虽然并不否认美具有主观性的品格，但因为他认为美的观念是“第二性的现象”，是社会存在的“第一性现象的反映”，所以他的“美是观念”说同时也并不否认美具有客观性的品格，这种“美是观念”论当然不同于高尔泰在《论美》中提出的“美在主观”论，因为高尔泰的“美在主观”论旗帜更鲜明，论断更直白。他说：“美是人对事物的自发的评价，离开了人，离开了人的主观，就没有美。”“美发生在人脑中，我们无法把它移植到物那一方面去。”“客观的美并不存在。”不难看出，高尔泰的“美在主观”说显然与吕荧的“美是观念”说不同。前已论及，“美在主观”论也揭示了美的本质的一个方面，如果说美是一种属人的观念，谈美当然就离不开人，美作为人的一种观念当然也就具有主观性的品格。但若说美仅仅在于人的主观方面，与客观的事物毫无关联，这就无法解释人类生活中许多共同美现象的存在，比如说山水风光的美，难道与山水风光的客观存在本身毫无关系，而仅仅是“发生在人脑中”的东西？若是那样，桂林山水的美、杭州西湖的美、苏州园林的美，何以能使人普遍接受？由此看来，“美是观念”说就既包容了“美在主观”说的合理的内核，又避免了“美在主观”说的偏颇与不足。

在吕荧的“美是观念”的理论中，提出了马克思主义美学的两个基本原则，一个是它“必须在社会生活的基础上进行研究”，一个是它“必须在历史的关联上进行研究”①。而正因为社会生活与历史的复杂性，所以吕荧又进一步指出了美的复杂性，在他的“美是观念”的理论中从来都没有忽视事物的客观性因素，这也是他作为“美是观念”论者与高尔泰的“美在主观”论的十分显著的区别。吕荧说：“美是一个复杂的问题，它包含着物的因素，也包含着人的因素，还包含着美的概念与其余一切概念之一定关系和联系。”②他在另一个地方还说道：“美是一个复杂的问题。我们在研究了自古迄今的美的事实之后，可以知道美不仅与事物本身有关，而且与人有关，与人的社会生活、历史时代、各种社会意识有关。……因为人总是生活在一定的历史时代，一定的社会制度社会阶层社会生活中，‘人是社会关系的总和’，所以人在对事物进行判断或评价中形成的关于客观世界客观事物的美的概念和观念，只能是社会存在决定的社会意识，而不是自然科学的概念和观念。”③由此看来，吕荧的“美是观念”说既包容了“美在主观”论的合理因素，也包容了“美在客观”论的合理因素，当然它又不同于高尔泰的“美在主观”论，也不同于蔡仪的“美在客观”论。

（二）“美是观念”论与“美在客观”论。蔡仪的“美在客观”论认

---

① 吕荧：《美学问题——兼评蔡仪教授的〈新美学〉》，载《吕荧文艺与美学论集》，上海文艺出版社1984年版，第437、438页。

② 吕荧：《再论美学问题——答蔡仪教授》，载《吕荧文艺与美学论集》，上海文艺出版社1984年版，第488页。

③ 吕荧：《再论美学问题——答蔡仪教授》，载《吕荧文艺与美学论集》，上海文艺出版社1984年版，第503—504页。

为："美是客观的，不是主观的；美的事物之所以美，是在于这事物本身，不在于我们的意识作用。但是客观的美是可以为我们的意识所反映，是可以引起我们的美感。"[①]他还认为："有社会事物的美，它的美就在于客观的社会事物本身，这美就是客观的，就是不依赖于鉴赏的人的主观意识而存在的，却未必是不依赖于社会关系而存在的，也未必是超时代、民族、阶级的。"[②]另外，蔡仪的"美在客观"论中还包括"美的东西就是典型的东西""美的本质就是事物的典型性"的内容。对于吕荧的"美是观念"说，蔡仪在他的《新美学》中进行批评，以为是"颠倒的"。其实，吕、蔡的态度是一致的而非相抵牾的。蔡仪提出："观念原是客观事物的反映，没有所谓先验的观念或本有的观念。"按照这种看法，吕荧的"美是观念"的概念就并非"所谓先验的观念或本有的观念"，吕荧认为"美的观念""是第一性现象的反映，是由客观所决定的主观"，这与蔡仪的说法完全一致。并且，尽管他们在探讨美的本质问题时发生了严重的分歧，但是实际上，吕荧的"美是观念"说中却仍然包容了"美在客观"说的合理因素，即"它包含着物的因素"。吕荧通过与蔡仪的讨论后坚持认为："美是人的观念，不是物的属性。人的观念是主观的，但是它是客观决定的主观，人的社会生活、社会存在决定的社会意识。在这一意义上它也有客观性。"[③]这就是说，美的观念的形成"是客观决定的"，因此"它也有客观性"。

吕荧的"美是观念"论既不同于一般的唯物论者的"美在客观"说，也不同于一般的唯心论者的"美在主观"说，他认为："历来的哲学家与美学家未能解决客观存在与主观观念，社会存在与社会意识之关系。唯心论者认为美仅仅在人的主观观念，机械唯物论者认为美仅仅在物的客

---

① 蔡仪：《美学论著初编》，上海文艺出版社 1982 年版，第 237 页。

② 蔡仪：《美学论著初编》，上海文艺出版社 1982 年版，第 579 页。

③ 吕荧：《再论美学问题——答蔡仪教授》，载《吕荧文艺与美学论集》，上海文艺出版社 1984 年版，第 495 页。

观存在，这种一切归于主体或一切归于客体的美学，理论都带有片面的形而上学的性质。”[①]吕荧虽然认为“美在主观”论与“美在客观”论都具有“片面的形而上学的性质”，他却也看到它们各自的合理的方面。这样，他的“美是观念”说就又包容了美是主观与客观相统一的思想，他说：“美的观念（即审美观），一如任何第二性现象的观念，它是第一性现象的反映，是由客观所决定的主观，在它里面，客观性和主观性是统一的。”[②]（着重点为引者所加）这样，吕荧的“美是观念”说就又有着与朱光潜先生的“主客观统一”论美学所共有的内容。

（三）“美是观念”论与“美在主客观统一”论。“主客观统一”论美学的代表人物朱光潜认为：“‘美不仅在物，亦不仅在心，它在心与物的关系上面。’……要解决美的问题，必须达到主观与客观的统一。”[③]他所说的“主观与客观的统一”与吕荧的“客观性和主观性是统一的”虽有着共同的意义，却也有着不很相同的内涵。朱光潜认为：“美感的对象是‘物的形象’而不是‘物’本身。‘物的形象’是‘物’在人的既定的主观条件（如意识形态、情趣等）的影响下反映于人的意识的结果，所以只是一种知识形式。在这个反映的关系上，物是第一性的，物的形象是第二性的。但是这‘物的形象’在形成之中就成了认识的对象，就其为对象来说，它也可以叫作‘物’，不过这个‘物’（姑简称物乙）不同于原来产生形象的那个‘物’（姑简称物甲）。物甲是自然物，物乙是自然物的客观条件加上人的主观条件的影响而产生的，所以已经不纯是自然物，而是夹杂着人的主观成分的物，换句话说，已经是社会的物了。美感的对象不是自然物而是作为物的形象的社会的物。”“物甲是自然存在的，纯粹客观的，它具有某些条件可以产生美的形象（物乙）。这物乙之所以

---

① 吕荧：《再论美学问题——答蔡仪教授》，载《吕荧文艺与美学论集》，上海文艺出版社 1984 年版，第 513 页。

② 吕荧：《美是什么》，载《吕荧文艺与美学论集》，上海文艺出版社 1984 年版，第 402 页。

③ 朱光潜：《朱光潜美学文集》第 3 卷，上海文艺出版社 1983 年版，第 19 页。

产生，却不单靠物甲的客观条件，还须加上人的主观条件的影响，所以是主观与客观的统一。”[①]朱光潜先生又进一步说：“如果给‘美’下一个定义，我们可以说，美是客观方面某些事物、性质和形状适合主观方面意识形态，可以交融在一起而成为一个完整形象的那种特质。”[②]可以看出，在朱光潜的“主观与客观的统一”当中，他更看重主观的作用，这样，朱光潜就又提出了“美不但是客观世界的反映，也是主观世界的反映”的观点。虽然如此，朱先生的“美是主观与客观的统一”论与吕荧的“美是观念”中的“客观性和主观性是统一的”说法，区别仍然是十分明显的。

吕荧指出，“主观与客观的一致”可以有种种不同的理解，朱光潜的美论正是借“主观与客观的统一”把客观存在“统一”于主观意识中。这个“统一”固然不同于黑格尔的“美是理念的感性显现”所具有的“理性与感性的统一”或即“主观与客观的统一”的内涵，但它们以先入为主的主观观念（实即黑格尔的“理念”）作为“统一”的基础则是一致的。当然，朱光潜的“统一”说是由他的“美感经验”论而来的，他所说的“美感经验”，“就是形相的直觉，形相是直觉的对象，属于物，直觉是心知物的活动，属于我。在美感经验中心所以接物者只是直觉，物所以呈现于心者只是形相”[③]。朱光潜的这种“形相直觉”说，是用主观的心造的意象代替客观的实在的物的形象，由此来解决人与物之间的关系。这种理论来自克罗齐的“以物为心”“以心化物”的直觉创造论，这是朱光潜的“主客观统一”论内涵中所具有的特殊意义。

朱光潜与吕荧在“主客观统一”的看法上，其内涵仍有可以相通之处。按照吕荧的看法，既然“美是人的一种观念”“美是人的社会意识”，那么，作为“观念”和“意识”的美，就不能不具有相对的独立

① 朱光潜：《朱光潜美学文集》第3卷，上海文艺出版社1983年版，第34、38页。

② 朱光潜：《朱光潜美学文集》第3卷，上海文艺出版社1983年版，第71—72页。

③ 朱光潜：《文艺心理学》，开明书店1946年版，第7页。

性。如果对美的认识不是从“观念”是“第二性”的、“是第一性现象的反映”，以及不是从“社会意识”是“社会存在的反映”开始，而是以已经获得了的美的“观念”与“意识”作为起点，然后再去认识客观事物与现象，抑或去认识艺术，这样来看朱光潜的“以物为心”“以心化物”的“形相直觉”说，那么他的主观与客观的“统一”也就自有它的道理了。

（四）“美是观念”论与“美在社会性和客观性统一”论。以李泽厚为代表的“美是客观性与社会性的统一”论，认为美是一种客观物质的存在，这就是美的不依存于人类主观意识条件的客观性。李泽厚说：“美是第一性的，基元的，客观的；美感是第二性的，派生的，主观的。承认或否认美的不依于人类主观意识条件的客观性是唯物主义与主观唯心主义的分水岭。”①但是李泽厚所说的美的客观性又不同于蔡仪所说的美的客观性，李泽厚认为：“美是客观存在，但它不是一种自然属性或自然现象、自然规律，而是一种人类社会生活的属性、现象、规律。它客观地存在于人类社会生活之中，它是人类社会生活的产物。没有人类社会，就没有美。……自然本身并不是美，美的自然是社会化的结果，也就是人的本质对象化的结果。自然的社会性是自然美的根源。……美的社会性是客观地存在着的，它是依存于人类社会，却并不依存于人的主观意识、情趣；它是属于社会存在的范畴，而不属于社会意识的范畴，属于后一范畴的是美感而不是美。”②所以，李泽厚认为：“美不是物的自然属性，而是物的社会属性。美是社会生活中不依存于人的主观意识的客观现实的存在。”③李泽厚最终得出了“美是社会性和客观性的统一”的结论，他说：“总括我们的意见，是认为：美是社会的，又是客观的，它们是统一的存在。否认其中任何一方面，都是错误的。”④

---

① 李泽厚：《美学论集》，上海文艺出版社 1980 年版，第 21 页。

② 李泽厚：《美学论集》，上海文艺出版社 1980 年版，第 25—26 页。

③ 李泽厚：《美学论集》，上海文艺出版社 1980 年版，第 29 页。

④ 李泽厚：《美学论集》，上海文艺出版社 1980 年版，第 63 页。

李泽厚强调从人与社会的角度来探求美的本质，这有一定的积极意义，但他把美的客观性与社会性混为一谈，实际上是只承认美的社会性而抹煞了美的客观性，他所说的美的客观性其实也仍是美的社会性。对于他的美论，朱光潜和蔡仪分别从不同的角度指出了其所存在的问题。朱光潜说："自然物同时是一种'社会存在'，这在李泽厚的美学系统里是个基本出发点。恰恰就在这个基本出发点上他的观念是非常模糊的、混乱的。自然与社会的区别是常识所公认的，也是马克思主义者所公认的。如果说，自有人类社会以后，自然就已变成社会存在，那么世间一切都是社会存在了，自然和社会就用不着区分了。马克思主义所说的'社会存在决定社会意识'这句话里的'社会存在'究竟是什么呢？它指的是社会经济基础和相应的一般社会生活。怎么能说因为自然有了社会的意义，它就同时是经济基础和社会生活呢？"①

朱光潜所谈到的李泽厚美论的薄弱之处，在其论及自然美时就表现得更为充分了。蔡仪指出："关于自然美在于自然物的社会性，李泽厚又举出了两三个说明的例子。……所举的例子本应该要能说明自然美如何在于它的社会性，然而又完全不是如此。关于高山大海和月亮星星这种自然物，它们本身究竟怎样存在于一种具体社会关系之中而具有了一种社会性质；又怎样包含了人的本质的'异化'而'人化'了，也没有一点说明。……至于所举'作为货币的金银'的例子，如上所述，它本质上是社会的物而不是自然物，李泽厚再次举出来也还是不能说明自然物的社会性，事实上也并没有说明金银的自然美如何在于它的社会性。……我们现在也就他所举的这个'通俗的国旗的例子把整个问题说明一下'吧。第一，国旗难道是自然物吗？……如果国旗也是自然物，那么李泽厚又认为什么是社会物呢？……第二，国旗的美难道只是在于它代表了我们的国家、人民和社会，而不在于它那样一块红布、五个黄星吗？恐怕

① 朱光潜：《朱光潜美学文集》第3卷，上海文艺出版社1983年版，第49页。

未必是的。……国旗代表我们国家，同时也由于它本身就是美的……它本身的美就是它被选来作为国旗代表我们国家的先行条件之一。”[①]

李泽厚的“客观性与社会性统一”的美论，确实存在着朱光潜、蔡仪等人所指出的明显的薄弱环节，但李泽厚强调美的社会性，这对于美学研究的发展还是有不小贡献的。

吕荧和李泽厚之间没有进行过直接的关于美论的讨论，但在强调美的社会性这个问题上，他们之间却不乏共同之处。在吕荧的“美是观念”的理论中，即已指出“美是生活本身的产物”[②]，他认为：“美不是超现实的，超功利的，无所为而为的。美随历史和社会生活本身的变化和发展而变化发展，并且反作用于人的生活和意识。美不是超然的独立的存在，也不是物的属性。美和善一样，是社会的观念。”[③]他还论述说：“美的起源和发展说明它是一种社会意识。作为一种社会意识，美为社会生活所决定，也反作用于社会生活，它随社会生活的发展而发展。”[④]这之中显然包容着美的社会性因素。我们认为，在吕荧的“美是观念”说中，已初步包容了“美在主观”论、“美在客观”论、“美在主客观统一”论、“美在客观性与社会性的统一”论等几个主要的当代美学派别的美论中的合理性因素，这一点过去很少有人注意到，而且就连他的“美是观念”论，过去也没有受到应有的重视，甚至一开始就被当作“主观唯心论”美学而遭受厄运。

---

① 蔡仪：《美学论著初编》，上海文艺出版社1982年版，第593—596页。

② 吕荧：《美学问题——兼评蔡仪教授的〈新美学〉》，载《吕荧文艺与美学论集》，上海文艺出版社1984年版，第436页。

③ 吕荧：《美学问题——兼评蔡仪教授的〈新美学〉》，载《吕荧文艺与美学论集》，上海文艺出版社1984年版，第436—437页。

④ 吕荧：《美是什么》，载《吕荧文艺与美学论集》，上海文艺出版社1984年版，第410页。

三、“美是观念”论与“美在和谐”说

吕荧在论及美感的问题时说道：“辩证唯物论者不仅认为美的意识，美的观念具有社会的历史的内容，而且认为美的感觉，美感或快感也是如此。”[①]他还说道：“人是理性的动物。美感是人的感性认识，美的观念是人的理性认识。人对事物的美的认识的基础，就是人的社会生活。美的评价或判断的标准，就是人的生活实践。一切合乎人的生活概念，对于人的生活有益，能够增进人的生活幸福的事物，人称之曰美。一切不合乎人的生活概念，对于人的生活有害，能够妨害或破坏人的生活幸福的事物，人称之曰丑。”[②]这里，吕荧提出了这样几个问题：

1. 美的观念是人的理性认识，而美感是人的感性认识；

2. 不仅美的观念具有社会的历史的内容，而且美感也同样具有社会的历史的内容；

3. 人们称之为美的东西，就是一切合乎人的生活概念，对于人的生活有益，能够增进人的生活幸福的事物。

既然美的观念是人的理性认识，按照马克思主义认识论的原则，理性认识要依赖于感性认识，从感性认识得来，那么，美的观念这一理性认识当然要从美感的感性认识得来，是美感的感性认识的升华。这就产生了一个问题：在美的观念尚未形成之前，哪些感性认识可以被称作美感？这也就是说，既然感性认识先于理性认识，那么属于理性认识的美的观念尚未形成，哪里来的美感？吕荧在论述美感的问题时说：“美感——这种感觉，是外物作用于我们的感官引起的。眼耳口鼻的感官，人皆有之，这

① 吕荧：《再论美学问题——答蔡仪教授》，载《吕荧文艺与美学论集》，上海文艺出版社 1984 年版，第 505 页。

② 吕荧：《再论美学问题——答蔡仪教授》，载《吕荧文艺与美学论集》，上海文艺出版社 1984 年版，第 509 页。

些感官的感觉也是人人相同的。因此，悦目的美色，悦耳的美音，悦口的美味，悦鼻的美嗅，人人都感到一种快感（或美感）。但是人的感觉所知道的只是物的形状、颜色、声音、味道、气味等等，这些形色声味是美还是不美，以及美到什么程度，这种美的意义如何，就要通过意识的判断。”①在人的美的观念形成之前，人的感觉或感性认识还不能称之为美感，对那些使人愉悦的形、色、声、味所产生的使“人人都感到”的“一种快感”，还不能名之为美感，因为当人们还处于感性认识阶段时，美的概念（或观念）尚未产生，而使人产生美感的东西就是人的愉悦感或快感，但人的愉悦感和快感又未必都是美感，只有当美的观念产生之后，才能去判断这些使人产生愉悦感或快感的形色声味哪些是美感，哪些不是美感。这就是说，虽然作为理性认识的美的观念来源于人的属于感性认识的美感，但美感作为一种概念却必须在美的概念（或观念）确定、产生之后才能产生。吕荧关于美与美感的关系的论述显然是一个薄弱之点。但是吕荧指出“人对事物的美的认识的基础，就是人的社会生活”，这就是说，形成人的美的观念的感性认识的基础，亦即产生美感的基础，就是社会生活。而“一切合乎人的生活概念，对于人的生活有益，能够增进人的生活幸福的事物”，就使人产生美感，就被“人称之曰美”。那么，这种类似车尔尼雪夫斯基的“美是生活”说，即“任何事物，我们在那里面看得见依照我们的理解应当如此的生活，那就是美的；任何东西，凡是显示出生活或使我们想起生活的，那就是美的”②。这样的关于美的定义，尽管似乎已成经典，而且大致上也并不错，但实际上却仍然显得含混、模糊，并没有把美的本质问题阐释清楚，因为这最多只能被看作是产生美的观念的基础，而不是美的观念本身。

事实上，吕荧在论述中已提出愉悦感（“悦目的美色，悦耳的美音，

① 吕荧：《美是什么》，载《吕荧文艺与美学论集》，上海文艺出版社1984年版，第406页。

② 北京大学哲学系美学教研室编：《西方美学家论美和美感》，商务印书馆1980年版，第242页。

悦口的美味，悦鼻的美嗅”）与快感的问题，而且是被当作美感的代名词提出来的。这就是说，愉悦感和快感就是形成属于理性认识的“美的观念”的感性认识阶段，即“美感”的阶段。但是，关于“快感即美感”的说法早在古希腊美学家德谟克利特和柏拉图那里就已引起争论，直至19世纪法国美学家库申和20世纪美国哲学家桑塔耶纳那里也仍持有异议。当然，把美感等同于快感的在美学史上也大有人在，从古希腊哲学家亚里士多德到18世纪德国哲学家沃尔夫、意大利美学家缪越陀里等人都是。至于愉悦感，美学史上也有许多人把它与美和美感划等号，但更多的是把和谐的原则看成是美或产生美感的条件。

什么才是合乎“美的评价或判断的标准”的“生活实践”？什么才是可以“称之曰美”的“合乎人的生活概念，对于人的生活有益，能够增进人的生活幸福的事物”？或者说，什么才是具体的“依照我们的理解应当如此的生活”以及“显示出生活或使我们想起生活”的事物？我们以为，可以用和谐的概念，作为对社会生活实践进行“美的评价或判断的标准”。

和谐的概念在美学史上有过各种各样的表述方式。因为和谐主要讲的是一种关系，是审美主体与审美客体之间的一种多重、复杂的关系，而这种多重、复杂的关系之所以能够成为美，就因为在这样的关系之中存在着和谐。我们之所以说这种关系是一种多重、复杂的关系，是因为在审美主体与审美客体的关系之中，还包括着审美主体自身与审美客体自身的各个方面之间的关系。

在审美主体自身的和谐中，有其自然方面的生理系统（主要是知觉系统）的和谐、心理系统的和谐，以及生理系统（主要是知觉系统）与心理系统之间的和谐；有其思想方面的思想内容（包括知识结构）的和谐、思维方式方法的和谐，以及思想内容与思维方式方法之间的和谐；有人的自然方面与思想方面的关系的和谐；有审美主体作为总体来看，其与环境、社会、历史、宇宙之间的关系的和谐；等等。

在审美客体自身的和谐中，有其形式方面的关系的和谐；有其内容方面的关系的和谐；有其内容与形式之间的关系的和谐；有审美客体作为总体来看，其与环境、社会、历史、宇宙之间的关系的和谐；等等。

在审美主体总体与审美客体总体的关系之中，审美客体的任何一个方面的和谐（或不和谐）关系，都反映于审美主体，也就是说，审美主体与审美客体各个方面的和谐或不和谐关系之间，也都发生着直接的关系（和谐的和不和谐），反之，审美主体的任何一个方面的和谐（或不和谐）关系，都接受着审美客体的反映，或说都反映着审美客体，比如说审美主体以生理系统的和谐关系反映审美客体，包括视觉、听觉、触觉、嗅觉等知觉系统以及包括大脑、中枢神经、交感神经等神经系统的和谐配合，还可以以生理系统或神经系统各自的不和谐关系或它们之间的不和谐关系来反映审美客体，如只凭听觉或只凭视觉来感知审美客体的情况，等等。所以，除去审美主体的总体和审美客体的总体之间的和谐（或不谐）的关系之外，审美主体的各个方面和审美客体的各个方面之间，也在发生着错综复杂的、相互重复、相互交叉的和谐的或不和谐的关系，这就构成了人的美感的复杂性，以及最终形成的人的美的观念的复杂性。然而，审美主体与审美客体之间，任何一个个别方面的关系的和谐，都可能使审美主体方面产生类似舒适、愉悦等的美感，所以人们时常能够获得某种生理、心理方面的局部满足，这时，人们就感到："美是容易的。"而要解释清楚，通过综合复杂的美感而得到关于美的感性认识，再由这种关于美的感性认识通过概括、抽象而升华为属于人的理性认识的美的观念，这又是何其困难和复杂，这时，人们又确实感到："美是难的。"

在审美主体与审美客体的错综、复杂的和谐或不和谐关系中，有时审美客体自身方面虽然存在某种不和谐的关系，但其与审美主体之间却可能构成和谐的关系，这时就仍然能够使人产生美感，乃至最终升华为人的美的观念。例如一座雄伟的悬崖峭壁，作为审美客体，它的形式与内容之间的关系是不和谐的，因为它的形式压倒了它的内容。当一个人站在这座悬崖峭壁之下，这个人作为审美主体，开始对这个审美客体的内容与形式的不和谐也感到了不和谐，因为这座悬崖峭壁被看作了危崖险壁，可能对人的生命安全构成威胁，此时审美主体与审美客体之间的关系是不和谐的，所以审美主体不会产生美感，这时人也不会有什么关于悬崖峭壁的美的观念形成。但一当这个人了解到这座悬崖峭壁十分稳定、十分安全，于是他开始惊叹、赞美这座悬崖峭壁的雄伟、壮观，这时，审美客体的内容与形式之间的不和谐，就可能和审美主体之间形成一种新的和谐的关系，于是，审美主体对审美客体产生了美感。类似这种审美客体由于形式压倒内容所形成的自身的不和谐，而在审美主体理解了它的不和谐只存在于审美客体自身，与审美主体之间不存在功利关系，只存在审美关系，那么人在这类审美客体自身的不和谐与审美主体的和谐关系中，也就产生、形成了美的观念。

又例如仍然是这座悬崖峭壁，人站在其下观赏它时，忽然看见了其上的巨大的裂缝，发现它可能崩裂、坍塌而危及自己的生命，这时这个人作为审美主体的美感会顿然消失，审美客体自身的不和谐又构成与审美主体之间关系的不和谐。而一当这个人离开这座悬崖峭壁有了相当的距离，譬如到了五百米外的一座山岗上，这时又回望这座峭壁，而这座峭壁正在轰然崩塌，正在崩塌的峭壁作为审美客体，此时与审美主体之间又脱离了利害关系，而只存在着审美关系了，那么这座峭壁崩塌时所发出的震天撼地的轰响，所形成的铺天盖地的气势，所产生的惊心动魄的景象，又使审美客体与审美主体之间形成了一种新的和谐的关系。这种情况对于当事人来说，他作为审美主体，从无美感，到产生美感，又到美感的消失，再到重新产生美感，都是由于审美客体与审美主体之间的关系变化而形成的，即由不和谐到和谐，又到不和谐，再到和谐。而对于一个非当事人来说，即对于一个远离现场的静观默察的审美主体来说，无论是巍然屹立的悬崖峭壁，还是轰然崩坍的危崖断壁，那种审美客体的自身的不和谐都可以与审美主体之间构成和谐，都可以形成人的雄伟壮观或气势磅礴的美的观念。

以和谐关系来分析、认识人与社会生活、人与自然现象、人与客观世界，找出美之所在，找出美感的产生和美的观念形成的原因，看来是大有可为的。

（本文原刊于《求是学刊》1998 年第 2 期）

1999 年

另一种眼光看曹禺

——论胡风、吕荧的曹禺研究

张耀杰

曹禺研究，作为中国现当代文学史和现当代戏剧史上的一个重大课题，可以追溯到 1935 年 4 月中国留日学生在东京搬演《雷雨》所引起的轰动。当时，日本东京的《帝大新闻》为此发表了日文专论，认为中国戏剧从“梅兰芳”阶段发展到《雷雨》，是一个飞跃。① 中国留日学生创办于日本东京的《杂文（质文）》月刊，也发表了白宁关于曹禺《雷雨》的评论文字，指出曹禺“运用他灵活的手腕，内容穿插得非常的生动，他是描写一个资产阶级的家庭中错综复杂的恋爱关系，及残酷的暴露着他们淫恶的丑态。用夏夜猛烈的‘雷雨’来象征着这阶级的崩溃”②。继《雷雨》之后，曹禺又先后推出了一系列的戏剧作品，以一次又一次的轰动效应，奠定并巩固了他在文学史和戏剧史上的地位，因此也就有了号称“说不尽的曹禺”的曹禺研究。

不过，话又说回来，曹禺及其剧作有其“说不尽”的一面，更有其能够说得透彻说得明白的另一面。只可惜，时下的研究者们终究不能觑破

---

① 田本相、张靖：《曹禺年谱》，南开大学出版社 1985 年版，第 28 页。

② 《〈雷雨〉在东京公演》，《杂文（质文）》1935 年第 1 期。

曹禺那种“超然的社会学的立场”[1]，只能像剧中的蘩漪、仇虎、曾文清们那样，在那种由此岸与彼岸、现实与梦想、人之道与天之道的神秘的二元所网罗成的怪圈里面打转转、做文章。也正因为此，才显示出了跳出怪圈之外去打量曹禺及其剧作的胡风、吕荧们的高明和卓越。

一、胡风论曹禺

关于曹禺的剧作，胡风先后写过三篇评论文章。第一篇是“为了介绍《北京人》的演出”而写于1941年香港的《〈北京人〉速写》[2]，第二篇是根据1942年7月在桂林海燕剧艺社和文化供应社文学组组员联合晚会上的谈话记录写成的《论〈北京人〉》[3]，第三篇则是1942年10月“为剧宣四队公演写的”《〈蜕变〉一解》[4]。胡风晚年谈到写作这三篇评论的目的时，曾表白说“是想从见到的例子中找到些经验的教训”[5]。如果借用吕荧的说法，我们则可以说，胡风这三篇评论是基于“纯正的现实主义社会学的立场”所达成的对于《北京人》和《蜕变》的“内容的了解”[6]。

在《〈北京人〉速写》一文中，胡风一上来就点破了该剧此岸与彼岸、现实与梦想的截然两分、难以调和：

> ……在我们的感受上，作者的挽歌是唱得那么凄伤，那么沉痛。我们可以毫不踌躇地说，有些地方是达到了艺术的境界。但他在挽歌当中终于向往了的那“一种新的生活”，却使我们感到飘忽、渺

---

① 吕荧：《内容的了解和形式的了解——评杨晦：〈曹禺论〉》，《希望》1946年第3期。

② 《胡风评论集》中卷，人民文学出版社1984年版，第379—381页。

③ 《胡风评论集》中卷，人民文学出版社1984年版，第386—398页。

④ 《胡风评论集》中卷，人民文学出版社1984年版，第399—404页。

⑤ 《胡风评论集》下卷，人民文学出版社1985年版，第390页。

⑥ 吕荧：《内容的了解和形式的了解——评杨晦：〈曹禺论〉》，《希望》1946年第3期。

茫，好像在痛苦底重压下累透了的人底一个仅仅为了安慰那痛苦的梦。所以，作者愈是把他底梦染上浓的色彩，我们愈觉得那梦和现实远离，好像是两种不能粘在一起的东西，被强缚在一起了。

针对着“剧作家的只好用一个不说话的梦来代替了许多要跳出来的、复杂的东西”，胡风提出了一个更高境界或者说是“纯正现实主义”的要求：“我们虽然也要求梦，但我们更要求由现实到梦的道路。”基于此，胡风指明了《北京人》所存在着的严重缺陷：

……作者在这里给予我们的是在灭亡的路上痛苦着的生灵，我相信，在努力的演出里面，演员和观众会要和作者一同叹息、苦恼、低泣，甚至痛哭。然而，在这叹息，苦恼、低泣，甚至痛哭的孽海里面挣扎着求生的意志和奋斗，还只是寄托在一个梦里，没有能够在“现实社会”这个原野上面冲出一道水光四射的滚滚的洪流。

从某种意义上说，《论〈北京人〉》一文是在“纯正现实主义”的层面上对于《〈北京人〉速写》的进一步的展开和深入。这种展开和深入突出表现在对于《北京人》的人物和主题的讨论及对于剧作家的艺术才能的分析上。

胡风认为，《北京人》中的人物，大致可以分为三种类型。第一种是“多余的人”，这本是俄国文学史上的一个概念，包括了曾浩、曾文清、曾思懿、曾文彩、江泰等对于社会不仅无用而且有害的废物——“从整个作品说来，这种人物占多数，而且是写得最好的，因为照我们底理解，他们原是作者最熟悉的人物……”

第二种人是“托梦的人”，包括袁任敢父女、北京人、哑巴工人乃至小柱儿。“这类人物底出现，只是为了给灭亡下去的社会托一个梦，给那里面能够逃生的人物指示一条生路。因而他们本身底性格非常单纯，甚至可以说没有性格。”

第三种人则是介乎于前面两种人之间的瑞贞、愫方们。她们是“从多余的人所寄生的死亡下去的社会走向托梦的人所指示的生路的人物……关于瑞贞底觉醒过程，作者并没有能够表现出有机的变化，只是说明地说有一些朋友，看了一些书而已。至于愫方，就更谈不到什么觉醒过程，作者所依靠的只是加在她底身上的，由于过度的失望而来的压迫作用”。

谈到《北京人》的主题内涵的“社会的意义”，胡风写道：“恰恰和一些批评家所说的相反，它不但不是‘复古’的，而且是反封建的作品，有力的反封建的作品。只不过他把现实的历史内容把握得单纯了一点，因而在艺术上也就没有能够获得应有的更巨大的力量，他的创造才能受到了限制罢了。”

在批评《北京人》“主题孤立化”和“人物单纯化”的同时，胡风对于曹禺的艺术才能做了充分的肯定：

> 在他底笔下，人物底动作、言语，都是为了息息相关的彼此底心理动向。就《北京人》说，虽然在严格的艺术要求上还不免有一些浪费的地方和为了交代情节的拼凑的地方，但他决不使他底人物丧失了自己，决不使他底人物成为概念底留声机，即令那完全是从概念造出来的人物罢，好像他也能够把那概念变成某一程度的活的心理状态，用具体的语言和适当的动作使观众得到一个好像那是具有真实性的人物的假象。这是艺术家底最宝贵的才能。

《蜕变》是曹禺继《北京人》之后推出的又一部大剧。表面上看，该剧“蜕”去了笼罩着《雷雨》《日出》《原野》《北京人》四部大剧的那一层神秘的氛围，俨然是一部纯而又纯的写实剧；实质上，剧中仿佛是从天而降而又专门替天行道的梁公仰，不过是剧作家此前不得不悬置于彼岸的“天之道”的坐实和显形，整部作品也因此成了“天之道”对于“人之道”的阉割和变性，梦想对于现实的拔高和扭曲。胡风的高明处在于一上来就把握住了女主人公丁大夫集“天之道”的救难者和“人之道”的受屈者于一身的二重性格：

> 为了加强她底受屈者的性格，在最困难失望的时候不得不送别她底独子到危险的战场上去，在劳瘁衰顿的时候不得不眼看着爱子底受伤、危殆，甚至得亲手把刀锋割破他底肉体；为了加强她底救难者的性格，即使在悲观失望的时候，即使在悲观失望而又与爱子生离的时候，她也不能忘掉甚至疏远那些为祖国效命的微小的人民。

当作为救难者的丁大夫甚至连自己都拯救不了，而只能一味地受委屈的时候，剧作家只好祭起“天之道”的法宝，给丁大夫们派来了那位替天行道的救世主梁公仰——“这位梁专员，虽然带着形象的面貌，但与其说他是一个性格，还不如说他是一个权力的化身。由于梁专员，她底存在才得到了保障，由于梁专员，围绕着她的一切就化腐朽为神奇。于是，由污暗走到了作者所设想的紧张热烈，再走到了庄严光华的境地。”

在《〈蜕变〉一解》中，胡风再一次亮明了他的“纯正的现实主义社会学的立场”：

> ……我们自信并非不能理解作者。他经验了苦痛，兴奋和希望，这淤积起来就使他有了创造梦境似的心情。……不过，梦虽然可能是现实人生底升华，但并不是一切梦都会伸入历史底方向。我们知道艺术创造到底是统一在历史进程上面的人生认识底一个方式。在别的作品里面，作者在现实人生里面展望理想，但在这里，他却由现实人生向理想跃进。但据我看，他过于兴奋，终于滑倒了。

正是因为剧作家的过于兴奋、终于滑倒，那个秉赋着伟大的母性之爱的丁大夫终归不是一个真实而成功的人物形象，《蜕变》一剧也不幸堕入了反现实主义的歧途：

> 作者不仁，把这位梁专员当作替她（指丁大夫）卸去历史负担的刍狗，这刍狗式的人物，到第三幕第四幕，尤其是第四幕，就局促地容身无地，因为，作为权力底化身的他底存在，已经不能再有作用了。
>
> 就这样地，作者完成了他底主题，实现了他所企望的“蜕”旧“变”新的气象，但可惜的是，这个崇高的人格（指丁大夫）同时也就临空而上，离开了这块大地。她实际上并没有走进历史的行程，在“蜕”旧“变”新的过程里面，她终于成了一个任凭命运安排的弱者。

二、吕荧的《曹禺的道路》

胡风在对曹禺的《北京人》予以批评的同时，曾经不无遗憾地写道：

> 要研究一个作品，顶好得先看一看作者底整个创作发展方向，这样就更可以明白这个作品底来根去迹，表现在这个作品里面的作者底创作态度底特点……，但可惜我不能够做到这一点，曹禺先生底以前的几个剧本，有的看过，有的只看过一小半，有的也看过演出，但记忆已模糊，不能据以立论的。

也许正是鉴于好友的这一憾意，吕荧于一年之后写作了洋洋洒洒数万字的长篇大论——《曹禺的道路》①。文中通过对包括《雷雨》《日出》《原野》《北京人》《蜕变》《家》在内的六部大剧的通盘把握，来对曹

---

① 吕荧：《曹禺的道路》，载《抗战文艺》1944 年第 3—4 期、第 5—6 期。

禺的整个创作道路和发展方向进行考察。

关于《雷雨》的主题内涵和它在曹禺创作道路上的地位，吕荧写道：

> 一个被侮辱与被损害的妈妈（鲁妈），她“造的孽”犯下来的罪，她自己身受还不算，又由她的无辜的儿女用死来担代，天地间还有什么比这个更“冷酷”的呢？不顾苦痛的生命的挣扎，尽管有的“悔改了”以往的罪恶，想由一个新的灵感来洗涤自己（周萍）；或者有的仍然“踏着艰难的老道，想重拾起一堆破碎的梦而救出自己”（蘩漪）；却一律都在死亡的手里被窒息死去。就是两个一无过咎的初生的生命，一个纯真的女儿（四凤），一个纯善的少年（周冲），也不能逃去死的遭际；天地间还有什么比这个更“残忍”的呢？而这个“残忍”的故事，显示着宇宙间“主宰”的真实相的一面，力量，魔。这一主宰是《雷雨》的主题。
>
> …………
>
> 但是这个二元的“主宰”，它比神秘的“命运”，比实证的“自然法则”（这宇宙性的“自然”，是被还原了的人的世界，人的社会），都“太大，太复杂”，作者“始终不能给他以适当的命名，也没有能力来形容它的真实相”。在作者，这是一种“不可理解的”“宇宙隐秘的理解”。而在读者，则仍是一个“迷离恍惚的观念”。
>
> 由于人物的真实，由于观念的虚渺，悲剧《雷雨》不是作为神秘剧，而是作为社会剧被欢迎了。《雷雨》不是真正的社会剧，不过它是作者向现实踏出的最初的一步，它的成功确定了作者努力的方向；这是一条伏线，引出了以绘写社会为主题的《日出》。

谈到《日出》，吕荧认为，它是“以绘写社会为主题的”，不过，它的主题的内涵中同样涵含着观念的玄学的成分——“《雷雨》中不出场的角色是雷雨，这时在《日出》中就是太阳。虽然它不像雷雨，是悲剧的主题，它是《日出》的生机，‘天之道’的象征。可是，它也一如雷雨，是二元的观念的产物。不过在《日出》里，社会学的一元远强于观念的一元，它不但显出了全身，隐没了观念的命运，甚至还以它的存在否定了它。这确定了《日出》的进步的社会学的基地”。

关于《原野》，吕荧认为，它与《日出》的“绘写社会”截然不同，是“一个纯观念的剧”。与《雷雨》中人物的爱与死只是悲剧的外形相仿佛，《原野》中仇虎的复仇与死也只是悲剧的形体。《原野》的主题，在于命运对人的否定和人对命运的抗争。剧中的仇虎，并不是作为一个真实的农民（社会的人）描写出来的，而是作为一个非现实的原野人（观念的人）描写出来的；他身上秉承着原始人的野性和蛮力，却终究逃不出命运的魔掌。仇虎所企盼的“黄金铺路的地方”，也只是一个观念性的存在，可看作是《日出》中“天之道”观念的再现。

相对于《雷雨》来说，《日出》是社会学一元的进步，《原野》是观念论一元的深入，而《北京人》则是社会学一元与观念论一元的再度调合。《北京人》的主题是绘写旧家庭的崩溃，这一主题的内涵中仍然存在着彼岸与此岸、梦想与现实、天之道与人之道相对立的观念论的一元。与《日出》中“损不足以奉有余”的“人之道”相对应，《北京人》中的“人之道”可说是曾家大院这个行将就木的腐朽家庭。原始北京人“要爱就爱，要恨就恨……尽着自己的性情，自由的活着”的观念的憧憬，则是《日出》中的“天之道”观念的重现。所不同的是，《日出》中“天之道”的太阳只存在于幕后，《北京人》中的“天之道”却外化成为酷似原始北京人的哑巴机器工人来到台前，帮助愫方和瑞贞从行将就木的曾家大院逃了出去。比之于《原野》中的仇虎只能用死来战胜命运来说，《北京人》中的机器工人明显地前进了一步，他最终凭着野性的蛮力救助愫方和瑞贞这两位“明日的北京人”走向了新生。

总之，《北京人》中颇具神秘性的对于光明的憧憬，是与现实社会的发展方向取同一方位的，观念论的一元与社会学的一元在这同一方位上既相对割裂又有所调合，而这有所调合，却又是以人物的“生活世界”和“性格内涵”的单纯和孤立为代价的。关于这一点，吕荧引用胡风《论〈北京人〉》中的一段话来进行讨论：

> 那样一个大家庭和整个封建势力并没有彼此纽结的血缘关系，只是关起大门来开演一个悲剧，而对于暴发户的资本主义，并没有在活的社会交涉里面表现它的抵抗或迎合，只是单纯地负了一笔债和讨债的威逼，而且这也不过仅仅尽了促成这个悲剧上的一点观念上的作用。至于当时应有的民族斗争和社会斗争的政治浪潮，在这里没有起一点影响，而新的人生理想，新的力量的存在，也仅仅只在人物的对话里面说明式地暗示几句而已。

由这段话，我们看到的正是吕荧与胡风在“纯正的现实主义社会学的立场”上的一致性。基于“纯正的现实主义社会学的立场”，吕荧对《北京人》在曹禺创作道路上的积极意义进行了肯定：

> 不过在作者，虽然是这样，却在这中间肯定了新人的群体。《北京人》是作者向现实踏入较深的一步，向理想踏入较深的一步，向理想迈进较远的一步，向诗追求更大胆的一步；这是一个转化点，留有旧的痕迹，也现出新的方向。

《家》是曹禺继《北京人》之后创作的另一部大剧。吕荧认为，《家》与《北京人》一样，主题在于绘写旧家庭的崩解，所不同的是，《北京人》绘写的虽然只是一个“没落的封建的片断的家”，剧中观念论的憧憬却与社会学的走向取同一方位；而《家》绘写的虽说是一个四世同堂的“全面的‘家’的画幅”，却因没有了画幅之外的对于光明的憧憬而与“家”之外的社会生活和历史发展相对绝缘。

与《雷雨》《日出》《原野》《北京人》《家》不同，《蜕变》不是悲剧和否定性的剧，而是一部喜剧和肯定性的剧。和胡风论《蜕变》的观点相一致，吕荧认为，《蜕变》的主题就是作者在《后记》中所说的“我们民族在抗战中一种‘蜕’旧‘变’新的气象”。这样的主题，表面看似乎是社会学的，究其实质却是观念论的。剧中寄托着作者好人政治的理想的伤兵医院，其实是一个以替天行道之个人为中心的虚假的世界，与《日出》中的“天之道”的观念遥遥相对。作者以写实的笔法写虚假的存在，结果写出的只能是一幕与现实社会相背离的“一幕观念的粉墨画的喜剧”。

三、吕荧对于杨晦的一场论争

在《曹禺的道路》上半部分发表之后，杨晦也发表了《曹禺论》[①]一文。鉴于“杨晦先生的论文和我的见解，差异和距离很大，许多地方都值得商讨。而主要的是，在杨晦先生的论文里，形式的理解占着优势，压倒了内容的理解；因而对于读者对于作者，都不能提供真正的现实主义的创作要点，反而在某些点上，助长了形式主义的倾向”，吕荧写出一篇题为《内容的了解和形式的了解》的论争文章。正是在这篇一直为研究者所忽略和遗忘的论争文章里，吕荧基于“纯正的现实主义社会学的立场”，既“指正主题的内涵，揭露观念的玄学”，又“扩深作品主题的内涵，发扬现实主义”，更进一步也更为透彻地解答了曹禺研究中至今仍争论不休、莫衷一是的三个最为基本也至关重要的问题——曹禺本人的思想观念是什么样的？曹禺剧作的主题内涵究竟是什么？曹禺的创作道路又

---

① 杨晦：《曹禺论》，《青年文艺》1944 年第 4 期。

是循着怎样的轨迹和方向前进和发展的?①

关于前一个问题，吕荧的答案是这样的：

> 曹禺先生的思想内容是社会学的，但是是一种包含有观念的憧憬的，超然的社会学。正因为有这样的一种思想，才有《雷雨》中二元的主宰，《日出》书前对老子“天之道”的向往，《原野》中对人类原始的性与力的肯定，这原始的性与力，终于以一个“北京人”的形象现出身来。在《雷雨》《原野》《北京人》里，作者都借现实社会中的问题，显示思想的憧憬或者寄托……在根本上，超然的社会学的立场，观念的“天之道”的憧憬，是作者绝大的阻碍，阻碍他进一步走向人民群众，走向现实主义，以至走向艺术的殿堂。——这才是“问题”的所在。

正是由于吕荧基于“纯正的现实主义社会学的立场”的高境界上把握到了这个理解曹禺剧作的关键之所在，他对于杨晦的论争才显得高屋建瓴、游刃有余。在吕荧看来，杨晦对于曹禺剧作的理解，之所以“在剧作主题的形式上兜圈子”，就是因为，他根本不了解曹禺本人这种“超然的社会学的立场”。

“《雷雨》的主题是什么?”这是吕荧与杨晦进行论争的第一个具体问题。

吕荧认为,《雷雨》的主题是为“雷雨”所象征的主使“天地间的残忍”的“主宰”。杨晦则认为,《雷雨》中的周朴园，是一个“典型的封建人物，所谓的官商”，他的家庭是一个“跟他一样镀上金的封建家庭”，“无论是周蘩漪，是周萍，或是周冲，并且余势波及到四凤身上，都

---

① 关于吕荧与杨晦之间的论争，可参见拙文《关于曹禺剧作的一次论争》,《艺术百家》1995年第3期。

是在这样的封建家庭里所演的悲剧”。《雷雨》的主题，是“一个镀金的绅商家庭的悲剧”，“一个官僚资本家的家庭悲剧”；而剧中的“运命”“性爱和血缘的纠缠”，不过是作者“艺术思想”上对于希腊悲剧的憧憬。

针对着杨晦对于《雷雨》的理解，吕荧首先指出，曹禺的《雷雨》虽然确实受到了希腊悲剧的影响，《雷雨》中的主宰，却远比希腊悲剧中的“命运”复杂得多。它既包含着希伯来先知们的“上帝”，希腊戏剧家的“命运”——观念论的一元；又包含着近代人的“自然的法则”——社会学的一元；是一个集观念论与社会学为一体的二元的观念。“杨晦先生认为作者仅仅是迷恋希腊悲剧，憧憬希腊悲剧，这见解是纯形式的，而且也太狭小。”

接着，吕荧又指出，《雷雨》中的周朴园，并不仅仅是“一个典型的封建人物”，而是中国封建社会中脱胎出来的第一代资本家。他不仅有封建家长的顽固保守的一面，也有资本家不择手段的另一面。相应地，《雷雨》的主题的内涵中，既有反封建的成分又有反资本主义的成分。“杨晦先生的了解在形式上强调了《雷雨》的现实意义，而实际上则狭小了人物以至主题的内涵，甚至误解了主题。”

作为以上两个方面的归结，吕荧认为：

> 在《雷雨》里，反封建反资本主义的意旨，并没有得到健全的生命。这样现实的意旨，归结起来，是以一个无形的“主宰”（雷雨）为中心的，这无论如何，是纯观念论的……在外形上，社会问题家庭关系与真实的人物扮演悲剧，在内容上，血缘纠结与虚玄的力量主使悲剧。

关于《原野》，杨晦认为，它是曹禺最为失败的一部作品，是曹禺创作道路上的大退步。它背离了《日出》所走出的“现实的社会剧”的路子，把农民复仇这样的现实的问题，写成了比《雷雨》更富于神秘象征色彩，更远离于现实的作品。杨晦还认为，《原野》之所以会如此，原因在于剧作家的迷恋于不正确的艺术思想，迷恋于神秘象征的艺术表现方法，不从现实去了解社会问题，却从现实的社会问题里得出神秘象征的了解。

针对着杨晦关于《原野》的这种“形式的了解”，吕荧指出，所谓象征神秘是关联着内容的，决不单单是形式上的事。剧作家之所以在《原野》中“把社会问题神秘象征化”，是因为，立足于“超然的社会学立场”的他，要“借现实社会中的问题，显示思想的憧憬或者寄托”。

同样是着眼于“剧作主题的形式”，杨晦对《蜕变》大为推崇：《蜕变》在作者创作道路上，“是比《日出》更彻底的转变”。“在《蜕变》里，他运用的完全是写实的手法，没有一点神秘象征的成分，掺杂在里边，处理的是现实的题材，用的是写实的手法……，虽然他还没有把握到真实，只是随着当时抗战初期的乐观空气，接触了表面上足以使人乐观的现象而已。这虽然只是一种浅薄的乐观主义，他在曹禺的艺术发展上，实在是平坦的一条大道。这前面没有‘神秘’，没有‘想象的荒原’，是一步一步更走近真实的道路。”

针对着杨晦这种“以手法的外形定前进和后退”的论调，吕荧论争道：《蜕变》的“写实”实际上是粉饰和背离了现实。作者从“超然的社会学立场”出发，用观念图式化了的人物来扮演这幕“蜕旧变新”的喜剧，所虚构出的不过是一个以梁公仰为中心的个人中心的世界，所表现的不过是好人政治的理想。这与社会历史的发展是相背离的。《蜕变》的所谓“转变”，实际上也只是形式和手法的变化，对于作品主题的内涵和剧作家的创作道路并无决定性的意义和影响。转变并不彻底的《日出》，反倒写出了抗议黑暗现实的社会学的题旨，更彻底地“转变”了的《蜕变》，写的却是一部以脱壳式换汤不换药的“蜕变”为新生的中庸的社会学的喜剧。这一事实本身，就是最有说服力的证明。

与理解《蜕变》时的“以手法的外形定前进和后退”相一致，杨晦把

《北京人》的出现称之为曹禺创作道路上的再一次“退转”，杨晦认为，《北京人》标识着曹禺剧作由《蜕变》的“真实的进步”又回到了“《雷雨》的旧路”。它尽管“并不是那样完全地回到《雷雨》的旧出发点，没有充满《雷雨》里的那种‘雷雨’，神秘命运的思想，却变成事实的无可奈何，人性的不可救药了”。

吕荧一上来先把杨晦对于《北京人》的如此理解判定为“形式的了解”——“只看主题外形的变换，不顾作品主题的内容和思想的联系，不了解作者一贯的超然的社会学的立场和‘天之道’的憧憬”。接着，他重申并进一步发挥了《曹禺的道路》一文中已达成的对于《北京人》乃至于“曹禺的道路”的“内容的了解”：

> 《蜕变》中对现实题材的跃进，对抗战的乐观精神，是应受赞扬的，《北京人》中奇形怪状的猿人和原人的向往，是应受批判的，但这并不是作品的主题，并不能说，单由这一点就判断了一切。《蜕变》的主题，外形上是现实题材进一步的把握，可是这把握的内容却是中庸的社会学与观念图式化的表现方法进一步的发扬。《北京人》中外形上有观念的象征存在，然而主题的内容以绘写旧家庭的崩解为主。在绘写中，作者借《北京人》写了他的向往，同时讴歌了新人类的诞生，明确地说明了事实的可以奈何，人性的可以救药，肯定了新人（明日的北京人）的集体，这中间包含着《雷雨》《日出》中社会学意旨的进展，与《原野》中性与力的憧憬的演化。这样，《北京人》在作者创作道路上，“这是一个转化点，留有旧的痕迹，也现出有新的方向”。

接着这段话，吕荧另有如下一段更进一步的发挥：

> 作者应该继续走外形前进，内容则在发扬中庸的超然社会思想

的路，还是继续肯定新人集体的认识，抛弃观念论的天之道的观念，以纯正的现实主义社会的立场，深入现实、绘写现实；哪一条才是大路，当很明显的罢。

在全文的结束语中，吕荧更为明确地写道：

……我们希望曹禺先生更进一步，这决不是说，作者如果在形式奉行什么条规，写些什么题材或人物，喊些什么口号，就解决了问题；外形的接受新理论不是内部的接受，所以作者的剧里，有新社会学的意旨，但也有一些观念的社会观，人物观，以至于艺术观，这阻碍作者创造典型，完成诗。我们期望作者更进一步的面临现实，体认现实，深入现实。

事实上，此后的曹禺非但没有走上“纯正的现实主义”的创作道路，去以“纯正的现实主义社会的立场”创作出“纯正的现实主义”的戏剧作品，甚至于连《雷雨》《日出》《北京人》那样的“超然的社会学”意义上的剧本也再没有能够写出一部，这不能不说是中国现当代文学史和现当代戏剧史上的一大悲哀。万幸的是，到了1947年，与胡风有师友之谊的路翎，终于写出了一部真正称得上是“纯正的现实主义”的戏剧作品——《云雀》①，为我们于“纯正的现实主义”剧作的高境界上返观曹禺的剧作提供了一种可能性。

① 见《路翎剧作选》，中国戏剧出版社1986年版。关于《云雀》和《云雀》与曹禺剧作的比较，可参见拙文《〈云雀〉：独标一帜——关于现代戏剧的一种考察》，文载《中国现代文学研究丛刊》1994年第3期。关于曹禺剧作的理解，还可参见本人的硕士论文《诗：话剧对于戏曲的承传、借鉴和学习》，文载《戏剧（中国戏剧学院学报）》1992年第4期。

四、关于路翎《云雀》与曹禺剧作的一种比较

《云雀》是一部四幕悲剧，1947 年 6 月曾由南京国立戏剧专科学校附属剧团上演过。胡风为该剧的上演也写下过热情的赞语：

《云雀》，是知识分子性格矛盾的悲剧。

> 性格，是现实的历史内容所造成的。所以，《云雀》虽然有四个人物，四种不同的代表的性格，但真正的主角却是通过这四个人物所演示出来的、冷酷而磅礴的、轰轰然前进的现实历史自己。[①]

在《云雀》的四个人物当中，男主人公李立人堪称是该剧的灵魂。根据剧中的交待，李立人是一个经历坎坷、背景复杂的人物，他从小受虐待，当过壮丁，上海二八战争时期卷入复杂的政治关系。在多少年的政治生涯中，他被利用，被出卖，被推入污泥之中。抗日战争时期，他脱离这种政治关系来到桂林，结识因失恋而致悲惨的陈芝庆。两人结婚后，李立人偕陈芝庆来到京沪线附近一座小城的紫桐中学任教。任教几年，李立人热爱着自己的工作和学生们，他确信，自己呕心沥血所从事的工作，是在“和旧中国抵抗，和旧社会争取阵地”。李立人的妻子陈芝庆，却以“为了灵魂而生活”的“有思想”的女人自居，不满意于丈夫的“疏忽”自己，不能忍受生活的平凡和清贫，冷淡了结婚初期一度立下的要做一个好妻子、好母亲的心愿，痴迷于自己少女时代被人宠为“云雀”的那个旧梦。在这种情势下，陈芝庆落魄而无聊的旧情人王品群追寻而来并乘虚而入，以“爱情”的名义诱骗和纠缠陈芝庆，煽起她对于丈夫的

---

① 胡风：《为〈云雀〉上演写的》，载《胡风评论集》下卷，人民文学出版社 1985 年版，第 182 页。

仇恨情绪，挑起了陈芝庆与李立人夫妻之间的公开争执。在争执过程中，陈芝庆先是埋怨丈夫“老是不陪我出去买东西”；进而又谴责丈夫“你自私专制，你野蛮，你从来不懂一个可怜的女人的需要”，以至于卑屈地向丈夫乞求“美丽的谎话”；最终在连“美丽的谎话”都得不到的情况下，她放弃了对于李立人同时也是对于自己的争取，以自暴自弃的态度投进了王品群的怀抱。李立人在这场“我希望她抛开她底，她却要求我抛开我自己”的夫妻争执中，坚守着自己既负担起自己的生活又服膺于整个社会的做人原则，向妻子提出“负担起你自己的生活，没有谁能够给你保证一个漂亮的前途”的劝诫和要求，拒绝以“美丽的谎话”来换取“家庭的温暖”，以至于忍受着极其惨烈的心理矛盾，应允了陈芝庆的随王品群出走。

陈芝庆出走一个月后，与这场婚变相关的背景逐渐趋于明朗化。王品群采取“一擒一纵”的两面派手法，出卖了同事李立人、周望海和学生们，与官方和校方达成交易，当上了小报的主笔，并准备回学校取代李立人的教务主任的职务，而把许给陈芝庆的去上海重新开始生活的谎言抛脑后。同事周望海出于对“被侮辱被损害”的陈芝庆的同情，向李立人提出应该救助陈芝庆的规劝。心高气傲的李立人于一场情感大爆发中表白了自己在社会之大我与个人之小我、人类之大爱与男女之私情不能相兼、不能两全的悖谬情境中，对于牺牲小我以服膺于大我、牺牲私情以服膺于大爱的原则立场的绝对坚持，从而理顺了长期郁积在内心深处的矛盾心理。就在李立人准备有所行动的时候，陈芝庆于悔恨中服下毒药回到家中，死在了自己与李立人结婚同居的婚床上，死在了真正爱自己也为自己所爱的李立人的怀抱里。在全剧的结束处，经历过这场爱与恨的精神洗礼的李立人，在同事周望海的劝慰下重新打起精神，与周望海结伴走向了新的生活。

就炼戏的功力而言，路翎的《云雀》明显逊色于曹禺的《雷雨》《日出》《北京人》等几部大剧。但是，始终没有走出自己“超然的社会学”的怪圈的曹禺，最终与李立人式负担起自己的生活并服膺于全社会乃至于全人类的进步、于险恶的现实斗争中脚踏实地走向崇高人格的精神完成的人物性格无缘。

《雷雨》中的"雷雨"象征着主宰天地之间的"残忍"的一种"不可知的力量"[①]，剧中的八个人物都处于"雷雨"的主宰之下而不能自主。《日出》中的"日出"所象征的是一个"满天大红"的所在，[②]在那里存在着"损有余而补不足"的"天之道"；但是剧中所有的出场人物又都与"日出"的光明无缘，他们只能在"损不足以奉有余"的黑暗社会中玩弄他人或遭人玩弄。《原野》中的"原野"与《雷雨》中的"雷雨"相仿佛，同样是象征着一种"不可知的力量"，无论仇虎身上的"性"与"力"如何强悍，都敌不过"原野"的神秘力量，自然也就逃不出"原野"的牢笼。《北京人》中，满腔爱心的愫方眼见着曾家大院行将就木，却在一味地"忍耐"和"忍心"。有趣的是，《雷雨》《日出》《原野》《北京人》中都悬置着一个乌托邦式的彼岸世界。《雷雨》中的周冲憧憬着"真真干净，快乐……没有争执，没有虚伪，没有不平等……"的"一个所在"；《日出》中在"损不足以奉有余"的"人之道"之上悬置着一个"损有余而补不足"的"天之道"，一个"满天大红"的光明世界。《北京人》中的袁任敢则鼓吹着"要爱就爱，要恨就恨……尽着自己的性情，自由地活着"的"人类的希望"。于是乎，这里就存在着一个根本性的问题——曹禺笔下这些不能提承自己的生活并主宰自己的命运的人物，又该如何走向为他们所憧憬和向往着的光明美好的彼岸世界呢？

《日出》第一幕中，剧作家在陈白露初次上场的舞台揭示里提供出了一个初步的答案。

……她并不甘心这样生活下去，……但她只有等待，等待着有

① 曹禺：《雷雨·序》，载田本相编《曹禺文集》第1卷，中国戏剧出版社1988年版，第209页。

② 曹禺：《日出·跋》，载田本相编《曹禺文集》第1卷，中国戏剧出版社1988年版，第47页。

一天幸运会来叩她的门，她能意外地得一笔财富，使她能独立地生活着。然而也许有一天她所等待的叩门声突然在深夜响了，她走去打开门，发现那来客，是那穿着黑衣服的，不做一声地走进来。她也会毫无留恋地和他同去……①

事实上，《日出》中的陈白露最终没有意外地得到一笔财富，“那穿着黑衣服的，不做一声”的“来客”也终于没有现出身来拯救于她，陈白露也就只有死路一条。同样地，《雷雨》和《原野》中也终于没有“那穿着黑衣服的，不做一声”的救世主现出身来，把周冲送到他所憧憬的那样“一个所在”，把仇虎救往“黄金铺路的地方”，留给周冲和仇虎的归宿当然也只有死亡。

只有到了《蜕变》一剧，为周冲、陈白露、仇虎们求之不得的救世主才现出了真身，不过，这救世主并不是“那穿着黑衣服的，不做一声”的不速之客，而是握有重权的官大人梁公仰。在梁公仰出场之前，剧中的丁大夫与周冲、陈白露、仇虎相仿佛，是一个不能主宰自己命运的人物。她所工作的伤兵医院，为置伤兵生死于不顾的当权者所把持，任凭她如何善良、如何高明又如何富于献身精神，都于事无补，眼看着连自己的一份工作都没有了保障。丁大夫连同她所在的伤兵医院获得拯救、走向新生的唯一希望，只在于握有重权并替天行道的梁公仰从天而降，奇迹般地惩办贪官污吏并委丁大夫以重任。一旦梁公仰整顿好了伤兵医院并委丁大夫以重任，丁大夫马上得以大显身手以至于成贤成圣。假如我们追问一句：要是梁公仰并不能从天而降并替天行道的话，丁大夫们又该怎么办呢？剧作家在《关于“蜕变”二字》一文中给出了答案——那就“需要

① 田本相编：《曹禺文集》第1卷，中国戏剧出版社1988年版，第235页。为了保证资料的可靠性，本文所论及的曹禺剧作全部依据于《曹禺文集》所录版本。

‘忍耐’但更需要‘忍心’”了[①]。

《北京人》的出台，标志着曹禺的更为成熟也更为乖巧。曹禺在《北京人》中，已不再把已经泄了底气的“天之道”的彼岸世界高悬起来并加以神秘化，而是靠着具有原始和现代双重意义的“北京人”来寄托自己的理想。原始“北京人”是五十万年前“尽着自己的性情自由地活着”野蛮而纯真的人类始祖；现代“北京人”则是置身于现实社会中的一个救世主——在袁任敢学术察勘队里修理卡车的哑巴工人，他秉赋着北京猿人丑陋的外貌和“野得可怕的力量”。《北京人》所反映的现实，也不再是《雷雨》中罪孽深重新旧参半的家庭和《日出》《原野》《蜕变》中或掠夺或仇杀或贪污的黑暗社会，而是一个关起门来自生自灭的旧式家庭。被圈定于这样一个家庭中的女主人公愫方，并不积极主动地行动起来，谋求自救并救护自己所爱的人，反倒一味地“忍耐”和“忍心”，还诱劝一心想出走的瑞贞也像自己那样“忍耐”和“忍心”。愫方把自己的一生一世全部寄托在一个废人——她所爱恋着的曾文清——的身上，当文清在外边的世界里实在混不出个“人”样，像幽灵般溜回家中的时候，愫方的精神趋于崩溃；曾思懿的逼她为妾更使她忍无可忍。这时候，哑巴工人突然说话了，并充当起了一个救世主的角色，凭着一身的蛮力拧断曾家大门上的铁锁，救助愫方和瑞贞逃出无可救药的曾家，去投奔那个据说在五千年前曾经有过的理想世界。如此的愫方，自然与《云雀》中负担起自己的生活并服膺于全社会乃至全人类的李立人不可同日而论。更进一步说，《家》中一心向往着子孙满堂的天伦之乐的觉新、瑞珏和出走后还要指望大哥给寄钱养活的觉慧，与李立人同样地不可同日而语。

当然，继《云雀》之后，路翎也再没有能够写出足以令人称道的戏剧作品。这一切作为历史留给我们的“经验和教训”，不能不令我们予以

---

① 曹禺：《关于“蜕变”二字》，载田本相编《曹禺文集》第2卷，中国戏剧出版社1989年版，第425页。

深思。对于这种“经验和教训”的深思，正不失为我们对于作古不久的曹禺和较早去世的吕荧、胡风、路翎们的一种纪念。

[本文原刊于《许昌师专学报》（社会科学版）1999 年第 2 期]

2000 年

继承和发展吕荧的美学思想

张正方

吕荧（1915—1969），我国当代著名美学家、文艺理论家、翻译家。原名何佶，曾用名吕云圃，笔名倪平、吕荧等。1915 年 11 月生于安徽省天长县新何庄。1935 年中学毕业考取北京大学历史系。大学毕业后，曾先后担任中学教师、大学教授、人民文学出版社特约翻译，《人民日报》文艺部顾问等。五十年代，开始美学研究。1957 年 12 月 3 日，《人民日报》发表了他的著名美学论文《美是什么》，并由毛泽东亲自校阅了“编者按”。在美学领域，他创造性地提出了“美是人的社会意识”的美学观点，并从马克思主义实践论角度对美的根源问题展开了初步的探讨。吕荧的美学思想为我们建构中国当代马克思主义美学开辟了道路。

一

美是什么？“美是人的社会意识。”①这就是吕荧关于美的基本观点。

美为什么是人的社会意识呢？吕荧讲：“美，这是人人都知道的，但是对于美的看法，并不是所有的人都相同的。同是一个东西，有的人会认为美，有的人却认为不美；甚至于同一个人，他对美的看法在生活过程

① 吕荧：《美是什么》，载《吕荧文艺与美学论集》，上海文艺出版社 1984 年版，第 400 页。

中也会发生变化，原先认为美的，后来会认为不美；原先认为不美的，后来会认为美。所以美是物在人的主观中的反映，是一种观念。”① “美是人的一种观念，而任何精神生活的观念，都是以现实生活为基础而形成的，都是社会的产物，社会的观念。”②这就是说，美作为一种社会意识，是人对社会存在的客观事物的一种认识、反映、判断或评价。

美不是凭空产生的，它的形成需要一定的特性或条件，即审美价值。吕荧讲：“美的事物自身是不依赖人的意识为转移的客观存在，然而并不是世界上一切客观存在的事物都可以被人认为是美的。因此，美的事物需要具有一定的特征或条件（即美的条件），方才能够被人认为是美的。”③

接着，为了揭示这个“一定的特征或条件”，亦即审美价值，吕荧又从马克思主义的实践论角度阐释说：“人类创造生产的事物，或为食用，或为欣赏，都是有益于人的生活的。无益而有害于人的事物，人类不会去生产它们。这些有益于人的生活的事物，能够改善人类的物质生活条件，增进人类生活的幸福；因此，它们也就是美的事物，‘因此人也是按照美的诸规律而创造的’。”④这样，吕荧就把客观对象的社会功利性或实用意义确定为美所赖以产生、形成的“特征或条件”，实际上也就是作为了美所认识、反映、判断或评价的具体实际内容。

吕荧在阐述美是人的社会意识的思想时，还深入揭示了美作为一种社会意识与社会存在等的辩证统一关系等。他说：“美不是超现实的，超

① 吕荧：《美学问题——兼评蔡仪教授的〈新美学〉》，载《吕荧文艺与美学论集》，上海文艺出版社1984年版，第416页。

② 吕荧：《美学问题——兼评蔡仪教授的〈新美学〉》，载《吕荧文艺与美学论集》，上海文艺出版社1984年版，第416页。

③ 吕荧：《再论美学问题——答蔡仪教授》，载《吕荧文艺与美学论集》，上海文艺出版社1984年版，第509—510页。

④ 吕荧：《再论美学问题——答蔡仪教授》，载《吕荧文艺与美学论集》，上海文艺出版社1984年版，第511页。

功利的，无所为而为的。美随历史和社会生活本身的变化和发展而变化发展，并且反作用于人的生活和意识。”①

吕荧“美是人的社会意识”的思想具有非常重大的意义。

首先从理论性质看，吕荧“美是人的社会意识”的思想体现了伟大的唯物主义的立场、观点和方法，从而在中国当代开了唯物主义美学研究的先河。

提出“美是人的社会意识”，固然有可能滑向美学研究上的主观唯心主义，比如认为美是什么人头脑中固有的，抑或人主观自生的，必然滑向美学研究上的主观唯心主义。但吕荧这种“美是人的社会意识”的思想既没有坚持美是什么人头脑中固有的，也没有坚持美是什么人主观自生的，而是在提出美是人的社会意识后，他进而从社会实践角度考察和分析客观对象，希望通过揭示客观对象的本质特点，亦即审美价值，来进一步阐述美这种社会意识所赖以产生、形成的现实根据或本体原因，始终坚持美只能是对社会存在的客观事物的一种认识、反映、判断或评价，那么它显然就不是什么主观唯心主义的，应该说，它所体现的正是一种伟大的唯物主义的立场、观点和方法，从而在中国当代开了唯物主义美学研究的先河。

其次从历史发展看，吕荧“美是人的社会意识”的思想具有伟大的开创性意义，是唯物主义美学研究的历史性突破和重大发展。

十七世纪荷兰著名的唯物主义哲学家斯宾诺莎就曾从与客观存在的联系和关系上提出了美是人的一种意识的唯物主义观点，他说：“如果神经从呈现于眼前的对象所接受的运动使我们舒适，我们就说引起这种运动的对象是美的；而那些引起相反的运动的对象，我们便说是丑的。”②

---

① 吕荧：《美学问题——兼评蔡仪教授的〈新美学〉》，载《吕荧文艺与美学论集》，上海文艺出版社1984年版，第436—437页。

② 北京大学哲学系美学教研室编：《西方美学家论美和美感》，商务印书馆1980年版，第87页。

但这一切毕竟都过于简单，非常粗浅，还只具有一般的、朴素的唯物主义性质和特点。吕荧以马克思的历史唯物论为武器，把这种唯物主义美学研究进一步明确地、大刀阔斧地引进了人类社会历史领域，从与社会存在的关系角度比较全面和系统地提出了“美是人的社会意识”的思想，这就不仅在人类社会历史上破天荒地赋予唯物主义美学思想以一种辩证、历史的性质和特点，具有着毋庸置疑的伟大的开创性意义，而且也极大地推进了唯物主义美学的研究进程，是唯物主义美学研究的历史性突破和重大发展，具有着无可争议的划时代的里程碑意义。

再次从对未来的作用和影响看，吕荧“美是人的社会意识”的思想无疑给我们今后对美的进一步研究和探讨开辟了一条无比正确的道路，做出了伟大的理论贡献。

依据唯物主义物质是第一性的基本原理，中国当代大多数美学家都认为美是客观的，是什么物的特点或属性等，但唯物主义承认物质是客观的，是第一性的，这与承认美是客观的，是第一性的，到底有什么内在的必然联系和关系呢？机械地、教条主义地运用和对待唯物主义，那只能走向唯物主义的反面。吕荧没有这样做。他从人们的审美活动实际出发，不仅创造性地提出了“美是人的社会意识”的思想，而且由于他从社会实践角度考察和分析客观对象，希望通过考察和分析客观对象来进一步揭示美这种社会意识所赖以产生、形成的本体根据或现实原因，亦即审美价值，这就使得他的美学思想不仅与各种似是而非的、机械的、教条主义的唯物主义美学思想从根本上区别开来，而且也与各种客观的、主观的唯心主义美学思想彻底划清了界限，从而最终自成一家，独具特色，为我们今后对美的进一步研究和探索开辟了一条无比正确的道路，做出了伟大的理论贡献。

二

如何在继承吕荧美学思想的基础上进一步发展吕荧的美学思想呢？

（一）从客观对象与人之间的现实联系和关系上考察和确认审美价值，从而使美牢固地奠定在自己坚实的客观基础之上。

众所周知，美总是相对于人而言的，也就是说，一个客观对象，或一个具体事物，总是人认为它美，人评价它美，而美相对于人而言的这种本质特点，就必然客观地决定了，客观对象或具体事物作为一种审美对象或审美事物，绝不是孤立地存在的，而是与人密切地相关的，也就是说，它实际上与人之间具有着、存在着一种现实的联系和关系，正如著名美学家列·斯托洛维奇讲的那样："没有对人的关系，物本身就无所谓良莠好坏。"[①]吕荧也讲："美不仅关系着物，它也关系着人，……问题不在物与物的关系，而在人与物的关系。"[②]"论美，论美与好，论及人与事物的关系，就必须考虑到人与事物的实际上的联系……"[③]如果客观对象或具体事物与人之间没有这种现实的联系和关系，人还怎么可能欣赏它，喜欢它，并给它以美这样由衷的认识、反映、判断或评价呢？所以，从客观对象与人之间的现实联系和关系上揭示和确认客观对象作为审美对象的特殊本质即审美价值，这就显然是必然的，是符合具体实际的。只要我们从客观对象与人之间的现实联系和关系上揭示和确认了这个审美价值，那么美作为一种社会意识所认识、反映、判断或评价的具体内容问题也就自然落在了实处。

---

① 列·斯托洛维奇：《审美价值的本质》，凌继尧译，中国社会科学出版社 1984 年版，第 31 页。

② 吕荧：《再论美学问题——答兼评蔡仪教授》，载《吕荧文艺与美学论集》，上海文艺出版社 1984 年版，第 513 页。

③ 吕荧：《关于"美"与"好"》，载《吕荧文艺与美学论集》，上海文艺出版社 1984 年版，第 531 页。

（二）从社会实践与人本质的联系和关系上确定人的审美实践，从而使审美价值的问题最终获得准确和具体的科学理解。

由第一点我们不难看出，在美学研究中引入马克思主义的实践论无疑是非常恰当的，是有充足理由的。因为只有实践才“不但具有普遍性的品格，而且还有直接现实性的品格”①，实践才是“事物同人所需要它的那一点的联系的实际确定者”②。但同时我们也不能不清醒地看到，并非所有实践都能赋予人类审美所需要、所内涵的这种客观对象与人之间的现实联系和关系，也就是说，都对人类审美具有重要作用和巨大意义。那么，如何立足实践论，再从实践中进一步具体地抽绎和分离出一种对人类审美具有重要作用和巨大意义的审美实践呢?

在我国当代美学界，一提实践，人们往往只看到一种功利、实用意义上的实践，并认为这种实践就是“自然的人化”和“人的本质力量对象化”，就是审美实践。我国当代占统治地位的“实践论美学”就是在这些观点的基础上才逐渐形成和发展起来的。

但这些观点显然存在着极大的误解和片面。

首先，实践具有着不同的存在形态。实践绝不仅仅是一种功利、实用意义上的实践，即什么“合规律性与合目的性的统一”，或“真与善的统一”。

其次，这种实践对人而言往往是外在的，是非本质的，它仅仅是人谋求生存、维系生活的一种途径、一种手段，因而它怎么可能成为“自然的人化”和“人的本质力量对象化”呢?

再次，如果认为这种实践就是什么审美实践，人们还从这种实践中获得了一种美感享受和精神满足等，那就更近乎缘木求鱼，很有些不得要领了。事实上大家清楚，人们从这种实践中不仅很难获得一种美感享受和

---

① 《列宁全集》第38卷，人民出版社1986年版，第230页。

② 《列宁选集》第4卷，人民出版社1972年版，第453页。

精神满足等，而且往往会感到很不快乐，甚至痛苦，按照马克思的一贯说法是，这种实践往往造成人本身的异化，人“不是自由地发挥自己的体力和智力，而是使自己的肉体受折磨，精神遭摧残”[①]。

我认为，只有从社会实践与人本质的联系和关系上，才可能从实践中进一步具体地抽绎和分离出一种审美实践，并对审美实践有一个比较科学和合乎实际的认识和理解。

从与人本质的联系和关系上来理解，实践从根本上讲就不是什么人的“生活来源”“谋生手段”，而是个人“存在的积极实现”，是人的“自由的生命表现”“自由自觉的生命活动”，是“作为目的本身的人类能力的发展”，是人生命价值和意义的全面实现和充分确证等等，因而是人的“生活的第一需要”。

这种实践对人而言往往是内在的，是本质的，按照马克思的说法是，它“表现为内在的必然性，表现为需要”[②]，因而它才是“自然的人化”和“人的本质力量对象化”。

进一步讲，在这样的实践中，因为人才能够“把劳动当作他自己体力和智力的活动来享受”[③]，“我的劳动是自由的生命表现，因此是生活的乐趣”[④]，因而，这种实践才可以被确切地称为审美实践，或依马克思，叫“按照美的规律来建造”[⑤]。把这种实践明确地确认为审美实践，应该说是非常自然的，它合乎实际，也反映了美学作为一门科学的内在必然要求。

这样，通过审美实践，也就是通过这个“自然的人化”和“人的本质力量对象化”，客观对象就一方面成了人性的对象，另一方面又成了对象性的人，从而客观对象就最终与人之间确立、凝定了一种现实的对象性的

---

① 《马克思恩格斯全集》第42卷，人民出版社1995年版，第93页。

② 《马克思恩格斯全集》第42卷，人民出版社1995年版，第129页。

③ 《马克思恩格斯全集》第23卷，人民出版社1995年版，第202页。

④ 《马克思恩格斯全集》第42卷，人民出版社1995年版，第38页。

⑤ 《马克思恩格斯全集》第42卷，人民出版社1995年版，第97页。

联系和关系。而这种客观对象与人之间的现实的对象性联系和关系就是审美价值，是客观对象作为审美对象的特殊本质。马克思曾说，审美欣赏就是人作为审美主体“在他所创造的世界中直观自身”[①]，马克思这句话显然包含着对审美价值的这种正确理解。

可见，从社会实践与人本质的联系和关系上确定审美实践，这无疑是非常正确的，而只要我们确定了这种审美实践，审美价值的问题自然就迎刃而解了。

（三）以审美价值为基础，从审美体验与审美评价的辩证统一关系上确定审美欣赏的特殊本质。

审美欣赏什么呢？审美欣赏审美价值。审美价值是审美欣赏的具体内容，也是审美欣赏产生和存在的客观前提或现实基础。因此，在美学研究中，要认识审美欣赏，把握审美欣赏的特殊本质，就必须以审美价值为基础，审美价值对审美欣赏而言显然具有着一种极其重要的前提性意义。进一步讲，审美欣赏对审美价值又是怎样认识和反映的呢？审美欣赏作为一种比较特殊的认识和反映活动，它之所以特殊，还具体表现在它是先审美感受、审美体验，然后才审美认识、审美评价。前者为前提、为基础，后者才是主导和方向。这两个阶段循环往复，交替作用，便构成了审美欣赏的完整过程。在审美欣赏过程中，一方面，如果不通过对审美价值的审美感受、审美体验，不仅审美主体的审美感情（美感）无由产生，无由形成，而且审美主体的审美认识、审美评价也会没有基础，丧失自己。正是有了这样一种审美感受、审美体验，审美主体才既由于感受和体认到自己生命存在的伟大价值和崇高意义而获得一种美感享受和精神满足，即进入审美同情、共鸣状态，又为自己继之而来的审美认识、审美评价创造了条件，提供了帮助。另一方面，如果审美主体不以审美感受、审美体验为基础展开对审美价值的审美认识、审美评价，不仅审美

① 《马克思恩格斯全集》第42卷，人民出版社1995年版，第97页。

对象美与不美的问题无从获得准确衡量和科学确认，而且审美主体进一步的审美感受、审美体验也会无由深化，反而会迷失方向。正是有了这样一种以审美感受、审美体验为基础所展开的审美认识、审美评价，才既保证了审美对象美与不美的问题得以合理反映和正确鉴别，又为进一步的审美感受、审美体验指明了方向，使之不断深化自己、提高自己。鉴于此，要认识审美欣赏，把握审美欣赏的特殊本质，除了前述的以审美价值作为基础外，就显然还要从审美体验与审美评价的辩证统一关系上进行积极、深入的思考和探索。当然，这样就涉及审美想象、审美观念、审美潜意识、审美意识等一系列问题了，因为很显然，没有审美想象，审美主体就无从展开审美感受、审美体验；没有审美观念，审美主体就无从实行审美认识、审美评价。而审美主体的审美想象、审美观念活动又往往分别是在审美主体的审美潜意识、审美意识的不同意识层面而进行的，如此等等。

（四）以审美价值作为逻辑起点，建构中国当代美学理论体系。

审美活动作为一种系统发生，到底以什么作为统一的原则或尺度、内在的联系或线索？那就是审美价值。具体地说，审美实践就是为了实现和确立这种审美价值，审美欣赏就是为了体验和评价这种审美价值。“审美活动无非就是这两个基本过程，而这两个基本过程形成全部社会审美生活的核心关系：审美生产（创作、创造）与审美需要（感知）。”①通过审美价值，审美实践与审美欣赏才内在地、有机地联系起来，统一起来，并构成一个完整而有序的系统。而审美价值在整个审美活动系统中所处的这种特殊地位，就必然客观地决定了要建立一种“一以贯之”的中国当代美学理论体系，就必然以它作为逻辑起点、理论支点，因为很显然，只有以它作为逻辑起点、理论支点，那些有关审美活动的正确思想和观点才有可能具有一种内在而深刻的统一性，并从而被纳入一个严密而完整的

① 《马克思主义文艺理论研究》编辑部编：《美学文艺学方法论》上卷，文化艺术出版社 1985 年版，第 48 页。

系统。所以，以审美价值作为逻辑起点，来建构科学的中国当代美学理论体系，这无疑也是十分自然的，是合乎审美活动实际的，相信以它作为逻辑起点来建构中国当代美学理论体系，我们的美学研究将会有一个美好的前程。

（本文原刊于《晋东南师范专科学校学报》2000 年第 4 期）

2003年

读懂吕荧

张正方

《美学正说》出版后，首先接到王畅先生来信，王畅先生是中华美学学会会员，河北省社会科学院研究员，在美学方面很有造诣，对吕荧美学思想尤其具有独到和精辟见解，他的来信当然使我高兴，我也会倍加看重、珍惜！

信中讲："从吕荧'接着讲'是一个应引起美学界关注的课题，但这需要大声呼吁，需要做很多工作。"这话不错。在中国当代美学界，吕荧的美学思想作为"主观唯心主义"的东西早已被人否定了，连吕荧这个名字也几乎从人们的记忆中消失，此种情况下，重提吕荧，恢复吕荧美学思想在中国当代美学领域中的唯物主义地位和声誉，并在此基础上建构科学的和具有普遍意义的美学理论体系，这怎么可能是一件轻而易举的事情呢？

但是，为了追求真理，为了美学事业的发展和繁荣，更为了人类自身的提升和进步，我们又必须这样做，我们别无选择！

我以为，要从吕荧"接着讲"，在继承吕荧美学思想基础上进一步发展吕荧美学思想，首先必须重读吕荧，读懂吕荧。

读懂吕荧，是缘于从20世纪五六十年代至今，吕荧的美学思想在人们那里基本处于一种误读状态。如上所述，所谓吕荧的美学思想是什么"主观唯心主义"的东西，就是由这种误读所导致的一种必然结果。如果人们依然认为吕荧美学思想是什么主观唯心主义的，谁还会继承和发展吕荧美学思想呢？

读懂吕荧，只有弄清吕荧美学思想的真实情况或本来面貌，我们才有可能准确地和符合客观实际地判断吕荧美学思想的理论性质，发现吕荧美学思想在中国乃至世界美学领域所处的独特的学术地位及其重大的科学意义，从而有针对性地指导我们当前处在困境中的中国当代美学研究。

重读吕荧，读懂吕荧，确认吕荧美学思想的科学品格、真理意义，是我们继承和发展吕荧美学思想的重要条件或根本基础，也会激发、坚定我们继承和发展吕荧美学思想的意志、信念和决心！

我认为，吕荧对蔡仪、朱光潜等人美学思想的分析与批评是准确的、有力的，抓住了要害，迄今为止我们仍然可以从他的客观分析与中肯批评中获得灵感，吸取智慧。但这些远不是主要的、根本的。要重读吕荧，读懂吕荧，至少对吕荧在美学基本理论建设方面的三点卓越成就，我们必须加以充分确认，予以高度关注。

一、在美的本质问题上，创造性地提出了美是人的社会意识的观点，并把这种观点牢固地确立在马克思历史唯物主义的强大哲学基础之上。他讲：“美是人的社会意识。它是社会存在的反映，第二性的现象。”他还讲：“美的事物自身是不依赖人的意识为转移的客观存在，然而并不是世界上一切客观存在的事物都可以被人认为是美的。因此，美的事物需要具有一定的特征或条件（即美的条件），方才能够被人认为是美的。反对唯心论者所说，美是绝对的无条件的主观的观念或感情，任由感情外射或者感情移入就可以创造出事物的美。”提出美是人的社会意识，又承认美这种社会意识的产生具有一定的客观条件，这样，吕荧不就把美是人的社会意识的思想最终牢固地确立在了马克思历史唯物主义强大的哲学基础之上了吗？当然，无可否认，吕荧这种观点还是粗浅的，仅仅是开始，美所产生的具体客观条件究竟是什么还需要我们进一步广泛思考、深入研究。但是，就是他对美的这种初步探讨，不正代表了中国当代美学研究中唯物主义的正确方向，从而具有着重要的和划时代的里程碑意义吗？中国当代一向认为吕荧的美学思想是什么主观唯心主义的，这种对吕荧美学思想的否定和批评显然是有失公允的，是根本错误的，不符合吕荧美学思想的具体实际。不客气地讲，对吕荧美学思想的这种无端否定和粗暴批评，实际上是从根本上扼杀了中国当代真正意义上的马克思主义美学研究。吕荧这种唯物主义美学思想自 20 世纪 70 年代以后基本处于一种无人问津的遗弃状态，谈不上什么继承和发展，就与这种无端否定和粗暴批评大为相关。

二、引进马克思主义的实践论，为揭示美所反映的具体客观内容开辟了一条正确的道路，做出了伟大的理论贡献。他讲："事物创造生产的规律，就是人创造生产事物的规律。那意思也就是说，人类创造生产的事物，或为食用，或为欣赏，都是有益于人的生活的。无益而有害于人的事物，人类不会去生产它们。这些有益于人的生活的事物，能够改善人类的物质生活条件，增进人类生活的幸福；因此，它们也就是美的事物，'因此人也是按照美的诸规律而创造的'。人类创造生产的社会的事物具有这种性质，是很明显的。自然的事物也是如此。"在美学研究中引进马克思主义的实践论，并且把着眼点放在社会实践的功用意义、实用价值上，而不是放在社会实践与人本质的联系和关系，这在中国当代美学界是一种十分广泛和极为普遍的现象，甚至所谓的"实践美学"也就是在这样的基础上才逐渐形成和发展起来。但吕荧在提出美是人的社会意识后，又从社会实践角度开始考察和探究客观对象作为审美对象的特殊本质，从而进一步为美这种社会意识的产生寻找客观根据、现实基础。这种做法，在中国乃至世界美学领域显然都是独特的，是绝无仅有的，为揭示美学所反映的具体客观内容开辟了一条正确的道路，做出了卓越的理论贡献。因为很显然，客观对象作为审美对象是与人有关的，具有一种现实的联系和关系，如果客观对象与人无关，不具有这种现象的联系和关系，那么它对人而言就是"无"，即没有意义，它还怎么可能作为审美对象给人带来一种美感愉悦和精神的满足呢？而客观对象与人之间的这种现实联系和关系只能由实践来赋予，只有实践才具有这种直接现实性的功能与品格。尽管在对社会实践的具体认识和理解上，着眼于社会实践的功利意义、实用价值，而不是着眼于社会实践与人本质的联系和关系上，这一点，他也未能幸免。

三、从认识论意义上，提出人对客观事物的审美反映、审美评价也与人的审美观念紧密相联、密切相关，从而在美学研究中，在对美的本质的揭示上，既坚持了唯物主义，也贯彻了辩证法，具有重要的方法论意义。美的产生，或者说人对客观事物的审美评价，以客观事物为基础，取决于客观事物本身的性质或特点，这是吕荧先生所确认的，也符合审美活动的实际情况，如果没有客观事物本身的原因，美作为一种社会意识岂不成了无源之水、无本之木。但是吕荧对美的研究、探讨没有停留于此，相反，他又进一步从人的主观、意识方面对美的产生、形成进行了一些初步的考察和粗略分析。他讲："这些形色声味是美还是不美，以及美到什么程度，这种美的意义如何，就要通过意识的判断。拿花来说，人在生活中见过许多花，关于花的美的概念已经形成，所以对于花的美与不美可以进行直接的判断，不需要多加思考。表面上看来，人觉得花的美仅仅只是凭借感觉，实际上这个判断是跟生活观念美的概念以及观念联系着的。""人认为事物具有这些特征或条件是美的，具有那些特征或条件是丑的，与人一定的社会生活及这社会生活所决定的一定的观念有关。"这实际就潜在地、深刻地隐含了，客观事物的本质特点符合人作为审美主体的审美观念，人作为审美主体就认为客观事物美，给客观事物以美这样由衷的审美判断、审美评价，相反，就认为客观事物丑，给客观事物以丑这样的审美反映、审美认识。从物的客观方面，也从人作为审美主体的主观方面来揭示美这种社会意识所形成的根据或原因，这显然既坚持了唯物主义，也贯彻了辩证法，在中国当代美学研究中，在对美的本质的揭示上，具有重要的方法论意义。有人或许要讲，在审美评价中，人作为审美主体的审美观念要发挥作用，施加影响，这是一种非常简单和常识的看法，算不得什么高深见解，然而我要讲，在中国当代美学领域，我们缺乏的就正是这些非常简单和常识的看法，那种玄而又玄、让人不知所云的所谓美学理论在我们中国当代美学界不是显得既多又滥吗？

以上只是粗浅看法，旨在抛砖引玉，我相信美学界的大量有识之士一定会还吕荧一个公道，还历史以本来面目！

众所周知，中国当代美学研究现在举步维艰，困难重重，迫切需要别开生面，另找出路。而吕荧这一脉唯物主义美学思想不就正为我们目前这种处在困境中的中国当代美学研究开辟了一条新的和达到光明的道路，指引了一个前进的方向吗？我相信，吕荧的美学思想必然会成为我们当前建构科学的和具有普遍意义的美学理论体系的强大思想基础和基本出发点。

继承吕荧这份丰厚的美学思想、美学遗产，恢复吕荧美学思想在中国当代的唯物主义地位和声誉，是我们良知的表现，也是我们神圣的责任，更是我们追求和建构一种科学和具有普遍意义的美学理论体系的内在必然要求。我想，沿着吕荧开辟的这条道路不断地思考、研究、探索、进取，我们中国当代的美学研究一定会云开见日，柳暗花明，拥有无限美好的前程！

王先生信中还讲，中国艺术研究院著名研究员李希凡同志“一直关注着吕荧美学思想的影响”，安徽滁州的吴腾凰“一直热心于吕荧美学思想的研究”。我想，现在关注吕荧美学思想的人是少了一些，但这没有关系。在中国当代，马寅初、孙冶方等的学术思想、学术观点已经得到了人们的重新认识、重新评价，为什么吕荧的美学思想就不能得到人们的重新认识、重新评价呢？在改革开放和人们思想空前活跃的今天，相信大多数人都会具有这样的眼光、觉悟和鉴别、判断能力。

先生在信中满怀希望地讲：“如能促成一次吕荧的纪念会或吕荧美学思想的研讨会，那就更有意义。”在美学追求上，先生有这样的识见、雄心和魄力，着实令我感动，叫我钦佩。我想，只要有人，有声音，我们就充满希望！

（本文原刊于《美与时代》2003 年第 1 期）

2006年

“奥涅金”中译本六十年

元　尚

《叶甫盖尼·奥涅金》是俄国著名诗人普希金的长篇诗体小说，这个故事曾经感动过许许多多的中国读者，而《奥涅金》中文完全版在中国已有六十几年的历史。

解放前的两个译本

《奥涅金》的第一个中文全译本，由甦夫所译，1942年9月桂林丝文出版社出版，名曰《欧根·奥尼金》。此译本只译出了8章，没有翻译“奥涅金的旅行”和“第十章”。该版本是从莫斯科1931年出版的涅克拉索夫的世界语译本译出，译者还参考了米川正夫的日译本。从甦夫所译的《奥涅金》全书的结构来看，可以推测他所依据的那个世界语本极有可能也是只有8章。这个译本采用的是自由体诗形式，和普希金的“奥涅金诗节”相去较远。翻译难，翻译诗尤难。翻译普希金的这部长篇叙事诗，可以说从一开始，就是难上加难。就如何翻译普希金的这部诗体长篇，60年来许多人做了有益尝试，但是，普希金的诗歌形式的那种美感总是很难表现出来。对于这第一个中译本，后来的人们多有批评，其中吕荧的看法当属中肯，吕荧说甦夫的译本“文字枯涩而且粗率，并且很多地方和原诗出入很大”。前一个问题，属于译者的文字修养问题，后一个问题，则是译者所依据的版本问题。就 60 年前而言，后一个问题，不能算是译者的问题，能够把这样一部世界名著翻译过来，当是功不可没了。戈宝权也说这部最早的译本中误把“德国大诗人席勒误成为英国大诗人雪莱”。目前这个版本已经很难寻找，戈先生藏有此本。

在第一个中译本出版后，为纪念普希金这部长诗出版 110 周年，1944 年 2 月重庆“希望社”出版了现代文艺理论家、美学家、翻译家吕荧根据俄文本翻译的《欧根·奥尼金》，这是第一个依据俄文本翻译的此书，这个译本还包括了“奥涅金的旅行片断”和“第十章”。这种结构格局成为以后所有译本的框架。在这部译本中还有胡风的译文。它们是第六章十五节、十六节和三十八节。用了一个冬天，吕荧于 1942 年春天完成译稿，接着又在 7 月份对其译稿进行了第一次校改。此间胡风先生还帮他参照日译本校改了一些诗句。从这里可以看出，胡风当算得上是中国“奥涅金情结”的缔造人之一。在这个译本的“跋”中，对于翻译普希金的诗，吕荧说：“如果勉强照顾全书音韵的格律，势必将要牺牲内容的完满和语言的纯朴，以韵害诗以词害意，不是普希金的道路，也不是我们的道理。”吕荧翻译的《欧根·奥涅金》的这个版本，1944 年 2 月出版后，1947 年上海又出了再版本，解放以后，1950 年又有上海海燕书店版。

解放后 17 年中的两个译本

中华人民共和国成立以后，普希金的这部长篇诗体小说，最有代表性的译作是查良铮译本和吕荧译本的校改本。从版本意义上说，吕荧的校改本当算是一个新版本。

查译本的中文名也叫《欧根·奥涅金》，也是依据俄文原本翻译的。书由上海平明出版社 1954 年 10 月出版。查良铮在翻译这部书时，还参考了苏联外文出版社出版的特奥多尔·科米肖的德译本，以及巴贝特·

多伊奇的英译本。另外查良铮还翻译了斯罗尼姆斯基的《关于欧根·奥涅金》一文。1983年四川人民出版社再版了这个译本。

吕荧的校改本，出版于1954年12月。这个校改本依据苏联国家出版局1949年版《叶甫盖尼·奥涅金》单行本，并参照了苏联科学院编辑的《普希金全集》(1950年版，十卷本)。译本中的附录部分，据译者说因为找不到新的版本，所以仍然依据1887年彼得堡苏伏林版。译本改动最大的地方是文字，吕荧自己说，这样做的理由是“使它更接近口语，更接近原诗”。经过这次校改，吕荧这个译本，成为公认的最好版本，译本优美典雅，当属外国文学译作中的典范之作。

在这个校改本中，吕荧对于书中的注也进行了校改，1947年吕荧去台湾师范学院任教，途经上海时，还从戈宝权那里借了美国《现代丛书》版巴贝特·多伊奇的英译本及俄文版的布罗德斯基的《叶甫盖尼·奥涅金详解》一书，对其初译本进行校改。后来他用来校改书中注的《叶甫盖尼·奥涅金详解》已是1950年莫斯科版了。

“文革”后译本

对于《叶甫根尼·奥涅金》的翻译，即使在“文革”前后也一直没有中断过。“文革”后出版的译本，其中智量和王士燮的译本就是在“文革”前完成的。智量的译本据其回忆在1962年已经译出初稿，而其出版却是1982年。王士燮的初译本是1963年9月完成，1970年译者又在插队的时候，于农忙之余对初译稿进行了“逐字逐句”的推敲，最后定稿是在1979年，出版时间为1981年12月，由黑龙江人民出版社出版。王士燮的译本依据的是1950年莫斯科本，王译本除了《奥涅金》的八章之外还以直译的办法将《奥涅金的纪念册》、《奥涅金的旅行》(片断)以及《第十章》(残篇)译成分行散文，译本的注释部分，主要使用的是布罗茨基的《普希金的长篇小说〈叶甫根尼·奥涅金〉》，并参考借用了一些其他译本的注释文字。和其他的译本相比较，王译本不追求诗歌形式上的相似，而是以能够表达作者原意为主旨。

智量的译本也是经过多年磨练才得以出版，据莫斯科俄文版《奥涅金》译出。智量译本除了《奥涅金》正文八章，注释，“奥涅金的旅游片段”和“第十章”之外，还有一个其他译本所没有的“别稿”，这个“别稿”是苏联学者根据普希金遗稿和《奥涅金》的不同版本的对比而整理出的一部资料。这个资料对于我们理解原诗有很大的帮助。

1982年2月上海译文出版社出版了冯春翻译的《叶甫盖尼·奥涅金》，冯译本中包括《奥涅金》正文的八章，《奥涅金的旅行》（片断）以及第十章。此书据莫斯科1949年俄文版译出。冯译本的特点是采用自由方式来翻译这部格律长诗。对于怎样翻译外国诗，冯春采取的方法是“比较自由的方式，适当注意节奏和音韵，主要求通顺流畅，更好地表达思想感情，而不追求形式上的严格”。当然这样翻译出来的《奥涅金》和普希金的原诗格律“相去甚远”。

1996年7月译林出版社出版了丁鲁的译本，其所翻译的内容和冯译本相同。在这个译本中丁鲁试着用汉语白话格律诗来翻译《奥涅金》，为此丁鲁还在书前的《“叶甫盖尼·奥涅金”与诗歌翻译》一文中做了很是详细的论述。

奥涅金在我国台湾省也有译本出版，由台湾作家郑清文翻译的此书，中译名为《永恒的恋人》，1977年6月志文出版社出版。中译本书名的过分本土化有时往往会与原书意趣相去甚远。这个中译本采用的是散文体，所依据的本子，据译者说是三种日文译本。郑清文的译本仅译出了《奥涅金》正文八章，其余未译。

（本文原刊于《中华读书报》2006年10月11日）

2008 年

吕荧的美学思想

赵士林

一、美是一种观念

绝对主观论最重要的代表是高尔泰，然而最先从实质上论证“绝对主观论”的却是吕荧。早在 1953 年，吕荧就论说道：

> 美，这是人人都知道的，但是对于美的看法，并不是所有的人都相同的。同是一个东西，有的人会认为美，有的人却认为不美；甚至于同一个人，他对美的看法在生活过程中也会发生变化，原先认为美的，后来会认为不美；原先认为不美的，后来会认为美。所以美是物在人的主观中的反映，是一种观念。①

二、美的观念的客观基础

但吕荧并不承认自己的这一观点是主观论，他认为主张美是一种观

① 吕荧：《美学书怀》，作家出版社 1959 年版，第 5 页。

念仍旧可以是客观论，因为美的观念有一个社会生活的客观基础。吕荧强调这个基础说：

> 美是人的一种观念，而任何精神生活的观念，都是以现实生活为基础而形成的，都是社会的产物，社会的观念。“经济发展是社会生活底‘物质基础’，它的内容，而法律—政治的和宗教—哲学的发展是这个内容底‘思想形式’，它的‘上层建筑’”，美的观念也是如此。①

吕荧认为，美的观念为社会存在所决定，“这就是美的观念的客观性”②，因此美是客观的。

三、“美是观念”的逻辑问题

吕荧关于“美是观念”的论析有一个明显的逻辑错误，即把观念来源的客观性当成观念的客观性。由于这一误解，他所理解的“美是观念”的客观论不能成立，“美是观念”实质上是一种主观论。

（一）朱光潜的驳难

对这一理论实质，朱光潜作了中肯的辨析与驳难：

> “美的观念”是否就等于“美”呢？说二者相等，就无异于说“花的观念”就等于“花”。谁也可以看出，这是彻头彻尾的主观唯心主义。尽管你承认“花的观念”由客观决定，这也不能挽救你，使你摆脱唯心主义，因为你毕竟肯定了意识（美的观念）就是存在

① 吕荧：《美学书怀》，作家出版社1959年版，第6页。

② 《文艺报》编辑部编：《美学问题讨论集》（第四集），作家出版社1959年版，第5页。

（美），把观念代替了存在。依吕荧的逻辑，只要有“美的观念”就有“美”，我们大可睡在床上把眼睛闭起，让“美的观念”在脑里打转，于是艺术美、社会美、自然美等等“万美皆备于我”了。①

（二）蔡仪的驳难

蔡仪则驳难道：

> 我们认为古代优秀的艺术品如云冈的雕像是美的，而且据历史记载，历代的人也大都认为它们是美的。可是按吕荧的美学理论来说，我们这些人的看法是错误的。云冈雕像所体现的是一千五六百年前的人的美的观念，而且基本上是它们的作者的美的观念，决不可能是后人的美的观念，更不可能是现在我们一般人的美的观念；因此现在的我们决不可能认为它们是美的东西，也不应该认为它们是美的东西。②

蔡仪的驳难有一定道理，但也有一点简单化。因为古人和今人的美的观念虽必有巨大差异，然也未必没有共同之处。从不同时代美的观念的共同性，也可导出不同时代有共同的美。蔡仪还认为：“吕荧所谓美是观念之说，既不符合于现实生活的实际，也不符合于马克思列宁主义反映论的原则。”③

就吕荧把“美是观念”理解成客观论这一点来说，蔡仪的批评是有道理的。

此外，吕荧除了认为美就是“美的观念”，还认为美就是“美的概

① 朱光潜：《朱光潜全集》（第五卷），安徽教育出版社1989年版，第104页。

② 蔡仪：《蔡仪文集》（第三卷），中国文联出版社2002年版，第28页。

③ 蔡仪：《蔡仪文集》（第三卷），中国文联出版社2002年版，第43页。

念”“美的意识”“审美观”“社会意识”。[1] 适如朱光潜所说：“他对于他所用的这一大堆抽象的名词，没有给以科学的明确的分析，因为这些名词在含义上不能是完全相同的。”[2]如此一来，吕荧的具体论析往往是混乱的、自相矛盾的。

由于吕荧主张主观论的态度较之高尔泰不坚决、不直接、不彻底，他把“美是观念”理解为客观论漏洞太大，理论上根本不能自圆其说，因此，我们从理论彻底性的角度，选择高尔泰作为“绝对主观论”的代表。但吕荧毕竟是中华人民共和国成立以来“主观论”的最初主张者，因此作了如上评述。

（本文原载于赵士林《当代中国美学》，人民教育出版社 2008 年版）

---

① 吕荧：《美是什么》，《人民日报》1957 年 12 月 3 日。

② 朱光潜：《朱光潜全集》（第五卷），安徽教育出版社 1989 年版，第 102 页。

2008 年

吕荧在文学翻译领域里的不朽业绩

闻　敏

吕荧（1915—1969）原名何佶，字云圃，诗人、作家、文学批评家、文艺理论家、美学家和文学翻译家，安徽天长县人，1935 年开始就读于北京大学历史系，1941 年于西南联大毕业。他在战乱频仍的岁月里成长成熟，在与疾病的搏斗中和逆境的挣扎中坚忍不拔，在文学的著述和译介方面孜孜不倦，以辛勤的耕耘获得了丰硕成果。1969 年 3 月 5 日，54 岁的吕荧在北京清河劳改农场瘐毙，葬身于渤海湾的盐碱地河滩，坟墓自然是没有的，哪里还谈得上墓碑？但他的那些以心血凝铸的作品和著译就是一座无字的丰碑——它通往世世代代读者心灵的路径将永不荒芜。本文所涉及的他在文学译介方面的卓越贡献即是那丰碑的一角。

在动荡的、硝烟弥漫的年代里，作为一名历史系学生，吕荧硬是凭着艰苦的自学掌握了俄、英两种外语。1940 年，吕荧 26 岁，尚未毕业，他的第一篇译作——卢卡契的《叙述与描写》就以“吕荧”的笔名发表在《七月》第六辑第一、二期合刊上了。这是他的文学翻译生涯的开始。之所以选择卢卡契的这篇论文来译，1944 年他在《〈叙述与描写〉译者小引》里曾作如下说明：“……其中虽有可以商讨的地方，却有很多地方让我们深思。至少，我们也该多少回顾一下自己的足迹——到底是在真实地创作现实主义的作品呢，还是一向就是走的自然主义形式主义的创作路线，仅仅打着现实主义的大旗而已？”这部译著 1946 年由上海新新出版社出版。

从1940年开始，直到1944年，吕荧为翻译普希金的代表作《欧根·奥涅金》投入了巨大精力。这部译著于抗战胜利前夕在重庆以“云圃书屋”的名义自费印行，1947年由上海希望社正式出版并再版，1954年经吕荧亲自修订后由人民文学出版社出版，更名为《叶甫盖尼·奥涅金》。

吕荧是向我国读者介绍普希金和普希金研究的第一人。为了翻译这部作品，他不仅系统地重温了普希金的原著，而且披阅了大量有关论著，以期“对这位‘世界诗人’的气质、艺术、风格，能有一个比较深切的体认”。作为这项工程的“副产品”，吕荧先后写出和发表了如下的论文和译著：高尔基的《〈普式庚论〉草稿》《普列哈诺夫的普式庚“为艺术而艺术论”的辩证》《论〈奥涅金〉》和卢那察尔斯基的《普式庚论》。

因为吕荧在这一领域里作了扎扎实实的探索，所以他才敢于向权威质疑。普列哈诺夫在《艺术与社会生活》中根据普希金的两首短诗《贱民》与《给诗人》得出结论说：到尼古拉时代，普希金已经意气消沉，不再希望俄国社会发生重大变动了，思想、见地都具有了悲观色彩，由此而降低了作品的质量。吕荧对这一论断不以为然，指出1825—1856年间普希金的主要作品，如《叶甫盖尼·奥涅金》《上尉的女儿》《普加乔夫》以及在写作《贱民》之前的一年与之后的一年所写的《致西伯利亚的囚徒》和《当我沿着喧嚣的街道徘徊》等，都表明普希金并没有对俄罗斯的前途失去信心，虽然他有过矛盾和失望的时刻，但他始终倾向民主、倾向人民，坚持他那一时代最激进的思想。吕荧认为在《贱民》与《给诗人》里，普希金所采取的是反讽手法，如据此而认为普希金“为艺术而艺术”，那就误解了它们“核心的真谛”，“掩蔽了诗人的特质和光芒”。

吕荧当时为什么选择这部作品来译呢？他在《论〈奥涅金〉》一文里作了回答。文章引述别林斯基的话说，普希金的这部诗体小说，“可以称之为俄罗斯生活的百科全书”。吕荧指出，这部作品的问世开辟了俄罗斯文学的现实主义之路，在此以前，古典主义、消极浪漫主义、感伤主义、神秘主义……的作品充斥诗坛，文学不能以强大的光和热照耀俄罗斯原野、感动人民的心。吕荧说，在这部作品中，普希金以19世纪20年代彼得堡青年社交界的一连串画面展开了一部交织着社会、人生、历史的巨作。它的内容丰富而广泛，具有很强的概括性：从厌倦一切的奥涅金，到自由主义浪漫诗人连斯基，到质朴、真挚的达吉雅娜……从奥涅金的苦闷，到达吉雅娜的悲哀，到连斯基的死……从都市、乡村的日常生活，到战争和革命风暴……从人的故事、人的典型、人的灵魂，到整个俄罗斯社会的生活、风俗和历史。它全面、深刻地揭示了沙皇政府统治下的贵族社会的真面目，使人看到腐败、堕落的风气怎样窒息了聪明有为的奥涅金，怎样戕害了纯真善良的达吉雅娜，让人醒悟和憎恶那罪恶的社会及其统治者。

吕荧认为，普希金属于那种能在昏乱中灼见文学艺术的方向和使命、能从现实中发掘典型人物的“根”、能预示社会历史的前进方向的作家，他笔下的奥涅金不是一般的爱情小说的主角，而是一个深刻的社会典型：他对现实不满、不安，但除自己外对一切都冷而淡之，无所作为，是个“痛苦的自私者”，是自普希金之后多次出现在俄罗斯文学名著中的“多余的人”，这样一种人，在当时的社会生活中可以千万次碰见。另一位主人公达吉雅娜，是普希金的“理想的灵魂”，而在现实生活里也确有原型作为依据。吕荧还说，普希金是以严肃、真挚的态度从事这部史诗的创作的，在反复的修改中力求使其中每个场面、人物，乃至细微末节都最大限度地合乎生活与人物性格内在的逻辑；他用真挚对照自私，用一个世界里的人性的完美对照另一世界里人性的残缺，从而显示出他对奥涅金的性格及其所根生的社会关系的否定和他对达吉雅娜的性格及其所根生的生活土壤的肯定。吕荧进而指出这部作品是当时俄罗斯社会的缩影，是“在世界的喧哗里，也在寂静里惊扰诗人心灵的幻梦”，其中有深藏的暗示、明晰的思想、真挚的感情、巧妙的讽刺、睿智的格言、诗的哲学……这一切有机地联结、融合在一个和谐的艺术整体里，完成了一种纯朴的美。

吕荧在这篇文章的最后说,《叶甫盖尼·奥涅金》的成功,根本上在于它的高度的真实,首先是人物的真实。他说:“只有真实,才能感人至深;而只有感人至深的,才是最诗的。”

1947年8月吕荧在有关普希金的专论《诗的气质》里,着重谈到普希金所处的时代以及他的思想与创作的倾向。他说,普希金生活和写作的时代正值1789年法国大革命风暴过去不久,欧洲古老的专制秩序被摧毁了,地处边缘的俄罗斯也开始动荡;普希金参加了十二月党人的活动,激烈地抨击农奴制,他的诗以成百上千的手抄本形式传播开去,不久他遭到放逐;在南俄,在人民中间,诗人的歌喉变得粗犷了。他被放逐到米哈伊洛夫斯克村之后,从老保姆和农民那里重温了儿时听过的神话和传说,人民的思想和意象启发了他,拓展了他的思路,他在《郭柳西诺村的历史》里借人物之口说:

> 丢掉细小的、靠不住的轶事,叙述真实的、伟大的事情,这种思想早就扰乱着我的想象。做时代和人民的审判者,在我看来,这是一个作家所能达到的最高的境界。

普希金在《〈叶甫盖尼·奥涅金〉草稿》里曾说,他的作品是要给门房里的读者去评判的。吕荧认为,诗人的道路和倾向决定了诗的气质,决定了作品的真实的深度与广度。文章里引用了普希金的诗句:

> 在光荣与至善的希望中
> 我无畏地向前眺望。

在这篇文章最后吕荧说,诗人所憧憬和追求的是自由的胜利和人民的解放,正因此他的诗里闪耀着庄严而瑰丽的光芒。《诗的气质》一文是吕荧“从生活论证创作”的代表作之一。

1940年，吕荧在英文版《国际文学》上读到《列宁论作家》后就将它译成了中文。1952年5月，吕荧编译的《列宁论作家》由上海新文艺出版社出版。他在“辑译后记”里说，虽然这本书中所收集的列宁有关作家的论述有些不过是片言只语，但它们和列宁论托尔斯泰的著名论文一样，都体现着列宁的文艺思想，为无产阶级的革命文艺理论和美学观点奠定了基础，吕荧说，“如果在这方面能起一点初步的草图的作用，译者的微末的劳力就算没有白费了”。

1953年1月，吕荧编译的《列宁与文学问题》由上海国际文化服务社出版，他在“译者引言”里说，列宁主义的文艺理论既深且广，而这本书中只包括《列宁与苏联艺术》《列宁与文学问题》《列宁论托尔斯泰》等三篇文章，接下去他又说：

> 不过，对于完全不了解列宁的文学思想的读者，以至对列宁的思想原则作粗鲁的解释或者公式教条的理解的读者，都是有一定的帮助和启发的。如果拿这三篇文章和列宁论文学艺术和作家的文字参照起来看，当可以得到更多的益处。①

1954年1月，为纪念列宁逝世20周年，吕荧撰写了《列宁的文学思想》一文。值得注意的是，吕荧的论述始终贯注着对极“左”的文艺思潮的批判与否定。如在谈及列宁的把文学事业视为整个无产阶级革命事业有机组成部分这一基本观点之后，着重谈到列宁关于文学继承性的见解，引述了列宁《关于无产阶级的文化》中所说的：“马克思主义作为革命的无产阶级的意识形态，具有全世界的历史意义，因为马克思主义决不抛弃资产阶级时代最有价值的各种成就，而是相反地，继承并改造人类思

---

① A. 米雅斯尼科夫等：《列宁与文学问题》，吕荧译，国际文化服务社1953年版，“译者引言”第2页。

想文化在两千多年来的发展中一切有价值的东西。只有在这个基础上和在这个方向上继续努力……才有可能被认为真正是无产阶级文化的发展。”再如，吕荧在文章里还引述了列宁在《共青团的任务》里关于这一问题的两段论述：“……只有确切通晓人类全部发展过程所造成的文化，只有改造这种以往的文化，才能建设无产阶级的文化——若不了解这点，我们便不能解决这个任务。”“无产阶级文化并不是从空中掉下来的，也不是那些自命为无产阶级文化专家的人所臆想出来的。如果认为这样，那就是胡说八道了。无产阶级文化应当是人类在资本主义社会、地主社会、官僚社会压迫下所创造出来的知识总汇发展的必然结果。”吕荧进而指出，对于作为文化形态之一的文学，列宁的上述论点也完全适用。他还认为，根据列宁关于“一个民族中有两种文化”的论点，我们首先应该批判地继承过去的民主主义的文学遗产。在这篇文章里吕荧还着重论及列宁是如何对待作家和知识分子的。他谈到列宁在《俄国工人过去的出版事业》一书中关于俄国解放运动所经历的三个主要发展阶段的论述，特别是对每一阶段的代表人物——贵族时期的十二月党人与赫尔岑，资产阶级民主主义时期的平民知识分子，如别林斯基，以及此后出现的更为彻底的民主主义者车尔尼雪夫斯基所给予的评价。吕荧认为，列宁的这些充满辩证法和历史唯物主义的论述“打倒了公式主义和教条主义的理论批评”。此外，吕荧在文章里还引述了列宁在《伟大的创举》中所倡导的“少发些政治喧声，多注意那些极其平凡然而却是生动的，从生活中取得又为生活所检证的事实”，认为应该少唱政治高调，多多观察和认真表现人民群众的生活。文章最后，吕荧还谈及列宁在与克拉拉·蔡特金的谈话中曾说过的——为什么我们要避开真正的美的东西——仅仅因为它是“旧的”，就拒绝拿它当作进一步发展的出发点呢？为什么我们要把不论什么都拿来当作神明一样顶礼膜拜——仅仅因为它是“新的”呢？对此列宁斥之以：“胡闹，完全是胡闹！”并说：“许许多多这种东西都是虚伪的。”吕荧认为，列宁的这番精彩的言谈无疑告诉我们：如果机械地、形式主义地去看待所谓“新的”与“旧的”，就会丧失对是非美丑最起码的辨别力。

吕荧认为，列宁的这一系列朴素而深刻的见解里都充满着至为宝贵的实事求是的科学精神。显然，吕荧当年那样迫不及待地翻译和阐述列宁的上述有关文学和文化发展的论述，具有着强烈的现实针对性。

吕荧还是莎士比亚作品的研究者和翻译者。早在1944年底他就在一篇题为《莎士比亚的诗》的文章里说：莎氏的作品既是“诗化”的，又具备着哲理的深度，这是与诗人长期艰苦的磨炼和积累分不开的。吕荧说：“在现实的世界里，没有一桩伟大是偶然的。”接着他反问道：“可曾有过任何一个平庸的经验主义者，以偶然的感想，以幽默或呓语的梦话，达到哲学的深思，达到《汉姆莱特》或《仲夏夜之梦》的诗境而成为艺术大师的么?”他指出，莎氏笔下的那些“净化了的纯诗的意象”，就其社会历史意义来说，是代表人的觉醒的人道主义者的形象。这样的形象贯穿在莎氏的全部作品中——初期较为朦胧，愈到后来愈加明晰，正如普希金所概括的那样，莎氏的目的就在于表现人和人民，表现人的命运和人民的命运。吕荧认为这是莎氏的思想与艺术的“本质的核心”。这篇文章的最后吕荧说，16世纪的英国社会就像波涛汹涌的海洋，充满着新兴的资产阶级与没落的封建贵族之间的矛盾和斗争。在这样的大背景下，莎氏戏剧的主人公们，被激荡的思想洗洁了生命，带着黎明期天宇的色泽和暴风雨的清新从海上升起……吕荧说莎氏是个伟大的战士——惟其战斗，才会深广。

吕荧40年代末在台湾师范学院教授莎氏作品时就已开笔翻译的莎氏剧作《仲夏夜之梦》，于1954年由作家出版社出版。在“译序”里吕荧说，莎氏剧作的思想意旨总是含蓄而隐晦地交织在人生的画面里，只是偶尔像一道火光似的闪烁一下；由于时代和社会的原因，连莎氏最强烈的思想也总是以温和的方式表达出来，而且多半是借了丑角的口。这样一种暗示的写法构成了莎氏剧作的特点之一。从本质上看，莎氏是现实主义诗人，他的作品的主题永远是人与人生。吕荧说，《仲夏夜之梦》里的“梦”和这“梦”里的仙灵实质上都是人生的诗的升华，通过这戏中的爱情故事，莎氏把人民的幻想提到了人文主义的高度，写成了文艺复兴时代的人的神话，反映着这人类历史上前所未有的最伟大的进步和革命。吕荧指出，由于《仲夏夜之梦》是莎氏的早期作品，所以充满着美丽的人生憧憬和轻松愉悦的色调，后来，随着他不断地向现实的深处开掘，产生了他的一系列的悲剧，他的对戏剧艺术的理解也在不断深化——从《仲夏夜之梦》中的“最好的戏都不过是些人生的影子”，发展到《汉姆莱特》中的“自有戏剧以来，它的目的始终是作为一面镜子反映自然”。吕荧认为，莎氏后期伟大的艺术和深刻的思想不是突如其来的，在他初期的喜剧里就已经有了萌芽。结合着对莎士比亚创作的概述，吕荧在这篇序言里，进一步阐发了他于十年前在《莎士比亚的诗》中所提出的论点：“作家，必须先作为战士而生活，才能作为诗人而深广。”吕荧认为莎氏的不朽还在于他的乐观和坚韧。他说，莎士比亚，这个憧憬人类真正的自由和幸福的诗人，虽然看清了世界是一座牢狱，看清了世间的魔鬼多得连庞大的地域都容纳不下，但是他却始终满怀着希望，面对现实人生勇敢地进取，无论在诗里还是“梦”里。正因此他才能给悲剧以典型的内涵，给喜剧以思想的光辉；正因此他才能够向诗的境界持续飞升，而没有落入虚无主义的陷阱和庸俗的泥坑。

吕荧在译介外国文学的理论和著作方面，除上面所涉及的几个方面之外，还翻译了普列哈诺夫的《论西欧文学》，该书于1957年由人民文学出版社出版。60年代中叶，吕荧还想翻译莎士比亚的十四行诗，但那时他的脑神经系统的症状有增无已，而且不久就失去了人身自由，以致这一心愿终于未能实现。

仅从以上粗略涉及的吕荧在文学译介中所取得的丰硕成果中，我们已不难看到他那高深的文学造诣、他那谨严的学风、他那对我国文学乃至整个文化史事业的高度责任感和对于后继者的殷切期望。

（本文原刊于《新文学史料》2008年第4期）

2009 年

瞿秋白、甦夫、吕荧、戈宝权、余振译普希金及其传播

李　今

20 世纪 20 年代中期以前，普希金这位“俄罗斯诗歌的太阳”是以小说家的形象来到中国的，其汉译均为小说。 直至 1927 年《文学周报》于第 4 卷 20 期发表了孙衣我译普希金的《给诗人》《无题》《一朵花》之后，普希金的诗歌才逐渐被汉译，他的诗人形象才逐渐丰满起来，他的文学形象才逐渐得到全面的展现。 1933 年温佩筠在哈尔滨自费出版了一本俄中对照的诗歌散文选《零露集》，其中收入普希金的十三首抒情诗，这大概是最早从俄文直接把普希金的诗译成汉文并收入集子的，虽然印数只有五百本，但还是产生了一定的影响。 当时东北正处于日寇侵略、伪满统治之下，温佩筠将 A. K. 托尔斯泰的《祖国》排在首篇，洛何维茨卡亚的《我爱你》放在次篇，颇激起了一部分青年的爱国热情。 在这本译诗集的“小引”和“写在后面”中，译者盛赞“普希金及莱蒙托夫即是俄国诗坛的两个柱石”，他的译诗就是想“借异国零落的清凉的甘露，淋洒在读者行将枯萎的‘心灵之花’之上！”其寓意也即诗集题名的由来。 鲁迅也注意到这本诗集，曾于 1935 年 1 月 29 日致萧军、萧红的信中索要这本书：“《零露集》如果可以寄来，我是想看一看的。”[①]

普希金在中国获得广泛传播的契机是 1937 年普希金逝世百年的纪

① 鲁迅：《致萧军、萧红》，载《鲁迅全集》（第 13 卷），人民文学出版社 2005 年版，第 366 页。

念，用罗果夫的话来说，从这一年起“这位诗人的节日才初次被广泛地纪念着”①，出版了一批纪念专刊和作品集。译文杂志社为此展开了一系列的译介活动，先后推出了新2卷1期的“普式庚特编”、新2卷6期的“普式庚逝世百年纪念号”和新3卷3期普式庚研究系列译文，并从中选辑了一批论述普希金的文章以及普氏的诗文编成一本《普式庚研究》（1937年）专著。《中苏文化》杂志出版的“普式庚逝世百年纪念号”，除评介普希金的文字外，还辑录了张君川翻译的五十九首译诗和张西曼的四首译诗；另外《诗歌生活》《东方文艺》《新诗》《光明》等杂志也都发表了纪念特辑。为此而出版的作品集有瞿洛夫选编《普式庚创作集》（1937年），其中收入了孟十还、克夫、孙用、蒲风等人的三十六首译诗和十一个短篇；中苏文化协会普希金逝世百周年纪念筹备委员会刊印的材料《A. 普式庚》（1937年）；中苏文化协会上海分会主编、韦悫编辑的《普式庚逝世百周年纪念集》（1937年），其中除四篇总论外，收入了十六首诗歌，孟十还译了十四首，另外还有一部诗剧和三篇小说。俄国侨民也在上海分俄、法、英、中文，出版了《普希金百年祭纪念册》。文化生活出版社出版了孟十还译《普式庚短篇小说集》（1937年），共收入小说九篇，译者在“后记”中说：“凡是足以作为普式庚底代表作的短篇小说，都在这里了。”②生活书店则有周立波译的《杜布罗夫斯基》（1937年）。诗歌出版社蒲风、叶可根合译的《普式庚诗钞》（1938年）也是这次百年纪念的产物，收入了五十二首译诗，是我国出版的第一部普希金诗集。围绕纪念普希金诞辰百年的一系列出版活动大大突出了普希金的诗歌成就，弥补了中国译介普希金的偏颇。

1938年5月瞿秋白翻译的《茨冈》首次刊登于武汉时调社出版的诗

① 罗果夫：《普希金纪念碑在上海》，载罗果夫主编、戈宝权负责编辑《普希金文集》，时代书报出版社1947年版，第383页。

② 孟十还：《后记》，载普式庚《普式庚短篇小说集》，孟十还译，文化生活出版社1937年版，第337页。

丛《五月》上，1940年又由文艺新潮社出版单行本。普希金的这首长诗是瞿秋白被解除中央领导职务，脱离了政治舞台后，冒着被逮捕的危险，在上海过潜居生活时着手翻译的，到他奉命去中央苏区时尚未译完。临行前他将译稿赠送给了从他学俄文的彭玲，不久瞿秋白就在国民党疯狂的清剿中被地主武装捕获，1935年6月18日英勇就义。彭玲将瞿秋白的这份珍贵遗稿转交给了诗人穆木天，它是由瞿秋白抄在一本黑布软面的英文抄本上的，另外还有一沓用拷贝铅笔写在零碎的中国竹纸上的残稿。后由锡金翻着《露和字典》，对着俄文原文将这些残稿整理出来。据锡金说，誊录在抄本上的有四百三十八行，他又从残稿中整理出七十七行，共计五百一十五行。普希金的原诗共五百六十九行，由于瞿秋白的翻译不是按行对译的，按之原诗，是译到第四百三十三行，还剩一百三十六行未译。[①] 在抄本的扉页上，瞿秋白用拉丁字写下了这样一句话："第一次用最普通的白话写诗的尝试。"这清楚地表明了瞿秋白试图通过翻译《茨冈》实践自己的翻译主张的用意。1931年底瞿秋白曾和鲁迅有过一次关于翻译的小小商榷，在给鲁迅的通信中，他明确表达了自己的翻译主张，即"绝对的正确""绝对的白话"，所谓"绝对的正确"大致与鲁迅主张的"直译"相当，而在"绝对的白话"上，他们略有分歧。由于鲁迅痛感中国的文或话太不精密，所以力倡翻译不仅要"输入新的内容"，而且要输入"新的表现法"，甚至不惜"宁信而不顺"。但瞿秋白认为翻译"应当用中国人口头上可以讲得出来的白话来写"，即译文应"是朗诵起来可以懂得的""绝对的白话"。[②] 他的《茨冈》正是自己翻译主张的体现。而且他的实验"绝对的白话"，用的是叙事诗体，这与散文相比更有难度。所以锡金高度评价说"这，是秋白先生曾经思虑过许久的诗歌口

---

① 锡金：《茨冈·后记》，载罗果夫主编、戈宝权负责编辑《普希金文集》，时代出版社1954年版，第92页。

② 鲁迅：《关于翻译的通信（并J.K.来信）》，载《鲁迅全集》（第4卷），人民文学出版社2005年版，第382、384页。

语化问题的一次勇敢的实践”，并认为“这一次实践是成功的”。①

瞿秋白译文的口语化和明白通畅可以茨冈老人的一段话为例，他劝说那位抛掉了故国和城市生活的阿乐哥，不要为他女儿的移情别恋而苦恼：

朋友，你别难过，
她是个小孩；
你的发愁真没道理，
你那样的爱，
又难又苦，女人的心理，
可来得个随便；
你看那个天边，
远远的月亮，
自由的在逛，
它的光辉顺便的
平等的照着整个天下，
它就这么随便的
射着一片云，那云底下
可真是灿烂的光芒，
但是，你看它已经又
移到了别一片云上，
仍旧又不会有多久。
谁能够指示天上一个地方，
给月亮说：再动就不行！
谁又能够对着年轻的姑娘

① 锡金：《茨冈·后记》，载普希金《茨冈》，瞿秋白译，文艺新潮社1940年版，第51页。

说：爱着一个不准变心！

你宽心些吧！[①]

老人的这段话译得的确可以称为绝对的口语化、大众化。与现在提倡译诗不仅要忠实于原作的内容，也要忠实于原作的形式不同，瞿秋白更重视语言的听得懂和讲得出，因而他不惜将普希金的诗行拆开，把这段只有十七行的诗断为二十二行，更方便诵读。不过也很明显的是，于诗歌的优美方面有所损失。在瞿秋白翻译《茨冈》前，实际上已有了盛成的《无国游民曲》和黎烈文的《波希米人》两种译文[②]。盛译尽管诗行整齐，但有硬凑之嫌，虽然他尽量使每段中每行的字数相等，但读来却恰恰破坏了韵律，黎译是以散文文体译诗，因而都未能流传开来。

40 年代以后，普希金的各种选集陆续出版。曹辛选编的《普式庚诗选》共两册，收入了三十八首抒情诗和叙事诗。文化生活出版社的《译文丛书》出版了普式庚选集三册，包括孟十还翻译的《普式庚短篇小说集》(1943 年)和《杜勃洛夫斯基》(1944 年)[③]、孙用译《上尉的女儿》(1947 年)。

孟十还对普希金的翻译贡献较大，其译文也相当典型地反映了三四十年代的翻译特点。就其小说翻译来说，与赵诚之、周立波相比，由于他是从原文翻译的，不仅保证了没有删节，译文比较完全，甚至能“忠实地几乎逐字逐句扣住着原文”[④]，但有时犯着硬译的毛病，使有些过于欧化的地方格外触目。举一极端的例子：

---

① 普希金：《茨冈》，瞿秋白译，文艺新潮社 1940 年版，第 39 页。

② 分别收入韦悫编辑《普式庚逝世百周年纪念集》，商务印书馆 1937 年版；A. 亚尼克斯德等著《普式庚研究》，茅盾等译，生活书店 1937 年版。

③ 这两种实际上是把孟十还 1937 年版的《普式庚短篇小说集》一分为二。

④ 蔚明：《关于普式庚的翻译》，《译文》1937 年新 3 卷第 3 期。

他被一切凡是围绕着他的人物所纵容，使得他习惯把充分的自由给与自己底激烈的性格底每一次暴发和极浅薄的知识底种种计划。①

读完这段人物描写的话恐怕谁都会不知所云。

孙用译《上尉的女儿》是以世界语作为底本的，1944 年曾以《甲必丹女儿》为书名出版过，翻译前他曾对安寿颐 1921 年商务印书馆出版的译本进行了校读，写下了《〈甲必丹之女〉校读记》，翻译后他又写了《〈甲必丹之女〉校读后记》，认为安寿颐译本虽可能是从原文直译的，但是“无页不误”，“大部分的译文是顺而不信的，脱漏，删节，粗心的误会，故意的牵扯，都不必说，多的是莫名其妙的，恰与原意相反的语句……甚而至于以猜测和臆造代翻译了”。② 孙用不仅纠讹，补上了安寿颐译本的缺漏之处，而且将世界语译本的二十五条注解也都连带译出。1956 年孙用的译本又由毕慎夫用俄文校改了一遍，人民文学出版社出版。 对照这个版本可见，孙用译本也还存在着不少错讹、遗漏之处，尤其是意义不太明晰的地方较多，译文不够精确，这大概与转译所据的译本有关。

40 年代最大的收获是普希金“最好的作品”《叶甫盖尼·奥涅金》终于被全译过来，而且相继有了两个版本：1942 年 9 月桂林丝文出版社的甦夫（冯剑南）译本《奥尼金》和 1944 年重庆云圃书屋的吕荧译本《欧根·奥涅金》。 在此之前，已有不少片段发表，如 1935 年《东流》第 1 卷第 3 期登载的林焕平译《达希耶那的告白》（即达吉雅娜给奥涅金的信）、融毂翻译《奥涅金》第一章全文，发表于 1937 年《时事类编》第 5

① 普式庚：《杜勃洛夫斯基》，孟十还译，文化生活出版社 1944 年版，第 1 页。

② 孙用：《〈甲必丹之女〉校读后记》，载普式庚《甲必丹女儿》，孙用译，东南出版社 1944 年版，第 9 页。

卷第4—5期上。后来瞿洛夫选编《普式庚创作集》时，除此译诗外，又收入了夏玄英、丽尼翻译的几节片段，甦夫出书前也曾将第七章译诗发表在1942年《诗创作》第7期上。

虽然甦夫译本上没有说明所据版本，但经吕荧从译注及译文所引的人名拼法上考证，他是以米川正夫的日译本和世界语本为蓝本的。吕荧作为《叶甫盖尼·奥涅金》的第二个译者对甦夫译本做了认真的研究，他最不满意的是“文字枯涩而且粗率，并且很多地方和原诗出入很大”，因而认为“这样译出来的《奥尼金》，率直地说，固然可见译者介绍普式庚的热心；但是同时也加给了原作以损害”。从版本来看，甦夫译本只有八章，缺“奥涅金的旅行片断”和“第十章”及普希金的原注。而且甦夫译本依照世界语和米川正夫日译本将原书上各章省略的诗节都填补起来，如第一章的9、13、14节，第四章的1、2、3、4、5、6、36、38节，第五章的37、38、43节，第六章的15、16、38节，第七章的8、9节，还有第八章的2、25节的不完整部分。吕荧认为这些都是未定的草稿，是普希金“不能够或是不愿意发表的”，不应列进正文。他的处理办法是把一些不成熟的诗节，还有别稿以附录形式附在正文之后。另外，甦夫据日译本为每一章都加了题目。这些题目当然也不是毫无来由，它们出自普希金在草稿上留下的写作大纲的篇名。但吕荧认为米川正夫不了解这部巨著的“社会史画的性质”，用一些恋爱小说标题——“少女之恋”“绝望”“噩梦”“夜会女王”等加入正文之中，有损“原作的深刻和典雅，带了几分流俗”。[①] 吕荧作为一位美学理论家，是很敏感的，标题对于作品题材和主题意义以及风格的生成的确有着鲜明的指示作用。

吕荧根据的是1937年苏联国立艺术出版局莫斯科版，同时参照1887年彼得堡苏伏林（A. S. Suvorin）版。他吸取了1937年版的第十章和

① 引文均见吕荧《跋》，载普希金《欧根·奥涅金》，吕荧译，云圃书屋1944年版，第386、388页。

1887年版的附录诗节及普希金论《欧根·奥涅金》札记。校改时胡风又根据米川正夫的日译本修订了一些诗句。吕荧在着手翻译这部长篇诗体小说前对普希金做了系统的研究，“希望对这位‘世界的诗人’底气质、艺术、风格，能有一个比较具体比较深切的体认”[①]。其“副产品”就是他1943年翻译出版的《普式庚论》，内收卢那卡尔斯基、高尔基等论述普希金的文章十三篇；1946年翻译出版苏联吉尔波丁著的《普式庚传》。

翻译诗无疑要比翻译小说更有难度，这也是为何在整个20世纪上半叶诗歌翻译与小说翻译完全不成比例的原因之一。尤其是被赫尔岑誉为“吞没了普希金的生命的辉煌巨著”《欧根·奥涅金》，经过作者历时八年的写作修改已成为“成熟的艺术”的典范。在《奥涅金》中普希金依据十四行诗创造了被称为“奥涅金诗节”的独特韵律。这使第一次从原文翻译，能够欣赏到这种韵律的优美的吕荧备感棘手。他十分清楚所谓“奥涅金诗节”严格规定了诗歌的结构，它要求每一诗节都是十四行，其韵脚是abab ccdd effe gg，即四行交叉韵，四行对偶韵，四行环抱韵，最后两行又是对句；每个诗行之中又包括四个抑扬格的韵步；各诗行的音节数目是9898 9988 9889 88。面对如此严整而又富于变化的形式，吕荧说《奥涅金》的“全部诗作约四百节，都在这生动和谐的韵律中，以抑扬格起伏；所以全诗如一湖清水，静静地绉着涟波，轻逸柔和，几乎不用同样的韵律，难以达到那种诗和音乐交溶的境界”。考虑到中国文字与俄文的差异以及自己的能力限制，吕荧的翻译策略是在达意的层次上，“力求每个字句都能扣着原文直译。原诗中有些拆裂的诗句，也尽量让它保持原形；因为有时拆裂不仅是为了押韵，而多半是为了语言和文字的重力”。但在韵律方面，用自由诗体，采“最广意的韵”来翻译。尽管在“跋”中，吕荧为自己的这一不能求全而求其次的译法做了不少辩解，但作为一位具有很高审美修养的理论家，他还是十分清楚，他所损失的正是

① 吕荧：《后记》，载卢那卡尔斯基等《普式庚论》，吕荧译，新知书店1946年版，第247页。

《奥涅金》的“灿烂处”，所以他希望以后如果可能，“能按原诗的韵律音节，用谐意而且谐音的韵来更换”。[①] 吕荧的希望正是以后的一代代翻译家所努力的最高境界。对于吕荧的译文后人已有评说，认为一是理解错误较多；二是太拘泥原文，过于欧化，不无硬译之嫌。[②]

甦夫和吕荧的译诗体小说《奥涅金》用的都是自由诗体，严格说来，传达的是小说，而不是诗体，他们的译本都是在表现小说内容的层次上，把情节和人物个性基本上反映出来，而放弃对原作形式的移植。他们在中国诗歌翻译由自由体—格律体—原作的诗形式的追求中，代表的是初始阶段的探求路子。

普希金在中国传播的第二次高潮是1947年纪念普希金逝世一百一十周年。上海各界隆重举行了纪念大会，郭沫若在纪念会上做了《向普希金看齐！》的演讲。《文艺春秋》《文艺复兴》《读书与出版》《中苏文化》等期刊都编辑了纪念特辑。这次纪念活动的最大收获是时代书报出版社出版了罗果夫主编、戈宝权负责编辑的《普希金文集》。这是一部集普希金各种体裁创作之精华、中俄作家论普希金之经典言论的综合集子，不仅精选了普希金在抒情诗、长诗、故事诗、戏剧、小说等各种文学体裁方面的代表作，俄苏著名作家及诗人论普希金的权威言论，而且全部译文都是从俄文直接译出，集中了普希金汉译的最高成果。另外文集还辑录了普希金在中国的资料，包括戈宝权的《普希金在中国》《普希金作品中译本编目》《编目补遗》《普希金生活与著作年表》，罗果夫的《普希金纪念碑在上海》，从而使之无论从作品还是译文，无论对于阅读还是研究，都集权威性、全面性及普及性于一体，为全面快捷了解普希金提供了方便。《普希金文集》在1947年出版后的两年时间里就再版了三次，最后一版印

---

① 引文均见吕荧《跋》，载普希金《欧根·奥涅金》，吕荧译，云圃书屋1944年版，第389—390页。

② 参阅杨怀玉《〈叶甫盖尼·奥涅金〉在中国》，载张铁夫主编《普希金与中国》，岳麓书社2000年版，第264—266页。

数高达一万册，产生了非常广泛而长远的影响。1999年为纪念普希金诞辰二百周年，人民文学出版社曾出版了一本《普希金与我》的散文集，其中竟有十五人深情地谈到《普希金文集》这本书对他们走上创作、翻译和研究的人生道路所产生的决定性作用，其影响之大，由此可见一斑。戈宝权对这个文集贡献很大，他不仅是编者，也是主要译者，其中的四十首抒情诗和两首故事诗都出自他的译笔。与以前普希金抒情诗的译诗相比，翻译水平有了明显的提高。由于篇幅所限，仅以《纪念碑》的第一段为例，这首诗在戈宝权译以前已有五种译文。

张君川译：

我为自己建立了一座天然的纪念碑；
青草不生长在到那儿的路径，
那独立的高高举起了首的
亚历山大之纪念柱。[①]

黄源译：

我为自己做了一个非手作成的纪念像，
向它那里去的路上，
草被大众踏得不再生长。
它那抬起的自由的头颅，
直高过亚历山大城里的建筑。[②]

---

① 普希金：《纪念自己》，张君川译，《中苏文化》1937年第2卷第2期。

② 普希金：《纪念碑》，黄源译，载瞿洛夫选编《普式庚创作集》，文化学会1937年版，第69页。

王季愚译：

我给我自己建立了一座塑像的纪念碑
人民的小径却没有对它生长；
它悖逆的头高耸在亚列克山大的宝塔之上。①

蒲风、叶可根译：

我为自己建立了铜像，
我不许民众轻易用手来触摸，
那铜像比亚历山大纪念塔还要高，
傲然地抬头而耸立着。②

唯楚译：

我为自己竖起一座不是手造的丰碑；
一条要为人类的脚所行走的道路；
亚历山大的枪柄没有像我的柱石那样雄伟
它骄傲地昂起光辉的头颅。③

① 高尔基：《普式庚论》，王季愚译，载韦悫编辑《普式庚逝世百周年纪念集》，商务印书馆 1937 年版，第 121 页。

② 普希金：《普式庚诗钞 · Exegi monumentum》，蒲风、叶可根译，诗歌出版社 1938 年版，第 88 页。

③ 普希金：《我为自己竖起一座丰碑》，唯楚译，《诗创作》1942 年第 8 期。

戈宝权译：

我为自己建立了一座非人工的纪念碑，
在人们走向那儿的路径上，青草不再生长，
它抬起那颗不肯屈服的头颅
高耸在亚历山大的纪念石柱之上。①

显而易见，用罗果夫的话来说，戈宝权的译文“不仅接近原文和免除了许多文意上的曲解，而更重要的，就是这些诗是基于对普希金诗歌的了解而译出的”②。前此的几种译文，且不说如何缺乏韵律和诗意，在这一小段中的曲解就令人瞠目，按照王季愚和蒲风、叶可根的译法，恐怕就不知道如何来理解普希金是位人民的诗人了。

1948年光华出版社出版的余振译《普式庚诗选》是三四十年代普希金长诗翻译的集大成者，其中收入了《波尔塔瓦》《铜骑士》《巴赫奇萨拉伊之喷泉》《茨冈人》《高加索的俘虏》《强盗兄弟》等六首长诗。这些长诗都是余振在西北大学任教时译出的，作为俄国诗选的教材，他一面讲授，一面修改了不下十余次。余振后来成为普希金诗歌翻译的大家，主张诗歌翻译“首先要忠实于原文的内容，其次要忠实于原文的形式”，为此，甚至力倡现在“大家一致反对的‘逐字逐句地直译’”。③但他在40年代的翻译还仅仅处于实践自己主张的第一阶段，即“忠实于原文的内容”，而未能做到“忠实于原文的形式”，因而，他称自己此时的译诗是“不成诗的诗句”，所能自信的是在译文内容“信”的方面，“已经尽了最

① 普希金：《纪念碑》，戈宝权译，载罗果夫主编、戈宝权负责编辑《普希金文集》，时代书报出版社1947年版，第116页。

② 罗果夫：《序》，载罗果夫主编、戈宝权负责编辑《普希金文集》，时代书报出版社1947年版，第6页。

③ 余振：《后记》，载普希金《普希金长诗选》，余振译，外国文学出版社1984年版，第392页。

大的努力了”。①

经过三四十年代中国翻译家的努力，普希金作品移译得最全的是小说，他一生写有十四篇，汉译了十二种；其次是长诗，十四篇中汉译了八种（不包括《叶甫盖尼·奥涅金》）；其他如童话诗六种，翻译了三种；戏剧七种，翻译了三种。差距最大的是抒情诗，普希金一生创作了有八百余首，包括未完成的诗作、片段和草稿，翻译过来的只有一百二十余首。这就是说，普希金所创造的诗的王国，虽然经过三四十年代译者的辛勤耕耘，也只是收获了八分之一的成果。普希金作为“俄罗斯诗歌的太阳”，在中国还只放射出一角的光芒，这还没有考虑到是否“等效”地移译过来的因素。由此可见，罗果夫在纪念普希金逝世一百一十周年时，对中国翻译普希金的状况概括得还是很中肯的，他说：“中国读者对于普希金的作品的兴趣，其增长的速度，较之普希金作品的完整的中译本的出现还更为迅速。作家所写的研究普希金的著作还很少。同时，以中文翻译普希金的诗歌的困难，也造成这样一种情形，就是中国读者所知道的这位大诗人，主要地还是位散文作家。翻译普希金的散文，当然比翻译诗歌容易。正因为这个原因，他的散文作品差不多都已经译为中文，而他的诗歌作品，则还只译了很少的一部分。”②

普希金的诗作虽然直至40年代晚期才有较成熟的译诗出现，而且汉译的数量相当有限，但似乎并未影响普希金作为一位大诗人形象在中国的确立，与其他俄国古典作家相比，他是唯一一位得到左翼文坛的全面推崇，代表着文艺发展方向的旗帜性人物。

在普希金逝世百年纪念之前，普希金之于中国的意义还仅仅停留于一般性的介绍，持论者态度客观，并无推举膜拜之意。如鲁迅于1907年

① 余振：《后记》，载普式庚《波尔塔瓦》，余振译，诗文学社1946年版，第74页。

② 罗果夫：《序》，载罗果夫主编、戈宝权负责编辑《普希金文集》，时代书报出版社1947年版，第6页。

写的《摩罗诗力说》中，在介绍普希金“初建罗曼宗于其文界，名以大扬”，继而塑造“力抗社会，断望人间，有斐伦（拜伦——笔者注）式英雄之概”的奥涅金，表现出“不凭神思，渐近真然，与尔时其国青年之性质肖矣”的同时，也不避讳批评普希金对于拜伦“仅摹外状，迨放浪之生涯毕，乃骤返其本然”，从而“立言益务平和，凡足与社会生冲突者，咸力避而不道，且多赞诵，美其国之武功”的变化。[①] 为此，郑振铎甚至认为普希金不如莱蒙托夫伟大，他说莱蒙托夫“反对战争”，“是一个人道主义者，这是他比普希金更伟大的地方”。[②] 瞿秋白对于普希金也多持保留态度，他虽然译介了果戈理把普希金标举为无人能出其右的“民族的文学家”，“于俄国的天性，俄国的精神，俄国的文字，俄国的特质，表显得如此其‘清醇’，如此其‘美妙’，真像山光水色，反映于明镜之中”的经典言论，但认为果戈理的推崇普希金“流于过分的夸奖”。[③] 五四时期因倡导“为人生”的写实主义，甚至使译者对普希金具有浪漫主义特征作品的移译产生疑虑，致使耿济之为安寿颐译《甲必丹之女》撰写序文时，还要先阐述一番为什么翻译这篇在一般人看来“其性质为历史小说，其著者乃属于浪漫派，其内容亦不过插写儿女间之爱情，实为平淡无奇之作品”[④]的大道理。 可以说普希金在五四时期还仅仅被看作是俄国文学的开创者，一位虽然说是伟大的，但还是一般意义上的反抗诗人，他受欢迎和崇拜的程度是不能与其时的托尔斯泰、屠格涅夫相比的。

普希金的声誉在中国的鹊起，与苏联掀起的“一个惊人的普式庚的复兴运动”[⑤]密切相关，苏联在普希金逝世百年举行的盛大的纪念活动，经

① 鲁迅：《摩罗诗力说》，载《鲁迅全集》（第1卷），人民文学出版社2005年版，第89—91页。

② 郑振铎编：《俄国文学史略》，商务印书馆1924年版，第24页。

③ 瞿秋白：《〈驿站监察吏〉序》，沈颖译，载《俄罗斯名家短篇小说》（第1集），新中国杂志社1920年版，第12页。

④ 耿济之：《叙一》，载普希金《甲必丹之女》，安寿颐译，商务印书馆1921年版，第2页。

⑤ L.劳格司门：《普式庚的流行之基础》，唐弢译，《译文》1937年新2卷第6期。

过中苏文化协会的组织直接波及中国，俄苏作家对普希金的高度评价被大量翻译过来，也直接影响到中国对普希金的重新定位。但这毕竟还是外部的因素，普希金能够在中国流行的基础是他与中国革命及革命文艺运动的契合。

左翼文学运动兴起以后，中国文坛对文艺大众化的热烈而经久的吁求，使普希金从保姆的口里学习民谣、童话、传说、俚谚和俗语作为他创作源泉的经验受到格外的重视，成为普希金阐释中的一个引人注目的亮点。虽然此时普罗文学的阶级意识强烈而鲜明，人们不会忽略"普式庚自己更带着充分的贵族精神"，特别是描写农民暴动的作品"始终带着一种贵族的观点"，[①]但这还不妨碍颂扬普希金为人类自由而战斗的精神和他从民间吸取养分的修养。左翼作家杨骚为纪念普希金逝世一百周年而写的《普式庚给我们的教训》，集中了这次"普希金热"中备受关注的三个方面，首先他就谈到，普希金从保姆那里修得的东西"在他的诗才的发展上，可以说是最重要的维太命"，"不但使他的诗情丰富，而且在不知不觉之中使他对于俄罗斯的国民精神有着理解，使他的纯粹的俄罗斯底灵魂觉醒了"。因而他断定普希金天才中含有的这种俄罗斯底灵魂"说它是从保姆亚莉娜那朴素的口碑下生长出来的，当非过言"。普希金所以能成为俄国的诗圣，"就是为着他的诗情是民间的，他的语言是单纯通俗的，他的音韵又是自然响亮的"，"民间文艺是他的最大最得力的一个图书馆"，他的才力正是"从朴素的民间文艺养育出来，因之他（它）能够普遍地侵入民间去"，他和民间文艺密切的接触，是他"在艺术成就上的一个决定底因素"。[②]由此在普希金的创作道路上找到了可以为中国革命文学提供成功经验，从而起到"教训"作用的经典性范例。为了全面适合中国左翼文坛所倡导的理论，此时也开始淡化普希金作为浪漫诗人

---

① 立波：《译者序言》，载普式庚《杜布罗夫斯基》，立波译，生活书店1937年版，第2页。

② 杨骚：《普式庚给我们的教训——纪念普式庚的百年忌》，《光明》1937年第2卷第5期。

的形象，而强化和突出普希金作品中的现实主义因素。 如果说，五四时期普遍认为普希金是浪漫派，“然其作品中实含不少写实派之精神”，[①]那么三四十年代以后，则认为普希金的创作是“彻头彻尾充满着现实主义的”[②]观点获得广泛的认同。

经过抗日战争，文学与人民群众的关系越来越引起重视，1939—1941年关于“民族形式”问题的讨论，1942年延安文艺整风运动，毛泽东《中国共产党在民族战争中的地位》《新民主主义论》《在延安文艺座谈会上的讲话》等一系列文章的发表，强调“为中国老百姓所喜闻乐见的中国作风和中国气派”，更把文艺“为千千万万劳动人民服务”树立为中国文艺的发展方向，把文艺工作者的思想与感情能否和工农兵大众的思想感情打成一片看作是否“大众化”的前提和内容，非常完整地建立起中国无产阶级革命文艺的理论、路线、方针和政策。 由于上述普希金的创作经验能够有效地纳入这个理论体系的框架之中，对普希金的阐释也就进一步得到升级。 当初，瞿秋白翻译普希金的《茨冈》为的是要“造成劳动民众的文学的语言”，1938年锡金所以不辞辛劳要将瞿秋白没有完成的这部译作整理发表，就是因为“秋白先生的在诗歌的语言上宝贵的实验，正是给我们对抗战诗歌的语言问题有极大的帮助”。 他认为普希金“反对装腔作势和造作的纤细，广泛地扩展语言的界限，密切地去接近大众，从大众借助和学习，这些，使得普式庚的语言创造达于完成”。 瞿秋白用普通的能够听得懂的白话翻译普希金的《茨冈》“已获得了很大的成功”。 他还用这首译诗在朗诵会中引起的强烈反响证明“新文学必须发起一种朗诵运动”的必要性，热情呼吁：“诗人们朗诵罢！ 从朗诵来审查你的作品罢！ 创造中国的新的文学的语言罢！”[③]普希金的诗歌及其写作经验就是

---

① 耿济之：《叙一》，载普希金《甲必丹之女》，安寿颐译，商务印书馆1921年版，第3—4页。

② 杨骚：《普式庚给我们的教训——纪念普式庚的百年忌》，《光明》1937年第2卷第5期。

③ 锡金：《茨冈·后记》，载普希金《茨冈》，瞿秋白译，文艺新潮社1940年版，第50、65、70页。

如此及时地结合进中国的抗战文艺和朗诵诗运动之中的。

1942年曹辛编选了“普式庚诗选”2集，他在后记《普式庚，俄罗斯诗歌的太阳》中也强调普希金作为俄罗斯民族语言的创始者，是“在大众语的基础上建设了俄罗斯的文学语言”，因而认为“要想使中国的诗歌向更高一级去发展的话，那末加紧向普式庚学习，是很必要的”。① 从对普希金的这些阐释中可以看出，左翼理论家不仅想通过普希金指出一条接近大众，向大众学习的创作道路，更重要的是想说明只有走这条道路才能建立民族的文学的语言，才能取得“达于完成”的文学成就。

把普希金作为中国革命文艺走“大众化”道路的一个榜样，即使不说是出于对普希金的误读，有点南辕北辙，起码也过于片面和随意。虽然左翼文学运动中的文艺“大众化”问题，在抗战时期“民族形式”的讨论中已经持续了相当长的时间，但文学的“大众化”始终未能成功地付诸实践，或者说，始终没有出现建立在大众语基础上的令人满意的文学作品。因而，借助于普希金的阐释，把大家都不甚了了的普希金的创作作为范例正填补了这一空白。另外，左翼理论家对普希金的想象，实际上同时寄托了他们“走向人民之梦”和“文学之梦”的两个梦想，这与政治向文学要求的“普及”性的“大众化”并不一致，在当时“人民”中的大多数还是文盲的历史条件下，左翼理论家把他们追求“人民之梦”和“文学之梦”的热情投射到对普希金的想象之中，也是造成普希金形象神圣化的原因之一。

也正是如此，普希金才能在中国文坛成为一个偶像化的人物。1947年他的一百一十周年纪念时，当时中国文坛的旗手郭沫若向全体文艺界发出号召：“向普希金看齐！”他把普希金的精神概括为三点：“第一是他的为人民服务的精神；第二是他的为革命服务的志趣；第三是……他发挥

---

① 曹辛：《普式庚，俄罗斯诗歌的太阳》，载曹辛编《恋歌》，现实出版社1942年版，第17页。

尽致了‘富贵不能淫，贫贱不能移，威武不能屈’的大丈夫的气概。”① 这标志着普希金形象的彻底中国化和革命化。普希金已经从过去“充分的贵族精神”形象，转变成了“站在人民本位的立场，以文艺的武器来诚心诚意地替人民服务”的“人民的普希金”。从这样的观点出发，郭沫若还进一步赋予普希金的决斗之死以神圣的意义。他说：“普希金他自己知道，他是俄罗斯人民的代表，是俄罗斯文化的代表，他的受了侮辱，也就是俄罗斯人民受了侮辱，俄罗斯文化受了侮辱，故而他不惜把自己的血和生命来做抵押，要把俄罗斯人民，俄罗斯文化的名誉争取回来。”②经过郭沫若的重新阐释，普希金身份中不甚符合中国革命文艺理想之处获得新的定位。胡风则把普希金纳入自己的理论体系中，以普希金通过艰苦的搏斗的路而开辟的“俄罗斯人民文艺底胜利的路”进一步论述了普希金所达到的“深刻的人民性，深刻的民族性”。

普希金在中国三四十年代的传播就是这样与中国革命文艺的大众化道路紧密地结合在一起的，虽然它建立在对普希金的误读之上，但使普希金在中国获得了只有高尔基能够相比的高位，他的“辉煌的成功”给予中国革命文艺的发展以巨大的号召力和影响力，从而像胡风所说，“终于被当作我们自己的诗人看待了”，“普希金和中国的会合并不是一件偶然的事情”。③

（本文原载于李今《二十世纪中国翻译文学史·三四十年代·俄苏卷》，百花文艺出版社 2009 年版）

---

① 郭沫若：《向普希金看齐!》，载罗果夫主编、戈宝权负责编辑《普希金文集》，时代书报出版社 1947 年版，第 327 页。

② 郭沫若：《向普希金看齐!》，载罗果夫主编、戈宝权负责编辑《普希金文集》，时代书报出版社 1947 年版，第 328 页。

③ 胡风：《A. S. 普希金与中国》，载罗果夫主编、戈宝权负责编辑《普希金文集》，时代书报出版社 1947 年版，第 333、334 页。

2011 年

美是观念
——吕荧

蔡灵美

吕荧是中国当代美学史上一位非常重要的美学家，他对美学问题的研究在中华人民共和国美学史上独成一家，对中国当代美学的发展进程进行了有益的探索，作出了独特的贡献。

在 20 世纪 50 年代美学大讨论中，吕荧成为“主观派”的重要代表。在美的本质问题上，他认为，“美是物在人的主观中的反映，是一种观念”，“美是人的社会意识”。同时他又主张美是观念并不意味着美是主观的，美的观念是在一定社会生活中和历史条件下的客观存在，但美的观念的客观性来源于社会历史的客观性，因此，美实际上是第二性的东西。他还把自然美看成是社会美，认为只有在人化自然的基础上，人才能欣赏自然的美，并且在社会生活中发展这种美。他主张只有把美与人联系起来才能得出对美的整体认识。美不仅与事物本质相关，也与人，与人的社会生活、历史时代、各种社会意识有关，而且，美不是固定不变的，它不断地产生和消灭着。在文艺问题上，吕荧也有自己的贡献。在解放初期，他就开始注重学习马克思主义的经典著作，讨论革命文艺问题；他探讨过现实主义艺术问题、创作实践问题；尤其是较早地对革命新文艺的公式主义、概念化等倾向提出了批评。他提倡马克思主义的美学和艺术观，提倡社会主义现实主义的创作方法，在他看来：“现代人类的社会只有一条前进的道路——社会主义。现代人类的艺术也只有一条前进的道路——社会主义的现实主义。”①

探讨美的本质问题，也就是回答什么是美的问题。在当时的美学界主要有四种不同的看法：第一种看法认为美是主观的，“美是观念”，持这种看法的主要代表人物是吕荧和高尔泰；第二种看法以蔡仪为代表，认为美是客观的，“美在物本身”；第三种看法认为美是主观与客观的统一，其代表人物是朱光潜；第四种看法主张美是客观性和社会性的统一，这种看法的代表是李泽厚。他们当时就美的属性问题，进行了激烈的争辩。吕荧早在《美学问题——文艺探讨之一：兼评蔡仪的〈新美学〉》一文中提出：“美是人的一种观念。”他说：“美，这是人人都知道的，但是对于美的看法，并不是所有的人都相同的。同是一个东西，有的人会认为美，有的人却认为不美；甚至于同一个人，他对美的看法在生活过程中也会发生变化，原先认为美的，后来会认为不美；原先认为不美的，后来会认为美。所以美是物在人的主观中的反映，是一种观念。”②“自然界的事物或现象本身无所谓美丑，它们美或不美，是人给与它们的评价。”③1957年，吕荧在《人民日报》上发表的《美是什么》一文，又进一步提出：“美是人的社会意识。”他说：“我仍然认为：美是人的社会意识。它是社会存在的反映，第二性的现象。”他在《美是什么》中对车尔尼雪夫斯基的“美是生活”这一定义作了这样的解释：“美是通过生活概念被人认识的。”他说：“美是生活本身的产物，美的决定者，美的标准，就是生活。凡是合于人的生活概念的东西，能够丰富提高人的生活，增进人的幸福的东西，就是美的东西。美不是超现实的，超功利的，无所为而为的。美随历史和社会生活本身的变化和发展而变化发展，并且反

① 吕荧：《艺术散记》，载《吕荧文艺与美学论集》，上海文艺出版社1984年版，第65页。

② 吕荧：《美学问题——文艺探讨之一：兼评蔡仪的〈新美学〉》，《文艺报》1953年第16期。

③ 吕荧：《再论美学问题——答蔡仪教授》，载《美学书怀》，作家出版社1959年版，第127页。

作用于人的生活和意识。美不是超然的独立的存在，也不是物的属性。美和善一样，是社会的观念。”[①]他认为自己的美学观是依据于马克思主义哲学的。他认为：“宣称‘美的观念是客观事物的美的“映象”’，用以肯定美是物的属性时……美学就必然离开社会生活的基础，只能限于物本身立论，在物本身寻找美的规律（即种类典型），走生物学的美学道路了。”因此，“辩证唯物论者认为美不是物的属性或者物的种类典型，它是人对事物的判断或评价”。

吕荧对美是一种观念的反复论证已经表明，他的包括文艺观在内的美学思想是一个整体，他的美学理论正是对他的现实主义观点的进一步概括和深化。以车尔尼雪夫斯基的美学思想为基础，吕荧提出了美是人的观念的观点，他并不是要以此否定美是生活，他所强调的是，生活的美是通过人认识到的，而人对生活进行评价所依据的生活概念本身，也是由生活提供和决定的。因此，把美看作是为社会生活决定的社会意识或观念，和把美看作是符合人的概念和理想的社会生活，在吕荧那里并没有本质的区别，这也就是美作为被社会存在决定的社会意识，可以与现实中美的生活相通，第二性的现象与第一性的现象可以互换的原因。他的理论意图却十分明确，那就是强调美的本质的现实性和社会性。吕荧认为，美与善这两种意识有密切的联系，对人有益的事物和美的事物彼此相通。一切合乎人的生活概念，对人的生活有益，能够增进人的生活幸福的事物，即称之为美，相反的便称之为丑。以美与善相通的认识为基础，吕荧从美的意识的起源和发展两个方面论证了美与生活的关系。

吕荧以生活论证意识，就是以生活论证美，他所要达到的结论是生活产生了美，生活是美的最后根源。他看重生活胜于看重美，他的美学思想的主旨与其说是研究美，不如说是研究社会生活，变动的真实的生动而

---

① 吕荧：《美学问题——兼评蔡仪教授的〈新美学〉》，载《吕荧文艺与美学论集》，上海文艺出版社1984年版，第436—437页。

丰富的社会现实，是吕荧美学思想的灵魂。吕荧对社会生活的重视，决定了社会美在他美学思想中的重要地位。在吕荧的美学思想中，美是人的一种观念的命题，除了包含着以生活论证美的意义，还包含着强调美与人的关系的问题，即作为主体的人在美的创造中的地位和作用。美是人的观念这一命题的更深刻的意义，还在于它反映了中国现代美学思想内部各种倾向的矛盾对立。“美是人的观念”是吕荧现实主义文艺观的一种特殊的表达和概括，即以战斗的积极的态度深入现实人生。一方面，美既然为生活所决定，既然来源于生活，那艺术家就必须自觉地深入生活，在真实的生活中而不是在其他地方创造美，获得美；另一方面，美又是观念，是人的评价，要获得美，那就必须以主动热切的心情体验感受生活，理解评价生活，从而发现美，并使之在艺术中上升到典型的高度。这两个方面结合在一起，就是现实主义艺术创作与生活的辩证关系，或者说是人与艺术的辩证关系。“美是人的一种观念”强调了人与社会生活的真实关系，而不是人与形而上学观念的虚幻关系，强调了艺术家对生活的积极的感受，而不是对抽象观念的消极顺从，强调全身心地深入生活的主观战斗精神，而不是与现实格格不入的冷漠的态度。仅仅从个别词句上或者仅仅局限于单独的个人，那是不能理解吕荧美学思想的根本倾向以及他在中国现代美学不同理论系统中的适当地位的。吕荧的美学思想是中国现代美学逻辑发展的产物，和胡风的美学思想一样，它是再现的客观论美学为使中国现代文艺避免非审美化或意志化而走向现实主义的一种艰苦的努力和尝试。

尽管吕荧的美学思想本身仍然存在着很大的忽视审美特性和规律的弱点或局限性（以善代美，以认识代审美），但在主导倾向上，艺术可以从他那里走上正确的道路，当然这必须以对他的局限性的克服为条件。吕荧实际上就把美的事物的现实功利性或实用意义初步确定为美所认识、反映、判断或评价的客观内容。拘泥于现行哲学教科书，从物质实践出发探讨、求索美所认识、反映、判断或评价的客观内容，这样做是不符合实际的，这是吕荧美学思想的局限所在，但同样应该肯定的是，要探讨、求索美所认识、反映、判断或评价的客观内容，必须通过马克思主义的实践论，因为，客观对象作为审美对象，就在于客观对象与人之间的现实联系和关系，如果没有这种现实联系和关系，客观对象对人而言就是“无”，即没有意义，它还怎么可能作为审美对象给人带来一种美感愉悦和精神满足呢？而这种现实的联系和关系，实际上就是美所认识、反映、判断、评价的客观内容，显然只能通过人类的社会实践来赋予，因为如众所周知的，只有实践才具有这种直接现实性的能力与品格。所以，吕荧从实践角度探求美所认识、反映、判断或评价的客观内容，这就既把美矗立在了社会实践的客观基础之上，也为我们最终找到美的根源开辟了马克思主义的唯物主义道路，把美学研究引向了正确的方向。吕荧“美是观念”的主张，在当时许多“唯物论”者看来，颇有些“唯心论”的嫌疑，这当然得不到多少人的赞同。但吕荧并没有因此而放弃自己对真理的探求，反而极力为自己的主张辩护。这种“独战众数”的精神，凸现出吕荧崇高的人格，这也为他后来在胡风落难时敢于力排众议为朋友辩护埋下了注脚。

吕荧对人类美学思想有着卓越的贡献，他从审美活动实际出发，在人类美学史上第一次创造性地提出了美是人的社会意识的观点，并以历史唯物主义为武器，始终坚持认为美作为一种社会意识与社会存在之间具有一种辩证的统一关系等。他从人们审美活动的实际出发，把美学牢牢地扎根于现实生活的土壤之中，开创性地提出了美是人的社会意识的观点。他还以历史唯物主义为理论武器，进一步阐明了美作为一种社会意识与社会存在的辩证统一关系等。吕荧提出美对社会存在的反映、评价不仅是通过人的审美观念完成或实现的，而且审美观念作为审美评价的主观尺度或意识标准对人的审美评价显然具有重要意义。吕荧美学思想为中国当代美学提出了主体，即人这个研究领域，从而使美学研究的焦点有了转向人本身的可能，这对中国当代美学的影响是十分重大的。吕荧从人的观念与生活的关系、社会意识与社会存在的关系以及实践活动的角度，对美的本质、美感和美的范畴等问题作了深入探讨，这对中国当代马克思主义的美学研究产生了一定影响。

吕荧以社会生活论证美，使美和人的生活密切联系在一起，要创造美，表现美，就必须深入生活，他的美学思想反映了现实主义艺术面向广阔的社会生活的倾向。吕荧把美放在人的观念与生活、社会意识与社会存在的关系之中加以研究，这就突破了仅把美看作主体意识方面的东西或客体物质方面的东西的局限，体现了实践美学以实践活动为基础的关系论视角。生活和艺术的关系是他美学思想的轴心，他把艺术的生命交给了生活而不是奉献给抽象的观念，他要求艺术呈现出真实的境界。他的美学思想是对依附于意志实践关系的非审美倾向的纠正。吕荧没有提出审美特性问题，美和善在他那里没有差别可以互换。但他以现实生活的善代替了主观意志的善，这是应当予以肯定的。因为不论把生活看作善还是看作美，生活总是以它的丰富生动的感性形态触发着人的现实感受，而这种感受正是审美的基础，艺术总是可以通过生活的启迪走向审美的境界，但在主观意志的善的领域中，艺术却没有这样的出路。吕荧把人与现实的主观与客观的互相转化看作美的根源。“美是一种观念”是有待论证展开的初始命题。从这个命题出发，他一方面把美归结为社会生活，因为社会生活是美的根源；另一方面又把美归结为人对生活的判断和评价，因为社会生活必须符合人的理想。吕荧实际上已经达到了美是符合人的理想的社会生活的结论，或者说已经隐约地意识到了美存在于人的主观目的和客观规律的统一中。他还没有触及社会实践问题，因而他对美是什么的表述显得很不一致（美是观念、评价、社会生活），但他明显地肯定了社会生活的突出地位。“社会生活”这个概念正逼近着美的本质的社会实践论。胡风的美学思想在美的本质问题上把吕荧的社会生活的观点发展为人的感性活动的观点，即人创造了感性世界，感性世界由人的实践活动构成。这样，社会生活的美就由人的评价转向人或人的实践活动本身，人成为生活的主宰，社会实践成为美的源泉。胡风关于感性活动的观点是吕荧美学思想向李泽厚的社会实践论过渡的中介环节。吕荧认识到把美的意识看作是对事物的种类性或一般性的反映的局限，他试图在认识论的范围内深化美感论，但他没有成功，这就表明仅仅在认识论中是无法揭开审美的秘密的。吕荧的美的认识论所预示的发展由胡风的美感论向前推进了。胡风作为吕荧的后继环节仍然突出地强调审美的理性内容，但是感性与理性、心理与认识、情感与理智的断裂在胡风那里得到了弥合，理性不再超出感性以概念的辩证运动认识美，而是与感性“化合”在一起成为一种感性的机能。相应地，情感在胡风美学思想中也取得更加突出的地位，预示着再现的客观论和表现的主观论将发生一次综合。作为胡风的先行环节，吕荧美学思想的全部特点标示着中国现代美学还处在一个初级的尚待继续发展的阶段。

吕荧的美学观是我国当代令人瞩目的一家代表，他的美学思想是遵循马克思主义指导的，其美学研究是努力按照辩证唯物主义与历史唯物主义的方法进行的。他的主观论的“美是观念”说，并非如过去一般人们的认识，是主观唯心主义的。应该说，吕荧的美学论证是严谨的，他的美学思想也是比较深刻的，吕荧美学思想以自己对生活敏锐的穿透力和科学性必将成为人类美学思想上永远的丰碑。当然，历史的局限性使他没有走到他所能达到的顶点，这并不是他的过错，而他在我国美学研究的历史上，功绩是不可磨灭的。

（节选，本文原载于王世朝主编《主流诗学视域下的安徽文艺思想家》，安徽人民出版社 2011 年版）

2014 年

在“知识话语”与“意识形态话语”间双向振摆
——“美学大讨论”时期吕荧美学思想重估

李圣传

在中国美学史版图中，吕荧是一位有着极高理论素养的马克思主义文艺理论家和美学家。尤其是在20世纪50年代“美学大讨论”中，他不仅针对蔡仪“美是典型”的观点进行了驳难，率先发动了批判的引擎，还在随后与蔡仪、朱光潜等人的来回论辩中形成了自己“美是社会意识”的独特美学思想。论及吕荧，人们首先想到的就是“胡风事件”以及“美学大讨论”中与高尔泰双峰并举的“主观派”。但事实上，在美学论辩中，尽管吕荧与高尔泰在逻辑起点上均持“主观”论调，却因依循的理论资源不同，因而当深入“美—美感”问题的阐发中时，两人便发生了对立。吕荧在美学讨论中仍延续着20世纪40年代关于“诗”与“真”的现实主义文艺思想，并将这种“真实性”立为“最高的美学规范”。① 正是这种“求真”与“求美”的社会主义现实主义精神铸型了他整个的理论品格和学术个性。然而，作为科学认识的“真”与价值需要的“美”显然不在同一层面内。这种知识话语的求真理想在“主观即唯心即反动”的意识形态话语建构要求下，最终致使吕荧在论争中显露出无法自控的

① 吕荧：《旗——读法捷耶夫的〈青年近卫军〉》，载《吕荧文艺与美学论集》，上海文艺出版社1984年版，第389—390页。

美学矛盾——游移于“主观”与“客观”之间。这种学理上的双向振摆，只要通过与蔡仪、朱光潜、高尔泰三位美学家的相互驳难与参照，便可一览无遗。

一、亦敌亦友：吕荧与蔡仪的美学姻缘

“美学大讨论”中，蔡仪与吕荧在气势汹汹的相互批判中颇有“不共戴天”之仇。然而，在各种代表性美学观点中，与蔡仪美学最为“密切”的无疑正是吕荧。撇开细微论点上的差异，吕荧在哲学认识论的路线上与蔡仪执手与共，且均遵奉列宁的《唯物主义与经验批判主义》，这就使得两人在逻辑起点上具有了共同的哲学基础。当朱光潜严厉斥责众人“不加分析地套用列宁的反映论”[①]时，正是吕荧与蔡仪携手反驳，在坚守唯物反映论的战线上予以朱光潜强烈反击。蔡仪与吕荧，在“客观典型”与“主观观念”的论调中似乎各执一端，但在理论内核上却殊途同归。理据有三：

其一，尽管论美的出发点不同，但理论的落脚点却一致。蔡仪主张“从现实的美入手”，切入点在客观的“现实事物”；[②]吕荧则主张从“人的观念”出发，切入点在“现实生活”。[③]前者的逻辑重点在“物”，后者的关注重心却在“人”。这是蔡仪与吕荧美学思想最为根本的分歧，也是两人相互驳难的历史起因。然而，美学起点上的分歧却并不意味着结论的背反。请看蔡仪与吕荧相互责难的美学辩论后所得出的结论，何其相似。就吕荧“美是观念论”，蔡仪反驳说：“美是客观现实产生的，

---

① 朱光潜：《论美是客观与主观的统一》，载《文艺报》编辑部编《美学问题讨论集》（第三集），作家出版社1959年版，第14页。

② 蔡仪：《新美学》，群益出版社1951年版，第27、52页。

③ 吕荧：《美学问题——兼评蔡仪教授的〈新美学〉》，载《美学书怀》，作家出版社1959年版，第6页。

它的决定者，它的标准，都是客观现实。要之，我们所谓客观现实事物的美是由客观现实决定的，不是由主观的观念决定的。”[①]对此，吕荧同样答复说：“我的研究结果为：美是人的观念，不是物的属性。人的观念是主观的，但是它是客观决定的主观，人的社会生活，社会存在决定的社会意识。在这一意义上它也有客观性。”[②]其实，在《美是什么》一文中，针对“读者来信”中“唯心主义”的质疑，吕荧便有着明确回答：“美的观念（即审美观），一如任何第二性现象的观念，它是第一性现象的反映，是由客观所决定的主观。”[③]很明显，蔡仪的逻辑思路从客观事物出发，得出美在于客观现实本身；而吕荧虽从人的观念、意识出发，否认美是事物的固有属性，主张从现实生活中去看出美，但他又把“主观的”观念看成是社会存在的反映，因而导致其美学的最终归宿同样是“客观的”。这种由“主观”到“客观”的论辩逻辑一方面受“社会存在决定社会意识”的哲学认识论思维方法所限，另一方面则在于知识分子在“求真”路线上的科学探索，即美学的“知识话语”在政治意识形态压力下，为迎合“意识形态话语”需求下的“客观”与“唯物”而表现出的话语扭曲与知识变形。

其二，尽管论美的主张不同，但理论的学理依据却一致。其实，吕荧与蔡仪不仅在出发点上泾渭分明，在许多理论主张上也颇为对立。如：蔡仪主张“美是典型，典型即美”，批判“由主观意识去考察美”等论调；吕荧则明确反对“美是典型”，主张“美并不是固定的”“是人的一种观念”，应从“社会生活”出发去考察美。这样两种几乎“对立性”的美学论点，为何偏偏却走向了“同一性”的美学归途呢？根本原因除意识形态的话语要求外，更在于共同遵守的方法论指南——哲学认识论。蔡

① 蔡仪：《批判吕荧的美是观念之说的反马克思主义本质——论美学上的唯物主义与唯心主义的根本分歧》，载《唯心主义美学批判集》，人民文学出版社 1958 年版，第 10 页。

② 吕荧：《再论美学问题——答蔡仪教授》，载《美学书怀》，作家出版社 1959 年版，第 117 页。

③ 吕荧：《美是什么》，载《美学书怀》，作家出版社 1959 年版，第 41 页。

仪与吕荧作为40年代的美学家，都严格遵循着“马克思—列宁—斯大林”的唯物主义反映论路线，尤其是遵奉列宁《唯物主义与经验批判主义》作为真理指南。这种从“社会存在决定社会意识”出发的哲学路线运用到美学学科上，纵使吕荧再想强调人的“意识”“观念”等主观性要素在美学活动中的重要性，他最后也只能补充说任何的社会意识都是第二性的，是社会存在的反映。因而最终与蔡仪在观点的对峙中走到一起。

其三，在反击“同敌”朱光潜的方式上，立场、观点、路线如出一辙。朱光潜发表《我的文艺思想的反动性》这一“自我批判”后，美学观点也由1949年前的“形象直觉论”置换成了“主客观统一论”，并希望通过马克思主义的立场转变完成身份认同，借此重获话语权。但在马克思主义理论家蔡仪和吕荧看来，朱光潜基于“物甲—物乙”基础上的“主客观统一论”无疑仍是“唯心主义的”。（1）先看蔡仪的批判。蔡仪认为，朱光潜区分审美与科学反映形式的区别自己也是承认的，但“无论前者或后者，如果是正确的反映，它的内容就是客观的；如果所反映的是所谓‘夹杂着主观成分的物’，就是歪曲的反映”，因为现实主义艺术要求就是“真实地反映现实”，“艺术的内容是现实的真实，不是主观臆造”。[①]（2）再看吕荧的批判。吕荧认为，在唯物主义者看来物就是物，“当客观中存在的物的形象为人的感觉所反映”时，“这物的映象，仍然是同样的物的形象，并不是‘夹杂着人的主观成分的物’了”，如果这种物的形象“因为‘夹杂着人的主观成分’而成为另一个‘物’（‘物乙’）”，那么“物乙”也就因人而异而使得“物的客观存在的真实的形象、形态的认识”成为不可能，“一切的科学也就是不可能的了”。[②]十

① 蔡仪：《朱光潜美学思想旧货的新装》，载《唯心主义美学批判集》，人民文学出版社1958年版，第114页。

② 吕荧：《美学论原——答朱光潜教授》，载《吕荧文艺与美学论集》，上海文艺出版社1984年版，第449页。

分明显，无论是蔡仪还是吕荧，都是从现实主义“客观真理”出发，要求人的意识和观念必须反映现实“真实”，进而揭示客观的科学规律，这是吕荧与蔡仪美学信奉的路线方针，也是两人共同的美学立场和原则。因朱光潜倾心西学多年，其美学的思维逻辑仍是心理学美学的路向，重视人的意识情感，而这种以人的审美经验活动为枢纽的美学路线无疑是与由“物”到“人”的唯物反映论恰相背离的。这就是吕荧与蔡仪根本无法与之“共事”而要严加责难的理由。

表面看来，吕荧基于“观念论”的“社会意识说”美学与蔡仪基于“美即典型，典型即美”的“客观典型说”美学在“美的本质”路线上各执一端、针锋相对，但因两人均谨守哲学路线上的唯物反映论，因而在“客观真理”的美学追思中终究殊途而同归。

二、同室操戈：吕荧与朱光潜的美学瓜葛

如果说吕荧与蔡仪因持唯物反映论的哲学原则而实属同一美学阵营，那么，吕荧与朱光潜则在“主观性”的理论维度上蕴含着千丝万缕的美学关联。当我们细察朱光潜与吕荧在“物乙”与“美是观念”等核心问题上的相互批判与责难时，仍未免深感同室操戈之痛。

吕荧说：“对于美的看法，并不是所有的人都相同的。同是一个东西，有的人会认为美，有的人却认为不美；甚至于同一个人，他对美的看法在生活过程中也会发生变化，原先认为美的，后来会认为不美；原先认为不美的，后来会认为美。所以美是物在人的主观中的反映，是一种观念。”①无论吕荧自己是否承认或自觉意识到，这种美在人的头脑中的“主观的”反映不正是在强调人的“审美意识”的重要性吗？这显然就是

---

① 吕荧：《美学问题——兼评蔡仪教授的〈新美学〉》，载四川省社会科学院文学研究所编《中国当代美学论文选：1953—1957》（第一集），重庆出版社1984年版，第5页。

“主观性”的看法。正如当时有人立即反驳所说的：“既然美是存在于人的主观头脑中，那末即使吕荧声明说：美的观点、美的意识是‘社会生活的反映’，但是这实际上还是抽掉了意识所赖以反映的客观内容，而叫人从意识、观念、主观中去找寻美。这不是唯心论又是什么呢?”①

吕荧在“主观性”论调下硬要为自己贴上“唯物主义”的标签，并想尽办法证明自己的“客观性”。这种理论观点上的焦灼，从朱光潜先生的批评中可洞悉一切：“吕荧的全部美学只有这样几句话：‘美的观念’就是美，就是美的原因，也就是美的结果；美又是第二性的，又不是第二性的；美感只是快感，审美要靠理性判断。吕荧何以走到这样自相矛盾的死胡同里呢？我看原因很简单。他的基本论点只有一个：‘美是人的一种观念’，这样的提法的主观唯心主义的色彩太刺眼了，于是他想尽方法来遮掩。一种方法是偷梁换柱，用‘社会意识形态’来装饰他所谓‘观念’，另一种方法是骑墙，他又要迎合流行的机械唯物主义的看法，说美仍然是客观存在的，他忘记了就在这同一篇文章中他已经一再否定了美的客观存在。”②

如朱光潜的批评所指出的，尽管美学观点与所持的理论依据在吕荧美学体系中产生了矛盾和分裂，但正是这种理论上“不自觉”地带有主体意识的“观念性”主张反而使得吕荧美学具有了时代急缺的闪光点。仅在这一维度上，朱光潜也颇为认同：“这种‘美的观念’倒是社会意识形态总和中的一部分，也就是说，它是一定历史条件下的世界观和阶级意识决定的。吕荧模糊地认识到社会意识形态对于美的重要性，他的这一点

① 余素纺、梁水台：《美是主观的，还是客观的？——评吕荧的美学观点》，载《文艺报》编辑部编《美学问题讨论集》(第四集)，作家出版社1959年版，第19—20页。

② 朱光潜：《美就是美的观念吗？——评吕荧先生的美学观点》，载《文艺报》编辑部编《美学问题讨论集》(第四集)，作家出版社1959年版，第31—32页。

好处我们是应该承认的。”[①]但朱光潜在认同吕荧“观念说”在“社会意识形态”这一层面上的合理性时，他又接着从“意识”取代“存在”即“观念”取代“美”这一唯物主义的路线上给予了棒喝：“这种‘美的观念’是否就等于‘美’呢？说二者相等，就无异于说‘花的观念’就等于‘花’。谁也可以看出，这是彻头彻尾的主观唯心主义。尽管你承认‘花的观念’由客观决定，这也不能挽救你，使你摆脱唯心主义，因为你毕竟肯定了意识（美的观念）就是存在（美），把观念代替了存在。”[②]

应该说，当朱光潜作出这样一种学理判断时，即已表明了朱先生唯物主义的立场，他是要反对脱离“社会存在”而从人的“主观意识”去谈美的“唯心主义”的路线倾向。从朱先生自身美学观点由“形相直觉”到“主客观统一”的转折中也反映出他竭力摘下“‘唯心主义’帽子”转向马克思唯物主义的决心。但是，不仅曾几何时朱先生自己在《文艺心理学》中反复表达着美是“心借物的形象来表现情趣”，“凡是美都要经过心灵的创造”，“美就是情趣意象化或意象情趣化时心中所觉到的‘恰好’的快感”[③]等与吕荧“观念说”论点极为一致的“主观论”思想，即使在“物甲—物乙”说中，他也仍未完全脱尽这种思想的残留。请看蔡仪对朱光潜的批判：“朱先生的所谓‘物’‘物本身’就是‘自在的物’，所谓‘物的形象’‘夹杂着人的主观成分的物’就是主观意识，然而朱先生不称前者为‘自在的物’，却称为‘自然物’，不称后者为主观意识，却称为‘社会的物’，虽然费尽心机，却是徒致理论的混乱，不仅不能掩

① 朱光潜：《美就是美的观念吗？——评吕荧先生的美学观点》，载《文艺报》编辑部编《美学问题讨论集》（第四集），作家出版社1959年版，第26页。

② 朱光潜：《美就是美的观念吗？——评吕荧先生的美学观点》，载《文艺报》编辑部编《美学问题讨论集》（第四集），作家出版社1959年版，第26—27页。

③ 朱光潜：《文艺心理学》，复旦大学出版社2009年版，第140—141页。

饰他的主观唯心主义，反而更暴露了他的主观唯心主义的纯然独断论的特点。”[①]吕荧对朱光潜“物甲—物乙”说也同样指责道：“朱光潜教授所说的‘物的形象’不是客观的物的表象，而是主观的‘反映了现实或者表现了思想情感’的‘艺术形象’，即以物为心、以心造物的产品；所以他所说的‘反映现实’，只是主观的生产创造的结果，主观的思想情感的表现，不是现实的如实的反映。”[②]

从以上分析可知，朱光潜批判吕荧“美是观念”之说的“唯心主义”论据与蔡仪及吕荧批判朱光潜本人的理论根据是一致的，批评的切入点均是认为吕荧（朱光潜）在强调人的“主观意识”层面脱离了“社会存在”而堕入“唯心主义”的泥淖中。朱光潜与吕荧，尽管两人在美学建构的方法论层面上有着本质的区别，但就强调审美过程中人的“主观意识”这一知识性论点上，他们是极为一致的。

三、形同实异：吕荧与高尔泰的美学界限

吕荧、高尔泰均因不满于蔡仪机械唯物主义的“客观典型论”，才相继提出了“美是观念”及“美即美感”的理论命题。尽管在美的“主观性”框架下吕荧、高尔泰似乎结成了“主观派”联盟，但除此之外，两人的美学思想在研究路径和思维理路上均存在着根本性差异，在美感问题上甚至持截然相反的理论主张。因此，当我们重估“主观论”美学时，就不得不重视和厘清这些观点的分歧，辩证地看到吕荧和高尔泰美学思想的同中之“异”。

其一，他们截取的马克思主义思想资源各不相同，因而对“美的本

① 蔡仪：《朱光潜的美学思想为什么是主观唯心主义的?》，载《文艺报》编辑部编《美学问题讨论集》（第三集），作家出版社 1959 年版，第 227 页。

② 吕荧：《美学论原——答朱光潜教授》，载《吕荧文艺与美学论集》，上海文艺出版社 1984 年版，第 457—458 页。

质”的理解也不同。吕荧从列宁《哲学笔记》中的“观念，即真理论”以及马克思《政治经济学批判·序言》中的“社会存在决定人们的意识”出发，认为“主观性”的观念仍是“客观存在的现象”而“由社会存在决定”。这也是吕荧明明提倡“观念说”却反复坚称自己是“唯物主义”的学理原因。高尔泰是“美学大讨论”中引用马克思主义经典理论最少的美学家，他对美的阐发更多的是一种“诗性”的“感悟”，但在为数不多的引用中，他汲取的理论资源恰恰是《1844 年经济学哲学手稿》中所阐明的“自然人化”思想。因此，高尔泰能够打破“存在决定意识”的律条，从“人”自身出发去思考美学，在“客观存在”的对立面将人的“主观性”坚持彻底斩绝。

其二，从“生活”与“心灵”论证“美的本质”的逻辑出发点不同。吕荧受“社会存在决定社会意识”的影响，仍从“社会生活”出发去论证“美的观念”，认为美“是客观的存在的现象”，但又“并不是离开社会和生活的抽象的客观的存在的现象”，[①]而是社会生活的反映；高尔泰则从“自然的人化”出发高度重视“人”的作用，从人的审美心理结构、人的心灵去论证美，进而得出“美，只要人感受到它，它就存在，不被人感受到，它就不存在”[②]。从“生活”出发论证“美”以及从“心灵”出发论证“美”的路径差异，就是两者搭建“主观论”美学在逻辑起点上的学理分歧。

其三，对“美感问题”的阐发路径不同。吕荧认为美感因“外物作用于我们的感官引起的”，“美的认识必须经过感性阶段——美感”，但无论是美的概念还是美感，都是客观现实的反映，直接由生活决定。因此，吕荧对美感的思考逻辑遵循着由“社会生活→美感→美的观念”这一

---

① 吕荧：《美学问题——兼评蔡仪教授的〈新美学〉》，载《吕荧文艺与美学论集》，上海文艺出版社 1984 年版，第 416 页。

② 高尔泰：《论美》，载《文艺报》编辑部编《美学问题讨论集》（第二集），作家出版社 1957 年版，第 134 页。

感性上升到理性的认识过程。高尔泰则认为“美产生于美感”，“美感大于美”，“不被感受的美，就不成其为美”，物只是“美的”物象，是“引起美感的条件”，离开了人的感受美就不存在，美感从根本上讲就是“人的一种本质能力，是一种历史地发展了的人的自然的生命力”，它源自以情感为中介的沉淀着历史文化内容的主体心理结构。[①] 在这一思考向度上，高尔泰遵循的则是由“历史文化心理结构→美感→美”这一美的求索历程。

此外，因哲学路径上的理据差异，吕荧、高尔泰在对美的“客观性”理解以及“美学评价”的尺度上也不甚相同。高尔泰“美即美感说”在某种程度上即是朱光潜 1949 年前“直觉论”美学的“余韵回音”。高尔泰不仅认为“美是一种创造”，甚至将美的“主体性”进一步推向了极致，指出美感的“绝对性”。[②] 这种观点恰恰正是吕荧所要批判的，他将心物“统一于人的主观人的精神之中”[③]视为形式主义的唯心主义。吕荧因扎根于现实的生活土壤，主张从人的生活理想出发追寻美，因此当他提倡“美是人对物的观感和评价”时他所依据的也是“人在对事物进行判断或评价中形成的关于客观世界客观事物的美的概念和观念”[④]；而高尔泰则明确将之定位于主观的人的“意识世界”，认为“‘美’是人对事物自发的评价”，“没有了人，就没有了价值观念”，“所谓主观地，只是人们自觉地运用自己的意识，去认识世界”，[⑤]美只属于能感受到它的人

---

① 高尔泰：《美是自由的象征》，载《论美》，甘肃人民出版社 1982 年版，第 48—51 页。

② 高尔泰：《论美感的绝对性》，载《文艺报》编辑部编《美学问题讨论集》（第三集），作家出版社 1959 年版，第 388 页。

③ 吕荧：《美学论原——答朱光潜教授》，载《吕荧文艺与美学论集》，上海文艺出版社 1984 年版，第 471 页。

④ 吕荧：《再论美学问题——答蔡仪教授》，载《吕荧文艺与美学论集》，上海文艺出版社 1984 年版，第 504 页。

⑤ 高尔泰：《论美》，载《文艺报》编辑部编《美学问题讨论集》（第二集），作家出版社 1957 年版，第 138 页。

们，它发源于人的心中。①

通过对吕荧与蔡仪、朱光潜、高尔泰三位美学家思想的清理与比较，我们已经可以对“美学大讨论”时期的吕荧美学思想作出这样一个简明扼要的历史再评价：吕荧美学思想在人的“观念”与“意识”的脉络线索上隐隐闪烁着20世纪50年代“美学大讨论”中极为缺失的“主体性”倾向，散射出朦胧的“审美意识”的现代性觉醒，这也是吕荧与高尔泰美学之所以在当时被人们同归为“主观派”的历史因由；遗憾的是，尽管吕荧从批判蔡仪“见物不见人”的“客观典型论”入手，试图重新赋予美的“人”的现代性主体意涵，进而提出了“美是人的一种观念”“美是社会意识”的论点，但他从“真”与“诗”的社会主义现实主义的“客观真理”出发，又将“美”理解成客观生活“真理式”的本质反映，进而在哲学认识论层面上取消了作为人文学科的美学的价值论内涵，取消了人的审美情感活动，造成了审美活动与逻辑认识的思维混淆。客观的“真”与感性的“美”的逻辑等同也扼杀了美学的感性学内涵及其价值学特性，因而最终返归到了蔡仪美学的路径上。这也是吕荧与高尔泰在美学内核的分歧中不可同归为“主观派”而等同视之并急需在当下美学学术史研究中得到梳理与廓清的关键。

总的来说，吕荧美学思想之所以呈现出这种在“主观”“观念意识”与“客观”“唯物反映”之间来回拉锯、左右摇摆，且自始至终难于挣脱的内在学理矛盾，其症结：既是特定历史条件下单一性的唯物反映论思维模式的局限所致，又是特殊时代学术语境中科学探索上“知识话语”的求真理想与“意识形态话语”的建构要求发生了对抗与冲突，进而呈现出美学话语上的纠缠、游移与振摆。

（节选，本文原刊于《山东社会科学》2014年第11期）

---

① 高尔泰：《论美感的绝对性》，载《文艺报》编辑部编《美学问题讨论集》（第三集），作家出版社1959年版，第394页。

2014 年

“真实”与“诗”

——吕荧现实主义文艺观管窥

张　伟

作为 20 世纪中国著名的左翼文艺理论家和美学家，吕荧无疑对中国美学和文艺理论的发展颇具影响。在 20 世纪 50 年代国内的美学大讨论中吕荧秉持的美是人的一种观念，是一种意识形态的主观评价，成为这次大讨论中最有代表性的观点之一。尽管吕荧涉足美学论坛较其他美学家要晚，其思想体系也并非博大精深，但他却凭借自身的理论素养和行为实践践履了一个美学家应有的博大情怀。然而在 20 世纪的诸多美学家中，吕荧无疑又颇具争议，他秉持的“美是观念”的美学思想被贴上“主观唯心主义”的标签而引起后世的广泛误读。在吕荧的美学研究中，他始终秉持着现实主义的文艺真实性观念，将艺术真实植根于客观生活的本质规律中进行思考，揭示出现实的运动和发展，力求做到既表现现实，又变革现实；既要懂得艺术中的美，更要珍惜生活中的美，进而将对美的理性思考凝聚为美学的探讨，实现了从现实美学到美学理论的理性升华。在倡导学术思想自由争鸣的现下语境中，重启对吕荧的研究，发掘吕荧美学思想尤其是其现实主义文艺观的理性价值，对当下的美学和文艺理论研究有着颇为重要的现实意义。

一、“观念”与“生活”：吕荧现实主义文艺观的理论溯源和世纪误读

作为20世纪颇具争议的文艺理论家，吕荧引发时人和后世批判的根源就在于他提出的“美是人的一种观念”的美本质界定。在《美学问题——兼评蔡仪教授的〈新美学〉》一文中，他认为研究美学的关键是探讨美的本质，这是美学研究的起点，由此他认为：“美是物在人的主观中的反映，是一种观念。”①吕荧提出的“美是观念”之所以引起诸多批判，其缘由多集中于学界对“观念”一词的语义误读以及对吕荧美的本质论中的“观念”“主观”等范畴的刻意放大，在批判者看来，将美与主观意识上的“观念”结合起来无疑是忽视客观现实的存在，将这一观念划入主观唯心主义阵营自然就在情理之中了。

稍作梳理不难看出，吕荧提出的“美是人的一种观念”源自《美学问题——兼评蔡仪教授的〈新美学〉》一文，在此文中吕荧指出：“美是人的一种观念，而任何精神生活的观念，都是以现实生活为基础而形成的，都是社会的产物，社会的观念。”②诚然吕荧提出“美是人的观念”，但他对这一“观念”作了一个明确的界定，亦即“以现实生活为基础”，这样看来，此处的“观念”就摆脱了纯粹的形而上的特征，具备了客观现实意义。吕荧将美与现实生活联系在一起，其理论的源头是俄国美学家车尔尼雪夫斯基的“美是生活”的理论表述。车氏认为，美的本质应当包含三个命题，亦即“美是生活”，而且是依据我们的理解是应当如此的那种生活，同时“凡是显示出生活或使我们想起生活的，那就是美的”③。车

① 吕荧：《美学问题——兼评蔡仪教授的〈新美学〉》，载《吕荧文艺与美学论集》，上海文艺出版社1984年版，第416页。

② 吕荧：《美学问题——兼评蔡仪教授的〈新美学〉》，载《吕荧文艺与美学论集》，上海文艺出版社1984年版，第416页。

③ 车尔尼雪夫斯基：《生活与美学》，周扬译，人民文学出版社1957年版，第7页。

氏“生活美学”的美本质界定给了吕荧以极大的影响和启发，在吕荧看来，车氏并非是从一般的甚至抽象的审美标准或是从事物的自然属性来考察美的本质的，而是认定美是通过现实生活为人们所认知的，任何深奥的哲理问题都以日常生活的客观现实为反映对象，都是基于生活实践的理论总结，对美的本质的考察也是如此。由此，车氏对美本质的理论界定成为吕荧对美的本质观的理论源头。吕荧不止一次地论述了美与现实生活之间的关联，他所提出的“美是观念”中的“美”并非是单纯的人的大脑活动的产物，而是客观的现实生活在人的大脑中的反映结果，在他看来，“作为社会意识形态之一的美的观念，它是客观的存在的现象；但是是在一定的社会生活中和历史条件下的客观的存在的现象，并不是离开社会和生活的抽象的客观的存在的现象。所以，美的观念因时代、因社会、因人、因人的生活所决定的思想意识而不同”[①]。由此可见，吕荧提出的“美是观念”中的“观念”并不同于唯心主义美学所指涉的那种独立自在的绝对观念，这种绝对观念是脱离客观世界的主体意识，是背离实际的主观臆测和审美判断，此处的“观念”是以现实生活为根基，是对客观世界的现实反映，是审美主体对现实生活的一种认识，因而与唯心主义美学有着本质的区别，它有着自己的独特内涵。

在对美的本质的探讨中，吕荧建构美的本体观的另一个理论依据则是马克思主义，特别是马克思关于社会意识和社会存在关系的理论观念，亦即社会存在决定社会意识，而社会意识反作用于社会存在。作为社会意识的美同样遵循这样的规律，“美是生活本身的产物，美的决定者，美的标准，就是生活。凡是合于人的生活概念的东西，能够丰富提高人的生活，增进人的幸福的东西，就是美的东西。美不是超现实的，超功利的，无所为而为的。美随历史和社会生活本身的变化和发展而变化发

---

① 吕荧：《美学问题——兼评蔡仪教授的〈新美学〉》，载《吕荧文艺与美学论集》，上海文艺出版社1984年版，第416页。

展，并且反作用于人的生活和意识”[①]。吕荧视美为一种社会意识，美是主体对社会存在的能动认知、反映或评价。在吕荧看来，作为一种社会意识，美的产生需要一定的客观条件，吕荧从马克思主义的实践论角度论述了美作为社会意识产生的客观条件，“人类创造生产的事物，或为食用，或为欣赏，都是有益于人的生活的。无益而有害于人的事物，人类不会去生产它们。这些有益于人的生活的事物，能够改善人类的物质生活条件，增进人类生活的幸福；因此它们也就是美的事物”[②]。这样，吕荧就赋予美的观念以一定的具体实际的理论内涵，进而将这种理论内涵与现实生活密切联系起来，从某种层面上有别于唯心主义审美范畴所惯有的那种空洞的理论言说。

正是以现实生活为基础，充分吸收车尔尼雪夫斯基以及马克思主义理论的精华，吕荧创构了颇具现实意义的艺术本体论和文艺观，尽管吕荧将“美是观念”作为艺术本体论的主要观点加以表露，其内涵却充分体现着唯物主义意蕴。他坚持美是人的社会意识，是社会存在的反映，作为现实生活的产物，美始终以客观现实为根基，伴随着历史和社会生活的发展变化而发展变化。在他看来，“美的起源和发展说明它是一种社会意识。作为一种社会意识，美为社会生活所决定，也反作用于社会生活，它随社会生活的发展而发展，在发展中美有它的相对独立性”[③]。

吕荧提出“美是观念”的本质界定的另一目的是对蔡仪在《新美学》中强调的“美是客观的，不是主观的”这一理论观点进行批判。在蔡仪看来，物的形象并不依赖作为鉴赏者的人而存在，客观事物呈现的美的形

---

① 吕荧：《美学问题——兼评蔡仪教授的〈新美学〉》，载《吕荧文艺与美学论集》，上海文艺出版社 1984 年版，第 436—437 页。

② 吕荧：《再论美学问题——答蔡仪教授》，载《吕荧文艺与美学论集》，上海文艺出版社 1984 年版，第 511 页。

③ 吕荧：《美是什么》，载《吕荧文艺与美学论集》，上海文艺出版社 1984 年版，第 410 页。

象与其实质相关，并不取决于鉴赏者的审美态度。[①] 吕荧从辩证唯物主义立场出发，认为蔡仪对美的界定是一种超社会、超现实的理论立场，其结果就是存在一种孤立的、固定不变的客观存在物。蔡仪承认美的客观属性，但却否定美的社会性质，在他看来，美的事物具有一定的特殊性，而普遍性正是蕴含于这种特殊性之中，因此美则呈现出种类的一般性，这是蔡仪“美在典型”论的理论依据所在。吕荧指出，蔡仪所谓的“美的东西就是典型的东西”这一观点是不能成立的，它背离了客观现实生活，实践证明所谓“个别中显现着种类的一般”的事物并非都具备美的特征，往往还是丑的代表，所以在吕荧看来，尽管蔡仪倡导的美在客观确实很关键，但由客观决定的“主观”同样不能忽视，他从现实生活的角度，运用马克思主义的原理分析蔡仪的美本质思想，有的放矢地分析其理论的缺陷，提出了自己中肯的意见，在这一点上他的批判是值得肯定的。

吕荧充分认识到美与社会存在之间的辩证统一，从辩证唯物主义和历史唯物主义的视角探寻美的本质，给美的本质以较为合理的确证。而质疑吕荧美学本质论者则更多逗留于对“美是观念”的浅层理解，对吕荧的艺术本体论未做理论来源和建构过程的梳理，将吕荧理论观点的主观成分刻意放大，进而盲目地给吕荧的美学论点扣上主观唯心主义的帽子，造成了吕荧美学思想的时代遗憾。

二、“真实”与“诗”：吕荧现实主义文艺观的理论构建

在吕荧的美学思想体系中，现实主义文艺观是其一直秉持的价值符号。作为现实主义文艺思想的坚定拥趸者，在五六十年代的文化语境中，吕荧秉持的文艺观契合时代的需要，符合社会现实，更是其自身文艺思想的真实流露。吕荧认为，文学作品作为对现实生活的反映，这种反映应该

① 蔡仪：《新美学》，群益出版社1951年版，第21页。

是客观的、具体的，更是真实的，因而“真实”成为文艺发展的基点。“面对现实，深入现实，表现现实——现实主义，只有从这个路走去，才能创作人民的文学、伟大的文学，这才是我们的方向。”[①]尊重现实生活的客观性，坚守文艺的真实性成为吕荧现实主义文艺观的基本原则，“真实”则成为这种现实文艺观的主要体现。吕荧认为，文艺秉承的“真实”是要以现实社会生活为根基，在反映现实生活、提炼现实生活的基础上折射出现实生活的客观状况和人们的精神面貌，这是现实生活的本质体现，艺术创作者的目的就是要按照现实生活的本来面目进行描写。在吕荧看来，文艺思想所反映的“真实”不仅包括细节的真实，更应体现本质的真实，一部彻底的现实主义作品应该做到细节真实和本质真实的统一，偏颇一方都可能成为“伪现实主义”，沦为自然主义或者公式主义。吕荧现实主义文艺观所推崇的“真实”观与自然主义的真实观是完全不同的，尽管二者都要表现真实，但自然主义的真实观只要“观察、收集、记录事物，只要写下人和社会外表上细节的真实，就完成了作品”[②]。这种真实只是对现实生活表象的罗列和铺陈，拘泥于表象世界的“照相式书写”，没有深入现实生活进行客观观照，因而很难把握事物的本质规律。而吕荧尊崇的现实主义的真实观，是要透过现实生活的表象，把握现实生活的客观规律，它是对现实生活的高度概括和理念提炼，是倾注了创作者审美情感的艺术观照。

吕荧进一步从马克思主义理论的高度分析了现实主义和自然主义真实观的差异性。在吕荧看来，自然主义的真实观遵循的是机械唯物论，而现实主义真实观则秉承着唯物主义的反映论，因而作为现实主义文艺观的践履者，必须在艺术作品的创作过程中，反对机械地、表层地反映现实生活，反对自然主义，批判艺术作品中那种公式化、概念化的书写样

---

① 吕荧：《台湾文学的方向》，载《吕荧文艺与美学论集》，上海文艺出版社1984年版，第146页。

② 吕荧：《论现实主义》，载《吕荧文艺与美学论集》，上海文艺出版社1984年版，第98页。

式。吕荧还通过对西方艺术大师巴尔扎克和自然主义代表左拉的创作分析来佐证其理论观点，对于巴尔扎克，吕荧是颇为推崇的，在他看来，巴尔扎克“从‘千百种复杂的原因’里找出最根本的原因。他不追求生命的附属或枝叶，而去把握生命的根和本质”[①]。吕荧认为，巴尔扎克的文学创作是与现实生活的直接对接，在现实生活中寻找问题、发现问题、探索问题进而解决问题；而相比巴尔扎克，左拉秉承的却是自然主义的创作方法，这种方法“是一种浮光掠影的照相机的方法”[②]，通常“用表面的现象的观察来代替内部的本质的探求，拿生活和人的枝叶来当作它们的本体，把表象当作真实”[③]。所以在吕荧看来，左拉的自然主义创作方法尽管也能将资本主义社会丑陋黑暗的面貌记录下来、呈现出来，给读者展现一幅幅现实的甚至血淋淋的生活图景，但对造成这种生活图景的社会原因和历史原因缺少关注，把这种社会悲剧归因于人的生理欲望支配下的自然人性的外在表现，一切归之于自然，与社会、与人类的社会属性就没有关联，其结果自然就无法为社会的矛盾提供合适的解答路径。因而自然主义创作的方法通常带来的是没有结论的文学现实，由此导致文学丧失本源的社会教化功能，自然主义文学作品中的人物形象也缺少了人的社会属性和社会意义，从而丢失了人的本真面目和终极意义。

“真实”是现实主义文艺创作方法的基点，而在吕荧看来，“诗”却是文艺发展的方向和高度，吕荧认为文艺创作的终极目的就是在真实的基础上达到“诗”的高度，他所提出的“诗”的高度是指诗歌、散文、小说和戏剧等文学作品所具备的那种饱和的圆满的艺术状态，那代表着客观现实和作者的主观感情色彩的交融统一的理想状态，是一种艺术的真实。吕荧认为，优秀的作品理应是“真实”和“诗”相互统一的作品，

---

① 吕荧：《论现实主义》，载《吕荧文艺与美学论集》，上海文艺出版社 1984 年版，第 111 页。
② 吕荧：《论现实主义》，载《吕荧文艺与美学论集》，上海文艺出版社 1984 年版，第 119 页。
③ 吕荧：《论现实主义》，载《吕荧文艺与美学论集》，上海文艺出版社 1984 年版，第 107 页。

实质上体现出一种艺术的真实，亦即“诗”的真实，同时“诗的真实”不是在文学作品中客观反映真实的现实生活，不是拘泥于现实生活的细枝末节，“诗的真实”应该是超越现实生活的更高的一种艺术状态。吕荧以《伊利亚特》中的海伦为例阐释了“诗的真实”的重要性。在吕荧看来，海伦作为特洛伊战争的导火线，无疑是作品中的核心人物，作者本应用大量的笔墨来刻画这一人物形象的生活经历、爱情现状以及自我追求，增强这一人物形象的清晰度，提高作品的浪漫情怀，然而作品却没有花费过多的笔墨去描摹这些情状，而是对战争和英雄事迹进行了大篇幅刻画，这种创作模式正是体现了“主题的需要”，《伊利亚特》的基调是战争和英雄事迹，可以说战争、参加战争的英雄以及由之带来的对人民造成的战争创伤是诗歌的主题，相对于这一宏大叙事主题，“海伦的故事在诗的内容、诗的主题上说，只是一个小小的枝叶”[①]。因此诗人选择舍弃对海伦个人形象和个人情感经历的刻画，而将描写的笔墨重点放在战争和战争英雄的描写，其目的就是为了烘托主题，达到一种“诗的真实”。

吕荧认为，在文艺创作中仅仅还原现实生活细节的真实是远远不够的，而是要在创作过程中反映生活，对现实生活进行分析和综合、提炼和加工，进而达到对现实生活本质的观照，所以对于艺术家而言，最重要的是要将“真实提高到诗”，将现实生活进行提炼、加工、改造，把现实生活艺术化，把现实的生活素材升华为艺术作品。所以在吕荧看来，从现实生活到艺术创造的过程是一种升华的过程、质变的过程，“诗的真实”是艺术发展的方向，是超越于日常生活的真实，更是一种高于历史的真实。以“真实”作为艺术创作的基点，以“诗”作为艺术创作的高度，吕荧建构了一个现实主义文艺创作法则，在这个法则中，吕荧创造性地完成了生活真实与艺术真实的统一，而无论是作为生活的真实抑或艺术的真实，“人”无疑都是这一真实的真正核心，在吕荧看来，在艺术作品

---

① 吕荧：《诗的真实》，载《吕荧文艺与美学论集》，上海文艺出版社1984年版，第89页。

中，一切都有机地通过人的命运表现出来，只有通过人的表现，事物的表现才能获得生命。吕荧指出，现实主义和自然主义艺术的根本区别就在于是否坚持以人作为作品的核心，自然主义的艺术作品注重对客观景物的描摹和事件的铺叙，人的存在只是作为这种铺叙的附属品，人自身的价值很难在自然主义作品中充分体现出来，而现实主义艺术注重塑造典型环境中的典型人物，透过人物形象的命运来反映客观现实，“人民性”成为吕荧用来衡量艺术作品的尺度，正是从这个视角，吕荧极力推崇莎士比亚的戏剧作品，在他看来，莎士比亚艺术创作的成功之处就在于成功塑造了文艺复兴背景下的“人的悲剧”。以“人”为核心的现实主义艺术，其最终的旨归仍然是表现人生，深入表现人的本质，这就需要艺术创作者勇于面对人生、面对社会，以艺术创作工具来为自己崇高的人生理想而战斗，吕荧秉持着这一崇高的理念，并身体力行地积极推动着这一理念在自己艺术创作中的呈现。

三、吕荧现实主义文艺观的理性反思和现代意义

文学艺术要真实地、客观地表现生活，呈现社会和时代的本质镜像，展露现实生活的广度和深度，进而把握时代前进的方向，这是吕荧现实主义文艺观的真实内涵，吕荧正是在此基础上将文艺发展的路向清晰地标识出来，其建构的现实主义文艺观即使在今天看来仍然具有重要的现实意义。

秉持现实主义文艺观，强调文艺与生活的紧密关联，缘何在当时乃至当下的文化语境中仍然招致误读？近百年加在吕荧身上的理论误读的源头又在哪里？细作梳理，不难发现吕荧在建构自身的美学思想和文艺观念中存在着明显的矛盾倾向。

首先，吕荧提出了美是人的观念，这是第一层意义；紧接着提出这种观念是社会生活的产物，这是第二层意义。从语言的表述逻辑看，美是人的观念，而观念又是源自生活，那么美必然源自生活，但吕荧却在这里

稍显迟疑，自始至终没有明确肯定美就存在于社会生活中，而是过于强调美作为主体的观念在判断事物是否为美时的作用。比起车尔尼雪夫斯基的“美是生活”这一明确的界定而言，吕荧对现实社会生活中美的位置缺少明确的洞见，因而授以别人攻讦的漏洞。

其次，吕荧认为，在现实世界中，美与生活有着紧密关联，涉及人的利害，换句话说，美即意味着善，如现实生活中好吃的东西称为“美味”就是这个道理。诚然，从现实社会的一般意义上而言，这确乎有一定的合理性，但美有着自身的独特属性，美的意识不可能完全等同于善，如果仅从功利主义的视角，注重于美学的社会功能来解决艺术与现实生活之间的关系，就会忽视审美活动的独特性所在，而这恰恰是吕荧所忽略的。

第三，在艺术创作和艺术接受过程中，注重艺术与现实生活的关系固然没错，以“真实”作为艺术创作的基点并非意味着全然否定或忽略一些非理性的因素在创作中的积极意义，艺术创作不是科学研究，想象和情感等一些非理性的因素同样起着重要的作用。而吕荧认为在艺术创作和艺术接受过程中，情感和想象都是不可靠的，只有概念和观念才是艺术创作乃至接受的核心元素，将非理性的元素从创作和接受过程中加以排除无疑影响了吕荧现实主义文艺观的价值可信度。

作为现实主义文艺观的倡导者，吕荧一生都以实践的姿态介入现实生活，直面现实社会中的诸多问题，把握现实生活的本质，将文艺创作与现实世界紧紧联系起来，注重文艺作品自身的时代内涵和社会价值。同时，吕荧将美学研究的焦点投向人本身，加强人的主体性在文艺创作中的存在，尽管为此背负了“主观唯心主义”的罪名而倍受质疑与批判，但却发出了当时文论界少有的空谷足音，顺应了文艺创作乃至社会发展的主流方向，就此而言，吕荧的现实主义文艺观以及主体美学思想是颇具理性价值和时代意义的。

（本文原刊于《绍兴文理学院学报》2014 年第 5 期）

2014 年

重读吕荧：吕荧主体论美学思想的现代阐释

张　伟

在 20 世纪的中国美学界，吕荧无疑是一位曾产生较大影响力的美学家。在 50 年代的美学大讨论中，他秉持的“美是观念”的美本质界定产生轰动性影响，跻身当时乃至后世热议的四种主要观点之一。也正是将美的本质与主体“观念”相结合，使得吕荧在这次美学大讨论中招致诸多的质疑与批评，并由此背负着沉重的“主观唯心主义”的精神枷锁。而这位有着诗人才情和率直个性的美学家，坚持在“胡风问题”上的直抒己见，特立独行，更是将自身置于时代批判的风口浪尖。背负着“主观唯心主义”的学术身份标签，吕荧的美学思想承载着诸多非议，并由此逐渐淡出世人的视野而被遗忘。新世纪学术思想的自由争鸣，为重读吕荧提供了契机。厘清对吕荧美学思想的理论误读，恢复其在中国美学史上的地位，这是学术研究中所应秉持的科学态度，也是新时代美学研究的价值诉求所在。

一、批判式的建构——吕荧美感论及其对西方美学的评判指向

20 世纪上半叶多数的中国美学家学术研究的路径是从西方美学中探寻其自身理论建构的合理内核，进而在对西方美学思想的批判接受中管窥中国本土美学。从某种程度上说，这些美学家所建构的思想体系不乏

西方美学的成分，有的更是以西方美学作为自身学术研究的方向，朱光潜、宗白华、邓以蛰等，都是遵循这样的研究路径。尽管他们对西方美学的观照与学习是建立在批判接受的立场上的，但总体上看，接受还是多于批判的。正是西方美学和艺术精神的融入，以及化合中西的理论实践，造就了20世纪一大批美学大师的理论贡献。吕荧的美学思想尽管也是从西方美学研究开启，但其践履的路径却与诸多学者迥然有别，西方美学多是作为其美学理论建构的对立面出现的，而在其有限的理论体系中，批判始终是其应对西方美学和艺术理论的符号。正是这种强烈的批判意识，赋予了吕荧美学思想另一种面目、另一种视野，由此构筑了业界20世纪特有的一种美学情怀。

吕荧美学研究的立足点是现实生活，唯物主义是其理论建构的导向，西方的唯心主义和庸俗唯物主义美学自然成为其理论批判的目标。作为西方唯心主义美学的集大成者——康德，其美学思想首当其冲成为吕荧加以挞伐的对象。吕荧毫不讳言地阐述其批判康德美学的主观意图："清理康德主义之感性学或直觉学的美学思想，与近百年来唯心论的诸流派分手，明确地走上历史唯物论的社会学的，亦即科学的道路。"①吕荧接触西方美学的过程，是从对康德的美感理论的批判切入的。在康德看来，审美判断不是一种理智的判断，而是一种情感的判断，这种感觉不同于一般的快感，它不涉及利害计较，不是为了单纯欲念的满足，审美对象只以它的形式不以它的存在来产生美感，审美只对对象的形式起观照活动而不起实践活动。康德从主体感受的合目的性这一维度贯通了认识和道德两个领域，彰显了美的情感活动对生命构成和发展的重要意义。在康德看来，"在认识能力和欲求能力之间所包含的是愉快的情感，正如在知性和理性之间包含判断力一样。……判断力自身同样包含有一个先天原

① 吕荧：《美学论原——答朱光潜教授》，载《美学书怀》，作家出版社1959年版，第96页。

则，并且由于和欲求能力必然相结合着的是愉快和不愉快”①。康德认为，美对主体的感性符合合目的性，这种合目的性被康德视为一种“先天原则”，尽管从生命的发生论无法证明美的合目的性，但审美主体所感知的愉快不愉快是有益的，道德上也是合理的，这种认识和伦理之间存在的情感所遵循的就是“先天原则”。康德以先验论和现象论为基础来探讨美感的理性价值，将美感的存在视为先天存在，尽管其论证有一定的合理性，但它忽视了美感生成的根源，以及在人的生命产生与发展中的重要意义，因而理论本身的真实性值得怀疑。

吕荧敏锐地捕捉到康德美感论的缺陷所在。在他看来，康德的美感论如同一个谜局，完全脱离了物自体和客观现实，对现象的真实存在漠不关心，只是设立了一个所谓的先天原则，把美感视为主体悟性和想象等主观力量对于被称为美的一种自由的、无定限的终极享宴，属于纯粹的主观唯心主义的美学理论。吕荧没有逗留于对康德美感论的简单批判，而是对其衍化体系也进行了彻底抨击，于是克罗齐的“直觉论”美学自然成为吕荧抨击的对象。在吕荧看来，克罗齐对康德的心灵因赋予形式而铸造现象世界的主观唯心主义论点采取了批判接受，在康德理论的基础上向前迈进了一步，克罗齐否定了康德的二元论，甚至连康德秉持的“物自体”也一同抛弃了，从根本上否定了物质的存在，用“材料”来取代所谓的物质，并且这种“材料”并非源自物质世界，而是来自心灵活动或精神世界，亦即实践活动所伴随的快感、痛感、欲念以及情绪等。克罗齐把这些“感动”的因素统一称为“情感”，而直觉的来源就是这些“情感”，情感经过直觉，为心灵活动所掌握，遂转化为意象。吕荧批判了克罗齐“直觉即表现”的美学观点，指出克罗齐在批判继承康德美学思想的基础上虽有所发展，并打出黑格尔主义的旗号，但实质上仍是“从康德美

---

① 康德：《判断力批判》，邓晓芒译，人民出版社2002年版，第13页。

学出发的新的唯心主义的美学”①，即从心灵论进入直觉论。吕荧认为，克罗齐提出的“事物就是直觉”，“直觉即象征即艺术”，美感就是创造，就是批评和认识美的事物的判断活动，与制作美的事物的活动是同一的，这些所谓的理论观念其实质都是一种诡辩论。吕荧指出：“不仅克罗齐，几乎所有现代主观唯心主义的‘美感论’的或心理学的美学”，都是“生活在物质的中间而又力图用诡辩来否认物质的存在，站在唯物主义真理前面而又力图反对唯物主义真理的学说”。②

吕荧对康德、克罗齐美学思想的批判颇为冷峻、深刻，对援引康德、克罗齐美学观念进行自身理论建构的国内同行，吕荧同样予以坚决抨击。朱光潜在《文艺心理学》中援引克罗齐的“直觉即表现”的美学观点，并加以阐释，指出在美感经验中，心所以接物者只是直觉而不是知觉和概念，物所以呈现于心者是它的形象本身而不是与它有关系的事项。③吕荧指出，朱光潜尊崇克罗齐的“艺术即直觉”的理论观念，提出“以心造物”“直觉即创造”，这是对克氏主观唯心主义内涵的一种继承，朱光潜“割裂了物（物甲）与物的形象（物乙），取消物的形象的客观现实性，把它化为主观中的‘物乙’，即主观生产、创造出来的‘物的形象’”④。诚然，朱光潜在继承克罗齐“直觉”说的基础上进行了必要的理论改造，他以美感经验作为切入口，认为美的答案应在主观和客观的统一中去探寻。朱光潜前期的美学的确存在着主观唯心主义的成分，吕荧站在客观现实的立场，敏锐地意识到朱光潜美学思想中的缺陷，并加以理论批判，就这一点而言，他的学术视角是锐利的、清醒的，也是颇为中肯的。

吕荧在批判康德、克罗齐以及朱光潜等人美感论的基础上，对美感提出了自己的认知。在吕荧看来，“美感——这种感觉，是外物作用于我们

① 吕荧：《美学论原——答朱光潜教授》，载《美学书怀》，作家出版社1959年版，第87页。
② 吕荧：《美学论原——答朱光潜教授》，载《美学书怀》，作家出版社1959年版，第90页。
③ 朱光潜：《文艺心理学》，安徽教育出版社1996年版，第13页。
④ 吕荧：《美学论原——答朱光潜教授》，载《美学书怀》，作家出版社1959年版，第70页。

的感官引起的。……但是人的感觉所知道的只是物的形状、颜色、声音、味道、气味等等，这些形色声味是美还是不美，以及美到什么程度，这种美的意义如何，就要通过意识的判断。……这个判断是跟生活观念、美的概念以至观念联系着的”①。可见，吕荧对美感的认知是基于认识论基础上的，美是主体的观念，美感则是主体的感受，美属于理性的一种，美感则应划入感性的范畴。同时，吕荧认为两者的关系是相当紧密的，“美的认识必须经过感性阶段——美感，但是不能够用感觉（美感）代替乃至取消理性认识（美的概念、观念）。在人的认识中，美的感觉和美的概念、观念是统一的”②。在他看来，美感源于外物作用于审美主体的感官所引发，但是判断一个事物是否具有美的特征，并非是由美感决定的，而是由美的观念来作为事物美丑的标准，因此，审美主体获得美感就是要在美的观念的规定下，来对客观对象进行审美研判。

此外，吕荧还对美感的产生源径进行了考察。他认为，美感的产生要以客观事物作为基础，但审美主体、审美对象乃至社会生活对美感同样起着重要作用。他指出：“人认为事物具有这些特征或条件是美的，具有那些特征或条件是丑的，与人之一定的社会生活及这社会生活所决定的一定的观念有关。”③至今看来，尽管美感的产生以审美主体的美的观念为衡量的标准，但审美主体的美的观念则又源于社会生活的潜性规制，这样美感的来源自然与社会生活发生了密切联系。美感论是吕荧涉足美学研究的第一领域，他在洞悉西方美感理论的基础上进行缜密的考察和研判，对美感提出了自身的理论观照，他的美感学说从某种程度上体现了主客体和谐统一的思想，强调了审美主体的主观创造性，进而彰显了主体的自身价值，因而，吕荧的美感论是具有时代意义的。

---

① 吕荧：《美是什么》，载《吕荧文艺与美学论集》，上海文艺出版社 1984 年版，第 406 页。

② 吕荧：《美是什么》，载《吕荧文艺与美学论集》，上海文艺出版社 1984 年版，第 406 页。

③ 吕荧：《再论美学问题——答蔡仪教授》，载《吕荧文艺与美学论集》，上海文艺出版社 1984 年版，第 510 页。

二、“美是观念”——吕荧的艺术本体论及其引发的时代误读

吕荧从批判西方美学的美感论入手切入美学研究，而其理论的核心则是他提出的“美是人的一种观念”的美本质界定。在《美学问题——兼评蔡仪教授的〈新美学〉》一文中，吕荧提出了自己对美本质的理解：“美是人的一种观念，而任何精神生活的观念，都是以现实生活为基础而形成的，都是社会的产物，社会的观念。”[①]吕荧将美的本质视为主体的人的一种观念，这一对美本质的回答使其成为20世纪50年代美学大讨论中主观派的典范代表。由于“观念”一词的主观意识形态性，加上当时的美学大讨论所处的特殊的时代环境，吕荧的美本质界定自然被列入主观唯心主义的阵营，进而遭受批判。正如蔡仪所批评的那样：“吕荧的美是观念之说，本是非常腐朽的反动的唯心主义的美学论点。”[②]

诚然，单就“美是观念”的语义层面而言，确实容易使人将其与主观唯心主义联系起来，毕竟“观念”乃是人的意识的产物，属于形而上之范畴，但是，吕荧提出“美是人的一种观念”的观点有着先在的理论前提，亦即所有的“观念”都以现实生活为基础，这样他所谓的“观念”自然具备了唯物性，是观念的现实意义，而不再是脱离现实生活的抽象存在。吕荧提出的“美是观念”以及“观念以现实生活为基础”的美学观，从学理层面看，与俄国美学家车尔尼雪夫斯基的“美是生活”的理论观点如出一辙。换言之，吕荧的美学思想深受车氏美学理论的影响。车氏提出的“美是生活”，且是“我们在那里面看得见依照我们的理解应当如此的生

---

① 吕荧：《美学问题——兼评蔡仪教授的〈新美学〉》，载《吕荧文艺与美学论集》，上海文艺出版社1984年版，第416页。

② 蔡仪：《论美学上的唯物主义与唯心主义的根本分歧——批判吕荧的美是观念之说的反动性和危害性》，《北京大学学报》（哲学社会科学版）1956年第4期。

活”，①对美的本质做了一个清晰的规定，亦即美离不开现实生活，美的本质内涵应从现实生活中探寻，而不是主观上的精神描绘。在吕荧看来，车氏提出的“美是生活”并非从抽象的、一般的标准来探寻美的本质，而是认为美存在于日常生活中，通过现实生活为人们所认知，车氏对美本质的界定成为吕荧美的本质观的理论源头。这样看来，吕荧提出的“美是人的观念”中的“美”并不是单纯的人的大脑活动的产物，而是客观的现实生活在人的大脑中的反映结果。吕荧对其美本质界定中的“观念”还有着更为清晰的表述，在《美是什么》一文中吕荧明确提出：“美是人的社会意识。它是社会存在的反映，是第二性的现象。”②这里吕荧就将美与马克思关于社会意识和社会存在关系的论述结合了起来。在马克思主义看来，社会存在决定社会意识，社会意识则反作用于社会存在。吕荧尽管提出了“美是观念”，但这一观点的背后凸显出强烈的客观现实性，正如他自己所说的那样：“美是生活本身的产物，美的决定者，美的标准，就是生活。凡是合于人的生活概念的东西，能够丰富提高人的生活，增进人的幸福的东西，就是美的东西。美不是超现实的，超功利的，无所为而为的。美随历史和社会生活本身的变化和发展而变化发展，并且反作用于人的生活和意识。”③由此可见，吕荧提出的“美是观念”，从本质上说是合理的，其引发诸多误读的“观念”并不同于唯心主义所指涉的那种独立自在的绝对观念，不是脱离客观世界的人的主体意识、主观臆测，乃是审美研判。吕荧提出的“观念”有着自身存在的理性前提，那就是以现实生活为存在基础，以反映现实世界为根本目的，它为社会存在所决定，伴随着社会存在而发展，这才是吕荧美本质界定的真正用意所在。作为社会意识存在的“观念”被吕荧赋予了特别的意义，

---

① 车尔尼雪夫斯基：《生活与美学》，周扬译，人民文学出版社 1957 年版，第 6—7 页。

② 吕荧：《美是什么》，载《吕荧文艺与美学论集》，上海文艺出版社 1984 年版，第 400 页。

③ 吕荧：《美学问题——兼评蔡仪教授的〈新美学〉》，载《吕荧文艺与美学论集》，上海文艺出版社 1984 年版，第 436—437 页。

吕荧将其与现实生活进行对接，使其具有一定的客观实际的理论内涵，已然完全区别于唯心主义所惯有的那种空洞的理论言说，具备了客观的现实意义。

至今看来，质疑吕荧美的本质论者多逗留于对吕荧“美是观念”的浅层理解，对其美的本体论未做深入的理性分析和思想梳理，反而将吕荧美本质界定中的主观字眼刻意放大，进而盲目地给吕荧的美学思想扣上主观唯心主义的帽子。时代的文化症候造成了这种理论的误读，而后世却又没有重新梳理其美学思想的理论渊源，任由这一误读延续弥散，造成了学界对吕荧美学的主观遗忘。

三、艺术话语的权力建构——吕荧“艺术与政治”关系论

艺术与政治的问题是艺术研究中不容回避的关键问题。对于艺术与政治的关系问题，在 20 世纪五六十年代的时代症候中，多数学者秉持艺术为政治服务的主流意见，在他们看来，艺术应该凸显出政治倾向，艺术服从服务于政治，创作者的政治思想应该在艺术作品中加以展现；另一部分艺术工作者则认为，艺术应该具有自身的独立性，艺术家的任务是探寻艺术发展的客观规律，探寻艺术的美，进而展现自身的艺术情怀，艺术不应该为了从属于政治而成为政治活动的传声筒。对于艺术与政治的关系问题，孰主孰从成为学界争议的焦点。吕荧细心梳理了两派的意见，在他看来，艺术与政治的关系应该是一种辩证的关系，不存在孰主孰次的问题。如果将艺术视为政治活动单纯的工具，将表现艺术创作者的政治倾向视为艺术创作的唯一目的，无疑会将艺术政治化，艺术就会缺少质感上的丰满与情感上的激荡，丧失本真化的艺术血脉，变得刻板、机械，乃至无味，进而丧失艺术的本质。因而在吕荧看来，艺术政治化的倾向“就

是向公式化、图式化、定型化、庸俗化的陷阱走去，于是成了一种新的八股”[①]。吕荧认为，50年代呈现一边倒的艺术政治化浪潮，是对毛泽东延安文艺座谈会讲话的片面化理解所致。毛泽东同志在《讲话》中提出的“一切文化或文学艺术都是属于一定的阶级，属于一定的政治路线的。为艺术的艺术，超阶级的艺术，和政治并行或互相独立的艺术，实际上是不存在的”，[②]在吕荧看来，《讲话》中所提出的艺术与政治的关系是特定条件下的产物，这一理论观念在中华人民共和国成立后为多数学者误读，成为艺术从属于政治的法理依据。其实《讲话》中提出的二者关系应是一种平行的关系，一是肯定艺术对政治产生的服务作用，同时更为重要的是，在艺术欣赏和艺术批评中要坚持艺术标准与政治标准并行的原则，要求做到“政治和艺术的统一，内容和形式的统一，革命的政治内容和尽可能完美的艺术形式的统一……我们既反对政治观点错误的艺术品，也反对只有正确的政治观点而没有艺术力量的所谓‘标语口号式’的倾向”[③]。吕荧认为，《讲话》指明了党的文艺工作的基本路线，强调了文艺对经济基础的作用，而这一作用的中介则是由政治来承担的，之所以学界出现了艺术服从服务于政治的倾向，乃是对《讲话》精神的一种误读。秉持这一观点的人总是认为，艺术是对政治的无条件趋附，以一种政治宣传的功利性追求来进行艺术生产和艺术创造，艺术被极大地意识形态化了，沦为政治斗争的武器。诚然，艺术在革命斗争和社会主义建设时期立足社会现实、反映政治意识是时代的需要，游离于现实斗争的艺术是没有生命力的，但是艺术如何表现政治意识形态，从而清晰、生动地展现鲜明的政治倾向，这是艺术反映的方法问题，应归因于艺术本身的功能性和技巧性，换

---

① 吕荧：《艺术与政治》，载《吕荧文艺与美学论集》，上海文艺出版社1984年版，第92页。

② 吕荧：《加强学习〈在延安文艺座谈会上的讲话〉》，载《吕荧文艺与美学论集》，上海文艺出版社1984年版，第9页。

③ 吕荧：《加强学习〈在延安文艺座谈会上的讲话〉》，载《吕荧文艺与美学论集》，上海文艺出版社1984年版，第10页。

句话说，就是艺术性问题。所以，吕荧在艺术和政治之间找到了平衡点，进而完成了艺术与政治的有效统一，即脱离艺术谈政治，忽视创作主体的情感诉求，或者漠视革命现实需要而静观艺术，只注重自身的艺术感受和情感陶冶，单纯致力于个人主义的艺术创作，二者都是片面的，也是违背现实主义的艺术创作原则的。

吕荧基于现实主义的文艺立场，在艺术与政治之间找到了平衡点，对当时具有普遍影响力的艺术政治化的理论倾向进行了冷静、客观的分析，提出了较为中肯的意见。尽管吕荧降低了艺术本身的政治意识形态性，为艺术自身的发展松绑，但是，吕荧并非倡导纯粹意义上的“艺术自律”，他所秉承的是一种永恒的现实主义艺术观，这种艺术观是社会主义的，正如他自己所认可的那样：“现代人类的艺术也只有一条前进的道路——社会主义的现实主义。”①吕荧所秉持的现实主义艺术观正是立足于阶级论而展开的，换句话说，他的艺术观带有明确的阶级意识，这一阶级性的艺术观源于其对苏俄革命文艺理论的汲取和内化。在《列宁的文学思想》一文中，吕荧高度赞扬了列宁对马克思主义文艺理论发展的观念。列宁认为艺术作为社会意识形态，应该作为阶级斗争强有力的武器而被加以运用，无产阶级的艺术创作事业理应是无产阶级革命事业的重要组成部分。吕荧认为，这是对社会主义的艺术创作原则总体的规划，而毛泽东的《讲话》所提出的“艺术为工农兵服务、为人民大众服务”，则是对列宁艺术观的具体化，因而在吕荧看来，社会主义的现实主义艺术创作原则，就是以马克思主义思想和无产阶级世界观为指导，立足革命的现实，将艺术活动与人民生活紧密联系起来，以人民的方式表现人民的现实生活、思想情感和价值意蕴，这才是真正的属于人民的艺术。

诚然，吕荧对艺术与政治的关系的处理是中肯的，其所建构的社会主义现实主义艺术观也是契合时代需要的，他所提出的“并非有了政治上的

---

① 吕荧：《艺术散记》，载《吕荧文艺与美学论集》，上海文艺出版社 1984 年版，第 65 页。

正确就有了艺术上的真实”，以及“没有真实的艺术的表现，则这倾向不论是多么正确、明确，也是不能产生高度的政治效果，也就是艺术效果的”[①]等富有创见的理论观念，在今天看来仍是合理的，然而，作为一名现实主义的艺术理论家，吕荧所秉持的艺术政治观没能维系多久。

当然，作为肩负着时代使命的美学家，吕荧尽管在美学研究的旅程中没能走多远，其颇具批判意味的美学思想也招致诸多的非议甚至遗忘，但细细梳理不难看出，其建构的美学理论还是颇富现代价值的，其秉持的理论观念与他特有的正直情怀一样客观真实。抛弃时代的误读与成见，还原吕荧美学思想的客观面目，是当下学术研究的科学态度，也是我们这些后续的研究者所应秉承的学术担当。

[节选，本文原刊于《渤海大学学报》(哲学社会科学版) 2014 年第 6 期]

① 吕荧：《艺术与政治》，载《吕荧文艺与美学论集》，上海文艺出版社 1984 年版，第 91 页。

2015年

《欧根·奥涅金》的译者吕荧

——“七月”学人翻译研究之三

桂清扬

当代文艺理论家、美学家、翻译家吕荧以翻译俄国普希金等人的作品、评价苏联文学、研究国内革命文学等为主攻方向。文学论文集《人的花朵》《文学的倾向》，译著普希金诗体小说《欧根·奥涅金》，奠定了他左翼文学评论家、翻译家的地位。其“美是观念”“美是人的社会意识”的美学思想为当代美学研究开辟了新的方向。而他一生追求真理、为美学直言、为胡风申辩、为艺术献身的崇高品格，将永远嵌入民族的灵魂和历史的丰碑。

引　子

吕荧（1915—1969），原名何佶，笔名吕荧，字云圃，安徽省天长县新何庄（今仁和集镇）人。诗人、文艺理论家、美学家、翻译家、教育家。21岁与同仁创建进步文艺团体“浪花社”；24岁发表小说《北中国的炬火》；26岁发表译著《叙述与描写》（［苏联］G. 卢卡契著）；27岁发表论鲁迅、艾青、田间、曹禺等人的论文集《人的花朵》（被列入《七月文丛》），发表译作《〈普式庚论〉草稿》（［苏联］高尔基著）；32岁任贵州大学历史系副教授；36岁任山东大学中文系教授、系主任；39岁参与当时我国美学界的激烈论争，成为“美在主观”一派的主要代表人物；40 岁孤胆英雄为胡风申辩；54 岁在劳改农场含冤离世。

林少华在《曾经的名师高徒》一文中指出：

> 百年中国，中国百年。辛亥革命、军阀割据、五四运动、北伐战争、抗日战争、解放战争、一九四九、“反右”、“文革”、“四人帮”、改革开放……大浪淘沙，风雷激荡，家仇国难，炮火弦歌。其间无不闪动着知识分子文弱而傲岸的身影，无不回响着他们嘶哑而悲壮的呐喊，无不叠印着他们踉跄而执著的足迹。康有为、梁启超、章太炎、黄侃、蔡元培、梅贻琦、胡适、顾颉刚、顾毓琇、叶企孙、陈寅恪、陈垣、赵俪生、俞平伯、闻一多、吕荧、吴晗、沈从文……或名师，或高徒，或亦师亦徒，沧沧云山，泱泱江水，鹤鸣凤舞，星月交辉。读罢掩卷，不胜唏嘘，万般感慨，无限情思。法国思想家圣西门说过，如果法国突然失去自己的几百位优秀的知识分子，法国马上就会变成一具没有灵魂的僵尸。同样，如果百年中国没有这些优秀的知识分子，没有这些名师高徒，中华民族势必沦为永远站不起来的民族。他们是民族的灵魂！①

今年适逢吕荧先生百年诞辰，笔者撰写此文，聊表深切的怀念之情。

一、学术成就：从美学到文艺

据著名作家碧野 1983 年 8 月回忆：“我与吕荧相识，是在一二·九运动时期北平‘浪花社’的一次集会上。当时他是北大历史系学生、‘浪花社’主要成员之一。当年的吕荧既写诗，又写文艺评论，年轻倜傥，卓

---

① 林少华：《曾经的名师高徒》，《都市周报》2010 年 12 月 2 日。

越多才。他身材瘦长，眉目清秀，像个文弱书生，却爱好运动，是校运动会上的跳高第一名。有一回我们俩比赛攀登景山中峰，我从小在粤东爬惯了大山，腿劲强，想不到吕荧竟几乎与我同时到达万春亭。吕荧追求学问严肃认真、孜孜不倦，课余还跟白俄教授进修俄语，为日后研究、翻译俄国文学打下了基础。记得他写过一篇评张天翼的论文，是我替他抄的，张天翼很重视，问过我，这事儿我告诉了吕荧。吕荧真诚、纯洁，肝胆照人。'浪花社'文友们相互传阅作品时，他总会严肃地、毫无保留地提出自己的看法。我最初练习写作就曾得到过他的许多帮助。"①

吕荧"是当代中国一位颇具影响力的美学家、文艺理论家。他在20世纪50年代中国第一次美学大讨论中，以突破传统、独具特色的美学观点开始受到理论界的关注，更是为之后的当代美学研究开辟了新的方向"②。吕荧强调人作为主体在审美活动中的重要地位，认为"美是观念"③，并开创性地提出"美是人的社会意识"④的观点。其美学思想反映在《人的花朵》（重庆泥土社，1944年）、《火的云霞》（上海书报杂志联合发行所，1949年）、《文学的倾向》（上海书报杂志联合发行所，1950年）、《关于工人文艺》（新文艺出版社，1952年）、《艺术的理解》（作家出版社，1958年）、《美学书怀》（作家出版社，1959年）、《吕荧文艺与美学论集》（上海文艺出版社，1984年）等著作中。吕荧在重庆时自费出版的《人的花朵》，后由多家出版社争相出版。该文学评论集一经出版立即轰动了整个山城，当时重庆著名的文艺评论家有冯雪峰、胡风，他成为第三位出色的文艺评论家。1952年冬，吕荧应老友冯雪峰之邀至人民文学出版社任特约翻译；1954年3月加入中国作家协会，后由胡乔木热情

---

① 胡风等口述，闻敏采写：《吕荧的历史悲剧——众说吕荧》，载王俊义、丁东编《口述历史：第三辑》，中国社会科学出版社2005年版，第287页。

② 徐秋雅：《吕荧文艺思想研究》，硕士学位论文，苏州大学文学院，2011年。

③ 吕荧：《美是什么》，载《吕荧文艺与美学论集》，上海文艺出版社1984年，第402页。

④ 吕荧：《美是什么》，载《吕荧文艺与美学论集》，上海文艺出版社1984年，第400页。

推荐，担任人民日报社文艺部顾问至1956年。

孙伟科对文艺批评家李希凡进行过专访，当问及“吕荧是中华人民共和国早期很重要的美学家，他有独立的识见与人格，他特色鲜明的理论实践对您的文学批评有何影响?”时，李希凡回答道：“吕荧是我学生时期在文艺理论家中崇拜的偶像，我在1948年就读过他的《人的花朵》，那真是美文学的评论。后来在山东大学读书时，吕荧先生是我们文艺学课的老师。他讲授的文艺学，在当时就已有系统的理论体系，贯穿着鲜明的马克思主义观点，例证、分析都出自他自己的研究心得和体会，这些都是我们当时已有的文艺理论教材中难以见到的。”[①]当年山东大学中文系《1951年的教学工作概要》这样写道：“关于教学的方针与任务，是依据中央人民政府教育部所颁布的高等教育方针进行教学。本系的任务是培养学生树立为人民服务的文艺思想，批判地学习文学遗产，锻炼文字创作能力，养成研究的兴趣，结合现实需要，成为人民的文艺工作者和文教工作干部。例如，在一年级开设的文艺学教程，就改变了过去的那种为文艺而文艺的纯文艺学观点，讲究结合现实的文艺方针和政策。其要求是：结合文艺政策讲授文艺理论，替同学们打好文艺理论的基础。”[②]

吕荧是美学与文艺的双料评论家。他曾把诗人定义为“人的花朵”，《人的花朵》对鲁迅、艾青、田间、曹禺等革命作家的现实主义作品给予了高度评价。在他看来，诗和诗人都是无比崇高的：“诗，人的生活与情感的融合的交流，人的理知与想象的凝结的晶体；人的真挚，人的单纯。”[③]胡风在1983年12月18日接受访谈时指出：“吕荧的一生是诗人的一生，与现实隔离，他非常之善良。没有‘文革’，他也已经神经错乱了。我与吕荧初次相见是抗战爆发后，在武汉。最早是在抗战前，我在

---

① 孙伟科：《文艺批评的世纪风云——文艺批评家李希凡访谈》，《文艺报》2013年5月15日。

② 杨洪勋：《敢为胡风申辩的吕荧》，《中国海洋大学报》2011年12月22日。

③ 吕荧：《人的花朵》，载《吕荧文艺与美学论集》，上海文艺出版社1984年版，第247页。

上海编《工作与学习丛刊》，他是北大学生。我收到了他寄来的（署名'倪平'）的两篇论文：《论在艺术方法上的鲁迅》和《田间与抒情诗》。""评论田间这位诗人和他的诗，吕荧是第一人，看得出，他作为一个评论家，有相当的敏感，对艺术特点是能理解的。"[①]笔者曾在2010年4月26日《无锡日报》上读到《又想起了吕荧》一文，这位未署名的作者回忆说："我、骆宾基、丰村、竹可羽与吕荧曾经有过一个设想，将来出一本《同代人文学》杂志，学习别林斯基的那种可贵精神。没有伟大的文学评论家便没有伟大的作家，在别林斯基等伟大评论家的指引下，俄罗斯文学的巨匠一个一个地脱颖而出，普希金、托尔斯泰、屠格涅夫、果戈里、莱蒙托夫、契诃夫，那是多么辉煌的历史啊。"[②]

对美学和文艺的感悟与呼唤，在吕荧的著作中俯拾即是，而在他的诸多译著中也得到生动的反映。

二、经典译著:《欧根·奥涅金》

吕荧1935年开始就读于北京大学历史系，兼攻历史、文学、哲学和外文，1941年于西南联大毕业。大学毕业前一年，其第一篇译作——卢卡契的《叙述与描写》——以笔名"吕荧"发表在胡风担任主编的《七月》第六集第1、2期的合刊上。出版文学论文集《人的花朵》《文学的倾向》，翻译出版普希金的诗体小说《欧根·奥涅金》（云圃书屋，1944年），奠定了他左翼文学评论家、翻译家的地位。其译著还有《普式庚论》（［苏联］卢那卡尔斯基等著，远方书店，1943年）、《普式庚传》（［苏联］吉尔波丁著，国际文化服务社，1946年）、《叙述与描写》（［匈

① 胡风等口述，闻敏采写：《吕荧的历史悲剧——众说吕荧》，载王俊义、丁东编《口述历史：第三辑》，中国社会科学出版社2005年版，第285、286页。

② 佚名：《又想起了吕荧》，《无锡日报》2010年4月26日。

牙利］卢卡契著，新新出版社，1946 年）、《列宁论作家》（［苏联］列宁著，新文艺出版社，1952 年）、《列宁与文学问题》（［苏联］米雅斯尼科夫等著，国际文化服务社，1953 年）、《仲夏夜之梦》（［英国］莎士比亚著，作家出版社，1954 年）、《论西欧文学》（［苏联］普列汉诺夫著，人民文学出版社，1957 年）等。

普希金的《叶甫盖尼·奥涅金》被别林斯基誉为“俄国生活的百科全书”。它的中文完全版在中国已有 70 余年的历史。解放前有两个中文全译本：第一个是甦夫译本《欧根·奥尼金》，1942 年 9 月由桂林丝文出版社出版。该版本从莫斯科 1931 年出版的涅克拉索夫的世界语译本译出，参考过米川正夫的日译本。对于这一译本，后人多有批评，其中吕荧的看法当属中肯，他认为甦夫的译本“文字枯涩而且粗率，并且很多地方和原诗出入很大”①。为纪念普希金这部长诗出版 110 周年，1944 年 2 月吕荧在重庆以“云圃书屋”的名义自费出版了其根据俄文本翻译的《欧根·奥涅金》，此译本 1947 年由上海希望社正式出版并再版。这是第一个依据俄文本翻译的“奥涅金”。“为了翻译这部作品，他不仅系统地重温了普希金的原著，而且披阅了大量有关论著，以期‘对这位“世界诗人”的气质、艺术、风格，能有一个比较深切的体认’。”②学术界认为，吕荧翻译的被赫尔岑誉为“吞没了普希金的生命的辉煌巨著”《欧根·奥涅金》的译本，是我国 20 世纪“40 年代最大的收获”③。

关于《欧根·奥涅金》的翻译问题，吕荧在其译本“跋”中指出：“如果勉强顾全音韵的格律，势必将要牺牲语言的纯朴；取形体而舍精神，以韵害诗以词害意，不是普式庚的道路，也不是我们的道路。”④

---

① 吕荧：《跋》，载普希金《欧根·奥涅金》，吕荧译，云圃书屋 1944 年版，第 386 页。

② 闻敏：《吕荧在文学翻译领域里的不朽业绩》，《新文学史料》2008 年第 4 期。

③ 李今：《二十世纪中国翻译文学史：三四十年代·俄苏卷》，百花文艺出版社 2009 年版，第 231 页。

④ 吕荧：《跋》，载普希金《欧根·奥涅金》，吕荧译，云圃书屋 1944 年版，第 390 页。

中华人民共和国成立后，最有代表性的译作是查良铮译本和吕荧译本的校改本。吕荧的校改本出版于1954年12月。据史料记载，1947年吕荧赴台湾师范学院任教，途经上海，从戈宝权那里借得该书美国“现代丛书”版巴贝特·多伊奇的英译本及布罗德斯基撰写的《〈叶甫盖尼·奥涅金〉详解》的俄文版。吕荧校改本主要依据苏联国家出版局1949年版《叶甫盖尼·奥涅金》单行本，参照了苏联科学院编辑的《普希金全集》（1950年版，十卷本）。吕荧的校改本成为公认的最佳版本。肖白评价说：“在俄国文学的译作中，除瞿秋白译的《茨冈》之外，吕荧译的《欧根·奥涅金》，也可以说是一个能把原作所特有的气质、风格和美传达出来的范例。”[①]但吕荧很谦逊地说道：

> 《欧根·奥涅金》是普式庚的精深的诗，是诗的真华。所以我的“不到家的翻译”，只能算是：
>
> 一幅生动的图画的减色的模写，
> 或者是怯弱的女学生手指上
> 弹奏出来的弗莱席茨曲。
>
> 不过，感谢胡风先生译的三节诗（六章十五，十六，三十八），这使我的粗拙的译文添了光彩。[②]

据《胡风诗全编》中“出版说明”关于译诗的介绍：“诗人（指胡风——笔者注）译诗数量不多，共收十首，编成一辑。无论是作者对译诗的选取，或在序跋、文论、诗论中的论述，还是他帮助吕荧校改、补译普希金的长诗《欧根·奥涅金》的感人事迹，都足以表明他对译诗的重

① 胡风等口述，闻敏采写：《吕荧的历史悲剧——众说吕荧》，载王俊义、丁东编《口述历史：第三辑》，中国社会科学出版社2005年版，第292页。

② 吕荧：《跋》，载普希金《欧根·奥涅金》，吕荧译，云圃书屋1944年版，第391页。

视，他对借鉴外国诗歌成就以助我国新诗健康发展的严肃认真的态度。因而这少量译诗，更是弥足珍贵。”①胡风堪称中国“奥涅金情结”的缔造人之一。《欧根·奥涅金》后来再版时，胡风已出事，但吕荧仍坚持保留对胡风致谢的原话，胡风见之，不胜感慨道：“唉，这个吕荧！”

作家宋步明在《哑默的竖琴》一文中写道：“1969 年‘文革’期间，我还是一懵懂少年，无意之间得到一本由土地出版社出版的普希金的诗体小说《欧根·奥涅金》，译者正是吕荧，书的封面上印着普希金的自画速写头像，里面有奥涅金和奥丽伽下棋、奥涅金和连斯基用手枪决斗以及俄罗斯乡村的速写插图。这本书一直伴随着我，成了我最珍贵的一本书。”②“那些优美的诗句，让我一遍遍地反复朗读或吟诵：‘他带着竖琴在世界上漫游过/在席勒和歌德的天空底下/他们的诗的火花，燃烧起他的灵魂/他的诗歌里总是骄傲地保存着/崇高的情感，童贞的幻想的激动，以及庄严质朴的美。’少年时代的我，经常沉浸在这些铿锵的诗句里，吕荧的《欧根·奥涅金》给了我最初的文学启蒙，这种文学启蒙让我热爱文学，敬畏文字，若干年后让我一直与文字为伴。”③

文字自有传之久远的力量。作家骆宾基说得好：“吕荧有他的几本译著在，这将流传于后世。在社会风气中，将起到洁化的作用。它们将永远散播着芬芳，因为译作者吕荧本人就是我们民族的花朵。”④

三、美的殉道者：性格决定命运

吕荧所度过的是曲折、颠簸、充满风浪的一生。和吕荧的学问一同流传下来的，还有他充满魅力的人格。

---

① 胡风著，绿原、牛汉编：《胡风诗全编》，浙江文艺出版社 1992 年版，“出版说明”第 3 页。

② 宋步明：《哑默的竖琴》，《宿迁日报》2009 年 11 月 15 日。

③ 宋步明：《吕荧与〈欧根·奥涅金〉》，《潮州日报》2009 年 3 月 15 日。

④ 杨洪勋：《敢为胡风申辩的吕荧》，《中国海洋大学报》2011 年 12 月 22 日。

家父桂向明亲蒙七月派余泽，他曾在《洁白的羽毛》一文中写道："有一个人我至今不敢面对！他就是从你我记忆里开始淡出的美学家吕荧。""我特别钦佩吕荧无与伦比的道德勇气，那是'梦幻的波荡和意识的惊跳'（波特莱尔），一种义薄云天的惊世之举。""一位诗人坦言：'我不需要什么旗帜，我只要这一根洁白的羽毛就够了。'吕荧拥有一根洁白的羽毛。"[①]该文在《美文》刊出后，先后被《杂文月刊》《杂文选刊》《读者》等刊物全文转载，颇具影响力。有人说，这篇文章让吕荧复活了。2006年2月10日著名诗人李耕给家父来信说："'羽毛'又读了一遍。纯净的人似觉需要这样纯净的文字与感情来表达。"

时间追溯到1950年初秋，著名作家王统照奉调辞别位于青岛的山东大学，前往济南出任山东省文联主席。吕荧应山东大学校长华岗之邀出任中文系教授，接任王统照文史系主任一职，1951年初文史分开后，担任中文系主任。吕荧知识广博，文章有创见，意境涵永，有文采，学识与品才具备，深受北大"独立之精神，自由之思想"校风之影响，在抗日大后方的文艺界颇有声望。1951年11月，一篇题为《离开毛主席的文艺思想是无法进行文艺教学的》的文章在《文艺报》发表，该文主要是揭露吕荧在文艺学教学中存在严重脱离实际和教条主义的倾向，不重视毛主席《在延安文艺座谈会上的讲话》的指导作用，看不起来自解放区的新文学作品，盲目崇拜欧洲尤其是苏联名著。这篇批判文章以及接下来的"批判大会"激怒了具有诗人气质、性格倔强的吕荧，他发表文章予以反驳，并出走上海，住到何满子家中，任凭校长华岗怎么劝说都决不回头。1952年冬，吕荧应老友冯雪峰之邀至人民文学出版社任特约翻译，1954年3月加入中国作家协会，后担任人民日报社文艺部顾问至1956年，并以主要精力从事美学研究。

早在1953年，吕荧发表《美学问题——文艺探讨之一：兼评蔡仪的

① 桂向明：《洁白的羽毛》，《美文》2005年第1期。

〈新美学〉》一文，对马克思主义美学理论权威蔡仪的客观美学进行了挑战，指出“美是物在人的主观中的反映，是一种观念”[①]，认为美是主观的。吕荧正是以《美学问题——兼评蔡仪教授的〈新美学〉》及其以后的几篇文章（这一时期吕荧的文艺理论和美学论文结集为《艺术的理解》和《美学书怀》两个集子出版）和高尔泰一起被认为是中国主观美学的代表人物。我们可以从其挑战权威的勇气中，发现其灵魂中有着怎样可贵的因素。青岛社会科学院研究员杨曾宪撰文指出：“愿把我深深的敬意献给吕荧。我是从事美学研究的，吕荧不畏高压不随潮流坚持自己的美学观点，久已为我所敬佩。这是一种学术上的崇高。”[②]事实证明，“蔡仪、朱光潜、李泽厚等的那些关于吕荧美学思想是什么主观唯心主义的东西的批评无疑是根本错误的，对吕荧的美学思想我们必须重新认识。其次从历史发展看，吕荧‘美是人的社会意识’的思想具有着伟大的开创性意义，是唯物主义美学研究的历史性突破和重大发展”[③]。孱弱的美学家的最后一次美学批评，是在劳教农场的田边。骨瘦如柴的吕荧对着角落里一朵白色的茨菰花出了神，喃喃自语道：“真美呀，真美……”人们后来发现，他“贴胸的上衣口袋里放着一朵揉皱的茨菰花，而比茨菰花揉得更皱的吕荧死了”[④]。

（节选，本文原刊于《东方翻译》2015 年第 3 期）

---

① 吕荧：《美学问题——文艺探讨之一：兼评蔡仪的〈新美学〉》，《文艺报》1953 年第 16 期。

② 杨曾宪：《历史的误读与道德的偏执——兼议中国当代文人的“心路历程”》，《中国现代、当代文学研究》1996 年第 6 期。

③ 张正方：《从吕荧“接着讲”——向叶朗先生请教》，载《美学正说》，华龄出版社 2002 年版，第 117 页。

④ 郭因：《茨菰花，真美——读〈美的殉道者——吕荧〉》，《博览群书》1999 年第 6 期。

2015 年

吕荧：美是人的观念

徐　辉

在我国 20 世纪 50 年代的美学大讨论中，吕荧与高尔泰同属于“主观派”美学家。

吕荧美学的哲学基础是他理解的历史唯物论。他认为：“美是一个多方面的问题，它关系到物的存在、人的生活、人的概念和观念。因此，美的问题之正确的解决，只有在人能够正确地了解物的存在、人的生活、人的概念和观念之后，才能够实现。物的存在的问题，19 世纪自然科学已经基本解决了。可是人的生活、人的概念和观念的问题，要在马克思完成《政治经济学批判》，论证‘人们的社会存在决定人们的意识’之后，方才得到解答。”①正是由于有了这个原理，人们才有可能辩证地、一如其实地探讨物质生活与精神生活的相互关系，对各种意识形态文化成果进行历史的、唯物的、科学的研究，使一切研究人类社会意识的学问结束形而上学的时代，终于成为科学。②

关于美的本质，吕荧的观点是，美是人的一种观念。他说：“同是一个东西，有的人会认为美，有的人却认为不美；甚至于同一个人，他对美

---

① 吕荧：《再论美学问题——答蔡仪教授》，载《吕荧文艺与美学论集》，上海文艺出版社 1984 年版，第 515 页。

② 吕荧：《再论美学问题——答蔡仪教授》，载《吕荧文艺与美学论集》，上海文艺出版社 1984 年版，第 515 页。

的看法在生活过程中也会发生变化，原先认为美的，后来会认为不美；原先认为不美的，后来会认为美。所以美是物在人的主观中的反映，是一种观念。”①美的观念虽体现在个人身上，却是社会的产物，因此在吕荧看来，美是一种观念，也就是说美是一种社会意识。作为一种社会意识，美是社会存在的反映，是客观的。吕荧认为，包括自然美在内，一切美都是在社会生活中产生和发展的，自然之所以美的原因在于人的实践使自然转化成了人化的自然。“在这个人化的自然里，自然美本身有它一定的社会内容，自然美也就是一种社会美。”吕荧认为，美感与美的观念是两个不同的概念，它们分别代表了审美过程的感性认识阶段与理性认识阶段。他说：“对人而言，美也是一种认识，它由感性认识上升为理性认识。美的认识必须经过感性阶段——美感，但是不能够用感觉（美感）代替乃至取消理性认识（美的概念、观念）。”②“人是理性的动物。美感是人的感性认识，美的观念是人的理性认识。”③吕荧还认为，美感不仅具有认识的功能，还有判断与实验的功能。“美感，就欣赏美的事物此一动作本身而言，它是人的感觉和判断。就人的生命过程而言，它是人的认识，同时也是一种实验。即人以一定的概念映证于外物，映证于生活。”④在他看来，判断和实验的根据就是人的生活概念，因此，唯有“一切合乎人的生活概念，对于人的生活有益，能够增进人的生活幸福的事物，人称之曰美”⑤。

---

① 吕荧：《美学问题——兼评蔡仪教授的〈新美学〉》，载《吕荧文艺与美学论集》，上海文艺出版社1984年版，第416页。

② 吕荧：《美是什么》，载《吕荧文艺与美学论集》，上海文艺出版社1984年版，第404、406页。

③ 吕荧：《再论美学问题——答蔡仪教授》，载《吕荧文艺与美学论集》，上海文艺出版社1984年版，第509页。

④ 吕荧：《再论美学问题——答蔡仪教授》，载《吕荧文艺与美学论集》，上海文艺出版社1984年版，第524页。

⑤ 吕荧：《再论美学问题——答蔡仪教授》，载《吕荧文艺与美学论集》，上海文艺出版社1984年版，第509页。

关于艺术，吕荧认为，“艺术是社会的意识形态，是社会的上层建筑。……艺术的‘本质真理’……是它的社会现实性、阶级性”[①]。吕荧也谈到了关于美学的性质问题。他认为，美学的研究对象是生活中的美和艺术，主要是艺术。“人类的美的观念表现在社会生活的全领域中，特别具体地表现在艺术活动中，所以美学的观点也具体地表现在艺术理论中。”[②]同时，他认为，美学即“美的哲学”，与哲学、宗教、艺术等一样具有社会意识形态性。他主张马克思主义美学要“积极地为人民的利益服务，参加建设社会主义社会和共产主义社会的斗争”[③]。

（本文原载于阎国忠、徐辉、张玉安等《美学七卷：美学建构中的尝试与问题》，商务印书馆2015年版）

① 吕荧：《美学问题——兼评蔡仪教授的〈新美学〉》，载《吕荧文艺与美学论集》，上海文艺出版社1984年版，第435页。

② 吕荧：《美学问题——兼评蔡仪教授的〈新美学〉》，载《吕荧文艺与美学论集》，上海文艺出版社1984年版，第440页。

③ 吕荧：《美学问题——兼评蔡仪教授的〈新美学〉》，载《吕荧文艺与美学论集》，上海文艺出版社1984年版，第440页。

2015 年

吕荧："典型"不是抽象的客观的存在

张　敏

吕荧反对蔡仪关于"美是典型"的看法。他认为，蔡仪的"典型"实际上是抛弃了客观事物的、现实性的本质，把事物当作孤立不变的个体，把现实事物的本质看作是个体共同具有的、抽象的东西。换言之，把现实事物的本质变成一种形而上学的观念。

吕荧指出，蔡仪仅仅在"观念的根源在于客观世界"这一点上是唯物论的，再前进一步，就陷入了唯心论。问题是他对客观世界的理解。他把现实世界还原为"属性条件的统一"的、抽象的物，把现实世界中的人理解为不属于任何时代、任何社会、任何阶级的存在物，一种生物的种类。这种观点实际上是生物学与庸俗社会学的混合，从哲学上讲，是唯心论与唯物论的调和。

（节选，本文原载于阎国忠、徐辉、张玉安等《美学七卷：美学建构中的尝试与问题》，商务印书馆 2015 年版）

2016 年

胡风对满涛、吕荧等翻译家的影响研究

桂清扬

林少华在《曾经的名师高徒》一文中指出：

> 法国思想家圣西门说过，如果法国突然失去自己的几百位优秀的知识分子，法国马上就会变成一具没有灵魂的僵尸。同样，如果百年中国没有这些优秀的知识分子，没有这些名师高徒，中华民族势必沦为永远站不起来的民族。①

他把吕荧誉为百年中国的“民族的灵魂”之一。

吕荧（1915—1969），原名何佶，字云圃。安徽天长新何庄（今仁和集镇）人，著名诗人、文艺理论家、美学家、翻译家和教育家，精通英语和俄语。1935 年就读于北京大学历史系，兼攻历史、文学、哲学和外文，1941 年于西南联大毕业。21 岁与同仁创建进步文艺团体浪花社；24 岁发表小说《北中国的炬火》；26 岁发表译著《叙述与描写》（卢卡契）；27 岁发表论鲁迅、艾青、田间、曹禺等人的论文集《人的花朵》（被列入“七月文丛”），发表译作《〈普式庚论〉草稿》（高尔基）；32 岁任贵州大学历史系副教授；36 岁任山东大学中文系教授、系主任；39 岁参与当

① 林少华：《曾经的名师高徒》，《都市周报》2010 年 12 月。

时我国美学界的激烈论争，成为“美在主观”一派的主要代表人物；40岁作为孤胆英雄，为胡风申辩。胡风在1983年12月18日接受访谈时指出：

> 吕荧的一生是诗人的一生，与现实隔离，他非常之善良。没有“文革”，他也已经神经错乱了。我与吕荧初次相见是抗战爆发后，在武汉。最早是在抗战前，我在上海编《工作与学习丛刊》，他是北大学生。我收到了他寄来的（署名“倪平”）的两篇论文：《论在艺术方法上的鲁迅》和《田间与抒情诗》。……评论田间这位诗人和他的诗，吕荧是第一人，看得出，他作为一个评论家，有相当的敏感，对艺术特点是能理解的。①

胡风对吕荧的扶持和影响是多方面的。吕荧大学毕业前一年，第一篇译作——匈牙利卢卡契的《叙述与描写》，即以笔名“吕荧”发表在胡风主编的《七月》第六集第1、2期的合刊上。译作《〈普式庚论〉草稿》（高尔基）刊于1941年9月出版的《七月》第六集第4期。而《欧根·奥涅金》则是吕荧文学翻译的代表作。

从吕荧在《〈欧根·奥涅金〉译本跋》一文中的叙述获悉，他是“一九四一年冬天，在昆明附近一个山村里”，开始翻译此书，“到一九四二年春天”译完初稿，“到七月，完成初次的校改”。吕荧在“跋”中说：“谢谢胡风先生，他关爱普式庚和诗，从遥远的香港寄来亲切的鼓励；谢谢伊凡·伊凡诺维奇·葛邦福教授……承他十分热心的帮助，不仅给了许多文字上的指示……”②同年5月8日《新华日报》上有一篇吴均先生

① 闻敏：《吕荧的历史悲剧》，载王俊义、丁东编《口述历史：第三辑》，中国社会科学出版社2005年版，第285、286页。

② 吕荧：《跋》，载普希金《欧根·奥涅金》，吕荧译，重庆云圃书屋1944年版，第385页。

写的文章《〈欧根·奥涅金〉新译本》介绍此书，他这样写道：

> 现在，我们有了《欧根·奥涅金》的完整的中译本了。吕荧先生的这一译本可算是郑重坚实的工作的成就。他不仅纠正了前出的一种译本的“文字枯涩而且粗率，并且很多地方和原诗出入很大，奥涅金和妲姬雅娜的形象，甚至于普式庚自己，都受到了歪曲和损伤”……首先值得提出的是题名为“天才与伟大”的译序。通过译者对于普式庚与《欧根·奥涅金》的精湛的研究，他明确的指出了，从这一作品，“俄国的诗和俄国的小说开始现实主义的路程”，“从俄国的生活，历史，语言里面，俄国的巨人普式庚走出来了，他开始开创了一条完全不同的道路”；这“俄国人民和世界文化的果实”的辉煌，“不仅因为它的艺术的高度和它的智慧的阔度，而且因为它是‘诗的太阳’的第一道光芒，突破俄罗斯文学的暗夜”。它的价值，并不曾为后来的《死魂灵》和《战争与和平》所压倒。对于《欧根·奥涅金》这一典型的分析，对于书中表现的反地主贵族阶级的意识的分析，对于作者的艺术的分析，都有着卓越的见解。……在出版困难的情况中，这么一种郑重而坚实的译本的印行，确是值得高兴的事。①

吕荧的这个译本中有胡风的译文，胡风“从日译本译出了一个从正文删去了的诗节”②，即第六章中的十五节、十六节和三十八节。此外，他还帮吕荧参照日译本校改了部分诗句。正如《胡风诗全编·出版说明》所说，胡风“帮助吕荧校改、补译普希金的长诗《欧根·奥涅金》的感人事迹，都足以表明他对译诗的重视，他对借鉴外国诗歌成就以助我国新诗

① 吴均：《〈欧根·奥涅金〉新译本》，《新华日报》1944年5月8日。

② 胡风著，傅光明编：《胡风散文》，浙江文艺出版社2001年版，第172页。

健康发展的严肃认真的态度”[①]。胡风可谓中国“奥涅金情结”的缔造者之一，胡风夫人梅志在她的文章《人的花朵——记吕荧与胡风》中写道：“在纪念普希金逝世百年时，希望社曾重印《欧根·奥涅金》一千五百本，早已卖完了，胡风去香港后我用留下的纸又印了三千册……书很好卖，简直一抢而空。”[②]学界普遍认为，吕荧于1944年出版的被赫尔岑誉为“吞没了普希金的生命的辉煌巨著”《欧根·奥涅金》的译本成为我国20世纪“四十年代最大的收获”[③]。吕荧是我国直接从俄文翻译俄罗斯诗人普希金的诗体小说《欧根·奥涅金》的第一人，将《欧根·奥涅金》的翻译提高到了一个全新的高度。1954年人民文学出版社再次出版此书时，吕荧校改后将书名改为《叶甫盖尼·奥涅金》。

1955年5月25日，全国文联主席团和作协主席团举行联席扩大会议，决定开除胡风中国作家协会会籍，撤销其中国作协理事等职务。吕荧不满此种做法，登台提出思想意识领域的问题不应等同于政治问题，却被赶下台。后来被何满子誉为“六亿一人”的吕荧和满涛一样，被隔离审查，其著译也遭到查禁。被禁作品有：《欧根·奥涅金》（普希金著，人民文学出版社出版）、《仲夏夜之梦》（莎士比亚著，作家出版社出版）、《列宁论作家》《关于工人文艺》（以上是新文艺出版社出版）。事实上，在1961年上海文艺出版社出版的《中国现代文学期刊目录》一书中，“‘胡风派’的文学期刊已与国民党的御用期刊、汉奸杂志划为一类，作为‘附录’打入另册，不准公开流传”[④]。这是文艺政治学和翻译政治学的典型例证。1966年“文化大革命”开始，吕荧又惨遭迫害，经

① 绿原、牛汉编：《胡风诗全编》，浙江文艺出版社1992年版，第3页。

② 梅志：《人的花朵——记吕荧与胡风》，载晓风主编《我与胡风》，宁夏人民出版社1993年版，第61页。

③ 李今：《二十世纪中国翻译文学史：三四十年代·俄苏卷》，百花文艺出版社2009年版，第231页。

④ 姜德明：《蚂蚁小集》，载《丛刊识小》，南京师范出版社2013年版，第119页。

公安部批准，以“胡风反革命分子影响社会治安”为名“收容并强制劳动”。吕荧赴劳改农场时仍不忘带上自己的手提箱，箱里装着他心爱的英文打字机和夜间写作用的蜡烛，手提箱的夹层藏着未写完的美学著作以及《莎士比亚十四行诗》的译文草稿。他最终惨死于劳改农场。吕荧因胡风得以迅速成长，也因胡风而成为文坛的一大悲剧。

胡风在1980年6月21日给澳大利亚学者、胡风文艺理论研究专家安德鲁写的信中指出：

> 卢卡契的书，我只读过我的一个朋友译出的《叙述与描写》，那完全是讲创作方面的问题。我是同意他的理论的，觉得他的理论可以解释文艺创作上的一些问题。……卢卡契的理论曾经被苏联和欧洲称为修正主义的理论，就我读过的这本小书来说，我不能同意这种说法。我认为他是现实主义的。[①]

信中所指译文即吕荧译的《叙述与描写》。而吕荧的“美是观念”[②]“美是人的社会意识”[③]的美学观点具有开创性的重大意义，和胡风倡导的主观精神和主观能动性具有异曲同工之妙。[④] 这其中涉及文学经典的形成与传播，东西方文学美学的交流、融合和升华，而翻译的个中作用丝毫不可忽视。

（节选，本文原刊于《中国翻译》2016年第6期）

---

① 胡风：《胡风全集》第九卷，湖北人民出版社1999年版，第40—41页。

② 吕荧：《美是什么》，载《吕荧文艺与美学论集》，上海文艺出版社1984年版，第402页。

③ 吕荧：《美是什么》，载《吕荧文艺与美学论集》，上海文艺出版社1984年版，第400页。

④ 艾晓明：《胡风与卢卡契》，《文学评论》1988年第5期。

2017 年

重返第一次美学大讨论

——吕荧、朱光潜美学思想比较研究

韩存远

在当代中国美学60年学术进程中，吕荧与朱光潜是无法绕开的美学家。作为中国四派美学中“主观派”与“主客观统一派”的代表人物，他们以其鲜明的学术观点为研究者所熟知，而20世纪50年代那场美学大讨论更是将二人及其学说紧密相扣。稍显可惜的是，那场延续近十年的美学讨论较大程度地受制于当时的主流意识形态与权力话语，致使参与论争的诸位学者将更多的目光投向哲学本体论上的主义之争，而美学研究应有的“美学性”却相应地有所隐遁，对于纯粹美学问题的研讨也流于表面，未及深究。更有甚者，吕荧与朱光潜先后被扣上了“主观唯心主义”的大帽而惨遭主流话语放逐，而政治立场饱受质疑也直接导致两人的美学思想长期以来遭受诸多误解，关于两人美学观的比较研究亦是鲜见。基于此，本文认为，比较分析他们的美学观点，并找出其异同，不仅对进一步研究他们的美学理论、也对理解与把握第一次美学大讨论中美学的元问题大有裨益。同时，这对于当下美学问题的研究而言，也有着重要的理论意义与现实意义。为此，本文将着重分析吕、朱二人关于美本质、美感这两大美学核心问题的看法，力求阐明其一致性与差异性。同时在比较的基础上尽量给予两人所持美学观以相对公允的评价。

一、几近契合的美本质观

论及美学，则美本质问题始终是令人捉摸不透却又割舍不下的一环。尽管西方现代美学业已愈加倾向于放弃对美本质的追索，然我国近百年来有志于此的美学家仍不在少数，吕荧与朱光潜便位列其中。吕荧的美本质观构成了其全部美学思想的基石，或者说是主体；朱光潜早年虽执着于心理学、美学，希冀以对美感问题的深究取代对美本质问题的探询，然及至中晚年却受当时美学热潮的沾概而自觉地转向了“美是什么”这个美学难事。本文持论，二人的美本质观基本具有两重近似与两重分歧，下面我们分而论之。

首先，吕荧与朱光潜美学思想之第一重近似性体现于二人对于主体一维的深度关切，并以之为“美”的决定性成因。纵观吕荧全部美学思想，在关涉美本质问题的环节上，他始终固守着主体性的立场。主体性概念饱含浓烈的西方近代哲学、美学色彩，主体性的核心要义指向对主体之认知能力、思维能力、创造能力的绝对重视。相应地，主体性美学惯于在主客二分法中将主体置于优先考虑的位置，极力标举审美主体在审美活动中主导性的价值与作用。这样的特质在吕荧的美本质观中显而易见，他那著名的“美是人的观念”的立论便是最好的明证。他于《美学问题——兼评蔡仪教授的〈新美学〉》一文中，直截了当地将美定性为“物在人的主观中的反映”，亦即“一种观念”。① 他的理由也十分明了：纵使“美”这个字眼早已尽人皆知且用途颇广，然而企图使不同的个体皆言同一事物为美却无异于痴心妄想。面对同一对象，无论主体的人抑或是客体的物，不同的人会给出纷繁复杂的评价——有人认为美，相应

① 吕荧：《美学问题——兼评蔡仪教授的〈新美学〉》，载《吕荧文艺与美学论集》，上海文艺出版社1984年版，第416页。

地就会有人认为不美甚或是丑，有人认为美多些而有人则会认为丑多些，且这评价还极易因时因境而变。这一现象我们早已司空见惯，很难反驳，既然这一现象确证，那么“美”毫无疑问即是属人的亦即关乎主体的，更确切地说，是系于主体的评价。除却“美在观念”这个说法之外，吕荧还提出过“美是人的社会意识……是社会存在的反映”①这一主张。但无论如何，社会意识也是意识的一个分支，是主体一隅综合作用之下的生成物。社会存在可以影响意识的具体形态，却无法否决或扭转意识属人这一铁律。要言之，吕荧将美的本质归结于主体的认识与判断，并将评价与衡量事物美与不美的尺度全权交付于作为主体的人。他主张，没有主体的介入，任何事物在美这个维度上便不具备可探讨性，因为它们仅是一众自在的物质实体，无权被称为美或不美。在审美活动中，主体同时担纲接收器与发射器的职能，接收的是关于审美对象的印象与经验，发射的则是对该对象的看法与观点，而这看法与观点便构成了关于美的裁定结果。

类似地，朱光潜美学中关于美本质问题的阐释也流露出浓重的主体性特征。朱光潜首次涉及“美是什么”这个问题，是在《文艺心理学》一书中。如他所言：“美不仅在物，亦不仅在心，它在心与物的关系上面。”②或许觉得对于心与物、主观与客观之关系的表述流于暧昧，他又进一步强调：“世间并没有天生自在、俯拾即是的美，凡是美都要经过心灵的创造。”③且“凡美都是‘抒情的表现’，都起于‘形象的直觉’，并不在事物本身”④。一方面，既然需要抒情这般心灵作用与意识活动的参与，那么“美”的存在方式就被排除了纯然客观的可能。相反，“美”之为美，必须经由具有能动性的主体意识之能动性的生成机制。心物媾

---

① 吕荧：《美是什么》，载《吕荧文艺与美学论集》，上海文艺出版社 1984 年版，第 400 页。
② 朱光潜：《朱光潜美学文集》第一卷，上海文艺出版社 1982 年版，第 153 页。
③ 朱光潜：《朱光潜美学文集》第一卷，上海文艺出版社 1982 年版，第 153 页。
④ 朱光潜：《朱光潜美学文集》第一卷，上海文艺出版社 1982 年版，第 226 页。

合的说法固然令主体与客体交融于审美活动中，然具体而论，主客体所承担的戏份之多寡与职能之轻重却大相径庭。客体的物仅以条件的方式存在，主体的人却扮演着施为者的角色。作为条件的物是僵死的，而作为施为者的人却是能动的，唯有借助主体的人对外物的主动直观与经验，心与物间的审美关系方才得以达成“美”，方能显现于那心物关系之中。另一方面，所谓“形象的直觉”乃是一个生成性的存在：“形象”之得来依托于观赏者，亦即审美主体主动地以直觉观照客体，并融合自身的诸种主观因素，其实质约等于“意象”。“观赏者的性格和情趣随人随时随地不同，直觉所得的形象也因而千变万化”①，如此一来，举凡“美”的生成与显现皆主要凭借主体的主动行为才可实现，“美”从本质上说内蕴着不证自明的主观性与主体性。要之“美”即是人的感觉行为，是主体在审美地经验外物的过程中生发出的心理活动与情感倾向。时至20世纪50年代，朱光潜又借“物甲物乙论”提出了“美在主客观之统一”一说。其中，他以“物甲”代替物本身，以“物乙”指“物的形象”。所谓“物的形象”即是“主体的意识对该物加工而成的”，也便是“美”这个形容词用以指称的对象。② 换言之，我们称之为“美”的，不是客观物本身，而是该物在主体意识活动中的再造物。这样一种说法无异于是在拔高主体的作用，同时淡化了客物的戏份。在此过程中，“主客观之统一”的平衡性被击破，“美”便在不经意间被统一于主观之隅，而美本质也旋即重新着落于主体一维。这样以主体诸机能之能动性为基点的美本质观当然配得上主体性的头衔。综而述之，吕荧与朱光潜皆主张“美”在本质上是生成性的而非自在的，需要借助主体诸心理功能的综合作用方能实现。

经过对比和审视，不难发现，尽管在言说方式上有所差别，然吕荧与朱光潜在对美本质问题的基本界定上却殊为相近。两人的美学思想中皆

---

① 朱光潜：《朱光潜美学文集》第一卷，上海文艺出版社1982年版，第19页。

② 朱光潜：《朱光潜全集：美学批判论文集 维柯研究》，中华书局2013年版，第74页。

暗藏着这样一重意旨，即“美”在根本上是个关涉主体的价值判断问题。如欲回答某物美或不美，求助于客体的物往往徒劳无功，抑或是无法从根由上寻觅到题解，因为“美”绝非物的属性。正如李圣传所言：“吕荧与朱光潜，则在‘主观性’的理论维度上蕴含着千丝万缕的美学关联。”[①]（注：主观性虽不等于主体性，却是主体性的显现形式之一）也正是基于这一主体性的立场，两人在美学大讨论中虽针锋相对，却在反对客观派美学时执手与共，皆曾撰文批驳该派别的代言人蔡仪。吕荧两次发难，矛头直指蔡仪所持“美在客观属性、美在典型”的论点。他认为，倘若美是先于主体认识而存在的客物的属性，与质量、密度、体积、颜色等常见自然属性无异，那么这个俯拾即是的“美”又“怎么会在自然科学中找不到它的形迹?”[②]假使美在典型，那么，为何一众典型的人或物，诸如强盗恶霸、苍蝇蚊子等从未出现于美的讨论序列之中呢？朱光潜早年便曾指出：“美很难说完全是物的属性。”[③]在美学论争中，他直面蔡仪美本质观之弊，认为“美作为物的属性不依赖鉴赏的人而存在”这个说法等同于“美不依赖社会关系而存在”。[④] 因为，人是社会生活作用下的产物，是社会关系的总和，剥夺和取消美的主观性就意味着将美的社会性一道否决，而脱离社会层面去论说“美”这个人类社会的问题显然无助于求得答案。故而，全然从自然物出发很难厘清美为何物，诉诸主体的人才是探究美本质之奥妙的正途所在。概而言之，以主体为美的核心要义构成了吕荧与朱光潜美本质思想的第一重近似。

两人在美本质观上的第二重近似当属对主观与客观、主体与客体这

① 李圣传：《在“知识话语”与“意识形态话语”间双向振摆——“美学大讨论”时期吕荧美学思想重估》，《山东社会科学》2014 年第 11 期。

② 吕荧：《再论美学问题——答蔡仪教授》，载《吕荧文艺与美学论集》，上海文艺出版社 1984 年版，第 481 页。

③ 朱光潜：《朱光潜美学文集》第一卷，上海文艺出版社 1982 年版，第 146 页。

④ 朱光潜：《朱光潜全集：美学批判论文集 维柯研究》，中华书局 2013 年版，第 43 页。

两对二项对立式的辩证看待。诚然，吕、朱二人的美学观，尤其是美本质观皆具备明显的主体性特征，但突出主体不意味着遮蔽客体，张扬主观亦不等同于贬斥客观，在论证美之主体性的过程中，两人俱不曾剑走偏锋。在吕荧美学中，尽管主观层面被反复提及，然客观层面也绝非隐而不彰。一如吕荧所言："人的观念是主观的，但是它是客观决定的主观，人的社会生活，社会存在决定的社会意识。在这一意义上它也有客观性。"[①]另言之，主体的思想、观念等意识范畴深植于社会现实，关于美的看法亦复如是。"美"在具有主体性的同时也兼备着社会属性：无论美的观念还是美的事物皆显现、成型于社会生活，并伴随着社会生活的变迁而发生着相应的位移运动。一来，主体所持有的美的观念之形成需历经从表象至概念再达观念这般过程，其中充斥着客观世界的干预与介入。主体最初只是经验到一些美的事物的表象，"这些多样的表象，以人的生活为基础，在意识中综合而成为一个美的概念"[②]。这个概念最终"经过和客观实在的统一，形成为一个美的观念"[③]。故而，这个美的观念部分地受制于客观一维，具有一定的客观性与社会性。再者，诸多现存的被广泛认定为美的事物是社会生产实践的衍生物，其生成过程亦是循序渐进而非一蹴而就的，如辽远苍茫的田野有赖于人类世世代代的耕作，郁郁葱葱的森林生成于大自然经年累月的滋养，没有这样丰富的社会历史因素之综合作用，我们无从获取关于这些事物的美或不美的观念。另则，客观生活的异质性同样会波及美的观念之形态。如封建贵族眼中，楚人宋玉笔下那"眉如翠羽，肌如白雪，腰如束素，齿如含贝"的"东家之

---

① 吕荧：《再论美学问题——答蔡仪教授》，载《吕荧文艺与美学论集》，上海文艺出版社 1984 年版，第 495 页。

② 吕荧：《美学论原——答朱光潜教授》，载《吕荧文艺与美学论集》，上海文艺出版社 1984 年版，第 452 页。

③ 吕荧：《美学论原——答朱光潜教授》，载《吕荧文艺与美学论集》，上海文艺出版社 1984 年版，第 453 页。

子”乃是地道的佳人，而在庄户人那里，或许面色红润、手足宽大、体格健硕的农妇才是标准的美女。在吕荧看来，这种判若云泥的差异殊为合理，因为它正体现了不同历史语境与物质基础对于人们美的观念之深刻影响。同理，不同时代、地域对于审美观的作用亦是不可忽视的。譬如，唐宋两朝的美女如若彼此置换生活环境，或许均会一文不值。这一现象之根由与其说是不同时期人类主体所持美的观念有别，毋宁说是不同时期的社会生产力与社会生活难以归于一致。概之，美不单关涉主体与主观，客体与客观因素同样不容小觑。

对于美的客体一维的强调，吕荧主要是立足于社会生活对于社会意识的决定作用，而朱光潜更多的是从审美对象的现实存在以及客体某属性对主体的感官刺激切入的。依他所见，“美虽不完全在物却亦非与物无关”①。一方面“美”既然始于审美主客体的交互行为，则作为主体的人与作为客体的物缺一不可，故而“人不能完全凭心灵创造出美来”，“美之中要有人情也要有物理，二者缺一都不能见出美”。② 另一方面“物须先有使人觉得美的可能性”③，主体以某物为美，则必然是为该物的形状、颜色、姿态等自在属性所吸引，这些属性也便构成了该物之所以成其为美的潜在条件与可能性。众人皆言高山大川为美，而对土丘泥洼则难以产生美的愉悦，这固然与人类主体的审美共通感与生理一致性有关，却更多地与外物自身显现出的形象状貌相连：一如山峰之雄壮、厚重、险峻、奇秀，江河之浩荡、开阔、汹涌、蜿蜒。正是这些有别于一般堆形物与水状物的特质和属性给人以勾魂摄魄之感，并成为美的形式，而其载体也便被归认为美的事物。总之，“美”在本质上也内蕴着客观成分，客观的物在主观的意识生成“美”的过程中亦有不可或缺的贡献。综上可

---

① 朱光潜：《朱光潜美学文集》第一卷，上海文艺出版社 1982 年版，第 485 页。

② 朱光潜：《朱光潜美学文集》第一卷，上海文艺出版社 1982 年版，第 485 页。

③ 朱光潜：《朱光潜美学文集》第一卷，上海文艺出版社 1982 年版，第 485 页。

见，吕荧与朱光潜的美本质观虽然高扬主体之主观能动性，却丝毫不回避、不排斥客体的、客观的因素，两人在这一问题上再次趋于同一。

确切地讲，吕荧与朱光潜的美本质观只称得上是几近契合，而非全然重合。其差异，主要体现于他们对于"美"所形容对象的看法上。吕、朱二人虽都认同"美"之形容词属性，但吕荧以为"美"重在形容"物"，朱光潜则认为"美"重在形容"过程"，确切地说是主体意识在经验审美对象时所生成的"形象"。对于"美"的适用范围，吕荧的看法为"不仅仅用于评价山水花草等自然界的事物"，"主要的是用于评价社会生活和社会事物"。[①] 无论是自然物还是社会物，都是客观存在的实体或现象，而非主观作用下的意识及精神。这个"美"的适用范围也即暗含着"美"的形容对象。吕荧倾向于以"美"来形容物，朱光潜则将"美"视为描述主体特定心理过程的语符。他持论："'美'是一个形容词，它所形容的对象不是生来就是名词的'心'或'物'，而是由动词变成名词的'表现'或'创造'。"[②]在他看来，"美"既非物之本体属性，自然也就不能被用以直接形容物。美所形容的，是审美主体在经验和投射客物时所得到的那个形象。这个形象不是客物本身的形象，而是主体对于该物所呈现于其意识中的形象的创造性加工的产物，也即是上文所提到的那个"物乙"。对此，朱光潜还曾给出一个例证：我们说某花是红的，这种说法其实不甚完整，它略去了"我认为"这个主谓结构，因为"花本身只有使人觉到红的可能性"。[③] 同理我们说某物为美，也只是说该物使我们产生了美感体验，故而美所形容的也只是该物于主体意识中所生成的那个"形象"，而非该物本身。

---

① 吕荧：《美是什么》，载《吕荧文艺与美学论集》，上海文艺出版社 1984 年版，第 410 页。

② 朱光潜：《朱光潜美学文集》第一卷，上海文艺出版社 1982 年版，第 153 页。

③ 朱光潜：《朱光潜美学文集》第一卷，上海文艺出版社 1982 年版，第 482 页。

二、迥然有别的美感观

朱光潜以心理学美学起家，其《文艺心理学》《谈美》等著作中关涉美感问题之处比比皆是，至于吕荧，则仅有寥寥数笔的阐释。然而，在这一多一寡的论述中，两人美感论的差异却清晰可见。如果说在对美本质的看法上两人一致性更多，那么在对美感的看法上两人则基本是迥然有别的。

其一，在阐释美感发生论时，两人各执己见。在吕荧看来，“美感，就欣赏美的事物此一动作本身而言，它是人的感觉和判断”①。这个表述本身看似有些含混，因为感觉与判断相去甚远，前者关乎感性，后者则是理性的职能，其实，这里暗藏着吕荧关于美感发生之阶段性的看法：美感之生成要分两步走，首先是“感觉”，即主体对审美对象的直观与审视并从中得到关于该物的感觉，而后是“判断”，即主体运用自身在生活中业已形成的诸种理性法则对该物（而非关于该物的感觉，这一点上文已有说明）所作出的衡量与评价。例如，我们在审美地经验某物之时，首先会感知到其形状、颜色等信息。然而“这些形色气味是美还是不美，以及美到什么程度，这种美的意义如何，就要通过意识的判断”②。由此可见，所谓美感本身在初始阶段不过是一种愉悦之感，“严格的说来只能称之为‘快感’”③，与一般性的官能感觉无异。“这种快感，当人称之为‘美’的时候，它已经不是感觉，而是根据一定的生活概念和美的概念所

---

① 吕荧：《再论美学问题——答蔡仪教授》，载《吕荧文艺与美学论集》，上海文艺出版社 1984 年版，第 524 页。

② 吕荧：《美是什么》，载《吕荧文艺与美学论集》，上海文艺出版社 1984 年版，第 406 页。

③ 吕荧：《再论美学问题——答蔡仪教授》，载《吕荧文艺与美学论集》，上海文艺出版社 1984 年版，第 508 页。

下的评价或判断”[①]，换言之，这种普通的感觉或者说是快感若要同美或不美的问题搭上关系进而上升至美学层面，则必须仰仗理性的介入与裁决。综上所述，美感就是在这样一个由感觉到判断的过程中生成的。所谓“感觉和判断”本质上是有先后顺序的，起决定作用的是后一个步骤即判断，且这一步骤还最终要囊括前一个步骤即感觉。

朱光潜的美感发生论较之吕荧则有不小的差别。众所周知，美感经验论是朱光潜早年赖以成名的法宝，也是其早期美学理论之核心见解，对此，他有过不少的论述，在此大致归纳如下：依循朱光潜的说法，美感经验是一种主体在经验自然或艺术时皆曾体会过的心理状态，譬如主体欣赏奇花异草时的心旷神怡，阅读文学作品时的心随事动，“这些境界，或得诸自然，或来自艺术，种类千差万别，都是‘美感经验’”[②]，据此而论，美感等同于某种心理体验。如果论述止步于此，则朱光潜的美感发生论与吕荧差别不大，毕竟二人都是在标举主体心理之作用。然而他又进一步指出“美感经验就是形象的直觉”[③]，这个形象就是审美对象在主体意识中映射的结果，“形象除直觉之外也别无其他心理活动可见出”[④]。也即是说，要生成美感就必先在头脑中出现关于某对象的那个“形象”，而欲生成该形象则有且只有直觉这一种招式可用。直觉是感性的，与理性无涉，这样说来，美感之生成对于理性思考与判断有着天然的排斥。一如朱光潜所言，美感经验“只以一部分‘自我’——直觉的活动——对物，一不用抽象的思考，二不起意志和欲念”[⑤]。这样的规定彰显出朱、吕之美感发生论的区别，即对理性活动的看法。吕荧重视的理性判断在

① 吕荧：《再论美学问题——答蔡仪教授》，载《吕荧文艺与美学论集》，上海文艺出版社 1984 年版，第 508 页。

② 朱光潜：《朱光潜美学文集》第一卷，上海文艺出版社 1982 年版，第 10 页。

③ 朱光潜：《朱光潜美学文集》第一卷，上海文艺出版社 1982 年版，第 18 页。

④ 朱光潜：《朱光潜美学文集》第一卷，上海文艺出版社 1982 年版，第 19 页。

⑤ 朱光潜：《朱光潜美学文集》第一卷，上海文艺出版社 1982 年版，第 73 页。

朱光潜这里却是避之唯恐不及的。前者主张美感之生成要从感性上升到理性，后者则持论主体仅于感性阶段即可获得美感。总结起来，朱氏美学中的美感实质上是一种“极端的聚精会神的心理状态”[①]，亦是一种“凝神的境界”[②]。换言之，它剔除了实用的意志与科学的思考，只保留着感性直观的成分。朱光潜特意强调美感与理性的区别，其本意应在于划清美感生成与理性判断之界限。如此一来，在朱光潜那里，美感就成型并显现于主体经验对象时的心理状态中，所依所凭俱是感性直观，全然无关乎评价与判断，而其所持美感发生论便只涵盖感性阶段而不涵盖理性阶段。

总结起来，在美感发生的过程之中，吕荧更看重主体的判断，朱光潜更推崇主体的直观。所谓判断，是依循某种观念所作；所谓直观，则是凭借某种本能而为。前者主要关涉理性，后者更多联结感性。在这一点上，两人可谓是背道而行。不夸张地说，吕荧与朱光潜关于美感发生问题的主张基本构成了两人美感论中的一个核心问题或者说是元问题。该问题之分歧也直接引向了更多的差异。

其二，基于对美感发生机制的不同界说，两人在美感与美的关系问题上的分歧愈拉愈大。要而言之，吕荧主张美或美的观念先于美感，是美感产生的必要条件；朱光潜则不然，他认为应先有美感而后有美，某物之所以为美乃是缘于该物触发了主体关于其美的感受。

我们先来审视吕荧的说法。依他所见：“对人而言，美也是一种认识，它由感性认识上升为理性认识。美的认识必须经过感性阶段——美感，但是不能够用感觉（美感）代替乃至取消理性认识（美的概念、观念）。”[③]于此，吕荧两次谈及的“美感”究其实质乃是一种“感觉”。

---

① 朱光潜：《朱光潜美学文集》第一卷，上海文艺出版社 1982 年版，第 16 页。

② 朱光潜：《朱光潜美学文集》第一卷，上海文艺出版社 1982 年版，第 17 页。

③ 吕荧：《美是什么》，载《吕荧文艺与美学论集》，上海文艺出版社 1984 年版，第 406 页。

“感觉（美感）”这一书写形式意味着“感觉”与“美感”两者可以相互置换而不影响意义的表达，这一“感觉”充当着审美活动之感性阶段基本要素。但这一阶段的地位至多不过是条件，是认识美的事物所必经之途。主体依凭在感觉过程中所得到的感性素材，例如外物的形状、颜色、声音等，在意识中生成关于该物的一个较为完整立体的认知模式，而感性阶段至于此也便戛然而止了。在这一阶段中只有感觉，而没有美感，美感的最终生成还需穿越感性阶段以达至理性判断的阶段。在这一阶段，主体将运用其各自持有的美的观念或美的概念去评价先前业已经验和感受过的那个对象，从而得出美或不美的结论。如若主体以该物为美，则主体将随之生成关于该物的美的感觉。概之，真正的美感现于理性判断之后，以“美”，即美的观念为根本尺度。主体需先依据其所持的美的观念判定某对象为美的，而后才能对其产生美感，故而美先于美感。这一说法也便复归了上文所提及的吕荧所持的美感发生论。

朱光潜的说法正好与吕荧相悖。他认为“事物能引起美感经验才能算是美，我们必先知道怎样的经验是美感的，然后才能决定怎样的事物所引起的经验是美感的”[①]。换言之，能激发起主体美感的事物便可被称为美的事物，我们必先对某物产生美的感觉，而后才能断定该物为美的事物。他还曾指出：“如果一件事物叫你觉得美，它一定能在你心眼中现出一种具体的境界，或是一幅新鲜的图画。”[②]这种境界依上文所言正是一种美感。这即表明，必先有于主体心中生成的美感，而后才有美的事物，前者理应是后者的条件，亦即应先有美感而后有美。可以说，朱光潜所理解的美与美感的关系恰好是对吕荧相关主张的全然倒置。吕荧认为美先于美感是基于其美感发生论，朱光潜给出了相反的作答，也同样是根源于此。如上所述，朱氏美学将美感或美感经验的本质界定为主体的

① 朱光潜：《朱光潜美学文集》第一卷，上海文艺出版社1982年版，第9页。
② 朱光潜：《朱光潜美学文集》第一卷，上海文艺出版社1982年版，第13页。

某种不关涉名理判断与实用考虑的心理活动。在这种心境之下，主体的人一方面直观知觉着某审美对象，另一方面则不由得生发出某种畅快愉悦之感，这种孤立绝缘的、排除和回避了世俗之考量的感觉就是美感。也就是说，主体获得美感之际，他的意识中全然不存在什么美的观念或概念之类关联理性的条条框框。他只是单纯地沉浸于美感中，此前及此刻皆没有其他空闲去理性地思索该物美或不美。因为根据朱光潜的预设，主体一旦涌现出外于感性直观的理性思考，则其所得到的经验也便不再是纯粹的美感经验了，所以，美感产生之际必然还不存在美。要而言之，在朱光潜那里，美的产生次序应晚于美感。

本文认为，吕、朱二人对美与美感关系的不同理解也与两人的美学路径有关。吕荧从重归纳、重推演的哲学美学出发则势必要寻觅出一条对于一切美的现象皆有解释力度的定律。倘若美感先于美，那美是什么这个问题便彻底沦为主体之心理感受。既然人人皆有美感，那是否意味着人人皆懂“美”与美学呢?倘若答案是肯定的，则美学对于审美活动还有什么终极指导意义么?故而“美在美的观念”这一说法正符合了他的初衷。朱光潜则不然。他由重观察、重实例的心理学美学切入，则难免更为关注主体在审美活动中的经验与体味，亦即主体的美感问题。诚如他本人在《文艺心理学》开端处所言:“近代美学所侧重的问题是‘在美感经验中我们的心理活动是什么样?’至于一般人所喜欢问的‘什么样的事物才能算是美’的问题还在其次。这第二个也并非不重要，不过要解决它，必先解决第一个问题。”[①]换言之，美感是美得以产生的必要条件，美感问题才是美学研究的元问题所在。

当然，在美感问题上，吕荧与朱光潜也并非毫无共通之处。在美感与快感的关系问题上，两人所显现出的同质性明显高于异质性:一方面，两人都看到了美感与快感的关联性，认为美感之中总是或多或少蕴含着

---

① 朱光潜:《朱光潜美学文集》第一卷，上海文艺出版社1982年版，第9页。

快感的成分，亦即两人都不否认美感过程中时有快感伴随。如上所述，吕荧承认美感生成的感性阶段中感觉以及快感的存在，换言之，他对于快感和美感的关联性给予了足够的尊重。吕荧持论道，“美感——这种感觉，是外物作用于我们的感官引起的。眼耳口鼻的感官，人皆有之”，因此“悦目的美色，悦耳的美音，悦口的美味，悦鼻的美嗅，人人都感到一种快感（或美感）”。[①] 这些感觉虽还称不上是美感，但却是美感发生过程中感性阶段的产物，且已然具备了使人愉悦、欣然的属性与特质，故而可被视为快感。换言之，这些感官上的快适之感便充当着潜在美感的初级样态，美感与快感之关联则一目了然。朱光潜同样在美感中见出了快感。他虽主张美感经验之纯粹性，拒绝除直觉外的一切身心机能的参与，因为“如果自己觉得快感，我便是由直觉变而为反省”[②]。然而他同样指出：“美感所伴的快感，在当时都不觉得，到过后才回忆起来。”[③]这便表明，美感发生时未必便没有快感的存在，因为在美感经验中不去思量和察觉快感，不等同于在此情形下便没有快感。美感与快感之间并不抵牾，反而时有关联，时常相伴。

另一方面，两人皆主张美感不等于快感，断不可将二者混为一谈，等同视之。不过，两人在这个问题上的理论起点与言说方式却也不尽相同，换言之，其近似性也是通过差异性表现出来的。其中，吕荧区分美感与快感的方式，上文业已有所涉及。简言之，他是以抬高美感而贬低快感的方式予以论述的。他主张美感与快感是美感发生过程中的两个步骤，其中快感仅是通抵美感的中转站，而美感才是较之快感更高一层级的形态。快感发生于审美活动的伊始阶段，以感性观审为工具，美感则显现于审美活动的终极阶段，以理性判断为武器。快感是美感得以生成所

---

① 吕荧：《美是什么》，载《吕荧文艺与美学论集》，上海文艺出版社 1984 年版，第 406 页。

② 朱光潜：《朱光潜美学文集》第一卷，上海文艺出版社 1982 年版，第 471 页。

③ 朱光潜：《朱光潜美学文集》第一卷，上海文艺出版社 1982 年版，第 471 页。

必不可少的条件，毕竟没有经由对外物的经验，没有经验外物所得到的印象材料，任何理性法则都将因判断对象的缺席而丧失用武之地。然而，快感仅是普通感觉之一，在吕荧看来是低于美感的。因为美感是主体依凭其所持美的概念或美的观念对对象作出美的评价时方才显现的一种感觉，这种感觉显然外于、有别于一般的官能快感。

朱光潜则未曾使用这种厚此薄彼的方式。他选择明确地指出美感与快感间的诸种不同，呼吁美感之特殊性与独立性，拒绝以快感取代美感。他的中心论点为："美感是不沾实用，无所为而为的，寻常快感则起于实用要求的满足。"①这句话可以转换为：美感活动不掺杂任何理性的思考与实用的欲念（上文有言），而追求快感的活动则往往充斥着目的性与功利性，乃是主体为达成某需要而施为的。譬如，带着审美的态度去观审和赏析《红楼梦》中刘姥姥这个人物并从中获取某种愉悦，这一行为显然是美感的行为，却几乎与快感的行为不搭边界。因为，书中所塑造的那个身姿佝偻、面貌黑丑、举止令人捧腹的老年女子从艺术的角度而论不失为一个成功的形象，但从实际的方面而言却显然无法激起主体在视觉和性欲等生理方面的快适感。换言之，刘姥姥作为一个审美对象，足以唤起美感，却难以滋生快感；无功利地欣赏艺术所得来的是美感，却未见得是快感。在朱光潜看来，以目的为界限，美感与快感之分别也即一目了然。

结　语

斗转星移、时过境迁，吕荧与朱光潜这两位中华人民共和国第一代美学家的代表早已作古，然而，他们的美学思想并未随之逝去，也未曾湮没在一众新生见解与前沿理论中，反而时常可见于当下的美学研究。这也

① 朱光潜：《朱光潜美学文集》第一卷，上海文艺出版社1982年版，第77页。

侧面印证着两位美学前辈之美学思想的合理性与价值。如上所述，单论学术成就与社会影响力，吕荧与朱光潜绝对算不上一时瑜亮，然两人的美学观点却着实存在着诸多的关联。而这种关联的建立，很大程度上可归因于20世纪那场美学大讨论。在论战中，两人前后有过两个回合针锋相对的论战，为后世研究留下了不少值得借鉴和思考的美学与哲学观点。

然而，本文认为，两人的论辩存有两重缺憾。其一，他们矛头所对准的是彼此的美本质观，而这个问题恰恰是他们美学思想中颇为近似之处。在20世纪50年代，吕荧与朱光潜就美是什么这个问题既各抒己见，阐扬个人看法，又针锋相对，攻击对方观点。其实，美在主观也好，美在主客观之统一也罢，其核心要义俱是高扬主体之能动性之于审美活动的意义与价值。可惜，受制于当时学界的主流语境，吕荧与朱光潜都把唯物与唯心之划分当作其为文的首要任务，将更多的精力或置于为自己的唯物主义立场展开辩护，或用以对他人的“唯心主义”立场予以责难。譬如，吕荧指责朱光潜的“主客观统一说”乃是一种极为含混的提法，内蕴不同的解读方式，并最终得出结论：“朱光潜教授的美学正是从唯心主义的观点出发，借‘客观与主观的统一’把客观存在‘统一’于主观意识中，于是美的自然事物和社会事物也被理解为艺术的作品了。”①朱光潜也不甘示弱，他将吕荧的全部美学观点总结为一个基本论点，即“美是人的一种观念”，评价说：

> 这样的主观唯心主义的色彩太刺眼了，于是他想尽方法来遮掩。一种方法是偷梁换柱，用“社会意识形态”来装饰他所谓的“观念”，另一种方法是骑墙，他又要迎合流行的机械唯物主义的看法，

① 吕荧：《美学论原——答朱光潜教授》，载《吕荧文艺与美学论集》，上海文艺出版社1984年版，第444页。

说美仍然是客观存在的。①

于是，他们在美本质观上的那种极近的“亲缘关系”全然被掩盖于两人的唇枪舌剑之下而趋于暗淡。难怪有学者指出，吕、朱二人的相互责难使人颇感“同室操戈”之痛。其二，在美感这个问题上，吕、朱二人分歧显著，不论是对于美感的看法，还是对于美感与美的关系的主张，都显现出反向而行的迹象。纵使对待美感与快感的看法有所近似，但细究之下，其理论出发点与言说方式也很难归于一致。而对于这些问题，他们却偏又避而不谈或是稍加涉及便浅尝辄止。本文正是基于对上述缺憾的考量而作，旨在对两位美学前辈所持基本美学主张之近似与差异作出一些个人性的梳理，而无意于对其美学思想的价值、意义、缺陷等进行评判。唯望此次比较性研究对于进一步理解两人的美学观能有些许促进作用。

通过比较，本文持论，尽管吕荧与朱光潜的美学思想在今日皆不在主流话语统辖之内，但两人在第一次美学大讨论中所涉及的环节与侧面，诸如美本质观、美感论等问题皆是任何一个时代的美学都难以绕开的元问题。纵使是在反本质主义的思潮下，倘若全然舍弃对于这些元问题的研讨，很多围绕前沿性命题，如日常生活审美化问题等所展开的研究也难免被搁浅。毕竟，在无法阐明“美是什么”“美感是什么”的前提下，由此而生长出的命题势必将缺少根基；而诸多关于前沿性美学问题的激烈论争之所以长期僵持不下，究其本源，亦是缘于论争双方在美学元问题上未曾达成共识，最终流于自说自话。譬如，若是无法厘定美学的研究对象为何，则以生态学、伦理学为主要理论资源的生态美学作为美学的分支是否成立便难以得到一个令人满意的结论。基于此，吕荧与朱光潜在第一次美学大讨论中的相关成果便愈加显得弥足珍贵，毕竟，两人在事关美学

① 朱光潜：《朱光潜全集：美学批判论文集　维柯研究》，中华书局2013年版，第105页。

元问题的讨论上开诚布公，直陈其所思所想，最终形成各自立场清晰、态度明确的美本质观与美感观，且不论其合理性之多寡，至少为今日的美学研究提供了两种理论范式与思维方式，也为当前美学疑难问题的答解提供了或多或少的帮助与支撑。

（本文原刊于《东岳论丛》2017 年第 7 期）

2017 年

吕荧"主观派"美学之辨

李小贝　丁国旗

在20世纪五六十年代的美学大讨论中，吕荧的"美是观念说"遭到了很多学者的批评和诟病，人们将他的美学观点与高尔泰的"美即美感说"合二为一，一起划到了"主观派"之列。然而，吕荧的美学思想究竟是怎样产生的？到底是不是"主观的"？为什么他会被扣上"主观派"的帽子？厘清这些问题，对于我们认识吕荧的美学观以及那次美学大讨论，都有十分重要的价值和意义。

一、在评议和商讨中的美学建构

吕荧的美学思想是在他与蔡仪、朱光潜两位美学家美学观点的评议、商榷中逐渐形成的，其最有代表性的美学观点"美是观念"，就是1953年他在《文艺报》发表的第一篇较为完整的美学论文《美学问题——兼评蔡仪教授的〈新美学〉》一文中提出来的。在发表这篇文章之前，吕荧的学术活动主要在文学翻译、文艺理论与作品批评方面，因此，这篇文章可以看作吕荧美学研究的首次亮相。之后他又发表了《美学论原——答朱光潜教授》(1958)、《再论美学问题——答蔡仪教授》(1958)，以及《美是什么》(1957)、《关于"美"与"好"》(1962)等几篇文章，这些文章总体来看始终围绕着对蔡仪、朱光潜美学思想的反思与商讨。

（一）在对蔡仪美学的评析中提出了“美是人的观念”

在当时的美学界，蔡仪《新美学》中有着鲜明的唯物主义倾向，一直都被人们看成马克思主义美学的典范之作，蔡仪本人也因其对马克思主义唯物论和反映论的忠诚坚守，而得到人们的肯定和尊重。然而吕荧对此则持审慎的态度，他对蔡仪美学思想的反思主要就是围绕《新美学》开始的，他不仅反思蔡仪的“美的东西就是典型的东西”“美是物的属性”“美是客观的”等具体观点，而且还直言不讳地指出了蔡仪美学思想中存在的机械唯物主义甚至唯心主义倾向。

首先，吕荧认为蔡仪的“美是典型说”无法在实际生活中得到验证，因而是超社会、超现实的东西。在《新美学》中蔡仪援引宋玉《登徒子好色赋》中的一段话并认为，那个“增之一分则太长，减之一分则太短，着粉则太白，施朱则太赤”的东家之子的形态颜色等，都是最标准的、最有代表性的，由此可知她的美就在于她是典型的。针对蔡仪的这一看法，吕荧表达了自己的疑问：“大多数眼睛都像它那副模样”的“典型的眼睛”究竟是什么样？什么样的女人才是“典型”的女人？这一切似乎是个谜，让读过的人不知所以然。而“科学的理论应该是从实践产生而又为实践所证实的理论”①，不是让人读后感觉像谜一样的理论。另外，吕荧还进一步指出，“美是典型”实际上也无法在生活中自圆其说，如果“典型就是美”，那么“典型的恶霸”“典型的帝国主义者”，是否也是美的?② 吕荧对“美是典型”的这种质疑与反问，可谓直指蔡仪美学思想的要害，揭示出典型说在理论逻辑上的问题与缺陷，实际上也就部分解构了这一理论存在的合理性前提，使其成为美学上的一个仍需研究的理论命题。

---

① 吕荧：《美学问题——兼评蔡仪教授的〈新美学〉》，载《吕荧文艺与美学论集》，上海文艺出版社 1984 年版，第 414 页。

② 吕荧：《美学问题——兼评蔡仪教授的〈新美学〉》，载《吕荧文艺与美学论集》，上海文艺出版社 1984 年版，第 417 页。

而在《再论美学问题——答蔡仪教授》一文中，吕荧还以“胭脂和粉”以及风、雨、雪等自然现象有力反驳了蔡仪的“美是物的属性”的观点。他指出，胭脂和粉搽在脸上合适的位置就是美的，若搽在鼻子或其他地方就不美了；风、雨、雪对于闲情逸致的人是美的，对于筚路蓝缕、饥寒交迫的人就不是美的。[①]“物的属性”虽没有改变，但美丑的感觉却截然不同，因此，吕荧认为，美学不是自然科学，不能从“物的属性”中去找，而要从人的生活和人的意识的生成中去找。不仅如此，吕荧还敏锐地发现，蔡仪提出的“典型就是美”与“美是物的属性”本身也是自相矛盾的，因为如果“美是物的属性”是正确的，那么“所有的物应该都有美，正如所有的物都有运动、存在一样”，然而如果真是这样的话，“典型就是美”的理论同样也就不会存在了。[②]以子之矛攻子之盾，吕荧从缜密的生活逻辑出发，找到了蔡仪美学论证过程中一些抵牾之处。

其次，吕荧认为蔡仪的美学观是唯心论的，当这样唯心论的美学思想表现在艺术理论上的时候，就必然走上超社会、超现实的“美学至上”“为美而艺术”的道路。在吕荧看来，既然蔡仪认为“艺术所要表现的是现实事物的种类的一般性，是它的本质真理，是它的典型性”，那么在蔡仪这里艺术就必然与社会的现实性、阶级性相脱离，因而无益于为帮助一定的社会基础而战斗。然而事实是，“自从有艺术的历史以来，就没有什么纯粹的‘美的艺术’，或超社会超历史的‘美的认识的表现’的艺术，只有社会的阶级的艺术”[③]。吕荧还围绕“社会生活”这一内容对蔡仪的美学观进行批判，他认为，蔡仪的“美是典型说”是对马克思“社会存

① 吕荧：《再论美学问题——答蔡仪教授》，载《吕荧文艺与美学论集》，上海文艺出版社 1984 年版，第 481 页。

② 吕荧：《美学问题——兼评蔡仪教授的〈新美学〉》，载《吕荧文艺与美学论集》，上海文艺出版社 1984 年版，第 424 页。

③ 吕荧：《美学问题——兼评蔡仪教授的〈新美学〉》，载《吕荧文艺与美学论集》，上海文艺出版社 1984 年版，第 435 页。

在”思想的狭隘理解，这些必然导致艺术走上“美学至上”“为美而艺术”的道路，使艺术成为离开生活大地，成为漂浮于空中的抽象的东西。针对蔡仪在《新美学》中通过对物的属性层层剖析，最终把诸如形体、音响、颜色、气味、温度及硬度等看作事物低级的属性条件这一看法，吕荧同样尖锐地指出，这实际上是重蹈了马赫关于物是“感觉的综合”、巴克莱关于物是“观念的集合”的覆辙，是把物变成为主观观念中的存在。由此，吕荧认为：“《新美学》虽然承认物的客观的存在，但是当它把物还原成‘属性条件的统一’的时候，就在实际上取消了物的现实性的客观存在，把它变成了抽象的主观观念中的存在，走上了主观唯心论的道路。”[①]毋庸置疑，吕荧对艺术史的这种理解是正确的，所指出的蔡仪在论述过程中存在的问题与不足也是有道理的，或许从这一点看，吕荧与马克思、恩格斯等经典作家的相关论述可能更为接近一些。

在以上研究的基础上，吕荧提出了自己的美学主张：

> 美是生活本身的产物，美的决定者，美的标准，就是生活。凡是合于人的生活概念的东西，能够丰富提高人的生活，增进人的幸福的东西，就是美的东西。美不是超现实的，超功利的，无所为而为的。美随历史和社会生活本身的变化和发展而变化发展，并且反作用于人的生活和意识。美不是超然的独立的存在，也不是物的属性。美和善一样，是社会的观念。[②]

在另一篇文章中，他对此作了进一步阐述：“美是人的观念，不是物的属性。人的观念是主观的，但是它是客观决定的主观，人的社会生活，社

---

① 吕荧：《美学问题——兼评蔡仪教授的〈新美学〉》，载《吕荧文艺与美学论集》，上海文艺出版社 1984 年版，第 422 页。

② 吕荧：《美学问题——兼评蔡仪教授的〈新美学〉》，载《吕荧文艺与美学论集》，上海文艺出版社 1984 年版，第 436—437 页。

会存在决定的社会意识。在这一意义上它也有客观性。”[①]从以上论证可知，吕荧的“美是观念说”以及强调美的观念与社会生活密不可分的内在关系，就是在直接反思蔡仪的“美是物的属性”的判断中产生的，吕荧之所以大张旗鼓地拎出“观念”二字，就是为了与蔡仪的“物的属性”相抗衡，试图通过自己貌似的“唯心”来反对蔡仪“唯物”的不够纯粹。从这一层面上我们可以说，吕荧对美的探讨的出发点实际上就是为了批驳美学中的“唯心主义”，从而使美学真正走上“唯物主义”的科学道路。

（二）在对朱光潜美学的质疑中丰富了“美作为一种社会意识”

吕荧对于朱光潜美学的批判，主要体现在《美学论原——答朱光潜教授》一文中。此文是他专门用来答复朱光潜 1958 年 1 月 16 日发表在《人民日报》上批判自己观点的《美就是美的观念吗?》一文的。从表面上看，本文是吕荧迫不得已的被动应战，但其实早在 1953 年在他评判蔡仪的《美学问题——兼评蔡仪教授的〈新美学〉》一文中，就已经表露出对于朱光潜美学理论的质疑，吕荧写道：“中国美学家所著的美学，也大都是唯心论的美学。朱光潜教授的《文艺心理学》是一个例子。”[②]因而，五年之后，吕荧在《美学论原——答朱光潜教授》这篇答复性的文章中，把重要的内容放在对朱光潜美学的批判质疑上，也就是非常自然的事了。吕荧写道：

> 朱光潜教授在今年一月十六日《人民日报》上发表的《美就是美的观念吗?》一文里，批评我的“美是观念”之说，认为美是“艺术的一种属性”，同时力持“美是客观与主观的统一”说。朱光潜教授的定义和他的批评是根据他的美学理论而来的，因此，在这里除

---

① 吕荧：《再论美学问题——答蔡仪教授》，载《吕荧文艺与美学论集》，上海文艺出版社 1984 年版，第 495 页。

② 吕荧：《美学问题——兼评蔡仪教授的〈新美学〉》，载《吕荧文艺与美学论集》，上海文艺出版社 1984 年版，第 412 页。

答复外，有一并进行研讨他的美学及其源流的必要。[①]

概括来说，吕荧对朱光潜的美学质疑，主要针对以下问题。

其一，关于"美是艺术的一种属性"的定义。吕荧认为，一般的理解是艺术有许多属性，而美只是其中之一，但朱光潜把审美判断中的自然的事物（如花草），社会的事物（如生活、道德），都理解为艺术的作品，并把这三者的美统称为"艺术的一种属性"[②]，是混淆了自然的事物、社会的事物与艺术作品的根本区别，会让人认为只要美的东西都可以归属到艺术之中，显然，"朱光潜的这一定义不合事实，不能够成立"[③]。

其二，关于"美是客观与主观的统一说"，吕荧认为，这属于"唯心主义的阵营"。因为朱氏在阐释"美感经验"时曾说："直觉除形相之外别无所见，形相除直觉之外也别无其他心理活动可见出。有形相必有直觉，有直觉也必有形相。"[④]这种"形相直觉说"与康德"先验的心理学"中的"在吾人之体系中，此等所名为物质之外物（在其所有一切形态及变化中），皆不过现象而已，即不过吾人内部中之表象而已"[⑤]，在本质上其实是相同的。不仅如此，吕荧指出，在朱光潜最著名的"物甲物乙论"中，同样不仅割裂了物和物的形象，而且这个夹杂着人的主观成分的"物乙"也是因人而异的，这样我们也就不可能通过"物乙"去还原、认识客观存在的"物甲"，这其实就是克罗齐的"直觉即表现"、巴克莱的"存在就是被感知"，休谟的"我们的知觉是我们的唯一的客体"，是

① 吕荧：《美学论原——答朱光潜教授》，载《吕荧文艺与美学论集》，上海文艺出版社 1984 年版，第 442 页。

② 吕荧：《美学论原——答朱光潜教授》，载《吕荧文艺与美学论集》，上海文艺出版社 1984 年版，第 442 页。

③ 吕荧：《美学论原——答朱光潜教授》，载《吕荧文艺与美学论集》，上海文艺出版社 1984 年版，第 443 页。

④ 朱光潜：《文艺心理学》，开明书店 1936 年版，第 14 页。

⑤ 康德：《纯粹理性批判》，蓝公武译，商务印书馆 2009 年版，第 329 页。

"从康德退回到休谟、巴克莱"[1]。

因此，吕荧认为，人对事物的美的判断或评价，不是"美感经验论"所能解释的，而是需要回归到生活之中，因为人的一切知识、认识都是从生活中来的，对美的认识也同样如此："美作为一种社会意识，有它在社会中形成发展的历史。同时，它作为一个人的观念，有它在个人生活中形成发展的过程。"[2]所以，"美的概念是客观现实在人的主观意识中的一种反映，它因为人的现实生活的不同而不同"[3]。这样，吕荧在"美是观念"之后，又进一步丰富完善了自己的美学理论，把有个人色彩的"观念"转换成为具有群体性的"社会意识"，理论思路也显得更为清晰起来。

其三，吕荧用较大篇幅分析了朱光潜美学思想的康德主义"美感经验论"的美学传统，并对这种美学传统进行了批判。吕荧认为，"美感经验"这一学说"正如一切唯心主义的'美感'论的美学一样，不谈美的本质问题，把美的研究限于认识论（知识论）之内，并且用认识论来代替本质论（本体论）"[4]。吕荧详述了康德、克罗齐、巴克莱等人的美学思想，批判这些美学"都不过是'穿上了二十世纪的服装'的唯心主义，生活在物质的中间而又力图用诡辩来否认物质的存在，站在唯物主义真理前面而又力图反对唯物主义真理的学说"[5]。吕荧还由邦格腾（鲍姆嘉通）1750 年出版的《美学》一书说起，对"美学"（Aesthetica）一词进行

---

① 吕荧：《美学论原——答朱光潜教授》，载《吕荧文艺与美学论集》，上海文艺出版社 1984 年版，第 458 页。

② 吕荧：《美学论原——答朱光潜教授》，载《吕荧文艺与美学论集》，上海文艺出版社 1984 年版，第 451 页。

③ 吕荧：《美学论原——答朱光潜教授》，载《吕荧文艺与美学论集》，上海文艺出版社 1984 年版，第 452 页。

④ 吕荧：《美学论原——答朱光潜教授》，载《吕荧文艺与美学论集》，上海文艺出版社 1984 年版，第 462 页。

⑤ 吕荧：《美学论原——答朱光潜教授》，载《吕荧文艺与美学论集》，上海文艺出版社 1984 年版，第 473 页。

了溯源性探究，认为这一名称本身含有“明显的主观唯心主义的内容”，仍然沿用 Aesthetic（英文）或 эстетика（俄文），以“感性学”一词来称“美学”是不适当的。[①] 吕荧以此提出了“清理康德主义之感性学或直觉学的美学思想，与近百年来唯心论的诸流派分手，明确的走上历史唯物论的社会学的，亦即科学的道路”[②]的美学愿景。

综观吕荧对蔡仪、朱光潜的美学批判可知，他始终站在唯物主义立场强调“美”与社会现实不可分割的关系。在近年学界对吕荧的研究中，虽然有不少学者通过对比分析，指出吕荧与他的批判者和被批判者蔡仪、朱光潜以及李泽厚、高尔泰等在美学思想上的见解，其实是“五十步笑百步”，但不能不说，从吕荧的第一篇美学论文开始，他就力图立足于唯物论的逻辑之上，坚实地踏在现实生活的大地之上。

二、对唯物论美学思想的理论继承

如果说“因为吕荧批判唯心，所以吕荧是唯物的”这一逻辑并不成立，那么，从吕荧美学思想的理论来源去审视他的美学观念，则有助于进一步理解他的美学立场以及美学追求，透视其美学承续的价值取向所在。

（一）对车尔尼雪夫斯基“生活美学”的继承和发展

车尔尼雪夫斯基是对吕荧美学思想产生重要影响的一位理论家，吕荧在五篇关于美学问题的论文中，除了《关于“美”与“好”》一篇外，其他四篇都或多或少地通过引用车氏美学的思想观点，证明或辅证自己观点的正确性或合理性，批判他人美学思想中的“唯心主义”。在最早的《美学问题——兼评蔡仪教授的〈新美学〉》中，吕荧就直接引用了车

---

① 吕荧：《美学论原——答朱光潜教授》，载《吕荧文艺与美学论集》，上海文艺出版社 1984 年版，第 477 页。

② 吕荧：《美学论原——答朱光潜教授》，载《吕荧文艺与美学论集》，上海文艺出版社 1984 年版，第 478 页。

氏《生活与美学》中对于“美”的著名界定：“‘美是生活’；‘任何事物，我们在那里面看得见依照我们的理解应当如此的生活，那就是美的；任何东西，凡是显示出生活或使我们想起生活的，那就是美的’。”[①]可以说，正是有对车氏关于艺术与现实关系、“美是生活”等思想观念的深刻领悟，吕荧才提出了后来备受关注的“美是观念”思想：

> 美，这是人人都知道的，但是对于美的看法，并不是所有的人都相同的。同是一个东西，有的人会认为美，有的人却认为不美；甚至于同一个人，他对美的看法在生活过程中也会发生变化，原先认为美的，后来会认为不美；原先认为不美的，后来会认为美。所以美是物在人的主观中的反映，是一种观念。[②]

当然，美作为一种观念，并不是抽象的，吕荧曾多次申明这一观念与现实生活之间根深蒂固的联系。如：“美是人的一种观念，而任何精神生活的观念，都是以现实生活为基础而形成的，都是社会的产物，社会的观念。”[③]再如，他在《美是什么》中谈到，“美是人的社会意识。它是社会存在的反映，第二性的现象”[④]。由此来看，吕荧对于车氏美学除了借鉴之外，还有了一定程度的发展，他将车氏艺术与生活的关系借用过来，同时放置在马克思主义反映论的框架之下，一方面像车氏一样强调了现实生活对于美的观念的重要意义，另一方面又论述了两者之所以密不可分的哲学依据，论述了“作为社会意识形态之一的美的观念”与“客观的存

---

① 车尔尼雪夫斯基：《艺术与现实的审美关系》，周扬译，人民文学出版社1979年版，第6页。

② 吕荧：《美学问题——兼评蔡仪教授的〈新美学〉》，载《吕荧文艺与美学论集》，上海文艺出版社1984年版，第416页。

③ 吕荧：《美学问题——兼评蔡仪教授的〈新美学〉》，载《吕荧文艺与美学论集》，上海文艺出版社1984年版，第416页。

④ 吕荧：《美是什么》，载《吕荧文艺与美学论集》，上海文艺出版社1984年版，第400页。

在的现象”之间的根本联系，即“美的观念”作为一种第二性的社会意识，它要受到第一性的社会存在的决定性影响，并且在一定程度上又能反作用于社会存在。这一认识无疑为他后来的“美随历史和社会生活本身的变化和发展而变化发展，并且反作用于人的生活和意识”[①]的观点提供了理论基础。

（二）对马克思“反映论”及“历史唯物主义”的忠实坚守

“美是观念说”除了受到车尔尼雪夫斯基思想的影响外，也深得马克思主义反映论和唯物史观的精髓要义。这里的“观念”其实就是马克思所说的“观念的东西不外是移入人的头脑并在人的头脑中改造过的物质的东西而已”[②]，以及恩格斯所说的“一切观念都来自经验，都是现实的反映——正确的或歪曲的反映”[③]。不管后来理论界怎么批评吕荧美学的主观与反动，单从他现有的论著及学术渊源上看，他始终是以马克思主义理论为指导来思考自己的美学问题的。论文中，他不仅大量引用马克思、恩格斯、列宁、斯大林等经典作家的相关论述，而且能够对他们的思想活学活用，从而创立属于自己的美学体系。

在吕荧看来，任何美学理论归根到底都是一定社会经济状况的产物，“美必须从社会科学观点，历史唯物论的观点加以说明”[④]。他认为，美学“必须在社会生活的基础上进行研究”[⑤]，“必须在历史的关联上进行研

---

① 吕荧：《美学问题——兼评蔡仪教授的〈新美学〉》，载《吕荧文艺与美学论集》，上海文艺出版社1984年版，第436—437页。

② 中共中央马克思恩格斯列宁斯大林著作编译局编：《马克思恩格斯选集》第2卷，人民出版社1995年版，第112页。

③ 中共中央马克思恩格斯列宁斯大林著作编译局编：《马克思恩格斯全集》第20卷，人民出版社1957年版，第661页。

④ 吕荧：《美是什么》，载《吕荧文艺与美学论集》，上海文艺出版社1984年版，第400页。

⑤ 吕荧：《美学问题——兼评蔡仪教授的〈新美学〉》，载《吕荧文艺与美学论集》，上海文艺出版社1984年版，第437页。

究”[1]，这是进行马克思主义美学研究的两个基本原则。唯心论美学正是离开了社会生活的基地，形而上学地讨论美，因而只能限于在“玄学”的世界兜圈子，解释不了关于美的任何问题。而从“美”的起源看，只有随着人类的进步、历史的发展，人们对于周遭的事物才会有审美上的判断，才能在观念中形成美，并且这个美的观念，也将随着历史的发展而不断发展变化。因此，吕荧提出：

> 马克思主义的美学不仅应作社会的历史的研究和分析，批判的接受人类在历史过程中在美的方面的创造和成就，从而更向前进，而且必须彻底的批判各种超社会超现实的美的思想，使美学积极地为人民的利益服务，参加建设社会主义社会和共产主义社会的斗争。[2]

由以上论述可知，不管是对车尔尼雪夫斯基“美是生活”的继承，还是对马克思主义反映论和历史唯物思想的坚守，吕荧一直都脚踏现实的大地，从不做凭空的臆想。在美学大讨论中，虽然人们抓住其“观念”二字大做文章，而对其更为详尽的“客观决定的主观”“社会存在决定的社会意识”等解说和思想视而不见，但这丝毫也不能抹杀他的美学思想与马克思主义思想本身的一致性。当然，坚守唯物主义立场的吕荧，最终却被他人扣上了“主观派”的帽子，这其中有着其他更为深刻复杂的历史原因。

---

① 吕荧：《美学问题——兼评蔡仪教授的〈新美学〉》，载《吕荧文艺与美学论集》，上海文艺出版社1984年版，第438页。

② 吕荧：《美学问题——兼评蔡仪教授的〈新美学〉》，载《吕荧文艺与美学论集》，上海文艺出版社1984年版，第439—440页。

三、被划分为“主观派”的历史原因

吕荧的“美是观念说”在美学讨论中被人们当作“主观派”而受到批判，这其中虽有吕荧对这一理论阐释不够、人们缺乏深入了解、认识上有所偏失的原因之外，他在美学大讨论前后这段时间的政治处境与遭遇也是一个重要的原因。客观地讲，他的美学研究成果发表时间恰恰处在他的政治处境最为糟糕的那个阶段，其间他经历了人生中两次大的政治批判，一次是1951年《文艺报》对他的“资产阶级文艺观”的批判，一次是1955年因众所周知的“胡风事件”而对他进行的批判。这两次批判虽然表面看来与他的美学研究没有多大的关系，但在文艺工作中“左”的倾向或“左”的倾向的萌芽已经出现的时候，二者之间的关联实际上是无法避免的。

（一）《文艺报》对吕荧“资产阶级教学观”的批判

1951年，时任青岛山东大学中文系主任、讲授文艺学课的吕荧遭到了来自《文艺报》的批判。该年11月10日的《文艺报》头版上，以“关于高等学校文艺教学中的偏向问题”为主题发表了六篇文章并专门编发了“编辑部的话”，其中在“编辑部的话”中有这样的句子：

> 现在有些高等院校，在文艺教育上，存在着相当严重的脱离实际和教条主义的倾向；也存在着资产阶级的教学观点……我们觉得，对于这一类错误论点和欧美资产阶级思想意识的残余展开批评，是完全必要的。①

而在所发的六篇文章中，有一篇署名张祺，以《离开毛主席的文艺思想是无法进行文艺教学的》为题目的读者来信，该信件向《文艺报》反映，他

---

① 《编辑部的话》，《文艺报》1951年第5卷第2期。

所在的山东大学的文艺教学存在着“不是以人民的文艺和社会主义现实主义文艺为主要线索，而是以古典的外国文学作品如《哈姆雷特》《奥勃洛摩夫》为主要举例”“不注重工农兵文艺，不注重当代写工农兵的文艺作品”“对于现实政治不积极”等问题。① 这封来信虽然没有指名道姓，但矛头已经直指当时在山东大学担任文艺理论教学的吕荧。这封发表在《文艺报》上的信件，“不仅在山大中文系引起了思想震动（不如说是引起混乱），而且造成了一种‘运动’的声势”②。在这次事件中，《文艺报》虽然保持了一种开放的姿态，随后也刊发了吕荧为自己辩护的信件③，但由于势单力薄，未能改变形势。

经过全系学生的讨论，很多学生又分别写信向《文艺报》反映自己的感受和观点。④ 这些感受和观点对吕荧保持了较为一致的声讨基调，从不同角度指责了他的文艺教学“脱离实际、脱离毛泽东文艺思想的教条主义的错误，并迫切要求改进”⑤。在此之后，时任山东大学校长的华岗曾劝吕荧做一下自我批评，但吕荧终究不肯并离开了山东大学，并在1952年冬天，经冯雪峰介绍，到人民文学出版社担任了特约翻译工作。

在该事件过去多年之后，当时事件的亲历者和参与者李希凡反思说，所谓的全系学生热烈的学习和讨论，不过是“被动员起来给先生提意见，

---

① 张祺：《离开毛主席的文艺思想是无法进行文艺教学的》，《文艺报》1951年第2期。

② 李希凡：《回忆与悼念——编后记》，载《吕荧文艺与美学论集》，上海文艺出版社1984年版，第548页。

③ 吕荧在信中指出：“张祺同志没有去听过文艺学的课，可是他引了许多我在课堂上讲的话。这些话经他一写之后，和原意正正相反。还有一些话我根本就没有讲过……”吕荧为自己辩护的例子指的是，他于1950年写的《加强学习毛主席的〈在延安文艺座谈会上的讲话〉》的文章，他说这篇文章是：“我对毛主席文艺思想的尊崇和对人民文艺的重视。现在竟有人制造一些莫须有的话加在我的身上，这实在是不能缄默的。”

④ 主要有刘乃昌、任思绍和冯少杰以山东大学学生会名义发表的《这是我们迫切需要解决的问题》，樊庆荣的《反对脱离实际的文艺教学》，崔杰民、赵开华的《为甚么不热爱新的人民文艺》，李希凡的《对我校文艺教学问题的几点意见》等。

⑤ 《编辑部的话》，《文艺报》1952年第5卷第2期。

批评先生的‘教条主义’”[①]。就这样，吕荧被时代的浪潮所卷裹，成为这场运动的“众矢之的”，虽然这带有一定的历史偶然性，但不能不说这个“偶然性”的遭遇，为随后学界对其美学思想“美是观念”中“主观性”因素的批判起到了“先入为主”的铺垫作用。

（二）被作为“胡风反革命分子”遭到的批判

1955年5月25日，中国文联主席团和中国作协主席团在北京召开了七百余人参加的“撤销胡风等反革命分子职务”的批判大会，然而在大会步调一致的对胡风的严厉声讨中，吕荧却不合时宜地提出：“胡风性情有些缺点，我们批评、帮助他是应该的。但他不是政治问题，是学术思想问题，不能说他是反革命……”[②]由于这些发言，吕荧被赶下了台，并被认为是“胡风集团”的反动分子，经最高人民检察院批准后进行了为期一年多的隔离审查。虽然在吕荧被隔离审查期间，他的罪名并没有确立，但社会上对他的批判却已经轰轰烈烈地开始了。首先在吕荧曾经任教的山东大学的学术刊物《文史哲》上，从1955年的第8期到第11期，先后刊发了多篇批判他的文章，这些文章虽有声讨他所犯下的“胡风罪行”的，但大多数则是对其文艺思想的批判。

在1956年解除审查之后，吕荧又重新开始了美学研究工作，并于1957年12月3日在《人民日报》发表了《美是什么》一文。与此文同时发表的还有一个对吕荧而言分量颇重的“编者按”：

> 本文作者在解放前和胡风有较密切的来往。当1955年胡风反革命集团被揭露，引起全国人民声讨的时候，他对胡风的反革命面目依然没有认识，反而为胡风辩解，这是严重的错误。后来查明，作者和胡风反革命集团并无政治上的联系。他对自己过去历史上和思

---

① 李希凡：《回忆与悼念——编后记》，载《吕荧文艺与美学论集》，上海文艺出版社1984年版，第548页。

② 青溪子：《一种可敬的“迂”》，《团结报》2002年2月26日。

想上的错误，已经有所认识。我们欢迎他参加关于美学问题的讨论。

但不管怎么说，这两次批判使吕荧在很多人心中已是“臭名昭著”，加之其他因素的影响，吕荧提出的“美是观念说”本身也不得不经历时代的洗礼和考验。因而虽然1953年吕荧提出“美是观念”时并未得到人们太多的关注，但却在1956年美学大讨论开始后备受批判，经历了从默默无闻到全民批判这样的待遇。

吕荧的美学研究，是在反思他人“唯心论”的美学思想中逐步建立和完善起来的，他以马克思主义经典作家的思想以及俄国革命民主主义著名的唯物主义理论家车尔尼雪夫斯基的思想作为自己美学研究的思想来源，真正理解了理论研究中“安泰俄斯”和“魔床”的启示。① 但吕荧的“美是观念说”，因为在某些概念上陷入混用和言说不详，加上他所遭遇的一些批判的影响，他的美学主张因而被划为“主观派”就不难理解了。假以时日，吕荧或许能让自己的美学观点更为清晰、完善，但可惜的是，因为身体和生活条件等诸方面原因，他于1969年早早地离开了人世，他的美学研究没能再进行下去。

（本文原刊于《求索》2017年第10期）

---

① 安泰俄斯（古希腊语 Ἀνταῖος），希腊神话中的巨人，中文也译作安泰，他是大地女神盖亚和海神波塞冬的儿子。安泰俄斯力大无穷，而且只要他保持与大地的接触，他就是不可战胜的。今天，人们常用安泰俄斯的故事来比喻精神力量不能脱离物质基础，或一个人不能脱离他的祖国和人民。“魔床”即普洛克路斯忒斯之床，普洛克路斯忒斯（Procrustes）是古希腊神话中的一个强盗，他不但洗劫旅人，而且有一张著名的床，他把旅人缚在床上，硬要旅人适合他那张床的长度：长者截腿，短者拉长。吕荧的学生曾在一篇回忆文章中写道，吕荧在讲授文艺理论课程时不止一次提到希腊的两则神话，一是大力神安泰的故事，一是魔床的故事。他说：搞创作的人要记住安泰的教训，安泰不能离了土地，作家不能离了生活；创作只能从生活出发，不能从理论出发。搞文艺批评的人要以魔床为戒，千万不能把批评弄成死框框，到处硬套，像魔床那样，把人家按到床上，短了硬拉长，长了就砍短。［见吕家乡《回忆吕荧先生》（上），《齐鲁晚报》2014年4月9日］

2018 年

同中有异：吕荧、高尔泰主观派美学之辨

祁志祥

20 世纪 50 年代后期，中国美学界出现了一次大讨论。围绕着美的本质，讨论中诞生了主客观合一派、客观派、主观派、实践派、价值论派。主观派的代表是吕荧和高尔泰。学界常常将二者的美学主张混为一谈。其实二者虽然同属主观派，却有唯物论的主观派与唯心论的主观派之分。前者认为美虽然属于一种意识，但这种意识是由社会现实决定的，所以是一种社会意识，与唯物论并不矛盾；后者则认为美是完全取决于主体心灵的一种感觉，与客观的美无关，客观的美是不存在的，可视为完全由心灵决定的美的本质论。本文在二者之同中辨析二者之异，分析阐述二人各自的思想主张和逻辑结构，以便更准确地理解 20 世纪 50 年代的主观论美学观。

上篇：吕荧唯物论的主观派美学

吕荧 1953 年在《文艺报》发表批评蔡仪《新美学》的论文《美学问题——兼评蔡仪教授的〈新美学〉》。1957 年，他在《人民日报》发表《美是什么》，提出美是一种主观的观念。这是他在 1950 年代美学大讨论中的代表性论文。

吕荧的美学观点，是由于不满原来流行甚广的朱光潜、蔡仪的美学学

说而提出的新解。作者不赞成朱光潜的主客观统一说。《美是什么》指出：人的主观认识与客观的一致并不一定就是美，美的本质还说明了什么样的一致才是美。并且，“主观与客观的统一”也可从唯心论的观点来理解，即“主观（绝对观念）在客观（形象）上的完全显现”，这就更有害了。因此，“主客观统一”这一说法“不能够解释美”。[①] 在1958年写的《美学论原——答朱光潜教授》中，吕荧进一步系统回答了与朱光潜的分歧：

首先，朱光潜认为“美是艺术的一种属性”。其实，在艺术之外的自然事物、社会事物中都有美的存在：“自然事物的美（如花草的美），社会事物的美（如生活的美、道德的美），并不能说它们是‘艺术的一种属性’”，“自然的事物，社会的事物，与艺术作品有根本的区别”，朱光潜“把审美判断中的自然的事物（如花草），社会的事物（如生活、道德），都理解为艺术的作品，把这三者的美统称之为‘艺术的一种属性’”，吕荧认为这是不能成立的。[②]

其次，朱光潜明确提出“美是客观与主观的统一”。如果从唯物论的角度来理解，主观与客观的统一只具有一般的认识论意义，并没有说明美的认识的特性。[③] 而朱光潜是从克罗齐的直觉唯心论角度来强调主观与客观的统一的，旨在“把客观存在‘统一’于主观意识中，于是美的自然事物和社会事物也被理解为艺术的作品了”。[④] 这个“主观”就是他强调并重点研究的“美感经验”。“从他的‘形相直觉’说到他的‘美感经

---

① 吕荧：《美是什么》，载《吕荧文艺与美学论集》，上海文艺出版社1984年版，第400页。

② 吕荧：《美学论原——答朱光潜教授》，载《吕荧文艺与美学论集》，上海文艺出版社1984年版，第442页。

③ 吕荧：《美学论原——答朱光潜教授》，载《吕荧文艺与美学论集》，上海文艺出版社1984年版，第442页。

④ 吕荧：《美学论原——答朱光潜教授》，载《吕荧文艺与美学论集》，上海文艺出版社1984年版，第444页。

验’论，都是主观唯心主义的理论。”[①]虽然在美学大讨论中，朱光潜的说法有所改变，如将“形相直觉”改为“形象思维”，“但是详细研讨起来，这个‘形象思维’里的‘形象’，正就是过去‘形相直觉’说里的‘形相’，同样都是主观心灵创造的意象”。[②]

再次，对于朱光潜说的美在“物的形象”，不在“物”本身，“物的形象”是第二性的，属于“意象”，吕荧指出，“物和物的形象是不可分割的整体”，如果认为物的形象“必定因人而异”，“那末对于物的客观存在的真实的形象、形态的认识就是不可能的，一切的科学也就是不可能的了”。显然，这种唯心主义的认识论不是科学的认识论，而是“曲解科学”的认识论。[③]

此外，吕荧认为朱光潜夸大感觉在美感评价或判断中的作用，强调“美的观念的重要性”，即理智观念在美感中的重要性：“在美的判断或评价中，人需要运用的是人生活中形成的一定的美的观念，不是唯心主义美学家所说的‘美感’。”[④]并批评朱光潜主张美学是一种“美感经验”的学说，不谈美的本质的问题，用认识论取代本质论（本体论）。[⑤] 虽然美学大讨论中朱光潜发表过《论美是客观与主观的统一》，但这“美”还是美感经验的概念。

对于蔡仪提出的以“美在典型”“美是客观事物的属性”为核心观点

---

① 吕荧：《美学论原——答朱光潜教授》，载《吕荧文艺与美学论集》，上海文艺出版社 1984 年版，第 447 页。

② 吕荧：《美学论原——答朱光潜教授》，载《吕荧文艺与美学论集》，上海文艺出版社 1984 年版，第 447 页。

③ 吕荧：《美学论原——答朱光潜教授》，载《吕荧文艺与美学论集》，上海文艺出版社 1984 年版，第 449 页。

④ 吕荧：《美学论原——答朱光潜教授》，载《吕荧文艺与美学论集》，上海文艺出版社 1984 年版，第 452 页。

⑤ 吕荧：《美学论原——答朱光潜教授》，载《吕荧文艺与美学论集》，上海文艺出版社 1984 年版，第 462 页。

的美学，吕荧也不以为然，并给蔡仪戴上了“唯心主义”的帽子。吕荧早在《美学问题——兼评蔡仪教授的〈新美学〉》一文中就批评说：中国学者所著的美学论著“大都是唯心论的美学。朱光潜教授的《文艺心理学》是一个例子。后来蔡仪教授写了一本《新美学》，想给美的问题以新的解说，不过这本《新美学》基本上还是没有脱离旧美学（唯心论——引者）的窠臼”。[①]蔡仪美学的唯心论实质，在于将美概括为抽象的典型，脱离了社会现实性：“《新美学》肯定‘美是物的属性’，如果这是正确的，那末，所有的物应该都有美，正如所有的物都有运动、存在一样。”然而事实并非如此，因而，“也就没有‘典型’才是美的理论”[②]。“《新美学》认为美和现实生活无关，是一种超社会现实的东西，是一种抽象的客观的存在。”[③]其实美作为社会意识形态之一，“是在一定的社会生活中和历史条件下的客观的存在的现象，并不是离开社会和生活的抽象的客观的存在的现象。所以，美的观念因时代、因社会、因人、因人的生活所决定的思想意识而不同”[④]。如果离开社会现实，将美抽象为“典型”，就必然导致如下的问题：“典型的恶霸，典型的帝国主义者，是不是也美？他们不也是‘个别之中显现着种类的一般’么？”[⑤]《新美学》的唯心论倾向，是打着“宣扬唯物论”的旗号，从“唯物论的前提”出发的，

① 吕荧：《美学问题——兼评蔡仪教授的〈新美学〉》，载《吕荧文艺与美学论集》，上海文艺出版社1984年版，第412页。

② 吕荧：《美学问题——兼评蔡仪教授的〈新美学〉》，载《吕荧文艺与美学论集》，上海文艺出版社1984年版，第424页。

③ 吕荧：《美学问题——兼评蔡仪教授的〈新美学〉》，载《吕荧文艺与美学论集》，上海文艺出版社1984年版，第417页。

④ 吕荧：《美学问题——兼评蔡仪教授的〈新美学〉》，载《吕荧文艺与美学论集》，上海文艺出版社1984年版，第416页。

⑤ 吕荧：《美学问题——兼评蔡仪教授的〈新美学〉》，载《吕荧文艺与美学论集》，上海文艺出版社1984年版，第417页。

但是却“发展了唯心论的美学”。[①] “《新美学》一再说明是由‘客观事物’去考察美，去把握美的本质的。”[②]那么，这物是什么呢？是“属性条件的统一”，但“属性条件之下还有‘属性条件’”，“这样，物就是‘形体，音响，颜色，气和味，温度和硬度等’的统一”。[③] 这种观点不过是唯心论哲学家贝克莱、马赫关于物是“感觉（颜色、声音、压力等）的综合”的观点的翻版。“《新美学》虽然承认物的客观的存在，但是当它把物还原成‘属性条件的统一’的时候，就在实际上取消了物的现实性的客观存在，把它变成了抽象的主观观念中的存在，走上了主观唯心论的道路。”[④]同时，蔡仪还强调事物的属性条件、种类范畴、典型性可以相互转化、相互推移，因而不是绝对的，而是相对的，是不可确知的。[⑤] 既然物的典型属性不可确知，人们感受的美就由“主观认识去决定”了。[⑥] “所有的唯心论者都认为，事物必须适合某一特定的理念或观念，方才是美。《新美学》的‘个别之中显现着种类的一般’的‘典型’，其实也是这样一种特定的观念”，“是一种从主观观念出发来构造引伸出来的理论”，“这样的理论发展到后来，就不能不否定和它全不相干的借用来的唯物论的前提”，就不能不暴露出其“唯心论的实质”。[⑦]

---

① 吕荧：《美学问题——兼评蔡仪教授的〈新美学〉》，载《吕荧文艺与美学论集》，上海文艺出版社1984年版，第422页。

② 吕荧：《美学问题——兼评蔡仪教授的〈新美学〉》，载《吕荧文艺与美学论集》，上海文艺出版社1984年版，第420页。

③ 吕荧：《美学问题——兼评蔡仪教授的〈新美学〉》，载《吕荧文艺与美学论集》，上海文艺出版社1984年版，第421页。

④ 吕荧：《美学问题——兼评蔡仪教授的〈新美学〉》，载《吕荧文艺与美学论集》，上海文艺出版社1984年版，第422页。

⑤ 吕荧：《美学问题——兼评蔡仪教授的〈新美学〉》，载《吕荧文艺与美学论集》，上海文艺出版社1984年版，第423页。

⑥ 吕荧：《美学问题——兼评蔡仪教授的〈新美学〉》，载《吕荧文艺与美学论集》，上海文艺出版社1984年版，第424页。

⑦ 吕荧：《美学问题——兼评蔡仪教授的〈新美学〉》，载《吕荧文艺与美学论集》，上海文艺出版社1984年版，第424—425页。

在《美是什么》一文中，吕荧继续对蔡仪的“美在典型说”“美是物的属性说”穷追猛打：

> 如果说，美是典型；这就是说，一切的典型都是美的。可是，为什么有许多的典型，如典型的猴子、鳄鱼、苍蝇、蛔虫……通常都认为不美呢？这些都是自然界的事物。还有社会中的事物，如典型的高利贷者、恶霸、帝国主义者，为什么都不是美的呢？看到了这些事实，我们觉得典型说不能够解释美。①

从社会意识的观点去看艺术，“艺术是社会的意识形态，是社会的上层建筑”，所以，“艺术的‘本质真理’，既不是‘事物种类的一般性’，也不是‘它的典型性’，而是它的社会现实性、阶级性”。② 美不仅不是客观事物的典型，也不是客观事物的属性。如果说，美是物的属性，但世界上许多生命体如猴子、鳄鱼等，人们通常并不认为它们是美的，许多无生命的物质，如煤、铁、灰尘、空气，也不存在“美的属性”（引者按——上述断语都属于论者自以为是的妄断）。至于社会中的事物，如高利贷者、恶霸、帝国主义者，“我们都认为他们没有美的属性”。因此，“物的属性说不能够解释美”。③ 不难看出，论者的这种唯物主义论析，是机械、简单的，缺少说服力。

那么，美是什么呢？吕荧在《美学问题——兼评蔡仪教授的〈新美学〉》中提出：同一个东西，有人认为美，有人认为不美；同一个人，原先认为美的东西，后来又可能认为不美，可见“美是物在人的主观中的一

① 吕荧：《美是什么》，载《吕荧文艺与美学论集》，上海文艺出版社 1984 年版，第 399—400 页。

② 吕荧：《美学问题——兼评蔡仪教授的〈新美学〉》，载《吕荧文艺与美学论集》，上海文艺出版社 1984 年版，第 435 页。

③ 吕荧：《美是什么》，载《吕荧文艺与美学论集》，上海文艺出版社 1984 年版，第 400 页。

种反映，是一种观念”。[①]

美是一种什么样的物的反映呢？是生活的反映：“美是生活本身的产物，美的决定者，美的标准，就是生活。”“美随历史和社会生活本身的变化和发展而变化发展，并且反作用于人的生活和意识。”[②]照这种逻辑说，美是生活本身了？吕荧认为美不是生活本身，而是“生活概念”。《美是什么》指出：“美是人的社会意识。它是社会存在的反映，第二性的现象。”[③]研究美的美学不同于“自然科学”，而应是研究“社会意识”的科学。[④]

他的这个观点引发读者提出三个问题。第一个问题，“美是一种观念，岂不是说美是主观的，没有客观性了吗”？吕荧辩解说：“作为社会意识形态之一的美的观念，它是客观的存在的现象；但是是在一定的社会生活中和历史条件下的客观的存在的现象，并不是离开社会和生活的抽象的客观的存在的现象。”[⑤]“唯物论者所说的观念”是“社会存在决定的观念”，与唯心论者所说的“独立自在的绝对观念……有根本上的不同”，“不能用后者来代替前者”。[⑥]“美的观念”即“审美观”，是“由客观所决定的主观”，与“客观性”是“统一的”。“美的意识，美的观念，是由社会存在决定的。”[⑦]

第二个问题，自然美是否有社会性？“美是社会观念，怎样解释自然

---

① 吕荧：《美学问题——兼评蔡仪教授的〈新美学〉》，载《吕荧文艺与美学论集》，上海文艺出版社 1984 年版，第 416 页。

② 吕荧：《美学问题——兼评蔡仪教授的〈新美学〉》，载《吕荧文艺与美学论集》，上海文艺出版社 1984 年版，第 436 页。

③ 吕荧：《美是什么》，载《吕荧文艺与美学论集》，上海文艺出版社 1984 年版，第 400 页。

④ 吕荧：《美是什么》，载《吕荧文艺与美学论集》，上海文艺出版社 1984 年版，第 401 页。

⑤ 吕荧；《美学问题——兼评蔡仪教授的〈新美学〉》，载《吕荧文艺与美学论集》，上海文艺出版社 1984 年版，第 416 页。

⑥ 吕荧：《美是什么》，载《吕荧文艺与美学论集》，上海文艺出版社 1984 年版，第 403 页。

⑦ 吕荧：《美是什么》，载《吕荧文艺与美学论集》，上海文艺出版社 1984 年版，第 402 页。

美的问题呢？许多自然界的物，如山水花草，人人都觉得美，而且历代的人也都认为美，这不是说明了美没有社会性吗？”对此，吕荧应用恩格斯《自然辩证法》的思想，认为人类以劳动改变了自然的原始面貌，自然成为“人工改变了的”“人化的自然”，人类从此才懂得欣赏自然美。他说：“人化的自然是人的劳动和历史社会的产物。一般的说来，人在征服了控制了自然，据有主人地位之后，才开始欣赏自然的美，并且在社会生活中发展了这种美。”①“在这个人化的自然里，自然美本身有它一定的社会内容，自然美也就是一种社会美。”②他借鉴普列汉诺夫的研究成果，以原始部族在狩猎时代“欣赏动物的美而不欣赏植物的美”为例，说明原始部族对自然美的认识“显然是由他们的社会物质生活——狩猎生活决定的”。③他又引用毛泽东有关阶级斗争的观点，以“在阶级社会里，只有劳动人民才对自然的山水花草有一种高贵的、纯真的、亲切的情感，重视它们的美，而且像亲人一样的关心它们”④为例，进一步说明“在一个人的美的观念里，自然美和社会性以至艺术美是统一的”。⑤

第三个问题：美是感觉，还是观念？“我们只知道事物的美引起我们的美感，并不知道美的观念，是不是只有美感，并没有美的观念呢？”吕荧既承认美感与感觉的联系，但更看重这种感觉背后意识、观念的主宰作用：“美感——这种感觉，是外物作用于我们的感官引起的。……但是人的感觉所知道的只是物的形状、颜色、声音、味道、气味等等，这些形色声味是美还是不美，以及美到什么程度，这种美的意义如何，就要通过意识的判断。”“对人而言，美也是一种认识，它由感性认识上升为理性认

① 吕荧：《美是什么》，载《吕荧文艺与美学论集》，上海文艺出版社1984年版，第403页。

② 吕荧：《美是什么》，载《吕荧文艺与美学论集》，上海文艺出版社1984年版，第404页。

③ 吕荧：《美是什么》，载《吕荧文艺与美学论集》，上海文艺出版社1984年版，第404页。

④ 吕荧：《美是什么》，载《吕荧文艺与美学论集》，上海文艺出版社1984年版，第405页。

⑤ 吕荧：《美是什么》，载《吕荧文艺与美学论集》，上海文艺出版社1984年版，第406页。

识。……美的感觉和美的概念、观念是统一的。”①吕荧明确声称美感同时是一种判断，是对外物美的属性的认识，这与康德将美感称作判断是相通的，在今天对认识论美学的一边倒的否定中倒是具有某种纠偏的启示意义。

在西方美学史上，“美”既指快感，也指引起快感的对象。吕荧依据美指快感，而快感是一种主观反映的事实，提出美在主观，美不是第一性的物，而是第二性的物的反映，并试图作出唯物主义的解释，不仅有一定的事实依据，而且有一定的新意。因为在这之前，从来没有哪一家美在主观论者从“物的反映”的角度强调这种主观美学观点的唯物性。但是，快感是主观的，主要属于感觉范畴，而将美定义为一种“观念”“意识”，未必能揭示美作为主观感觉范畴的特殊性。其次，说美是一种“观念”或一种“社会意识”，那么它是一种什么样的“观念”或“社会意识”呢？吕荧没有进一步加以限定，没有明确说明“美”与“丑”这种“观念”或“社会意识”的区别在哪里。而“美即快感说”认为，美作为一种感觉是指愉快的感觉，人们关于美的理解是不会发生歧义的。再次，在审美实践中，“美”不仅被人们用来指称对“物”的感受和意识，也被人们用来指称引起这种感受和意识的客观事物，换句话说，“美”不仅指第二性的“意识”“观念”，也指引起“美的意识”的第一性的客观现象。

无视这一实际，将美笼统地定义为“主观的”观念意识，显然是不能令人满意的。同时，“美的意识”是“美”，引起“美的意识”或作为“美的意识”的反映对象的“物”不能叫“美”，不仅是不合逻辑的，也是不合审美实践的。其次，将主观的美的感受都说成“社会意识”，对自然美的鉴赏都是“社会意识”的表现，从实际的审美经验来看，也存在着以偏概全的绝对化的不足。最后，吕荧试图从美的意识由社会存在决定

---

① 吕荧：《美是什么》，载《吕荧文艺与美学论集》，上海文艺出版社1984年版，第406页。

的角度强调他"美在主观"观点的唯物主义属性，诚如有人批评的那样，"他把观念来源的客观性，当成了观念的客观性，显然是错误的"。[①]

下篇：高尔泰唯心论的主观派美学

在20世纪50年代美学大讨论中，高尔泰的美学观点集中体现在他发表于1957年第2期《新建设》上的《论美》和发表于1957年第7期《新建设》上的《论美感的绝对性》二文中。[②]

同为主观派美学的代表，高尔泰的立论与吕荧自有不同，而与朱光潜表现出更多的相似。如果说吕荧着力从唯物的角度，说明"美"是反映物的一种"观念"，是反映社会生活的一种"社会意识"，高尔泰则侧重从唯心的角度，说明"美"是一种心灵感受、主观评价。在强调引起美感的客观事物不是"美"而是"美的条件"，"美产生于美感"，"美感经验应当成为美学研究的中心"诸问题上，他的观点与朱光潜如出一辙。尽管他笼统地说过"美感本身是世界历史的产物，是一种人化了的自然"，"自然人化的过程""是一个实践的过程"，"'人的'内容是一个巨大的历史尺度，它是在人类征服世界的漫长的历史过程中逐渐形成的"，但这不是他论文论述的重心，这不禁令人怀疑这些词句不过是为了防止给人以赤裸裸的唯心主义印象而已。[③]

《论美》首先对"美在客观"的权威观点提出挑战："有没有客观的美呢？如果所谓客观之物是指不依人的主观精神或主观努力而独立存在

① 蒋孔阳：《建国以来我国关于美学问题的讨论》，载《美和美的创造》，江苏人民出版社1981年版，第65页。

② 高尔泰发表这两篇论文时，署名"高尔太"，后来结集出版时，署名为"高尔泰"。本书叙述时统一为"高尔泰"。特此说明。——原文注

③ 高尔泰：《美感的绝对性》，载《美是自由的象征》，人民文学出版社1986年版，第340、326、339页。

的物自体的话，那么我们的回答是否定的：客观的美并不存在。”[①]他批评蔡仪：“有人说，美的东西，是在个别中显现着一般的东西。”要驳倒这一点，“只要指出一个事实就够了，有许多丑恶的东西，都是典型中的典型，在个别中显现着一般”。[②] 他又批评当时流行的“美在客观规律”的观点：“有人说，美的东西是‘最完满地体现了那在生活中支配它的规律的东西’。”这种理论是经不起推敲的。宇宙间某些体现着自然规律的存在或体现着社会规律的社会存在并不都是美。“阶级压迫和阶级剥削也体现着社会规律，正如狼和蛇也体现着自然规律，难道它们是美的吗？”[③] 在《美感的绝对性》中，高尔泰进一步重申美不是事物的属性：“说一件事物有可能引起美感，这是一回事，说这件事物本身是美的，这又是一回事。……后者之所以肯定是错误的，是因为它把事物所引起的经验当做事物本身的属性了。”[④]“客观因素只是美的条件，并不就是美。美是审美主体的经验属性，而不是审美客体的形式特征。”[⑤]同理，客观形态的艺术品也没有美，只有引起美这种经验的条件：“与其说艺术创造美，不如说艺术创造了美的条件。”[⑥]这里，高尔泰只同意将“美”理解为表示主观经验感受的形容词。当下存在论现象学美论的基本主张，早在高尔泰的论述中就被阐明了。

美不是客观事物的属性或特征，那是什么呢？首先，是主观心灵的一种元素。人的精神世界、心灵结构是在物质基础上建立起来的。美是人的精神世界的一个部分，是“心灵本身的表现”。[⑦] “人设立——不一定

① 高尔泰：《论美》，载《美是自由的象征》，人民文学出版社 1986 年版，第 319 页。
② 高尔泰：《论美》，载《美是自由的象征》，人民文学出版社 1986 年版，第 328—329 页。
③ 高尔泰：《论美》，载《美是自由的象征》，人民文学出版社 1986 年版，第 329 页。
④ 高尔泰：《美感的绝对性》，载《美是自由的象征》，人民文学出版社 1986 年版，第 345 页。
⑤ 高尔泰：《美感的绝对性》，载《美是自由的象征》，人民文学出版社 1986 年版，第 346 页。
⑥ 高尔泰：《论美》，载《美是自由的象征》，人民文学出版社 1986 年版，第 332 页。
⑦ 高尔泰：《论美》，载《美是自由的象征》，人民文学出版社 1986 年版，第 320 页。

是有意识地设立——一个美的标准，某客观现象符合于这个标准，人们便说，这是美的。”“这个标准是抽象的、主观的，因为它是人类情感活动和思维活动的产物。而这个‘符合’却是具体的客观的，可以实践地加以验证的，这就容易造成一种错觉：把这符合于人的要求的存在条件当做美自身，以致模糊了研究的对象。”①

其次，美是心灵的什么元素呢？是一种“感觉”“感受”，它是在“审美活动”、审美经验中存在的。“事物之成为美的，是因为欣赏它的人心里产生了美感。没有人就没有美感，也就没有美。所以，美和美感，实际上是一个东西。”②请注意“美和美感，实际上是一个东西”这句话，这实际上是存在论现象学美学的一个重要思路和观点，我们在几十年后杨春时先生的著述中可以明确读到这种表述，③但当时高尔泰并未借助海德格尔的存在论。它只是依据部分审美经验事实分析道：“美产生于美感，产生以后，就立刻溶解在美感之中，扩大和丰富了美感。”“美，只要人感受到它，它就存在，不被人感受到，它就不存在。”④他举了个极端的例子：“有人会反驳道，一个农民有可能不懂得最美的戏剧，难道这戏剧就不美吗？既然美是一种感受，那么对于那个农民来说，那戏剧确实是不美的。”⑤“同一件作品对于不同的欣赏者可以具有不同的美。”⑥于是，美丑的评判失去了标准。对契诃夫的小说《宝贝儿》，托尔斯泰感觉很糟，其他读者感觉很好，都没有错。“超美感的美是不存在的，任何想要给美以一种客观性的企图都是与科学相违背的。”⑦“如果一定要把美

① 高尔泰：《论美》，载《美是自由的象征》，人民文学出版社1986年版，第320页。

② 高尔泰：《论美》，载《美是自由的象征》，人民文学出版社1986年版，第321—322页。

③ 祁志祥：《中国现当代美学史》下册，商务印书馆2018年版，第520—540页。

④ 高尔泰：《论美》，载《美是自由的象征》，人民文学出版社1986年版，第322页。

⑤ 高尔泰：《论美》，载《美是自由的象征》，人民文学出版社1986年版，第322页。

⑥ 高尔泰：《论美》，载《美是自由的象征》，人民文学出版社1986年版，第332—333页。

⑦ 高尔泰：《论美》，载《美是自由的象征》，人民文学出版社1986年版，第322页。

说成是物的属性，得加上一段解释：这属性是欣赏者暂时附加给对象的。”[①]因此，“美感经验应当成为美学研究的中心”[②]。

当然，美作为感觉，它的产生也不是无缘无故的，必须依赖客观的条件，但引起美的客观条件并不是美。“人不可能凭空获得美。人和对象之间少了一方，便不可能产生美。美必须体现在一定物象上。这物象之所以成为所谓‘美的’物象，必须要有一定的条件。也就是说，美感之发生，有赖于对象的一定条件（例如和谐）。但是，这条件不是美。”[③]“引起美感的条件，是一种人化了的东西。”[④]“条件不能自成条件，它之所以成为条件，是因为它符合于人（人往往以为是人符合于它），因而能引起人的美感。”[⑤]

美是一种感觉，但又不仅仅等于感觉，而是包含着能动创造性的“评价”。“‘美’是人对事物自发的评价，离开了人，离开了人的主观，就没有美。”[⑥]“美不等于感觉。感觉是一种反映，而美，是一种创造。就感觉的内容来说，是客观事物，而美的内容，是人对客观事物的评价。没有了感觉，物体和它的现象属性依旧存在，但是没有了美感，美就失去了自己。”[⑦]美作为一种主观评价，是从价值观念出发的，“没有了人，就没有了价值观念。价值，是人的东西，只有对人来说，它才存在。价值尺度，只能是人的尺度”。[⑧]于是，当下美学界关于美不是事物的属性，而是一种主体的价值，富于创造性的意义，是审美主体的主观评价的流行观点，在高尔泰那儿可以看到清晰的表述。

---

① 高尔泰：《论美》，载《美是自由的象征》，人民文学出版社 1986 年版，第 322 页。
② 高尔泰：《美感的绝对性》，载《美是自由的象征》，人民文学出版社 1986 年版，第 342 页。
③ 高尔泰：《论美》，载《美是自由的象征》，人民文学出版社 1986 年版，第 320—321 页。
④ 高尔泰：《论美》，载《美是自由的象征》，人民文学出版社 1986 年版，第 322 页。
⑤ 高尔泰：《论美》，载《美是自由的象征》，人民文学出版社 1986 年版，第 321 页。
⑥ 高尔泰：《论美》，载《美是自由的象征》，人民文学出版社 1986 年版，第 326 页。
⑦ 高尔泰：《论美》，载《美是自由的象征》，人民文学出版社 1986 年版，第 325—326 页。
⑧ 高尔泰：《论美》，载《美是自由的象征》，人民文学出版社 1986 年版，第 325 页。

美是主观的，美的规律自然也是主观的。这个规律是什么呢？就是“爱”与“善”。爱与善是“两个基本的美学原则”。① “爱与善是审美心理的基础。美永远与爱、与人的理想关联着。”②高尔泰论析“美”与“爱”的联系：“我们热爱大自然，就是因为我们觉得大自然是美的。我们爱某人，如果不是因为我们觉得那人的外貌是美的，便是因为我们觉得那人的灵魂是美的。”③他论析“美”与“善”的联系：“当美感的对象是社会生活或类似社会生活的现象的时候，它便不能不染上伦理学的色彩。因为……作为伦理的东西，美是与善相联系的。恶的东西总是丑的。”④艺术的原则也是如此。“善与爱的原则，作为美的原则，也就是艺术的原则。”⑤“艺术教人去爱……因而艺术是人道主义的武器，它教人不懈地向善努力。”文艺作品不是现实的简单反映，而是“灵感与激情”的展示，“创造着现实中所没有的东西”。⑥ “有体现着善与爱的形象，才有可能是美的形象。”⑦

高尔泰发表《论美》的时候，还是涉世不深的小伙子。他在论述美是主观感觉经验的时候，并没有像朱光潜那样迂回曲折地经过“物的形象”这个中介，也没有像吕荧那样高举“社会生活的反映”这样的唯物主义大旗。高尔泰坚持美与美感同一，认为美就是美感，是主体价值，是创造性评价，早已发存在论现象学美学之先声，其现代意义理当得到足够重视和重新发掘，而当年人们对其相对主义缺失的批评也应引起今人的足够警惕。

（本文原刊于《人文杂志》2018年第12期）

① 高尔泰：《论美》，载《美是自由的象征》，人民文学出版社1986年版，第329页。
② 高尔泰：《论美》，载《美是自由的象征》，人民文学出版社1986年版，第327页。
③ 高尔泰：《论美》，载《美是自由的象征》，人民文学出版社1986年版，第328页。
④ 高尔泰：《论美》，载《美是自由的象征》，人民文学出版社1986年版，第328页。
⑤ 高尔泰：《论美》，载《美是自由的象征》，人民文学出版社1986年版，第333页。
⑥ 高尔泰：《论美》，载《美是自由的象征》，人民文学出版社1986年版，第333页。
⑦ 高尔泰：《论美》，载《美是自由的象征》，人民文学出版社1986年版，第335页。

2018 年

以吕荧、高尔泰为代表的“主观派”美学

吴时红

吕荧、高尔泰为代表的“主观派”美学，试图在唯物主义反映论之外来探讨“美的本质”，从而提出了美是人的主观观念、美就是美感等代表性观点。

针对蔡仪“美是典型论”的缺陷，早在 1953 年发表的《美学问题——兼评蔡仪教授的〈新美学〉》一文中，吕荧就明确地提出“美是人的一种观念”的观点，来阐发他对于“美的本质”问题的看法；之后，在对车尔尼雪夫斯基的“美是生活论”进行发挥的基础上，吕荧又比较细致地阐发了他对“美的本质”的思考，他说：“美，这是人人都知道的，但是对于美的看法，并不是所有的人都相同的。同是一个东西，有的人会认为美，有的人却认为不美；甚至于同一个人，他对美的看法在生活过程中也会发生变化，原先认为美的，后来会认为不美；原先认为不美的，后来会认为美。所以美是物在人的主观中的反映，是一种观念。”[①]这就表明，在吕荧看来，“美的本质”就是一种可以被归结为人的主观的“观念”的东西，它不仅因人而异，而且因人在不同的时空、人生阶段和文化境遇中的改变而不断改变。吕荧的这种“美的本质观”，不仅把“美”与

---

① 吕荧：《美学问题——兼评蔡仪教授的〈新美学〉》，载《吕荧文艺与美学论集》，上海文艺出版社 1984 年版，第 416 页。

“美感”简单地混淆了起来，而且必然使美的“思想的客观属性”“思想的客观标准”也遭到了全面的否定。尽管在后来的美学研究中，他试图用马克思主义的历史唯物主义的美学观来丰富其“美是主观观念”的看法，并说“美的研究还需要采取历史唯物论的观点”[①]，但是，由于他始终把人的主观的“观念”，而不是与人融为一体的社会历史实践看作“美的本质”的最终落脚点和根据，这就使得他对“美的本质”的看法，不可避免地陷入主观唯心主义的泥潭。

与吕荧的观点相似，1957 年 2 月在《新建设》第 2 期上发表的《论美》一文中，高尔泰也开宗明义地指出，“美是主观的”[②]，并说美是人主观设立的一种标准，是人对事物的一种判断和评价，从而引发了批判。之后 1957 年 7 月在《新建设》第 7 期发表的《论美感的绝对性》一文中，为了对批判者的批评进行回应和辨析，高尔泰则是简洁明了地提出了“人的心灵就是美的源泉”“美只要人感受它，它就存在；不被人感受，它就不存在”[③]等美学观点。在高尔泰看来，美不仅是主观的，而且更是和美感可以等同起来的东西。高尔泰的这种“美的本质观”，虽然承认美与人的紧密关系，认可没有所谓的脱离了人之外的绝对的、客观的美的存在，但是由于高尔泰最后又走向了对“客观论”美学进行反驳的另一个极端，因而他的“主观论”美学观点，从根本上看，既忽视了美感产生的社会历史根源，又忽视了美感的思想的客观属性和标准，因而也是一种主观唯心主义的美论观。关于它的不足，李泽厚批评说：“高尔太（泰）的论点在哲学根本观点上是反对反映论的，否认主观美感是客观美的反映，相反地认为客观的美是主观的美感所‘创造’。然而，人们的美感又从

① 吕荧：《再论美学问题——答蔡仪教授》，载《美学书怀》，作家出版社 1959 年版，第 117 页。

② 高尔泰：《论美》，《新建设》1957 年第 2 期。

③ 高尔泰：《论美感的绝对性》，《新建设》1957 年第 7 期。

哪里来？它根据些什么法则‘创造’美？高尔太（泰）没有也不能说明。”[①]可见，关于美的根源和性质的最终解释和说明，还是必须联系人的社会历史活动来展开探讨。

所以综合起来，我们认为，吕荧、高尔泰的“主观派”美学，从根本上来说，是一种主观唯心主义的美学学说。它的最大缺陷就是在美的看法上宣扬“绝对的”相对主义，而否认美的思想的客观属性和客观标准的存在。

（本文原载于吴时红《实践论美学的理论精髓与当代构建研究》，浙江大学出版社2018年版）

① 李泽厚：《关于当前美学问题的争论》，载《美学论集》，上海文艺出版社1980年版，第66页。

2021 年

吕荧笔名考辨

王国杰

吕荧（1915—1969），安徽天长人，当代著名的文艺理论家、翻译家、美学家。吕荧最惊世骇俗的举动是在 1955 年 5 月 25 日，中国文联主席团和中国作协主席团召开联席扩大会议，胡风受到批判，唯独吕荧上台为胡风辩护。何满子称其为“六亿一人”，“中国知识分子的良知，中国人民的正气的一脉，全仗吕荧这个孱弱的书生孤丝独悬而赖以不坠了”。[①] 王彬彬认为这是人文精神的典型代表，“什么是人文精神？苏格拉底刀架在脖子上也勇于说出真理，便是人文精神的表现；吕荧那种不识时务地说真话的行为，便是人文精神的表现”[②]。然而除此之外，吕荧的文学成就却未受到足够的重视，他曾在胡风主编的《七月》发表过诗歌、小说、戏剧和评论，是“七月派”重要成员之一；他翻译了卢卡奇、普希金、列宁、高尔基等人的作品，尤以翻译介绍普希金的成就最高，他翻译的《欧根·奥涅金》是中国人首次从俄文直接翻译过来的译本，后来他把书名改为《叶甫盖尼·奥涅金》，由于更接近俄文发音，这个译名被普遍认可下来；他还参与了 20 世纪 50 年代的美学大讨论，他的观点成为四个主要流派之一。但是目前为止，学术界对他的研究还太少，仅有的一部

① 何满子：《远年的蔷薇》，湖北人民出版社 2006 年版，第 65—66 页。

② 王彬彬：《过于聪明的中国作家》，《文艺争鸣》1994 年第 6 期。

个人传记，还是吴腾凰先生在20世纪80年代出版的；即便是他曾使用过的笔名，也尚未被认真地梳理过，因此出现一些错讹，现就此理清。

据笔者梳理，目前对吕荧名号的记述大致有如下几种：

①吕荧故乡天长政协文史资料委员会编辑的《天长文史》中有关吕荧的记载为“何佶，字吉人，又名吕荧”①；

②由吕荧女儿和吴腾凰先生合编的《吕荧年谱简编》是这样记载：“原名何佶，行二，曾用名何云圃，笔名倪平、吕荧等”②；

③穆纪光主编的《中国当代美学家》中的吕荧小传，由王畅和刘珙两位先生撰写，传中写道：“原名何佶，又名吕云圃，笔名倪平、吕荧等”③；

④《安徽省志》记载为“原名何佶，又名吕云圃”④；

⑤《中国近现代人物名号大辞典》记载为“原名何佶，字吉人，曾用名何云圃、吕公圃，笔名吕荧（署见1940《七月》，后见《中苏文化》《萌芽》《希望》等，并以行）、倪平（见抗战前《作家》，后见《七月》《文艺后防》《战地》等）”⑤；

⑥1955年，王若望在《文艺报》发表批判文章，指出吕荧曾用过“何勤”的笔名；⑥

⑦《20世纪中华人物名字号辞典》记载为：“原名：何佶；字：吉人；笔名：吕荧、倪平；别名：吕公圃、吕长圃、何勤、何云圃。”⑦

总结起来，关于吕荧名号的记载，大致为如下几个：何佶、倪平、吕荧、何勤、何云圃、吕云圃、吕公圃、吕长圃。究竟哪些是吕荧曾经用

① 中国人民政治协商会议安徽省天长县委员会文史资料研究委员会编：《天长文史》第一辑，天长县政协编1985年版，第120页。

② 潘怡、潘悦、吴腾凰：《吕荧年谱简编》，《文教资料简报》1985年第1期。

③ 穆纪光主编：《中国当代美学家》，河北教育出版社1989年版，第356页。

④ 安徽省地方志编纂委员会编：《安徽省志·社会科学志》，方志出版社1999年版，第133页。

⑤ 陈玉堂编著：《中国近现代人物名号大辞典》，浙江古籍出版社1993年版，第144页。

⑥ 王若望：《胡风分子在〈小译丛〉里的贩私勾当》，《文艺报》1955年第12期。

⑦ 周家珍编著：《20世纪中华人物名字号辞典》，法律出版社2000年版，第547页。

的笔名，本文将逐一考辨，另外笔者在搜集资料中，发现吕荧还曾用林光耀、何佶的名字发表过文章，在此一并说明。

1. 何佶

这是吕荧的本名，也是何氏家谱上的名字。由吕荧家乡天长政协编辑的《天长文史》中记录着吕荧本名何佶，字吉人，笔者查阅北京大学1935年的新生录取公告和西南联合大学1941年毕业生记录，也都是写的本名何佶，因此吕荧大学期间一直使用本名何佶。在贵州大学任教期间，吕荧曾经翻译A. 爱斯曼的《封建制度的因素》，刊发在1948年5月15日《行行》月刊上，该刊社址即为花溪国立贵州大学，翻译者署名何佶，杂志封页的“本期作者介绍”中明确说明，何佶即为“国立贵州大学教授”，由此可以确证，此何佶便是吕荧本人，也就是说，他也曾用本名发表过文章。

2. 林光耀

这个名字并未被以上资料提及，是笔者新发现的吕荧中学时期的笔名。据吕荧的中学同学郭成圩回忆，他们曾经合办过一个小杂志：“由何佶倡议，把我们手里的文学作品与其放着不如自己动手办一刊物出版，当时我和一寰完全同意，三人商量取名《新野》，意思是在污浊腐朽的南京开辟一片空气清新的原野。”这本杂志上，就有吕荧的作品刊发。幸运的是，笔者找到了这本杂志，它的目录是这样的：

论文	
朝鲜文学的现状	张厚宙作　罗嘉译
小说	
偷坝	林光耀
逃兵	元白
戏剧	
我的朋友	N. 普古丁作　三各・元白译

诗歌	
哥伦比亚	L. 休士作　小乙译
一九三四年的春天	林光耀
散文	
春之歌美	竹二
高楼里的人们底葬礼	小乙
几种畸形的人们	庆年
后记	

这本杂志标注的出版日期是 1934 年 4 月 10 日,《后记》中提到了他们的创作并无固定倾向，仅仅是随手写出的:“我们所要一再申言的，我们仅是爱好文艺而已，自然啰，什么色彩，立场，派别，我们在这里根本没有谈它的必要，而且我们自己又看了看自己，还是不噜苏来的好!”郭成圩回忆中说道:“刊物内容重点是何佶的一篇写他安徽无为的农民争水小说和几首诗，一寰的散文诗和小诗，我的一篇《国际文学》上选译的戏剧。”[①]对照杂志中的作品来看，他选译的戏剧应该是《我的朋友》，兼有散文诗和小诗的黄一寰应当是用了小乙的笔名，兼有小说和诗歌的吕荧则应当是林光耀了，其作品为小说《偷坝》和诗歌《一九三四年的春天》。这个说法也能从吕荧那里得到印证,《一九三四年的春天》后来稍加修改，以《能另外再找出一些吗?》刊发在 1936 年 6 月 15 日的《作家》上面，后来这篇作品又被修改，1944 年被吕荧编入诗集《火的云霞》，并改名为《污暗的春天》，诗后标明创作日期是 1934 年 4 月，正好与初次刊发时间吻合，由此可见，吕荧自己也证实了林光耀的笔名。据郭成圩回忆，吕荧中学时还发表过其他作品:“何佶不像我，他始终抓紧了文学不放，并寄文章和诗在上海《作家》等一流文学杂志上发表。”但是据笔者

① 郭成圩编著:《怀念与回忆——纪念党的八十生日诗文汇集》，2001 年版，第 513 页。

查阅，上海的《作家》杂志是 1936 年才创刊的，吕荧在上面刊发的作品正是署名倪平的诗作《能另外再找出一些吗?》，并不是吕荧中学时期发表的。

3. 倪平

关于这个笔名，各种资料都没有异议。吕荧以此笔名发表的文章，有的提到了自己的家乡，例如《在“鬼不生蛋的地方”》就有对天长县城和高邮湖的描述，有的则被吕荧收入自己诗集，例如诗歌《祝福》和《黄河夜曲》。但是搜索民国时期的期刊，并不止一个“倪平”，还有如下几个“倪平”：第一个是 1929 年有署名“倪平”者在《南开大学周刊》发表了六首古体诗和一篇译文《小奈尔之死》，此时吕荧才 14 岁，刚刚读完小学，况且诗歌《风雪忆故人》《旅店风尘》等所抒发的情怀也并不是一个孩子所能有的，因此可以认为此“倪平”并非吕荧。第二个“倪平”出现在 1933 年的《青年自决》上。《青年自决》是北平的朝阳大学师生所办刊物，作者“仰之”等即为朝阳大学教师，此时的吕荧还在南京中学读书，与朝阳大学这样的法律类大学并无联系，况且此“倪平”还为刊物写了卷首语，可知其为刊物的核心人物，这也与吕荧这样远在两千里地之外的一个中学生身份不符。第三个“倪平”在 1945 年 10 月的《旅行杂志》发表文章《生活在五溪》，文章副标题标明此文为“大学生征文评选第八名”，作者身份注明是“国立四川大学倪平”，而吕荧已经于 1941 年毕业于西南联合大学，可见这并非吕荧的作品。第四个“倪平”翻译了安德烈·罗斯的《荷兰的最后机会》，刊发在 1946 年 11 月的《再生》杂志。从吕荧的署名来看，1940 年之后，他的翻译作品一直署名“吕荧”：1940 年翻译《列宁论作家》，1941 年翻译高尔基的《〈普式庚论〉草稿》，1944 年翻译出版《普式庚传》，1945 年翻译弩·I. 西诺夫的《普式庚与当时的西方文学》，1947 年翻译叶果林的《论果戈里》。1946 年他发表评论《内容的了解和形式的了解》，以及与何其芳论争的署名都是吕荧，由此可见 1940 年以来吕荧已经成为他的固定署名，并未使用多个笔名，另外，他一直专注的也是左翼文学翻译和创作，而《荷兰的最后机会》一文独独署名倪平，况且内容是讨论荷兰殖民政策调整的问题，这与吕荧的政治倾向相悖，所以也不应该是吕荧所译。综上所述，“倪平”这一笔名，应当是吕荧在 1936 至 1939 年间使用的。

4. 吕荧

关于这一笔名，各种资料也均无异议。据梅志回忆，1939 年秋，吕荧计划去昆明的西南联合大学继续学业，曾给胡风寄去一封信，信中说：“我已经改换笔名‘吕荧’。”[①]经笔者查阅资料，这个笔名最早见于 1940 年 12 月，本月吕荧发表了两篇翻译作品，一是《国际文学》辑录的《列宁论作家》，发表在 15 日的《文学月报》（重庆）上，另一个是卢卡契的《叙述与描写》，发表在本月出版的《七月》第六集第 1、2 期合集上。按照吕荧自己的说法，这个笔名取其“有一分光，发一分热”的意思。[②]据笔者查阅，这句话出自鲁迅的《随感录・四十一》：

> 愿中国青年都摆脱冷气，只是向上走，不必听自暴自弃者流的话。能做事的做事，能发声的发声。有一分热，发一分光，就令萤火一般，也可以在黑暗里发一点光，不必等候炬火。
>
> 此后如竟没有炬火：我便是唯一的光。倘若有了炬火，出了太阳，我们自然心悦诚服的消失，不但毫无不平，而且还要随喜赞美这炬火或太阳；因为他照了人类，连我都在内。[③]

从此吕荧这个笔名就固定下来，但是他工作中仍然使用本名何信，例如前面提到的贵州大学《行行》杂志上的介绍。直到 1949 年吕荧应邀坐

---

① 梅志：《人的花朵——记吕荧与胡风》，载晓风编《我与胡风（增补本）》上册，宁夏人民出版社 2003 年版，第 80 页。

② 吕荧：《我的小传》，《新文学史料》1982 年第 3 期。

③ 鲁迅：《随感录・四十一》，载《鲁迅全集》第一卷，人民文学出版社 2005 年版，第 341 页。

船北上，参加了第一届全国文代会，吕荧这个名字才取代了他的本名，成了他工作和生活中都使用的名字，发表文章也继续使用这个名字。

5.何云圃、吕云圃、吕公圃、吕长圃

和“圃”字相关的名号，最先也是最权威的确认资料是吕荧女儿潘怡、潘悦和吴腾凰先生合编的《吕荧年谱简编》，文中标明是“曾用名何云圃”，可见他们并不承认这是吕荧的笔名。王畅和刘珙为其撰写的小传中称吕荧“又名吕云圃”。吕荧本姓何，什么时候改姓过吕？笔名吕荧中的吕是否确实为特殊意义的姓氏？经笔者查阅资料，“云圃”与吕荧的联系，见于1944年吕荧出版的译作《欧根·奥涅金》和诗集《火的云霞》，前者为云圃书屋出版，后者为云圃书屋藏，这里体现了吕荧与“云圃”的联系，但是笔者查阅1944年吕荧发表的文章，例如《曹禺的道路》《论〈战争与和平〉的艺术、历史、哲学》等所用笔名均是吕荧，并无何云圃或吕云圃之名，当时他也未受到政府通缉等威胁，根本不需要改换名字。况且据陶懋勋回忆，抗战期间吕荧在涪陵中学任教所使用的仍然是本名何佶。[①] 据吕荧启蒙老师何吉甫回忆，吕荧童年曾用过何云圃的名字，但是在南京小学就读时期，便已经正式定名为何佶了，况且他们兄弟四人的名字，分别是何俊、何佶、何倬、何倜，从字形上看，名字中都有一个共同的偏旁“亻”，这符合中国人起名字的习惯。吕荧在四川出版的书印有“云圃书屋”字样，这个“云圃”很有可能是他用自己曾经的名字为书斋命名。至于吕荧名字中“吕”的由来，吴腾凰先生曾专门问过吕荧的女儿，她们也不知道，而且吕荧也没有特别亲密的吕姓亲友。因此我有个大胆的猜测：既然吕荧说自己的名字源自“有一分热，发一分光”，那么这两个字可能都与鲁迅的话有关。“荧”字在古代同“萤”，《尔雅·释虫》写道：“荧火即照。”此荧即为萤火虫，故而“荧”字应该

---

① 陶懋勋：《回忆省立涪陵中学》，载政协四川省涪陵市委员会文史资料研究委员会编《涪陵文史资料选辑》第四辑，文史资料研究委员会1987年版，第58页。

就是取自“就像萤火一样”。“吕”字则有可能出自前面一句话“能做事的做事，能发声的发声”，即用口发声，两个口叠在一起为吕，所以就自名为吕荧了。吕云圃这个名字，至今没有证据证明吕荧曾用作笔名，但是其女儿潘怡女士保留的父亲来信上，明确标明了寄信人为吕云圃。除此之外的其他名称，诸如吕公圃、吕长圃等则无从考据，极有可能是以讹传讹。回到笔名这一问题上，各种资料都没有把带“圃”的名字算作吕荧的笔名，只说是曾用名或别名，所以完全可以确定吕荧没有用过带“圃”字的笔名。

6. 何勤

周家珍编著的《20世纪中华人物名字号辞典》提到了这个名字，归入到曾用名里面，这说明编纂者注意到了这个名字，但是不能确定是否是吕荧的笔名。笔者在查找资料中也发现了这个名字，20世纪50年代初，新文艺出版社出版了一套“文艺理论学习小译丛”，其中有何勤翻译的两本书：加里宁的《艺术工作者必须掌握马克思列宁主义》和叶高林的《斯大林关于语言学著作中的文学问题》。1955年6月《文艺报》第12期刊发了王若望的《胡风分子在〈小译丛〉里的贩私勾当》，就指出这个译者何勤就是吕荧的化名：“现在总算弄明白了：上海新文艺出版社编译的这套《文艺理论学习小译丛》最初是在胡风授意之下，由刘雪苇提出，王元化、罗洛负责编第一、第二辑。张中晓、满涛（小译丛中的化名有张挚、洛思、沈洁）、方然（化名辛清）、吕荧（化名何勤）、罗洛（化名王令、黎文望）分头选译。”①这篇文章还被当年第7期《新华月报》转载了，8月份又收入王若望论文集《胡风黑帮的灭亡及其他》出版，所以影响较大。1955年7月1日出版的《中国青年》第13期刊发了陈沂的《这是什么样的“才华”和“技巧”》也写道：“吕荧（化名何勤）译的加里宁的‘艺术工作者必须掌

① 王若望：《胡风分子在〈小译丛〉里的贩私勾当》，《文艺报》1955年第12期。

握马克思列宁主义’一文……”①。同年8月出版的瞿光锐、聂真编写的《胡风这个反革命黑帮》：“在胡风的授意下，由刘雪苇、王元化提出编译出版一套‘文艺理论学习小译丛’，罗洛、张中晓负责编辑，满涛（小译丛中的化名有张挚、洛思、沈洁）、方然（化名辛清）、吕荧（化名何勤）、罗洛（化名王令、黎文望）分头选译。”②这三份资料都认为何勤便是吕荧的化名，但是除了这两本译著之外，吕荧并未在其他著作上用过这个名字，也没有亲口承认这个笔名，这就只能以其他资料佐证了。

一是官方文件的证实。1955年高教部编辑的内部刊物《高等教育通讯》第11—12期刊发了《胡风反革命集团分子和一切反革命分子在某些高等学校的反革命罪行》，其中也证实了何勤的笔名：“1952年吕荧化名‘何勤’翻译了加里宁的‘艺术工作者必须掌握马克思列宁主义’。”③还有李辉先生搜集到的资料，1955年11月5日文化部发布查禁通知《处理胡风及胡风反革命集团骨干分子著作和翻译补充目录》和《编有胡风及胡风反革命集团骨干分子的书籍目录》，列举了吕荧《人的花朵》等作品10种，满涛《苏联戏剧创作理论的若干问题》等6种，罗洛《高尔基与社会主义美学》等3种，方然《加里宁论文艺》等作品2种，但是李辉的文章没有详细列出吕荧有哪10种作品，只各自列出了一部作品，然而只从这个简略的列举中我们看到，文化部的通知里提到的满涛、罗洛、方然以及他们的作品，与王若望文章中的说法一致。李辉特别提到“《文艺理论学习》小译丛一共6辑，收有吕荧、满涛的译文和文章”④，这与王若望的说法也不冲突。二是私人材料的证实。据笔者已经搜集到的资料，王

① 陈沂：《这是什么样的“才华”和“技巧”》，载《不让反革命分子“滑过去”》，中国青年出版社1955年版，第27页。

② 瞿光锐、聂真编写：《“头顶刘雪苇 脚踏新文艺”》，载《胡风这个反革命黑帮》，新知识出版社1955年版，第91页。

③ 谢泳：《思想利器——当代中国研究的史料问题》，新星出版社2013年版，第184页。

④ 李辉：《胡风集团冤案始末》，人民日报出版社2010年版，第358—359页。

若望文中提到的其他笔名大多可以确认了，例如关于罗洛的笔名，1999年出版的《罗洛文集》收录了罗洛在“文艺理论学习小译丛”中的两篇译文《一切为了人》和《为了戏剧》，并注明使用的笔名分别是黎文望和王令；[①]关于满涛的笔名，除了柯灵提到过“沈洁即满涛”[②]之外，1953年王元化写给胡风的信中也提到，“第二辑中满涛译的叶尔米洛夫的那篇”，此辑中叶尔米洛夫的作品只有《苏联戏剧创作理论的若干问题》，译者为张挚，可见张挚也是满涛笔名。另外，根据《斯大林关于语言学著作中的文学问题》和《艺术工作者必须掌握马克思列宁主义》两部作品的译者说明，前者是由俄文译出，后者是根据从《国际文学》上的英文版转译为中文的，吕荧通晓俄文和英文，也符合这个条件，况且他之前就翻译过《国际文学》辑录的《列宁论作家》，刊发在《文学月报》（重庆，1940）。因此，即使没有吕荧的个人证实，综合以上资料，何勤应该是吕荧的笔名无疑。

综上所述，根据现有材料考证和辨析，吕荧除使用本名何信发表过文章之外，还至少在不同时期使用过以下几个笔名：林光耀（1934年）、倪平（1936—1939年）、吕荧（1940年至去世）、何勤（1952年）。对吕荧笔名的梳理，有助于我们全面了解吕荧的创作情况，同时也能对吕荧的创作观念有深入的认识。

（本文原刊于《滁州学院学报》2018年第6期）

---

① 罗洛：《罗洛文集：散文·译文·科学论著卷》，上海社会科学院出版社1990年版，第570、585页。

② 柯灵：《剧场偶记》，百花文艺出版社1983年版，第39页。

2021 年

论吕荧美学思想的价值

朱志荣

同乡先贤吕荧先生，具有高尚的人格和卓越的才华。他虽然因为胡风事件的牵连，失去了工作的机会，乃至英年早逝，未能展开和丰富他的美学思想，而且其美学思想中也不可避免地带有时代的烙印，但是在当时的社会历史背景中，他的美学思想呈现出难能可贵的深刻性和洞察力。他从物我关系出发界定美，提出美是一种观念和一种社会意识，这虽然不是严格意义上的美的定义，但是揭示了美的最重要的特征。在当时的社会背景下，他高扬人的主体性，超越了庸俗唯物主义反映论的美学观。他在美学大讨论的环境下的观点，实际上已经超越了美的本质的讨论，而重视审美的视角了。因此，吕荧不仅在气节上为人们所崇敬，而且他的美学思想具有重要的创见，对于我们今天的研究仍然有着深刻的启示。

一、美的社会生活基础

吕荧立足于现实的生活基础讨论美，强调主体的能动性，重视实践活动对于美的价值和意义。他认为美不能脱离人的生活和实践。他把美与人的社会生活联系起来，认为美作为人的一种观念或意识与社会生活有关。吕荧是 20 世纪 50 年代少数受到马克思实践观点影响的美学家之一。吕荧曾经阅读了大量的马克思和恩格斯著作，阅读和翻译了许多俄国、苏联马克思主义理论家的著作，汲取了其中的美学和文艺理论的精华。吕荧在论证中频繁地援引马克思等人的观点，并举出从古至今的社会实践活动来论证他的美学思想。他说："马克思所云事物的创造生产的诸规律就是'美的诸规律'，是在实践论的意义上而言的。"①他主张美的东西是"对于人的生活有益，能够增进人的生活幸福的事物"②，同时也是按照美的诸规律创造出来的。他的美学思想中包含着实践论美学的萌芽。他还强调美"是人类社会历史的产物。人类在生产中，在社会生活中创造了美的事物，形成了美的概念和观念，这种概念和观念又转化为实在的新的美的事物"③。他的思想就包含着对实践观念的继承。他强调美的社会性和历史性，反对把美看成是一成不变的。

吕荧继承了车尔尼雪夫斯基的美学思想，重视美与生活的联系，并且比车尔尼雪夫斯基更进一步，主张从现实出发去讨论美，重视生活的丰富性和复杂性。吕荧认为，美的观念与社会生活的丰富性与复杂性密切相关，其中包含着主体在生活经验中所形成的理想。他重视心灵对物象和事象的映照，强调美与人类生活实践的关系，从而批判了当时以蔡仪为代表的机械唯物主义的反映论观点。他反对蔡仪脱离现实和生活谈美，把客观的审美对象等同于美的机械唯物主义美学观，反对把美简单地等同于物的属性："美是人的观念，不是物的属性。人的观念是主观的，但是它是客观决定的主观，人的社会生活，社会存在决定的社会意识。"④吕荧强调美不是纯客观的存在，而是客观物象在主体心中所形成的观念。

---

① 吕荧：《再论美学问题——答蔡仪教授》，载《吕荧文艺与美学论集》，上海文艺出版社 1984 年版，第 510 页。

② 吕荧：《再论美学问题——答蔡仪教授》，载《吕荧文艺与美学论集》，上海文艺出版社 1984 年版，第 509 页。

③ 吕荧：《再论美学问题——答蔡仪教授》，载《吕荧文艺与美学论集》，上海文艺出版社 1984 年版，第 495 页。

④ 吕荧：《再论美学问题——答蔡仪教授》，载《吕荧文艺与美学论集》，上海文艺出版社 1984 年版，第 495 页。

吕荧接受马克思、恩格斯等人的观点，认为人是社会历史的产物，人的感官和感觉中包含着社会历史观念，突出了美的历史性特质。他认为：“美是一个复杂的问题。我们在研究了自古迄今的美的事实之后，可以知道美不仅与事物本身有关，而且与人有关，与人的社会生活，历史时代，各种社会意识有关。”[①]他说：“没有超社会超现实存在的‘客观的美’，没有超社会超现实的抽象的美学。”[②]吕荧强调美的社会性和创造性，强调美离不开人和社会生活。他反对独立自在的绝对观念，反对机械唯物主义把美看成物的属性。吕荧把艺术美看成一种依存的美，要在社会意识形态中体现其价值。艺术作品中充分体现了主体的审美理想。美不能简单地等同于客观事物的特征，更包括主体的情感体验和想象力的创造。他主张美既不是物的属性，又不是超然物外的存在。他反对唯形式的艺术，主张艺术美的形态不只是外在形式，更包含着内在意蕴，强调艺术中形式与社会生活内容的高度统一。

吕荧把美看成是一种社会现象和人类社会历史发展的产物，强调美的社会性特质。他肯定审美对象对于人的社会价值，指出：“许多过去认为美的东西，如自然界的花木，艺术的雕像等等，我们今天依然认为是美的，因为人类的社会生活共同以自然界为生活和生产的基地，共同进行艺术创作欣赏艺术作品的原故。这种美的观念之所以有共通之处，仍然是社会生活决定的。”[③]人类在社会发展的历程中，有很多相同、相通之处，这也影响着人们的审美趣味和价值判断。古往今来的审美现象，包括反映社会生活的艺术作品，都因为社会生活和审美理想的共通性而获

① 吕荧：《再论美学问题——答蔡仪教授》，载《吕荧文艺与美学论集》，上海文艺出版社1984年版，第503页。

② 吕荧：《美学问题——兼评蔡仪教授〈新美学〉》，载《吕荧文艺与美学论集》，上海文艺出版社1984年版，第419页。

③ 吕荧：《再论美学问题——答蔡仪教授》，载《吕荧文艺与美学论集》，上海文艺出版社1984年版，第498页。

得共鸣。吕荧认为，美不是对象的纯形式，形式应当附着于意味。他反对把审美活动局限于艺术活动，但他把对于自然与人生的审美活动，也统一于艺术活动。自然是人化的自然，人生是艺术化的人生。

吕荧认为自然山水的审美价值在于它的社会性："自然美也就是一种社会美。"①他强调自然美的社会性，认为社会生活和社会实践在美中有着重要的价值和地位，客观的物象、事象存在于特定的社会生活中和历史条件下。物象不只是孤立的物象，事象也不只是孤立的事象，而是与自然背景和社会背景等相联系的。他认为自然对象的审美价值，乃在于它是一种社会存在，而并非物的自然属性。吕荧是国内学术界较早接受马克思、恩格斯"人化的自然"的观点来论述自然美的学者。他还指出："这个人化的自然是人的劳动和历史社会的产物。"②美的价值不是物象的自然价值，而是人文价值，体现了自然性和社会性的统一。他强调美与社会生活相关，自然的美也同样与社会生活相关，古代的自然美与农业社会相关。总之，吕荧继承并发展了车尔尼雪夫斯基"美在生活"的学说，指出美是一种社会现象，强调从人类社会生活去阐释美。他批判了蔡仪的机械唯物主义美学观，指出美不是对象的物质属性，而是一种社会现象。他发展了马克思、恩格斯社会实践的观点，论述了自然对象对于主体的审美价值，重视自然美的自然性与社会性的统一，揭示了自然对象的审美价值与社会存在之间的联系，从社会生活的角度去考察自然美的人文价值。

二、审美的主体性

在20世纪五六十年代的美学大讨论中，很多人从对象入手，缺少美

① 吕荧：《美是什么》，载《吕荧文艺与美学论集》，上海文艺出版社1984年版，第404页。

② 吕荧：《美是什么》，载《吕荧文艺与美学论集》，上海文艺出版社1984年版，第403页。

学的基本知识，拘泥于“美”字进行阐发，其中虽然有一些思辨的成果，却必然地处于美学学科的行外。而拘泥于汉字中“美”字理解的发挥，也进入了一种误区。汉字中的“美”是一个含义非常广泛的字，用法也很复杂，从字源学的角度探索它的含义，需要非常严谨。吕荧引用《尔雅》中的解释，诸如“皇皇”“休”“懿”[①]等，都是形容美的感性形态给人们带来的感受，而不是拘泥于“美”字本身，从中体现出主体的感觉与判断。

吕荧把美与审美联系起来，强调美的主体性。审美与认识不同，美须依存于主体的意识而存在。他反对蔡仪美的绝对性的观点，重视美的相对性。他意识到美是在主观观照客观物象基础上，在主体心中生成的，主体性之中包含着相对性。他从主体性入手解释美的相对性，主体的差异性带来了美的相对性。这种美的相对性也是基于美的观念的差异。他主张没有脱离主体独立存在的美，美必须通过主体进行创造性建构。吕荧强调审美活动中的主观能动性。主体对审美对象的体验和判断，既有对物象的映照，也包含着主体的情感投射，而不仅仅是消极被动的反映。吕荧客观上意识到美和审美是统一的。在《关于“美”和“好”》一文中，他所提及的康德美论，实际上是审美论。他认为美与好，即使是人对自然界的认识，也不能脱离人的社会。他批判蔡仪，认为美不是物的属性，也不仅仅体现在对象的典型性上，而在于主体感受审美对象的观念中。他认为美不是粉和胭脂的物的属性，强调美在于主体所体认的恰如其分的位置：“如果胭脂不搽在脸上，搽在鼻子上，那就不美了。粉不搽在脸上，只搽在额头上或只搽在鼻子上，也就不美了。”[②]这就关乎人的社会生活和人的主观意识。又如花的美与不美，风雨凄凄

---

① 邵晋涵撰，李嘉翼、祝鸿杰点校：《尔雅正义》上册，中华书局2017年版，第75页。

② 吕荧：《再论美学问题——答蔡仪教授》，载《吕荧文艺与美学论集》，上海文艺出版社1984年版，第481页。

或大雪纷纷并非物的属性，还在于人的感受。同样的风雨，相对于不同处境的人来说，会有不同的体验。青蛙和癞蛤蟆，从物的属性来说，都体现了自身的完善性，但是青蛙被视为是美的，而癞蛤蟆被视为是丑的，这取决于主体的审美观念。而车尔尼雪夫斯基认为俄罗斯人觉得“蛙的形状就使人不愉快，何况这动物身上还覆盖着尸体上常有的那种冰冷的黏液；因此蛙就变得更加讨厌了”[①]。这同样与俄罗斯人的审美观念有关。

吕荧说美是人的社会意识和社会观念，审美判断不仅凭感觉，更凭观念。他提出：“美是物在人的主观中的反映，是一种观念。”[②]他把美的观念看成是“社会意识形态之一”[③]，强调美的观念的现实生活基础，强调美的差异性。吕荧强调“社会意识”在美的元素中的重要地位，强调作品内在意蕴的审美价值。美不是一种自然现象，而是一种社会现象，具有人文的价值，其中包含着主体的主体观念。美的观念作为审美活动的尺度，体现在审美活动中，同时也体现在美的创造中。他认为美在于人的尺度，判断美的标准即在于该物是否有益于人。[④] 美的生成需要主体的参与，通过创构来实现。美中包含着美的观念，但美的观念不等于美。美不只是是非之分，而主要是好恶之分。

吕荧阐释了美作为一种意识形态与善的类似性，并且论证了两者的相关性。吕荧重视美与善的统一性。艺术创造物为着欣赏，有益于人的精神生活。因此，所谓无利害感是不恰当的。准确地说，是无害而有利的。美不是超现实的，而是基于现实和功利的。在中国的日常用语中，

---

① 车尔尼雪夫斯基：《艺术与现实的审美关系》，周扬译，人民文学出版社 1979 年版，第 9 页。

② 吕荧：《美学问题——兼评蔡仪教授〈新美学〉》，载《吕荧文艺与美学论集》，上海文艺出版社 1984 年版，第 416 页。

③ 吕荧：《美学问题——兼评蔡仪教授〈新美学〉》，载《吕荧文艺与美学论集》，上海文艺出版社 1984 年版，第 416 页。

④ 吕荧：《再论美学问题——答蔡仪教授》，载《吕荧文艺与美学论集》，上海文艺出版社 1984 年版，第 510—512 页。

美好不仅是指美，也指善。所以吕荧认同《说文》里的“美与善同意”[①]，以此说明美与善的相关性，并引用孔子的“里仁为美”[②]、孟子以仁义为美加以印证。康德说“美是道德的象征”[③]，说明美在内蕴上与道德的相通之处。在社会观念的层面上，美与善是统一的。在社会性上，道德有时代的烙印，也常常超越时代的局限，美也是如此。善不是美，美不直接涉及利害，但美经常与善联系在一起。美丑不等于善恶，但美丑与善恶密切关联。我们通常说美感不涉及利害感，但美必须无害。

衡量美丑的标准，包含在美的观念之中，美的观念是社会历史的产物。美学作为一种人文价值科学，探讨的是外在物象和事象对于主体心灵的价值和意义。对象的美是相对于主体的审美观念而言的，离开了人，离开了人的观念，便无所谓美丑。美是主体在审美活动中基于对象能动创构的结果，而不只是消极的反映。他把美表述为“人对外在事物的主观反映”，这个反映不是机械唯物论的消极被动反映，而是包含着人的意识，包括人的审美尺度，体现主体的审美理想的。在吕荧看来，美中包含着审美的观念，是社会意识的具体表现，审美趣味之中包含着主体在社会环境中所形成的审美理想。

吕荧从主体性出发，重视主体心灵的创造，论证美与审美是统一的。美产生于人们的主体观念之中，而这种观念又是基于物象的，在物象的基础上体现主观的特点。作为一种社会观念和人文价值的体现，美与善是相互统一的。这种对审美主体性的弘扬体现了作为审美主体的人的价值，彰显了人文情怀。

---

① 段玉裁注：《说文解字注》，中华书局2013年版，第148页。

② 程树德撰，程俊英、蒋见元点校：《论语集释》，中华书局2013年版，第262页。

③ 康德：《判断力批判》上卷，宗白华译，商务印书馆1963年版，第202页。

三、物我关系中的美

吕荧主张美在心物关系之中。他提出："美是人对物的观感和评价。"[①]他敏锐地感觉到美的问题在于物我关系。他认为："美是一个多方面的问题，它关系到物的存在，人的生活，人的概念和观念。"[②]客观的物象和事象的审美价值依赖于主观的审美判断，而美正存在于物我关系之中。他既强调了美的客观基础，又强调了人的社会意识，并且重视实践的价值。美的特征是由人的价值决定的。尽管美是在主体的心灵里生成的，但是其中确实包含着客观的物象和事象元素。客观的物象或事象是美作为社会意识的根源，是水之源，木之本。

美中包含着物我交融。吕荧并没有否定美中的主观与客观的相关性，他重视美的主客观因素。他反对把美与审美对象简单等同起来，但不否认美的客观基础。他把对象作为美的客观基础的根源。在对美的界定中，吕荧强调主体精神的社会性，强调审美活动的主观能动性和心灵的作用，并没有否定物象和事象的基础。吕荧承认客观事物、社会生活的本源地位。他认为审美对象是客观的，但审美对象不等于美，客观存在的物的颜色、形状、声音等，只是美的基础。

而对于客观对象与主观观念如何统一，吕荧与朱光潜先生的观点同中有异。他批判了朱光潜的"美是主客观统一说"[③]，实际上与其他几位论辩的学者的观点相比，他与朱光潜之间有着更多的相通之处。他主

---

① 吕荧：《再论美学问题——答蔡仪教授》，载《吕荧文艺与美学论集》，上海文艺出版社1984年版，第499页。

② 吕荧：《再论美学问题——答蔡仪教授》，载《吕荧文艺与美学论集》，上海文艺出版社1984年版，第515页。

③ 朱光潜：《论美是客观与主观的统一》，载《朱光潜全集》第五卷，安徽教育出版社1989年版，第51页。

张："美的观念（即审美观），一如任何第二性现象的观念，它是第一性现象的反映，是由客观所决定的主观，在它里面，客观性和主观性是统一的。"[1]他承认事物、社会生活等作为第一性的存在，并将美看成一种观念或意识，是第二性的存在，是第一性的反映。因此，他提出美的观念中客观性和主观性的统一。他从审美的主客体关系中阐释美，强调美对事物和人的依存性，主张美存在于审美对象与人的关系之中。

吕荧说："美是一个复杂的问题，它包含着物的因素，也包含着人的因素，还包含着美的概念与其余一切概念之一定关系和联系。"[2]吕荧认为，美包含着物的因素，客观物象和事象构成了美的基础和前提，肯定了物象和事象作为美和美感的基础和来源。同时他也强调美包含着人的因素，通过主体的观念和意识得以呈现。外在的流水白云、明月清风、花草树木等，都在主体体验的世界中以主观的意识和观念的形式得以呈现。他从物我关系的角度去理解美，又在概念的层面上讨论美与其他概念的关系。美不是物的属性，美是意象的属性。他提出物和物的形象是不可割裂的。美不在事物本身，而常常包含在表象之中。美始终不脱离感性形态，无论是观念还是意识，都必须与物象的感性形态联系在一起。美不只映照了对象，更映照了自身，体现了人的主观体验。吕荧既强调现实生活中的物我关系，更强调观念和意识形态。美就体现在物象通过物我交融而创构的心象之中，因此属于意识的一部分。

因此，吕荧的这些观点与朱光潜的"美是主客观统一"是相通的。他在物我关系中探讨美，强调美是在主体的审美判断和生活实践之中生成的，认为物象和事象是美作为社会意识生成的根源和基础。他肯定物象和事象作为美的基础，认为美是主体审美理想的体现。他强调美不脱

---

① 吕荧：《美是什么》，载《吕荧文艺与美学论集》，上海文艺出版社 1984 年版，第 402 页。

② 吕荧：《再论美学问题——答蔡仪教授》，载《吕荧文艺与美学论集》，上海文艺出版社 1984 年版，第 488 页。

离于感性形态，存在于物我交融的心象之中，指出美和美感是相互统一的关系，是主体审美意识的重要组成部分。

吕荧认为，主体审美理想是美的重要特征和条件。他说："美的事物自身是不依赖人的意识为转移的客观存在，然而并不是世界上一切客观存在的事物都可以被人认为是美的。因此，美的事物需要具有一定的特征或条件（即美的条件），方才能够被人认为是美的。"①这种美之为美的特征和条件，便体现在主体的审美理想中。符合主体审美理想的美的特征和条件就具有审美价值。"美"中包含着审美理想。物象和事象的审美特征，必须符合主体的精神需求，符合主体的审美理想，其中的尺度就包含着主观差异。

四、美与美感的统一性

吕荧超越当时美学大讨论的寻常思路，将美和美感统一起来思考，打破了当时唯物论和唯心论在美与美感二分上的美学认知困境。在吕荧看来，美不同于认识论的所谓"真理"，美感也不只是由对象而产生的感官快适和心理快适。审美现象与其本质是统一的。他强调"审美观念"在审美判断中的价值和意义。在吕荧看来，快感是美感的基础，但是仅仅停留在生理的快感还不是美，只有包含着主体审美理想的审美观念，美才能成立。人们对于美的判断体现了主体的审美观念。是否美、美的程度、美的意义，都需要通过意识判断。个人的判断，包含着社会的、历史的、时代的烙印，因而与观念相联系。吕荧说："辩证唯物论者不仅认为美的意识，美的观念具有社会的历史的内容，而且认为美的感觉，美感

① 吕荧：《再论美学问题——答蔡仪教授》，载《吕荧文艺与美学论集》，上海文艺出版社 1984 年版，第 509—510 页。

或快感也是如此。”[①]他还强调美的动态变化和主体心态的差异，影响着主体的审美判断。

吕荧认为，主体通过意识判断对象，这是一种“不需要多加思考”的直觉判断。如果一定要划分美和美感，那么美和美感两者是统一的、不可分割的。他从以情感为中心的心理体验入手，主张要从美感中重视基于现实生活所形成的美的观念，于是形成审美关系。他批评蔡仪把美和美感割裂开来，认为蔡仪的做法是错误的。吕荧充分认识到美（美的观念和美的概念）与美感（美的感觉）是统一的，强调人的观感和评价，主张美通过审美判断得以成立。

吕荧反对把美感归为生理学的范畴，反对把美的感受等同于感官的生理快感，要求美感超越于快感。吕荧提出美感超越于一般的生理快感，包含着理智的成分。其中他尤其强调了理智的成分。在审美活动中，物我为一，瞬间感官的快适和心情愉悦的美感体验中包含着美的观念，而不只是生理的快感。我们在研究审美活动时，对于理智成分的具体价值和地位，对于强调理智成分的度的把握，则是需要加以重视的。

吕荧强调，在主体性的基础上，既有审美趣味的共同性，也因个体的差异而有着一定的差异性。美与美感的共同性和差异性，都受到了审美观念的支配。艺术美的创造，不仅仅在形式上符合美的规律，还包含着世界观和人生观。我们欣赏古代伟大的艺术品，是因为我们在审美观上与古代有一致之处，但是又会有一定的差异。艺术杰作如云冈石窟等，确实体现了艺术家的审美观念，同时也被历代人们的审美所接受，从中引发共鸣。这说明古今之间的审美观念是有共同点的，尽管其中也必然有着差异。我们既要看到审美的时代差异性，更要看到其跨时代的共性。伟大的艺术品历经千年，魅力依旧，并且形成审美的传统。

---

① 吕荧：《再论美学问题——答蔡仪教授》，载《吕荧文艺与美学论集》，上海文艺出版社 1984 年版，第 505 页。

吕荧不仅认为美是一种感受，而且将它上升到感性与抽象的统一。感性具体的审美活动，受着抽象的审美观念的支配，体现着包含审美理想的审美观念。这尤其体现在艺术美的创造和欣赏中。这种思想的合理性在于，它把美感中的感受和体验与审美判断区分开来了。审美判断之中包含着主体的审美理想和审美尺度，因而属于审美观念。在审美活动中，人们正是通过意识和观念，参与审美的体验和创造的。

吕荧更重视在审美快感基础上运用审美观念的判断，所以他不满足于停留在美感的基础上，而更重视基于理智的审美观念的判断。他认为美感作为感官快适，只是美的前提基础，而美的价值和意义，则是奠定在主体意识的基础上的，通过意识进行判断，以美的观念作为标准，从中体现了感性和理性的统一。物象和事象之所以被判断为美，是因为物象和事象符合主体的审美理想，可以带来美感。在吕荧看来，审美需要通过观念作出判断。美是主体以心映物的结果，这就不同于镜子式的反映，不是一种简单的认知反映，而是通过以情感为中心的主体心灵进行能动体验的，主体通过心镜的映照获得审美愉悦，心镜之中必然包含着主体的观念，审美的心灵中包含着理智和判断。他把感觉、美感与判断区别开来，重视判断中主体的社会历史因素，重视观念和意识形态的内涵。

总之，吕荧把美和美感统一起来，超越了主客二分的模式来讨论美，强调美的社会生活基础和物象基础。这是超越传统思维模式的一次大胆尝试，是超越时代的深度思考。他主张从主体思维视角重新体验、判断美和审美。其中既展现了“物”的对象性特性，同时也饱含了主体的意识。人们在美的体验中产生了对美的认知和判断，在审美主体性的社会意识中获得对于美的全新理解和感受。

五、吕荧的理论贡献

吕荧有着很高的理论素养。他在熟悉西方美学的基础上，研究美学问题。在当时国内研究资料贫乏的背景下，他阅读了大量的英文和俄文著作，包括柏拉图、鲍姆嘉通（吕荧译为“邦格腾”）、康德、黑格尔、叔本华、克罗齐、车尔尼雪夫斯基等人的著述，在一定的程度上受到了他们的影响。20 世纪五六十年代，吕荧在掌握西方美学的基础上，撰写并发表了几篇美学系列论文（1959 年曾辑其中的四篇由作家出版社出版《美学书怀》专书），在当时就引起了广泛的重视，这些论文呈现了他对美学思考的深刻性。他认为美是一种观念，属于社会意识形态，这虽然不能简单地等同于美的定义，但有着深刻性和合理性，从而开拓了研究美的视角和途径，迄今仍具有启发性。

由于时代的局限，参加美学大讨论的各位学者，几乎都要给自己贴上唯物主义的标签，把论敌贴上唯心主义的标签。吕荧在一定程度上突破了时代的局限，反对机械唯物主义的那种承认美是客观的就是唯物论，承认美是主观的就是唯心论的观点。美学大讨论中的几位干将都试图从美的本质角度去讨论美的问题，但是他们对美的界定都不是严格意义上的美的定义，吕荧的界定也不例外。但是，如果我们超越美的本质和定义来看待他的美学思想，就会发现其中的价值和意义。

虽然 20 世纪五六十年代的美学大讨论有四派之说，实际上主要限于美的本质、美学研究的对象和自然美问题的讨论，这四种观点很难说是美学的四个派别，更不能算是四种美学体系。朱光潜、蔡仪二人解放前已经通过专著建构了自己的美学体系，而吕荧、高尔泰和李泽厚在当时尚未形成自己的美学体系。吕荧先生发表在 1953 年《文艺报》第 16、17 期上的《美学问题——兼评蔡仪教授的〈新美学〉》客观上是美学大讨论的前奏，稍后他又发表了系列论文。他以自己理论思辨的才华、精湛的外语水平和惊人的勤奋，深刻阐明了自己的美学观，体现了他的睿智，包含着他的卓见。可惜由于人祸天灾，他后来失去了从事美学研究、深入思考和展开自己美学思想的机会，令人扼腕痛惜。

以往有的学者将吕荧的美学思想划归为唯心论的说法具有片面性。

吕荧是从现实生活和实践出发反思美学问题的，具有一定的客观性。他态度鲜明地指出了美的观念基于客观存在的事物，并继承了车尔尼雪夫斯基的美来自生活的观点，认为美是社会的产物，表现出基于现实的实践活动开展审美活动的态度。① 他提出“美的观念是社会生活的反映”②的观点，尽管具有反映论色彩，但是不能抹杀他以现实生活为基础的美学思想。吕荧还坚决反对脱离实践、从主观的观念出发思考美的本质问题。这都说明，吕荧超越了时代的唯物、唯心之分，表现出主客观相统一的美学思想。

吕荧的理论贡献更在于，他开拓了我们的研究思路。吕荧的美学观基于社会生活，又重视主体性，从物我合一的审美关系中探讨美。他打破了当时美学研究思路的局限，从美感中体悟与判断美，开拓创新了美学的研究视域。吕荧说美是一种观念，一种社会意识，这都算不上是一种美的定义，或是美的本质的表述，但是，它们是美的一种重要特征，美中包含着主体的观念，是一种意识的表现。美中包含着主体感知和理智的成分。在审美判断中包含着主体的美的观念，主体通过审美尺度对物象和事象作出反应。如果我们把他的美是一种“社会意识”或“一种观念”的观点，只是看成是一种特征的概括，而不是美的本质的描述或美的定义，我们便会在他思想的基础上，思考美在何种意义上被作为一种“社会意识”，又在何种意义上被称为“观念”。

总而言之，吕荧从社会生活出发研究美的问题，一方面承认美是感性具体的，具有客观的成分，另一方面也阐明人的精神风貌、人生的状态影响着美和审美。他一再强调美的现实性和社会性，具有一定的现实感和历史感。人们对美的评价，受到人的社会性的影响。他重视心与物的融

---

① 吕荧：《美学问题——兼评蔡仪教授〈新美学〉》，载《吕荧文艺与美学论集》，上海文艺出版社 1984 年版，第 416 页。

② 吕荧：《美是什么》，载《吕荧文艺与美学论集》，上海文艺出版社 1984 年版，第 404 页。

合为一，高扬人的主体性，由此也阐明了美的差异性和相对性。在审美活动中，他主张美与美感是统一的，并且将其上升到观念的层面，强调了美中的观念成分和意识形态特征。他的美学观点是20世纪五六十年代美学大讨论中的代表性观点，迄今对我们仍有着重要的启示。我们今天重新审视吕荧美学思想的价值，体会到它的启发性是多方面的，绝不是一个简单的“主观派”可以概括的。我们应当继承吕荧美学思想中有价值的思路，推进当下的美学研究。

（本文原刊于《贵州社会科学》2021年第5期）

2022 年

吕荧的“美是观念”的重新阐释

周　喆

在 20 世纪五六十年代美学大讨论中，中国美学界形成了四大流派。其中吕荧的“美是人的观念”的观点遭到了许多学者的质疑与批评。在“百花齐放，百家争鸣”方针政策的号召下，《文艺报》发动了一场对朱光潜美学思想的批判与讨论。早在周扬撰写的《我们需要新的美学》(1937)一文中，他就对朱光潜的“观念论”美学进行了批判。直到朱光潜在《文艺报》上发表了一篇自我批评的文章《我的文艺思想的反动性》(1956)后，学术界便展开了一场有关美学思想的自由讨论，其中包括批评朱光潜的美学观点及其他美学问题的文章。吕荧的美学思想就是在这样的背景之下，与蔡仪、朱光潜两位美学家的美学观点商榷中逐渐形成。吕荧的美学思想主要集中在他所发表的几篇美学论文中:《美学问题——兼评蔡仪教授的〈新美学〉》(1953)、《美是什么》(1957)、《美学论原——答朱光潜教授》(1958)、《再论美学问题——答蔡仪教授》(1958)、《关于“美”和“好”》(1962)。虽然朱光潜的“观念论”在此之前遭到众多学者的批驳，但是吕荧并没有摒弃“观念”一词，反而坚持提出“美是人的观念”这一具有代表性的美学观点。尽管吕荧的“观念”与此前学者提及的“观念”内涵大相径庭，但仍不乏一些学者从“观念”二字将吕荧的美学观点简单地划归于“主观派”。作为一名颇具争议的美学家，吕荧的美学思想是如何产生的?“美是观念”理论内涵为何?

应不应该将他视为“主观派”的代表人物之一？这都需要我们联系吕荧的文艺理论思想，厘清时代的理论误读，重新阐释吕荧的“美是观念”之说，究其美学理论与蔡仪、朱光潜的美学思想相异的独特之处。这对还原吕荧美学思想的真实面貌、认识吕荧的学术思想价值有着重要的理论意义。

一、吕荧与蔡仪的商榷——“美是人的观念”的提出

蔡仪在《新美学》一书中谈及“美是什么”，并给出“美的东西就是典型的东西”“美是物的属性”等回答。作为一名马克思主义唯物论的坚定拥护者，加之《新美学》中体现的鲜明唯物主义倾向，蔡仪一直被视为美学界“客观派”的主要代表人物之一。但吕荧却认为蔡仪的美学思想并非唯物主义，他在《新美学》中所体现的思想基本上并没有脱离旧美学的窠臼。

首先，吕荧驳回了蔡仪“美的东西就是典型的东西”一说，他认为以“典型的东西”来论“美的东西”，实则是超社会、超现实的东西。这样的说法只会招致一个问题尚未解决、紧接着又抛出另一个难题的局面，并且最终都会回到“什么是典型”的往复循环谜题之中。蔡仪在《新美学》中分别列举了两个例子：毕菲尔神父的美的眼睛与宋玉《登徒子好色赋》中的美女，借此来阐释“美的东西就是典型的东西”。“典型的眼睛”就如毕菲尔神父所说的“美的眼睛就是大多数眼睛都象它那副模样的”①。“典型的女人”就如宋玉所说的“东家之子，增之一分则太长，减之一分则太短，着粉则太白，施朱则太赤”②。但究竟什么样的眼睛才

---

① 吕荧：《美学问题——兼评蔡仪教授〈新美学〉》，载《吕荧文艺与美学论集》，上海文艺出版社 1984 年版，第 413 页。

② 吕荧：《美学问题——兼评蔡仪教授〈新美学〉》，载《吕荧文艺与美学论集》，上海文艺出版社 1984 年版，第 414 页。

是“典型的眼睛”，什么样的女人才可被称为“典型的女人”，对于读者来说仍然是一个谜。吕荧指出，“科学的理论决不是谜。科学的理论应该是从实践产生而又为实践所证实的理论”①。如果说“美是典型”，这也就是说一切的典型都是美的，那为什么有许多的典型难以被人称为美呢？就拿生活实践的例子来说：“典型的恶霸，典型的帝国主义者，是不是也美？”②人们对此给出的回答是否定的。吕荧从现实生活的角度出发，将“美是典型”引入实践之中并对其提出有理有据的质疑，使更多学者由刚开始对“美的东西就是典型的东西”这一定义深信不疑，转向“美的东西是否就是典型的东西”的深入思考。

其次，在《再论美学问题——答蔡仪教授》一文中，吕荧对蔡仪“美是物的属性”的观点进行了批判。坚持唯物主义的蔡仪试图将美学归入自然科学之列，他认为，“美既在于客观事物，那么由客观事物入手便是美学的唯一正确的途径”③，“美的存在是‘离开我们的意识而独立的客观存在’，美是‘物的属性’”④。蔡仪否定了美的事物的特征与主体之间的关系，甚至认为关于自然事物的美是观念的内容也不属于人类，而是属于自然物本身的。对此，吕荧借胭脂和粉，花、风、雨、雪等自然界的物进一步有力地反驳了蔡仪这一观点。吕荧认为：“胭脂、粉，这些客观存在的物，它们之属性未变，但于此则美，于彼则不美。”⑤试想如果将

① 吕荧：《美学问题——兼评蔡仪教授〈新美学〉》，载《吕荧文艺与美学论集》，上海文艺出版社 1984 年版，第 414 页。

② 吕荧：《美学问题——兼评蔡仪教授〈新美学〉》，载《吕荧文艺与美学论集》，上海文艺出版社 1984 年版，第 417 页。

③ 吕荧：《再论美学问题——答蔡仪教授》，载《吕荧文艺与美学论集》，上海文艺出版社 1984 年版，第 479 页。

④ 吕荧：《再论美学问题——答蔡仪教授》，载《吕荧文艺与美学论集》，上海文艺出版社 1984 年版，第 479 页。

⑤ 吕荧：《再论美学问题——答蔡仪教授》，载《吕荧文艺与美学论集》，上海文艺出版社 1984 年版，第 481 页。

胭脂不搽在脸上，而搽在鼻子上，自然是不美的。粉不搽在脸上而只搽在鼻子上，也不会美。“什么花美，什么花不美，这是人的社会生活决定的，不仅仅是花本身的问题。”①“风雪凄凄或大雪纷纷，一个蓬荜褴褛，冻馁交迫的人，即无法认为它们是美的。”②吕荧不否认自然之物的客观存在，但如若问其美不美，不能单单归因于“物的属性”，还要与人的现实生活和主观意识紧紧联系在一起来考虑。

在对蔡仪的观点进行批驳后，吕荧认为《新美学》虽然承认物的客观存在，坚称“美是客观的”，但实则与马赫主义者的把物当作感觉的复合学说、取消了物的客观存在的现实性并无差别，从而陷入主观唯心论。蔡仪所指的美的属性条件是人类以前的存在，典型性是一种从主观观念引申出来的理论，“意识决定存在”的思想才是《新美学》的实质，所以这般脱离人的现实生活的观点最终会走向不可知论。吕荧认为美不是超然的独立的存在，借鉴车尔尼雪夫斯基“美是生活”与马克思的辩证唯物论，他提出“美是人的观念”一说。

二、吕荧与朱光潜的商榷——“美作为一种社会意识”的升华

在这场美学大讨论中，朱光潜也是一位对吕荧美学思想产生重要影响的美学家。“吕荧在‘美是观念’之后，又进一步丰富完善了自己的美学理论，把有个人色彩的‘观念’转换成为具有群体性的‘社会意识’，理论思路也显得更为清晰起来。”③朱光潜在《美就是美的观念吗?》一文里，批评吕荧的“美是观念”之说，并针对“美是什么”问题提出了自己

① 吕荧：《再论美学问题——答蔡仪教授》，载《吕荧文艺与美学论集》，上海文艺出版社1984年版，第481页。

② 吕荧：《再论美学问题——答蔡仪教授》，载《吕荧文艺与美学论集》，上海文艺出版社1984年版，第481页。

③ 李小贝、丁国旗：《吕荧“主观派”美学之辨》，《求索》2017年第10期。

的见解，“认为美是‘艺术的一种属性’，同时力持‘美是客观与主观的统一’说”[①]。在《美学论原——答朱光潜教授》一文中，吕荧对朱光潜的质疑给出答复，论文主要从批驳朱光潜关于美的两个定义展开。

首先，对待朱光潜“美是艺术的一种属性”之说，吕荧认为按一般理解，艺术有许多属性，美是其中之一，通常被称为艺术性。“但是朱光潜教授的这个定义是美本身的定义，那就是说，他把审美判断中的自然的事物（如花草），社会的事物（如生活、道德），都理解为艺术的作品，把这三者的美统称之为‘艺术的一种属性’。”[②]吕荧指出自然事物、社会事物与艺术作品之间存在着根本区别，只要是美的东西便可称之为艺术这样的说法有失妥当。

其次，再看“美是客观与主观的统一”之说。其实早在《美是什么》一文中，吕荧就已经对“统一”给出了他自己的理解。他认为“统一”就是“一致”，并且可以分别从唯物主义、唯心主义、二元论不同的角度来解说这个观点。这里的“一致”是受到车氏理论的影响，车尔尼雪夫斯基从实践论的意义上批评黑格尔美学体系时所流行的一种理论——“美就是观念与形象之完全的吻合，完全的统一”[③]。吕荧在答复朱光潜的这篇论文中，从唯物主义与唯心主义的两个角度，详细地阐释了“美是客观与主观的统一”这一观点。“从唯物主义的观点来看，这个‘一致’需要具有客观的真实性，即主观认识应该是客观存在的表象或映象。从唯心主义的观点来看，这个‘一致’则需要具有主观的真实性，即客观存在是主观意识产生或创造的形象或心象，可以任意的加以主观主义的理

① 吕荧：《美学论原——答朱光潜教授》，载《吕荧文艺与美学论集》，上海文艺出版社 1984 年版，第 442 页。

② 吕荧：《美学论原——答朱光潜教授》，载《吕荧文艺与美学论集》，上海文艺出版社 1984 年版，第 442 页。

③ 车尔尼雪夫斯基：《艺术与现实的审美关系》，周扬译，人民文学出版社 1979 年版，第 3 页。

解或领悟。”[①]吕荧认为，“朱光潜教授的美学正是从唯心主义的观点出发，借‘客观与主观的统一’把客观存在‘统一’于主观意识中，于是美的自然事物和社会事物也被理解为艺术的作品了”[②]。由此便也不难理解为何朱光潜会提出“美是艺术的一种属性”的美学观点。

吕荧仅凭对这两个定义的批驳而认为朱光潜的美学思想是唯心主义的，实属牵强。其实，他认定朱光潜的美学思想是唯心主义的，更多是受到朱光潜“美感经验”的影响。吕荧认为朱光潜的“‘美感经验’论则来自克罗齐的美学，而克罗齐的美学则根据康德的哲学和美学”[③]。朱光潜将“美感经验”视为“艺术活动”，是一个生产过程。他认为“这段生产过程的结果就是‘物的形象’，生产的产品，艺术的作品”。“美是创造出来的，……在觉自然为美时，自然就已告成表现情趣的意象，就已经是艺术品。”[④]对于这些说法，吕荧予以质疑，他坚称：“美作为一种社会意识，有它在社会中形成发展的历史。同时它作为一个人的观念，有它在个人生活中形成发展的过程。”[⑤]“随着社会生活范围的扩大，这种美的知识的范围也逐渐扩大提高，终于形成一个整个的美的观念。因此人人都是从生活中得到他的美的观念的。”[⑥]

从吕荧对蔡仪、朱光潜的批判不难得知，他是站在辩证唯物论的角度

---

① 吕荧：《美学论原——答朱光潜教授》，载《吕荧文艺与美学论集》，上海文艺出版社 1984 年版，第 444 页。

② 吕荧：《美学论原——答朱光潜教授》，载《吕荧文艺与美学论集》，上海文艺出版社 1984 年版，第 444 页。

③ 吕荧：《美学论原——答朱光潜教授》，载《吕荧文艺与美学论集》，上海文艺出版社 1984 年版，第 444 页。

④ 吕荧：《美学论原——答朱光潜教授》，载《吕荧文艺与美学论集》，上海文艺出版社 1984 年版，第 451 页。

⑤ 吕荧：《美学论原——答朱光潜教授》，载《吕荧文艺与美学论集》，上海文艺出版社 1984 年版，第 451 页。

⑥ 吕荧：《美学论原——答朱光潜教授》，载《吕荧文艺与美学论集》，上海文艺出版社 1984 年版，第 452 页。

来看待“美是观念”的形成的。“起初，人所知道的，只是感觉和知觉到的个别美的事物的表象（即形象，现象）。……这些多样的表象，以人的生活为基础。”[①]他坚定不移地相信：“人们底观念、观点、概念，一句话，人们的意识，是随着人们的生活状况、社会关系，与社会存在的变动而变动着。”[②]吕荧之所以能将他的美学理论深深地置于现实生活之中来探讨，是因为他骨子里是一个马克思主义真理的坚定信仰者。

三、“美是观念”的理论内涵

通过上面的论述，可以看出吕荧对于美的理解的丰富性，这些理解源于他对美、对人与生活关系的深刻洞悉。“美是观念”实则是在马克思主义理论的背景下，人的客观现实生活与主观情感体验的统一，这也正是吕荧的美学理论异于蔡仪和朱光潜的美学思想之所在。“吕荧对美是一种观念的反复论证已经表明，他的包括文艺观在内的美学思想是一个整体，他的美学理论正是对他的现实主义观点的进一步概括和深化。”[③]纵观吕荧在20世纪四五十年代所写的论文，他的美学思想不仅仅是纯美学理论的，更有深厚的文艺理论基础，美学观念与艺术理论相辅相成。

（一）“美是观念”的客观性

吕荧将美与现实生活相联系，使得“美是观念”具有客观性。在《美学问题——兼评蔡仪教授的〈新美学〉》一文中，吕荧提出“美是人的观念”之说。“美是人的一种观念，而任何精神生活的观念，都是以现

① 吕荧：《美学论原——答朱光潜教授》，载《吕荧文艺与美学论集》，上海文艺出版社1984年版，第452页。

② 吕荧：《美学论原——答朱光潜教授》，载《吕荧文艺与美学论集》，上海文艺出版社1984年版，第452页。

③ 周来祥、邹华：《美是符合人的理想的社会生活——吕荧的美学思想》，《文艺研究》1988年第5期

实生活为基础而形成的，都是社会的产物，社会的观念。”[①]由此可知，吕荧所指的“观念”是建立在现实生活基础之上的，因而也就使得其“观念”摆脱了纯粹的形而上学特征。这也是他与蔡仪《新美学》理论的一个鲜明对照，二人的基本论点完全不同。

吕荧认为：“美是生活本身的产物，美的决定者，美的标准，就是生活。”[②]他的理论来源是彻底的唯物论者车尔尼雪夫斯基提出的“美是生活”之说。车尔尼雪夫斯基说：“任何事物，凡是我们在那里面看得见依照我们的理解应当如此的生活，那就是美的；任何东西，凡是显出生活或使我们想起生活的，那就是美的。”[③]这些理论给吕荧带来很大的启发，在他看来，谈“美是什么”这个问题，不应该从抽象的一般的美的标准或事物的属性出发，而应该从现实生活出发。人们应该学会以日常生活中的客观现实为对象，在现实生活中去追寻美，美的本质亦是基于现实生活实践的理论总结。美作为一种观念，是以现实生活为依托的，观念是物对于人的主观的反映，自始至终离不开人的生活。他指出：“作为社会意识形态之一的美的观念，它是客观的存在的现象。”[④]因而，“美是观念因时代、因社会、因人、因人的生活所决定的思想意识而不同”[⑤]。蔡仪也承认美的客观性，但与吕荧不同的是，蔡仪将美从生活中抽离出来，致使美成为一种固定不变的、孤立的客观存在物，同时也为美的本质蒙上了一层超社会、超现实的神秘面纱。蔡仪坚持美在客观固然重要，但是他却

---

① 吕荧：《美学问题——兼评蔡仪教授〈新美学〉》，载《吕荧文艺与美学论集》，上海文艺出版社1984年版，第416页。

② 吕荧：《美学问题——兼评蔡仪教授〈新美学〉》，载《吕荧文艺与美学论集》，上海文艺出版社1984年版，第436页。

③ 车尔尼雪夫斯基：《艺术与现实的审美关系》，周扬译，人民文学出版社1979年版，第6页。

④ 吕荧：《美学问题——兼评蔡仪教授〈新美学〉》，载《吕荧文艺与美学论集》，上海文艺出版社1984年版，第416页。

⑤ 吕荧：《美学问题——兼评蔡仪教授〈新美学〉》，载《吕荧文艺与美学论集》，上海文艺出版社1984年版，第416页。

逃离现实生活，忽视了主观的重要性。他指出，“客观事物呈现的美的形象与其实质相关，并不取决于鉴赏者的审美态度”[①]。他认定“美的东西是典型的东西”，美就是个别之中显现着一般的东西，这只会将“典型的恶霸”的丑也误认为是美，并最终走入形而上的道路。

其实，吕荧关注“人与生活”的美学理论内涵早在他20世纪四十年代的艺术理论中就已展现。在吕荧的美学体系中，现实主义文艺观是他一直秉持的思想。“艺术是社会生活的反映，而生活是艺术创作的源泉。”[②]吕荧赞扬莎士比亚的诗，认为“莎士比亚的诗，是真实的诗。几乎在他笔下的每一个人物背后都浮现出社会的巨影”[③]。他所设立的小丑角色来源于生活，因而能够深入生活，使得小丑们的谈话、思想往往比王公们坦白刚直。莎士比亚剧中的丑角“不是使那些存心花钱寻找笑料的人笑，使愚蠢的观众笑”[④]。吕荧将莎士比亚称为“真知的作家”，认为他在黑暗的世界里能以智慧的眼，透过现实的心，看到遥远的人类的黎明。而蔡仪却从超社会、超现实的美学观点出发，走上了超社会、超现实的“美学至上”“为美而艺术”的道路。蔡仪在《新美学》中延续了他的美学思想，认为艺术的本质是反映现实的美、现实的典型。“艺术所要表现的是现实事物的种类的一般性，是它的本质真理，是它的典型性，而不是它的杂乱的浑沌的现象。”[⑤]从蔡仪对艺术本质的界定不难得知，他将艺术与生活割裂开来，在他的眼中，生活展现更多的是杂乱的、浑沌的现象，而艺术更无需将这些特殊的现象当作对象，只需去寻求典型，从而达到“为美而艺术”。

---

① 蔡仪：《新美学》，益群出版社1951年版，第21页。

② 吕荧：《艺术散记》，载《吕荧文艺与美学论集》，上海文艺出版社1984年版，第58页。

③ 吕荧：《曹禺的道路》，载《吕荧文艺与美学论集》，上海文艺出版社1984年版，第211页。

④ 吕荧：《曹禺的道路》，载《吕荧文艺与美学论集》，上海文艺出版社1984年版，第215页。

⑤ 吕荧：《美学问题——兼评蔡仪教授的〈新美学〉》，载《吕荧文艺与美学论集》，上海文艺出版社1984年版，第435页。

（二）“美是观念”的主观性

如果说吕荧的“美是观念”的客观性体现在生活中，那么“美是观念”的主观性便可在情感中寻得。吕荧的“美是观念”观点介于当时艺术与政治千丝万缕的关系中，所以在他的美学论集中，对于主观情感只是隐晦且少有的提及。吕荧和朱光潜都认为审美过程中有主观性的存在，而吕荧的关注点更多的是情感方面，不同于朱光潜所说的情趣。

朱光潜提出“物甲”和“物乙”两个概念，“物甲”是自然存在的、纯粹客观的，它在某些条件之下可以产生美的形象，也就是“物乙”。朱光潜在《美学怎样才能既是唯物的又是辩证的》一文中写道：“美感的对象是‘物的形象’而不是‘物’本身。‘物的形象’是‘物’在人的既定的主观条件（如意识形态，情趣等）的影响下反映于人的意识的结果，所以只是一种知识形式。”①吕荧认为朱光潜的论点割裂了物（物甲）与物的形象（物乙），取消了物的形象的客观现实性，把它化为主观的“物乙”，所谓“物的形象”即是“主体的意识对该物加工而成的”②。如此一来，这个“物乙”必定因人而异，那么对于物的客观存在的真实形象、形态认识就是不可能的，一切的科学也就是不可能的了。随后，吕荧还从情感的角度对朱光潜的论点提出质疑。他认为：“朱光潜教授所说的‘物的形象’不是客观的物的表象，而是主观的‘反映了现实或者表现了思想情感’的‘艺术形象’，即以物为心，以心造物的产品。”③吕荧指出：“在美学上，朱光潜教授这种主观的思想情感的表现、产生、创造（或名‘形相直觉’或名‘形象思维’或名‘美感经验’），就是‘艺术’，就是‘美’的理论，仍然不外乎克罗齐‘美学’里所说的‘直觉即

① 吕荧：《美学论原——答朱光潜教授》，载《吕荧文艺与美学论集》，上海文艺出版社1984年版，第448页。

② 朱光潜：《朱光潜文集：美学批判论文集　维柯研究》，中华书局2013年版，第74页。

③ 吕荧：《美学论原——答朱光潜教授》，载《吕荧文艺与美学论集》，上海文艺出版社1984年版，第457页。

表现’。”[①]这种美学学说放在艺术的创作上，也只会是以主观随心所欲的情感来代替现实的反映的，最终会滑向唯心主义的思想之中。看似吕荧非常排斥情感在审美过程中的出现，实则并非如此。从20世纪四十年代吕荧对文艺作品进行评析中，可以看出吕荧一直给情感保有重要的一席之地。

在《人的花朵》(1940)一文中，吕荧认为情感是艺术家进行创作的重要部分。在他看来，诗人艾青经历过流浪与监禁，失去了青春最为宝贵的日子，从而沉浸在一种忧郁情感的海里。也正因此，他的诗篇才像他的生命一般，能够唤起读者的共情。另一位诗人田间，看到中国人民大众强烈要求民族解放和革命战争的愿望与决心，他一改往日的感情色彩，不再柔和，而变得强烈。吕荧眼中的田间形象正如“诗人站在就要来临的大风暴前面，他的年青的战斗的感情波涛一般的激动，火焰一般的燃烧；配合着他的急旋的内心情绪，配合着搏击的时代的脉搏，他创造了新的诗的形式”[②]。吕荧认为在艺术中，主观的情感表达十分重要，无论是美的创造者还是美的欣赏者，都不能将情感束之高阁。吕荧在《人的花朵》中表示赞同艾青在《诗论》中所写的：“明确的理性使人不致陷入纯感情的稚气里。”[③]“不要成了感觉的摄影师，诗人必需是一个能把对于外界的感觉与自己的情感和思想融合起来的艺术家。”[④]在吕荧看来，情感并不是单凭主观产生的，它来源于对生活的真实体验，不同的生活环境会给人们带来不同的情感色彩，也恰如美作为人的观念，必然少不了人的情感参与，而这情感需要人们在现实生活中去体验获得。

---

① 吕荧：《美学论原——答朱光潜教授》，载《吕荧文艺与美学论集》，上海文艺出版社1984年版，第458页。

② 吕荧：《人的花朵》，载《吕荧文艺与美学论集》，上海文艺出版社1984年版，第265页。

③ 吕荧：《人的花朵》，载《吕荧文艺与美学论集》，上海文艺出版社1984年版，第259页。

④ 吕荧：《人的花朵》，载《吕荧文艺与美学论集》，上海文艺出版社1984年版，第259页。

（三）“美是观念”的社会性

在对美的本质进行探讨的过程中，吕荧“美是观念”的另一个理论依据是马克思主义，尤其是对社会存在与社会意识辩证关系的理论的运用。吕荧将“美是观念”中的“观念”视为一种社会意识，并坚信社会存在决定社会意识，社会意识反作用于社会存在，这使得他所提出的美学观点具有丰富的社会性。

在《美是什么》一文中，吕荧从“实践是检验理论的正确性的标准”出发，依次针对自己此前就蔡仪与朱光潜美学理论发起的批驳进行了简要的梳理。并就“美是什么”以及这个问题的研究方法给出了自己的见解。吕荧指出：“美是人的社会意识。它是社会存在的反映，第二性的现象。因此，美必须从社会科学观点，历史唯物论的观点加以说明，不是从离开了人的自然科学观点可以得到解释的。”①随后，在论文的最后一节，吕荧分别从对中国历史长河中“美”这个汉字的发展进程以及古希腊“美神”的分析整理中得出，美的意识需要在土壤中萌芽，而能够让它生长和发展的土壤正是社会生活。吕荧的美学理论坚持马克思主义道路，使得“美是观念”的理论内涵与社会现实生活紧密相连，得以避免陷入唯心主义审美范畴的空洞言说。除此之外，吕荧在看待美学观念与艺术理论的关系方面，也深受马克思主义的影响。他认为，马克思主义的美学绝不是有关“美”的形而上的烦琐哲学，并称：“人类的美的观念表现在社会生活的全领域中，特别是具体地表现在艺术活动中，所以美学的观点也具体地表现在艺术理论中。”②吕荧赞成斯大林在《马克思主义与语言学问题》里将“社会对于艺术的观点”和“美学观念”当同义语使用的说法，“美的观念属于社会的上层建筑，美学的观念表现于‘社会对于

① 吕荧：《美是什么》，载《吕荧文艺与美学论集》，上海文艺出版社1984年版，第400页。

② 吕荧：《美学问题——兼评蔡仪教授〈新美学〉》，载《吕荧文艺与美学论集》，上海文艺出版社1984年版，第440页。

艺术的观点’中”①。他认为，毛主席在《在延安文艺座谈会上的讲话》中提及“文艺家几乎没有不以为自己的作品是美的”，正好表述了美学观念与艺术理论之间的关系。“一定的社会阶级的美学观念总要表现在一定的艺术理论中”②，其实，从吕荧在20世纪40年代的艺术理论中，就能够得知他是马克思主义道路的坚定信仰者。

吕荧在1949年发表的《论现实主义》与《释“自然主义”》两篇论文中，从马克思主义理论出发，深刻剖析了现实主义与自然主义的差异性。在吕荧看来，现实主义贯彻了辩证的唯物论，其艺术作品能够深入社会，表现社会现实的本质；而自然主义作为一种机械的唯物论，只是公式化、概念化的样式，浮华了现实社会生活。现实主义与自然主义本质上是两种不同的创作。吕荧通过对比巴尔扎克和左拉的文学创作，对这个差异性进行了例证。吕荧认为巴尔扎克的作品能够与社会现实对话，“巴尔扎克的现实主义要求越过表象，认识事物的本体，把握本质，分析事物的因素，追求它的原因，再综合具现出来；这样的创作过程，包含着客观的辩证的思维”③。而左拉的自然主义的创作方法“是用表面的现象的观察来代替内部的本质的探求”④。不能深入现实的内部，掘出旧社会腐烂的根，这种方法无法真正给人们展现现实的生活图景，从而使得文学丧失了其基本的社会教化功能。将美学观念与艺术理论视为一体，关注人的社会属性与社会意义，吕荧的美学观念也正是在这样的艺术理论中悄然形成的，后来在20世纪50年代的美学大讨论中升华成系统的美学理论。

---

① 吕荧：《美学问题——兼评蔡仪教授〈新美学〉》，载《吕荧文艺与美学论集》，上海文艺出版社1984年版，第440页。

② 吕荧：《美学问题——兼评蔡仪教授〈新美学〉》，载《吕荧文艺与美学论集》，上海文艺出版社1984年版，第441页。

③ 吕荧：《论现实主义》，载《吕荧文艺与美学论集》，上海文艺出版社1984年版，第121—122页。

④ 吕荧：《论现实主义》，载《吕荧文艺与美学论集》，上海文艺出版社1984年版，第107页。

吕荧在充分认识美的意识与社会存在之间的辩证统一关系的基础上，赋予了“美是观念”以社会性意义。“他将审美问题与人类的社会生活和实践历史地联结起来，从而使美学永远葆有人类生活气息亦即人类意蕴的学术理路和研究取向，在今后的美学研究中也是不会过时的。”①

四、余　论

美的本质论是任何一个时代的美学都难以绕开的问题，吕荧在20世纪第一次美学大讨论中，在“美是什么”的讨论中开诚布公，言其所思，最终形成自己的独特观点。质疑吕荧美学本质论的人们更多的是停留在对“美是观念”的浅显理解上，将吕荧美学观点中的主观成分片面放大，以偏概全地给他扣上主观唯心主义的帽子，造成了吕荧美学思想的时代遗憾。然而，吕荧一生都以实践的姿态介入生活，他的美学观念和艺术理论都与现实生活紧紧相连。吕荧在坚持马克思主义真理的道路中发展自己的美学理论，他将艺术理论中对社会生活、情感的关注延续至“美是观念”中，使得“美是观念”具有深刻的理论内涵。在政治与思想关系较紧张的特殊时期，吕荧不顾舆论风波，坚持提出“美是人的观念”这一从字面上看来主观色彩浓厚的美学理论。可能正是吕荧心中那簇永不熄灭的坚定真理的荧荧之火，让他在面对周遭误解之时，仍能够坚持自己的美学思想。也许吕荧的美学理论中仍有或多或少的不合理之处，但他将美学研究投向关注人本身与社会生活的方法至今仍有理论意义与时代价值。

（本文原刊于《美与时代》2022年第1期）

① 谭好哲：《吕荧先生的人格精神与学术思想》，《文史哲》2013年第1期。

编后记

《吕荧研究文集》是对迄今关于吕荧研究的资料的汇编，以学术期刊发表的论文为主体，另有一些学术著作中有关吕荧美学和文艺思想的章节段落。我们选编的目标是全面呈现吕荧研究的状貌，为此，除了中国知网上的学术论文外，我们使用多种文献搜集方法，对一些不易找见的资料加以挖掘。目前，这本研究文集基本上可以代表吕荧研究的程度。

至于我为什么要花气力来做吕荧的个案研究，在此不妨做一交代。吕荧对我来说并不陌生，我的硕士阶段的学习是在安徽大学哲学系（现为哲学学院），安徽的美学资源实在丰富。就现代美学发展而言，朱光潜、宗白华、方东美、吕荧、邓以蛰等占据的何止半壁江山！包括我的同学在内的美学专业数届研究生，多以安徽现代美学家个案为题完成学位论文。所以，当时虽没进行系统研究，但是课内课外对吕荧了解甚多。博士毕业入职母校母系后，在学科带头人宛小平先生的带领下，我逐步把研究重心转移到中国现代美学上。先后主持国家社科基金重大项目“朱光潜、宗白华、方东美美学思想形成与桐城文化关系研究”子课题、国家社科基金一般项目“中西互鉴视阈中的宗白华文艺批评范畴研究”等国家级课题，进入几乎每天都与安徽美学家对话的研究状态。2018 年夏天，我在去北京参加世界哲学大会之前，曾到杜泽逊先生的“校经处”小坐，杜先生提及山大文学院正在策划的本院的学术名家文集，初步定了二十家，吕荧位列其中。杜先生问我是否愿意承担吕荧文集的选编任务，出于自己对安徽美学家的熟悉，我没有丝毫的犹豫。虽领命编写，但也提出多留些时间的请求。因为我深知吕荧被历史尘封太久了，想要编写一套像模像样的文集非朝夕之事；更是因为一周后我就抵达美国的密歇根湖畔，在马凯特大学开启了为期一年的访学生活。身处大洋彼岸，虽暂时摆脱了许多杂事与牵绊，但是也远离了本土研究的资料库。所以那一年基本上没有推进中国现代美学研究，老老实实地读了一年阿瑟·丹托。吕荧文集的搜集与整理只能靠网上的一些资料缓慢推进。在密尔沃基大雪纷飞的午后，我无意中看到朱志荣教授的朋友圈写到《吕荧全集》即将出版的信息，赶紧与朱老师联系，得知《吕荧全集》即将由安徽教育出版社编辑出版。然后我向杜院长汇报，最后决定暂停吕荧文集的编辑，期待安徽教育出版社《吕荧全集》的面世。

秋天是收获的季节，泉城的金秋十月更是饶有风味。有一天文艺美学中心主任谭好哲教授打电话给我，说《吕荧全集》已经出版，安徽教育出版社联系我们有意联合召开新书发布会，谭先生指定由我具体负责会务。文学院对此非常重视，全力资助会议召开，并承担了大量会务具体工作。会议成功召开，我作为具体负责人也深感欣慰，很大程度上弥补了未能及时编撰吕荧文集的遗憾。会议间隙，安徽教育出版社副总编何客先生建议我做吕荧研究的系统工程，并根据其他中国现代文化名人的做法提出若干设想。根据何先生的建议，我们设计了包括《〈吕荧全集〉补遗》《吕荧纪念文集》《吕荧研究文集》《吕荧年谱长编》《吕荧文艺美学思想研究》在内的吕荧研究工程，并得到山东大学文学院科研重大项目的资助。虽然我是项目的负责人，但长期以来，我多是理论研究，并不善于史料考掘。幸得文学院张洪刚先生的扶携，使得这个工程有了史料支撑。

单就《吕荧纪念文集》与《吕荧研究文集》而言，我与洪刚先生分头负责。但作为一个整体，我们每发现一篇相关文章都共享、讨论。在此首先要感谢洪刚先生一丝不苟的工作与付出。《吕荧研究文集》成形之初，初敏博士付出了巨大的心力。他把知网上的相关研究文章下载并转化为文档，然后由硕士生武雨荷、李不言进行校对。硕士生刘怡笑参与了全稿的校对与格式调整。在此一并感谢大家的辛劳！

安徽教育出版社是学术出版界的翘楚，特别是在美学专业相关书籍出版方面素有口碑，有“美学园地”之美誉。早在2007年我与安徽教育出版社即有合作，与社里的诸多编辑出版专家多有交流。而今安徽教育出版社同仁愿意出版吕荧相关著述，特别是何客先生从专业视角高屋建瓴地提出很多有价值的设想，对吕荧研究工程的帮助很大，并保证了该文集的高质量出版。

诚如我在前言中提到的，纪念文集与研究文集更多是资料性的，其中的学术价值与研究意义是每位作者深厚学识的体现；书中如有讹误则是编者的责任，在此恳请学界同仁批评指正。

韩清玉

2022年夏末于历城暄舍